光明社科文库
GUANGMING DAILY PRESS:
A SOCIAL SCIENCE SERIES

·教育与语言书系·

固本集
——高奇职业教育文集

高 奇 | 著

光明日报出版社

图书在版编目（CIP）数据

固本集：高奇职业教育文集 ／ 高奇著. -- 北京：
光明日报出版社，2021.4

ISBN 978 - 7 - 5194 - 5896 - 6

Ⅰ.①固… Ⅱ.①高… Ⅲ.①职业教育—中国—文集
Ⅳ.①G719.2 - 53

中国版本图书馆 CIP 数据核字（2021）第 057810 号

固本集——高奇职业教育文集

GUBENJI——GAOQI ZHIYE JIAOYU WENJI

著　　者：高　奇

责任编辑：史　宁　　　　　　　　责任校对：陈永娟
封面设计：中联华文　　　　　　　责任印制：曹　净

出版发行：光明日报出版社

地　　址：北京市西城区永安路 106 号，100050

电　　话：010 - 63169890（咨询），63131930（邮购）

传　　真：010 - 63131930

网　　址：http：//book. gmw. cn

E - mail：shining@ gmw. cn

法律顾问：北京德恒律师事务所龚柳方律师

印　　刷：三河市华东印刷有限公司

装　　订：三河市华东印刷有限公司

本书如有破损、缺页、装订错误，请与本社联系调换，电话：010 - 63131930

开　　本：170mm×240mm

字　　数：440 千字　　　　　　　印　　张：24.5

版　　次：2021 年 4 月第 1 版　　　印　　次：2021 年 4 月第 1 次印刷

书　　号：ISBN 978 - 7 - 5194 - 5896 - 6

定　　价：99. 00 元

自序　她的人生因职业教育而精彩[①]

——专访著名职业教育专家高奇

高奇,辽宁开原人,1950年考入北京师范大学教育系,1953年留校任教,后担任北京师范大学教授,是著名职业教育研究专家。长期从事中国教育史、高等教育史和职业教育的教学和研究,取得了大量的基础性和应用性成果,并在我国高等学校中首创了职业教育这门新学科。此外,她先后共发表过112篇职教方面的论文,承担和参加了"六五""七五""八五"与"九五"国家和教育部重点课题。

适逢改革开放30周年,记者有幸采访到了我国著名的职业教育专家高奇教授。这位当年在高校中第一个挑起建立职业教育学科大旗的人,如今已76岁高龄,虽然早已从她心爱的教育一线上退了下来,但对于职业教育的研究却一刻也未曾放手。访谈中,高老师饶有兴致地回忆了一段她与职业教育如歌般的往事。下面,就让我们跟随她的讲述,一起重拾旧日金色的时光……

20世纪80年代初的一天,北京师范大学教育系主任找到高老师,希望她为高年级的学生开设一门选修课。起初这门选修课的内容被系里定为中华人民共和国成立30年的中国教育,但由于某种原因终未能成行。随后,高老师大胆地提出了自己的想法,改为开设职业教育概论课。自此,职业教育在我国高校中从无到有,实现了零的突破。

对于这段往事,高老师记忆犹新。

当我们问起她当时为什么会想到要开设职业教育这门课时,她说:"当系主任表示希望我来开一门选修课的时候,压在我心底的两件事瞬间冒了出来。一件事是在20世纪70年代末的时候,我招了一个硕士研究生,他的论文题目是中华职业教育社社史。尽管他不是从职业教育的角度,而是从教育史的角度去研究,但是这也引起了我对建立职业教育学科的兴趣。"

---

①　原载:吴昊.她的人生因职业教育而精彩——专访著名职业教育专家高奇[J].中国培训,2008(9):14-15.

"另一件事是在'文革'以后,"高老师继续回忆道,"各大部委,如冶金部、财政部、铁道部等都要培训他们属校的校长,那个时候中专、技校等都是部委属校,受培训的这些校长当中有相当一部分是职业学校的校长,我当时受邀给他们讲教育史。在课堂讨论中,他们给我提了这么一个问题,说'文化大革命'中间,大部分技校、中专与大、中、小学一样遭受打压,一个是下马,另一个是停课。可是,为什么后来中小学提出复课闹革命,高等教育也大面积复课,唯独职业教育仍然处于停办的状态,这究竟是什么原因。我说这首先与我国的政治状况有关,但是从我们搞教育理论这方面的人来讲,主要是没有能够在全民中间进行广泛、有效的宣传,让大家都了解职业教育是一个什么样的教育,它在国民经济中间所起的作用。所以,大家脑袋里面没这个概念。当然,如果将来有可能的话,我一定会去为职业教育摇旗呐喊。"在这两件事的共同影响下,高老师终于下定决心开设职业教育这门课。

起初,虽然有信念、有热情,可对于开设一门当时多数人还很陌生,况且又不被人瞧得起的课程,高老师还是有些信心不足。她向记者透露自己当时的想法,只要能招到十几个学生与她一起"坐而论道",就已经相当不错了。

可令她没有想到的是,职业教育概论这门选修课一报出去,有80个学生选修。这在当时的北师大教育系意味着所有高年级可以选修的学生都选修了她的这门课程。这些学生有的是因为对这门新鲜的课程充满好奇,有的则是冲着高老师本人而来,可无论是什么理由、什么原因,出现这样的结果还是着实让高老师"吓"了一跳。

这么多学生上课就不能只是"坐而论道"了,必须将其作为一门正规的学科去构建一个完整的体系,准备的时间又只有短短的一个寒假,难度可想而知。高老师笑着说:"只有从头做起,从什么是职业、什么是职业教育开始。职业教育的内涵、特点、地位、作用、历史、结构、体系等,要一个一个地抠。"

正是靠着这种精神,一边忙着带本科生、研究生的教育史课程,另一边还要搞课题、写教材的高老师硬是把职业教育概论这门学科的框架初步建立起来。第二年,学校要求各系推选上报可为全校开设的选修课,高老师的这门职业教育概论经系里推荐、学校认可,终成为全校公共选修课之一。

高老师的研究精神带动了当时教育史组的部分教师和学生去研究职业教育。在她退休以后,一位研究中国教育史,却又钟情于职业教育的教师继承了她的衣钵。如今,这位继承者也很快要从教学一线上退下来了,接替他的仍将是他的亲传弟子。经过他们的不懈努力,这门课程目前已成为北师大教育学院固定的课程。

　　高老师对于职业教育的挚诚和大爱是为教育界所共识的,她不仅在高校中树立起了职业教育这门学科,感染了几代人在职业教育研究的道路上前赴后继,还先后帮助其他地区的高校共同建立这门学科。1983年,天津职业技术师范学院得知高老师在北师大开了职业教育的选修课,于是找上门来向高老师取经。之后,高老师又与他们一起共同编写了新中国成立后的第一本职业教育的教材——《职业教育概论》。

　　退休后,高老师用了18年的时间走遍大半个中国,宣传、讲解职业教育。在高老师的家中,我们看到了一本被密密麻麻的红色小圆圈覆盖的中国地图,上面除了青海、西藏、新疆还依稀可辨外,其余已无处着眼。这红色圆圈到底代表着什么呢?年逾古稀的高老师回答说:"那都是我在职业教育方面讲学时走过的地方,有些地方还不止去过一次。"

　　对于职业教育,高老师可谓倾注了全部的热情,她把自己的人生与职业教育紧紧地联系在了一起,随之起伏,随之脉动。在第24个教师节来临之际,我们衷心地祝福高奇老师以及所有的职业教育工作者节日快乐,身体健康!

目 录
CONTENTS

"五四"时期争取教育民主化和科学化的斗争①

"五四"新文化运动是一次彻底的不妥协的反对封建文化的运动,其威力之猛、涉及范围之广、影响之深远都是空前的。"五四"运动高举民主与科学两面大旗,向着封建专制主义和蒙昧主义猛烈冲击,使中国人民的思想面貌为之一新。"五四"时期的教育改革是整个新文化运动的重要组成部分,同时又对整个新文化运动的深入发展给予了有力的推动。"五四"时期教育改革的中心是反对封建教育的专制主义和蒙昧主义,要求建立民主的、科学的新教育。今天,发扬"五四"时期教育民主化、科学化的光荣传统,对于解放思想,按照科学规律办好教育,为加快实现四个现代化多出人才,快出人才,仍然具有重要的现实意义。

一、打倒孔家店,废除尊孔读经

1911 年,中国的资产阶级民主革命只赶走了"皇帝",中国依然是一个半殖民地半封建的社会。一方面封建复辟势力在辛亥革命后仍然十分猖獗,继 1915 年袁世凯复辟帝制之后,1917 年又演出了张勋复辟的丑剧;另一方面民族危机更加深重,帝国主义列强争相控制和宰割中国,操纵封建军阀连年混战。我国内忧外患,国难深重,山河破碎,民不聊生。在此形势下,中国迫切需要进行一次彻底的民族民主革命,建立一个真正富强的民主共和国。在苏联十月革命的影响下,一批具有初步共产主义思想的知识分子和爱国的资产阶级、小资产阶级知识分子,竖起民主的旗帜,反对封建的专制主义,冲破两千多年封建纲常伦理这个不可逾越的禁区;竖起科学的旗帜,反对封建的蒙昧主义,把人们的思想从封建迷信的禁锢中解放出来。当时陈独秀等人创办的《新青年》是宣传新文化运动的重要阵地。我们从 1918 年《新青年》发表的《本志罪案之答辩书》一文中,可以看到这场斗争的大致面貌。文章说:"他们所非难本志的,无非是破坏礼教,破坏礼法,破坏国粹,破坏贞节,破坏旧伦理(忠孝节),破坏旧艺术(中国戏),破坏旧宗教(鬼神),

---

① 原载:北京师范大学学报(社会科学版),1979(2):18 – 24.

破坏旧文学,破坏旧政治(特权人治)这几条罪案。""本志除了拥护德赛两先生之外,还有别项罪案没有呢?""我们现在认定只有这两位先生,可以救治中国政治上、道德上、学术上、思想上一切的黑暗。""要拥护那德先生,便不得不反对孔教、礼法、贞节、旧伦理、旧政治,要拥护那赛先生,便不得不反对那旧艺术、旧宗教,要拥护德先生又要拥护赛先生,便不得不反对国粹和旧文学。"要反对这一切封建的东西,必然要把矛头集中指向中国封建社会的精神支柱——孔孟之道。因此,"打倒孔家店"成为"五四"新文化运动的最响亮的口号。

"打倒孔家店"的斗争涉及上层建筑的各个领域,对封建教育的批判和改革是首当其冲的。孔丘是封建社会的"万世师表",尊孔读经是封建教育的宗旨和主要内容。它决定着用什么思想办教育,向受教育者灌输什么思想,培养什么样的人。为了实现教育的民主化和科学化,就必须废除这一宗旨,取消学校的读经讲经科。

清末封建教育的宗旨是:"忠君、尊孔、尚公、尚武、尚实。"①为了忠君、尊孔,在中小学开设时数很多的"读经讲经科",规定《孝经》《四书》《礼记》节本为初等小学必读之经""《诗经》《书经》《易经》及《仪礼》之一篇为高等小学必读之经",中学要读《春秋左传》《周礼》两经,②大学设经学科。辛亥革命后,蔡元培任教育总长时期,废除了清末的教育宗旨,代之以"注重道德教育,以实利教育、军国民教育辅之,更以美感教育完成其道德"③,并且取消了中小学的读经科,反映了资产阶级的民主思想和富国强兵的要求。但是,随着袁世凯复辟帝制,尊孔读经的教育宗旨又复活了。1913 年 6 月,袁世凯发布《通令尊崇孔圣文》,尊"天生孔子,为万世师表"④,同年颁布"复学校祀孔命令",并且在宪法草案上规定"国民教育以孔子之道为修身之大本"⑤,从而否定了辛亥革命初期的教育方针。1915 年 1月袁世凯颁定教育要旨,重新列入了"法孔孟"。2 月在《教育纲要》中规定:"各学校均应崇奉古圣贤以为师法,宜尊孔以端其基,尚孟以致其用。"⑥在《国民学校令施行细则》和《高等小学令施行细则》中恢复了读经科。1915 年仅商务印书馆发行的读经教材,如《四书》《五经》以及《经训教科书》《经训教授法》《圣迹图》等就

---

① 此句为清政府颁布的《学部奏请宣示教育宗旨折》(1906)的内容。
② 张百熙,张之洞,荣庆,等奏拟.奏定初等小学堂章程、奏定高等小学堂章程、奏定中学堂章程[M].北京:商务印书馆,1904.
③ 中华民国教育部,公布.教育宗旨[M]//中华民国史档案资料汇编:第 2 辑 教育.南京:江苏古籍出版社,1991:22.
④ 袁世凯.袁大总统文牍类编:第 2 卷[M].上海:上海会文堂书局,1929.
⑤ 中华民国国会宪法起草委员会,拟定.天坛宪法草案:第 19 卷[A/OL].东方杂志,1913(21).
⑥ 舒新城.中国近代教育史资料[M].北京:人民教育出版社,1961:248 - 276.

有 20 种之多。读"法孔孟"虽因帝制失败曾在 1916 年宣布撤销,但不久,张勋复辟,又掀起一阵尊孔读经的鼓噪。复辟"诏书"上写着:"自今往,以纲常名教,为精神之宪法,以礼义廉耻,收溃决之人心。"①就是不读经的学校,修身课仍是"父慈、子孝、兄友、弟恭、夫义、妇顺、仆忠、祭祀祖先,不辱其先"②等一整套封建伦理纲常的说教。封建专制主义控制着教育,束缚着学生,成为新文化运动的大敌。

孙中山先生最早从政治上揭露了袁世凯尊孔读经"祭天祀孔,议及冕旒"③,是为了实现其"奸雄窃国"的野心。李大钊同志直接批驳宪法中规定"国民教育以孔子之道为修身之大本",指出"专制不能容于自由,即孔子不当存于宪法"。他在《由经济上解释中国近代思想变动的原因》一文中,运用历史唯物主义观点,深刻地分析孔孟之道的社会基础和必然灭亡的命运,指出,"孔子的学说所以能够支配中国人心有两千余年,不是他的学说有绝大的权威,远久不变的真理,配做中国人的'万世师表',因他是中国大家族制度上的表层构造,因为经济上有他的基础",现在"时代变了!西洋的文明打进来了!西洋的工业经济来压迫东洋的农业经济了""中国的农业经济,既因受了重大的压迫而生动摇",那么"孔子主义也不能不跟着崩溃而粉碎了"。在他们的宣传鼓动之下,"打倒孔家店"的口号响彻全国。在新文化运动的声讨下,尊孔读经的封建教育宗旨被废除。1922 年公布的《新学制》规定了七项教育标准:(1)适应社会进化之需要;(2)发挥平民教育精神;(3)谋个性之发展;(4)注意国民经济力;(5)注意生活教育;(6)使教育易于普及;(7)多留各地方伸缩余地。这就比较充分地体现了民主和科学的精神,孔孟之道已无地位,读经讲经科也被逐出了课堂。以后,封建军阀、国民党反动派虽一再鼓吹封建教育,提倡读经,但把《四书》《五经》作为教材重新搬回学校已经不可能了。

这一场斗争在教育改革上的意义是十分重大的,因为它冲破了教育上一个最大的禁区。从汉朝"罢黜百家,独尊儒术"以来,孔子就是被顶礼膜拜的偶像,孔孟之道是不可触犯的教条,一切思想言行都必须以经书为准,学校教育的主要内容就是《四书》《五经》及其庞杂烦琐的注释,离经叛道就要诉诸刑律,以致杀身灭族。"五四"新文化运动废除了尊孔读经,把读经科逐出了学校,虽然不等于封建教育、封建思想从此在学校中就不复存在了,但是,这意味着公开否定孔孟之道的合法地位,把孔子从"至圣先师"的宝座上拉下来,使人们的思想从偶像崇拜的牢

---

① 文艺编译社. 复辟始末记[M]. 上海:上海文艺编译社印行,1917:47.

② 华鸿年,何振武. 中华初等小学修身教科书[M]. 上海:中华书局,1913.

③ 蔡元培. 就任北京大学校长之演说[M]//蔡元培选集. 北京:中华书局,1957:23.

笼中解放出来,民主的、科学的新思想、新内容得以进入学校,学校教育才得到改进和发展。这是"五四"时期教育改革中的一项辉煌成果。

二、改革大学教育,提倡学术自由

"五四"时期,提倡民主和科学,反对封建专制主义和蒙昧主义,迫切要求改革大学教育,建立新型大学,培养具有民主思想和科学精神的人才。当时蔡元培对北京大学的改革是具有代表性的。

北京大学的前身是清末开办的京师大学堂,入学者都是"京官",在校称"老爷",出校为官吏,封建官僚教育的余毒根深蒂固,学校十分腐败。1917 年 1 月蔡元培就任北京大学校长,针对这种状况,立意进行改革,决心把北京大学办成培养具有新思想新知识的有用人才的场所。他向学生提出"大学者,研究高深学问者也""诸君必须抱定宗旨为学术而来""大学学生应以研究学术为天职,不当以大学为升官发财之阶梯"①。

为了使大学成为学术中心,蔡元培聘请一些专家来校任课,在学校举行各种学术讲演。介绍新学说新知识,鼓励学生组织各种学术研究会,并发行《北京大学月刊》作为学术研究和交流的阵地。当时学校有哲学会、新闻学研究会、理科化学讲演会等。这对培养学生的科学精神、活跃学术空气起到了很大的推动作用。

蔡元培极力反对教学和科研中的封建专制主义,实行学术民主,提倡自由讲学、自由研究,提出大学要"兼容并包"。他说:"大学者囊括大典网罗众家之学府也。""无论何等学派,苟其言之成理,持之有故,尚不达自己淘汰之命运者,虽彼此相反,而悉听其自由发展。""此思想自由之通则,而大学之所以为大也。"②

在用人方面,蔡元培主张不能"求全责备",他认为"人才至为难得,若求全责备,则学校殆难成立"③。在当时情况下,这的确是一个可贵的思想,也是一项十分积极的主张。学校需要大批教学和研究人员,不仅造诣较深、水平很高的人才难以选取,而且有一技之长、一项之专的人才也不易得到。假若求全责备,要求完人,岂不是等于大批人才被拒之门外,大学也就难以办成了吗?此外,蔡元培还曾采取有效措施,奖励上进,量才使用。北京大学有过这样一件趣事:一位第一宿舍丙字号的"斋役",因为勤奋好学,很有成绩。一些学生写信给蔡元培,并附上其作

① 蔡元培. 就任北京大学校长之演说[M]//蔡元培选集. 北京:中华书局,1957:23.
② 蔡元培. 北京大学月刊发刊词[J]. 北京大学月刊,1918:11.
③ 高平叔.致"公言报"函并附答林琴南君函[M]//蔡元培教育文选.北京:人民教育出版社,1980.

文稿三篇,向蔡元培推荐,希望对他"量才拨调,俾任相当职务,以示激励"①。蔡元培回信同意将他调至文科教务处工作,并提高了他的工资。这种不限资历、不靠亲故、量才用人的做法,深得人们钦佩。

蔡元培在学校管理和组织领导方面也进行了一系列改革,其中心思想也是要有利于发扬民主和发展科学。学校设立"评议会",实行教授治校。全校设13个系,系主任由教授选举。将"学年制"改为"学分制",实行"选科制",鼓励学生自由研究,发挥个人的主动精神。蔡元培在师生中发起组织"进德会",主张不赌,不嫖,不娶妾,不做官吏、议员等,以提倡新道德,形成新校风。他还帮助成立体育会、音乐会、画法研究会、书法研究会等来开展丰富多彩、健康有益的正当课外活动。助成消费公社、学生银行、校役夜校、平民学校、平民讲演团,创办《新潮》杂志,以发扬学生的自动精神,养成服务社会的能力。

蔡元培的这一系列改革,使北京大学面貌一新,学校里民主思想和科学精神得到发扬,学术空气浓厚,道德风尚良好,成为当时一所先进的大学,对提高我国学术水平、改革我国大学教育起了积极的作用。

蔡元培在改革北京大学时提出的一些主张和做法,如为学术而学术,兼容并包,教授治校,采用学分制、选科制等,对我国大学教育影响很大,因为这涉及了把封建教育的"太学"改造成资产阶级的新式大学的一些根本性的问题。他针对封建教育专门培养官吏,不务实学,而提出为学术而学术;他针对封建教育只准宣扬尊孔读经的专制主义,而提出"兼容并包",学术民主,研究自由。在他主持下的北京大学,有讲革命过激论的,也有拖着长辫子持复辟论的;李大钊同志可以自由地讲马克思主义的唯物史观,胡适可以宣扬实用主义。他相信只有在自由讨论中,那些不合时代潮流的流派才能被淘汰。总之,他是以民主和科学的精神,改造封建教育的。

蔡元培是一个自由资产阶级的教育家,他的主张和在北京大学进行的改革完全是资产阶级性质的。但他顺乎时代的潮流,对封建教育的猛烈冲击和大胆改革的精神是十分可贵的。他的民主思想和科学精神在当时是有积极作用的。"五四"时期北京大学成为新思潮的摇篮、新文化运动的策源地,北大学生成为反帝爱国运动的首议者,并不是偶然的,它和蔡元培对北京大学的改革是紧密相连的。蔡元培改革北京大学的许多具体主张和做法,如把大学办成学术中心,发挥专家作用,提倡学术民主,提高学生的主动精神,采用学分制、选科制,活跃学术空气,等等,我们可以批判地继承,把"五四"时期大学教育民主化和科学化的传统,在新

---

① 蔡元培.蔡孑民先生言行录[M].长沙:岳麓书社,2010:276.

的指导思想和新的历史条件下发扬起来,为建设社会主义的新型大学而积极努力。

三、主张男女教育平等,争取教育普及和实用

实行男女教育平等和争取教育普及,力求加强实用知识的传授,是"五四"新文化运动中教育改革的一项重要内容和成果。

封建纲常对妇女的压迫在辛亥革命后的教育中仍然严重地存在着。教育部公布的有关学校教育的法令制度反映出女子教育的目的仍然是贤妻良母主义。女子从小学起就要读"家事"科。女子教育的程度比男子低得多。只有小学可以男女同校,中学只能男女分校,而女中数目极少,课程比男中低,国文、外语、数学等主要学科的课时比男中少,却大量教授"家事""缝纫"和"手工"等。所有大学一律不招收女生。学校中对女生的各种封建禁令特别多,社会上更没有妇女平等地参加政治、经济、文化等各方面工作的权利。因而在反封建主义的斗争中,要求妇女解放的呼声特别高。"大学开女禁""男女同校"是当时争取男女平等教育权的中心口号。在"五四"反帝爱国学生运动中,女生冲破重重限制和男生并肩战斗,强烈要求取消在教育上歧视妇女的各种规定。1919年秋季女生要求北京大学开女禁,虽然当时已过了考期,但北京大学还是破例招收了女生。南京高等师范也招收了女生。以后各大学陆续招收女生。一些比较进步的中学也开始招收女生,男女同校,甚至可以同班,1922年颁布的"新学制"取消了男女中学之间的差别,至此,在教育制度上妇女争得了享有平等教育的权利。

普及教育也是一个教育民主化的问题。早在维新变法时期就提出了普及教育,可是这在当时贫穷落后的中国,只能是一句空话。"五四"时期各校学生纷纷提倡平民教育,举办各种形式的义务教育,为实际争取普及教育做了不少努力。1922年的"新学制"缩短了小学年限,曾提到注意使教育易于普及。当然,在半殖民地半封建的旧中国,事实上是不可能从根本上解决这个问题的。而教育内容空虚无用,语言文字又都采用文言文,也是普及教育的一大障碍。

为了有利于普及教育和使教育切于实用,教育学界在使用语文工具上进行了一场短兵相接的斗争,这就是学校教学采用国语和白话文。

"国语运动"开始较早,清末就已经提出,当时主要还是着眼于从普及教育的工具这个方面考虑。"五四"新文化运动则将其与"文学革命"白话文运动联系起来,成为反封建的一个重要方面。陈独秀在《文学革命论》中提出三大主义:"曰推倒雕琢的阿谀的贵族文学,建设平易的抒情的国民文学;曰推倒陈腐的铺张的古典文学,建设新鲜的立诚的写实文学;曰推倒迂晦的艰涩的山林文学,建设明了的

通俗的社会文学。"①要推倒脱离人民生活实际、艰奥难懂的文言文,使用接近口语的白话文,在方言纷杂的中国,就必然需要有一种通行的标准语言和语音,否则在文字上会产生一些难懂的地方方言,这样白话文运动又推动了国语运动的发展。1916 年提倡国语运动的知识分子成立了国语研究会。1917 年全国教育联合会第三届大会议决:"请教育部速定国语标准,并设法将注音字母推行各省区,以为将来小学国文改国语的准备。"有的地方如江苏省自己就决定实行了。北洋军阀政府教育部为大势所趋,在 1918 年召集全国高等师范学校校长会议,议决高师附设国语讲习科,调各省教师受训,专教注音字母及国语。并在同年 11 月 23 日正式公布注音字母,1919 年由教育部又重排一次,此后,小学开始教授注音字母,以"国语"为标准语言进行教学。

在白话文问题上的斗争比国语运动更为激烈,因为古典的文言文是封建主义的安身立命之所。当北京大学首先使用了白话文讲义时,自称"抱守残缺,至死不易其操"的"清室举人"林琴南写信质问蔡元培②。他认为白话文是"土语",是"都下引车卖浆之徒所操之语",怎能登上学校教学之大雅之堂呢?要是那样则"凡京津之稗贩,均可为教授矣"③。在他看来保护文言文也就是保卫封建的等级关系。但是历史车轮的前进是挡不住的,在文学革命的推动下白话文已为大家所接受。1919 年全国教育联合会提出改中小学国文科为国语案,教育部不得不承认:"现在全国教育界舆论趋向又咸以国民学校国文科宜改授国语为言。体察情形,提倡国语教育,实难再缓,兹定自本年秋季起凡国民学校,一二年级先改国文为语体文,以期收言文一致之效。"④同年 4 月又规定到 1922 年凡国民学校各年级旧的用文言文编写的国文、修身、唱歌等教科书一律废止。在这以后,中小学其他各科、大学讲义也都逐渐全部使用白话文了。这个改革使教育进一步接近人民,也大大提高了教学效率。在教学内容方面,也加强了自然科学和实用学科的教育。这就为教育的普及和发展创造了有利的条件。

四、重视教育科学研究,探索教育发展规律

在批判封建教育和改革封建主义教育的过程中,一个重要的问题出现了,就是不能只是一个一个问题地改,而是要全面地从整体上来考虑应该怎样办教育,

---

① 陈独秀.文学革命论[J].新青年,1915,2(6).
② 蔡元培.林琴南致蔡元培函[M]//蔡元培选集.北京:中华书局,1959:81.
③ 蔡元培.林琴南致蔡元培函[M]//蔡元培选集.北京:中华书局,1959:82.
④ 黎锦熙.三十五年来之国语运动[M]//庄俞,贺圣鼎.最近三十五年之中国教育:卷下.北京:商务印书馆,1931:110.

教育应该遵循一些什么科学规律。换句话说就是需要把教育作为一门独立的科学来进行研究,把教育建立在科学的基础上。在中国长期的封建社会中,教育理论不是作为一门独立的科学存在的,政府没有专门管理学校教育的机构(1906年清朝才成立学部),更谈不上对教育工作做系统的科学研究。不研究教育对象,不讲究教育方法,死记硬背、鞭打体罚是封建教育的普遍现象。为了改变这种状况,一些教育家提倡研究教育科学。蔡元培1918年在天津中华书局直隶全省小学会议欢迎会上演说时,主张设立"实验教育之研究所"。当时全国教育联合会、中华教育改进社和一些留学生大量介绍了许多资本主义国家教育科学研究的内容和方法,如各派教育理论、儿童心理学、教育心理学、教育测验与统计等。引进了各式各样的教学法,有自学辅导、分团教学、设计教学法,以后还有道尔顿制等,同时还开展教育调查和实验。研究各种教育理论的学会组织也似雨后春笋般地建立起来,如中华职业教育社、勤工俭学会、工读互助团、"工学会"、新教育共进社(后称中华教育改进社)、北京高师的平民教育社等。出版了一些教育刊物,研究教育方针、学制、教材、教法。虽然这些研究的政治思想背景各不相同,内容也并不都是科学的,特别是实用主义教育思想,打着所谓"新教育"的旗号迷惑了不少人,对中国教育起了很恶劣的作用,但是其认为教育是一门科学,应该进行研究,使教育建立在科学规律的基础上,这个方向是正确的。我国教育科学的研究可以说是从"五四"时期开始的。

　　"五四"时期争取教育民主化和科学化的斗争,取得了显著的成就,成为辛亥革命初期教育改革的继续。尽管这些改革不可避免地存在着某些缺陷和局限性,但是,它对我国现代教育产生过巨大的影响,它的民主和科学精神在今天仍然具有强大的生命力。学习和继承"五四"时期为教育的民主化和科学化而斗争的革命精神,打破精神枷锁,冲破多种禁区,开展教育科学研究,按照教育工作的客观规律办好教育,更有重要的现实意义。

蔡元培的教育观[①]

蔡元培(1868—1940),字子民,号鹤卿,是我国近代著名的思想家和杰出的教育家。他虽然参与一些政治活动,但一生大部分时间主要是从事教育工作。他做过两任教育部长,教过从私塾到大学的课程。做了十年半的北京大学校长,是我国近代最著名的大学校长。他主持或参与了我国近代许多重要的教育活动,如辛亥革命后他担任了"中华民国"第一任教育总长,召开了全国第一次教育会议,领导制定了"壬子癸丑学制";1922年9月在教育部召集的学制会议上被选为主席,参与和主持了一直沿用到新中国成立后的"六三三制"学制的制定。1902年蔡元培与章炳麟等组织"中国教育会"。1917年他与黄炎培等发起组织"中华职业教育社"。1919年北大与南京高师、江苏教育会等发起组织"中华新教育共进社"(后改为中华教育改进社),发刊《新教育》杂志。他支持和参与了留法勤工俭学活动,倡导过"教育独立"运动,参加了非宗教教育的斗争。总之,我国近代教育史上的许多重要事件,特别是有关教育改革的活动和蔡元培是分不开的,他为改革旧的封建主义教育,为在我国建立起现代资产阶级的新教育贡献了毕生精力。蔡元培对近代教育发展的一些客观规律,有许多精到的见解,值得我们认真研究。过去对于蔡元培教育思想的分析评价上存在着一些不正确的观点,今天我们应该按照历史本来的面目,重新评价。

一、"教育独立"论

1922年2月,蔡元培发表了《教育独立议》,提出"教育事业,当完全交与教育家,保有独立的资格,丝毫不受各派政党或各派教会的影响",使之成为一个"超然"的、学术性的事业。对于这个观点,论者多数指出是资产阶级自由主义超阶级超政治的教育思想,但却较少提及蔡元培在这里积极的主张是什么。我们首先应从蔡元培教育独立思想提出的政治经济背景,他的思想发展过程,从教育独立的

---

① 原载:北京师范大学学报(社会科学版),1980(2):44-52.

内容、办法等方面来分析这个问题。

蔡元培在1922年年初提出教育独立论并不是偶然的,"教育独立"作为一种教育思潮早在第一次世界大战期间,即1916年左右就已经产生了。其内容是很广泛的,其中主要包括:(1)要求教育经费独立,即要求军阀政府划出某项固定收入专充教育经费,不得任意移作他用;(2)教育行政独立,要求各省设立专管教育的司,不要附属于政务所之下,由懂得教育专业的人充任,教育总长不能因政局变动而频繁更动;(3)教育思想独立,就是要"执一定方针,以营其独立自主之教育,凡一切学理,其于时势进步上所不要者,宁从割弃,而于现实社会所必要者,务须切实施行","对于监督官所""勿仰承其鼻息";(4)教育"实际家"独立,就是要教育工作者独立地办教育创造经验,"宜遵守学制而不为学制所束缚""教授也、管理也、训练也,宜活用方法而不为方法所拘泥"①;5.教育内容独立,要求教科书能自由编辑、自由出版、自由采用,废止审定制等。总之一句话就是要教育全面地摆脱封建军阀政府的控制,全面自由地发展新教育。

为什么这时会出现这样一个教育独立运动的思潮呢? 一方面,辛亥革命后,资产阶级所企望的为发展资本主义服务的新教育没有能够建立起来。军阀政府控制下的教育,封建复古主义占主要地位。特别是1915年袁世凯死后,各派军阀互争北京政权,派系很多,政党分出,政局动乱、连年混战、百业凋敝,教育更不待言。从1912年蔡元培辞退第一任教育总长时起,到1916年五年之间,更换了十几任教育总长,教育经费短缺,甚至根本没有(有的省如安徽曾决定停发教育经费以充军费)。这种状况当然引起资产阶级极大的不满。另一方面,在第一次世界大战期间,中国民族资本主义有了较快的发展。资本主义经济的发展,就更迫切需要教育来为它服务。教育独立思潮就是在这种政治经济背景下产生的。它是中国资产阶级和北洋军阀政府做斗争的一种表现形式。一般说来,国家政权决定着教育的方针、政策、制度等,当国家政权与社会生产力发展相适应的时候,政权是促进教育为生产发展服务的力量,但当政府机构成了生产力发展的桎梏的时候,政权就成了教育发展的阻力。那么,反映社会新的经济力量、阶级力量和政治力量的教育,就会出现要求摆脱这个政权的控制的倾向,教育独立的思潮就是这个规律的一种反映。它是中国民族资产阶级政治经济要求在教育上的反映,并非真正独立或超脱于资产阶级的政治之外。

从蔡元培对教育和政治的关系主张上的变化过程也能充分地看到这一点。辛亥革命前蔡元培组织中国教育会,办爱国学社和爱国女学时同时组织光复会,

---

① 朱元善.主张·教育独立[J].教育杂志,1916,8(1).

参加同盟会,他办学的目的是宣传革命,培养革命者,根本不存在什么超然于政党之外而独立的问题。他自己说:"本校(指爱国女校)初办时,在清朝季年,含有革命性质。""革命者,即治病之方药也。上权之革命团体,名中国教育会。革命精神所在,无论其为男为女,均应提倡,而以教育为根本。"①辛亥革命之后一个时期蔡元培认为是革命成功了,要依靠建立起来的"中华民国"的政权来建立和发展新教育。所以,在他任教育总长时发表《对于教育方针之意见》提出:"教育有二大别:曰隶属于政治者;曰超轶乎政治者。"什么叫"隶属于政治"呢? 他也说得很明白,就是"教育家循政府之方针以标准教育"。他所提出的富国强兵主义的军国民教育、实利主义教育和建立资产阶级民主共和国社会秩序的公民道德教育都是隶属于政治的。而蔡元培所说的超越政治的教育,即世界观及美育,只是资产阶级所谓思想自由的一种表现,而实际的教育还是要按政府所颁布的教育方针、制度去办。但是现实使他的理想不能实现,蔡元培被迫辞去教育总长。几经挫折,蔡元培才提出了政治上不与军阀政府合作,教育上要独立。主张教育脱离宗教,是蔡元培一贯的主张,最初是出于反对封建主义,反对复辟派要把孔教作为国教,把孔孟之道作为国民教育的方针。1922 年正值全国学生和教育界非基督教教育运动兴起,蔡元培支持这个运动,和这场斗争结合起来,这时提出离宗教而独立,其意义就不仅是反对封建主义,而且也是反对帝国主义的文化侵略。其次,主张教育脱离政党。当时矛头主要是针对军阀政权,和代表各帝国主义利益的那些乌七八糟的派系,是反帝反封建的,是进步的。早在他就任北京大学校长时对学生讲话,开宗明义第一条就是"不当以大学为升官发财之阶梯""诸君须抱定宗旨,为学术而来。人法科者,非为做官,人商科者,非为致富"②。这就是过去一般所说蔡元培的超阶级超政治的"为学术而学术""为教育而教育"的观点。蔡元培是一个资产阶级教育家,不可能科学地分析建立在不同经济基础上的不同性质教育的本质,但是作为一个教育家,他看出了资本主义教育和封建主义教育的原则区别,是教育的任务主要是为了培养行政官吏,还是主要是培养各种专业人员、专家、技术人才和熟练工人。蔡元培的政治理想,是向往一个带有某些空想成分的发达的资本主义社会。所以在他看来旧的封建的读四书五经培养行政官吏的教育确实是不"学"无"术"的,因此他要求彻底改变这种教育的性质,把大学变成"学术"的中心,学生应以研究各门"学术"为天职,而不应该如进太学一样为了做"父母官"。

---

① 蔡元培. 在爱国女校之演说[M]//蔡元培选集. 北京:中华书局,1959:49.
② 蔡元培. 就任北京大学校长之演说[M]//蔡元培选集. 北京:中华书局,1959:23.

对普通教育蔡元培认为应该"养成完全之人格"①,就是进行体、智、德、美四育,使之能有健康的身体、劳动的知识技能和符合于资本主义社会秩序的思想与道德行为规范。

蔡元培能够坚决反对封建教育,要求建立为发展资本主义经济,为近代大工业生产服务的教育是正确的,但是由于唯心主义世界观和中国资产阶级的软弱性,他反对暴力革命,他的教育独立论是和他的教育救国思想联系在一起的,他幻想在不改变政权性质的情况下改变教育的性质,认为只要办好教育,学生学好知识技术就可以解决社会问题,所以反对学生参加政治活动,反对学生运动,称罢课是"自杀政策",这在当时是完全错误的,对一些教育工作者和学生起了消极的影响。

总之,教育独立论是蔡元培教育思想的核心,它的出发点是反对封建教育,其目的是要建立起近代资本主义的教育体系,他的一系列的教育主张都是从这个基本的思想出发的。

二、"学为基本、术为支干"

蔡元培对大中小学的关系认为要办好教育提高教育水平首先要办好大学教育,而"所谓大学者,非仅为多数学生按时授课,造成一毕业生之资格而已也,实以是为共同研究学术之机关"②。在研究学术的问题上,蔡元培认为"学"应该重于"术"。

蔡元培认为:"学与术可分为二个名词,学为学理,术为应用。各国大学中所有科目:如工商,如法律,如医学,非但研究学理,并且讲求适用,都是术。纯粹的科学与哲学,就是学。学必借术以应用,术必以学为基本,两者并进始可。""中国固然要有好的技师、医生、法官、律师等。但要在中国养成许多好的技师、医生等,必须有熟练技能而又深通学理的人。""要是但知练习技术,不去研究学术,或一国中,练习技术的人虽多,研究科学的人很少,那技术也是无源之水,不能会通改进,发展终属有限。"③"学术虽关系至为密切,而习之者旨趣不同。文、理学也,虽亦有间接之应用,而治此者以研究真理为目的终身以之,所兼营者不过教授著述之业,不出学理范围。法商医工,术也,直接应用,治此者虽亦可有永久研究之兴趣,而及一程度,不可不服务于社会;转以服务时之所经验,促其术之进步。与治学之

---

① 蔡元培. 蔡元培选集[M]. 北京:中华书局,1959:49.
② 蔡元培. 蔡元培选集[M]. 北京:中华书局,1959:66.
③ 蔡元培. 蔡元培选集[M]. 北京:中华书局,1959:184.

极深研几,不相体也。鄙人初意,以学为基本,术为支干,不可不求其相应。"①这就是说,蔡元培承认理论和实际应用是不可分离的,就先后而言,"不论哪种学问,都是先有术后有学"②,但在理论和实际应用之间蔡元培是重理论研究的。从这个观点出发他认为学校之间也应有所分工。"治'学'者可谓之'大学',治'术'者可谓之'高等专门学校',两者有性质之别,而不必仅有年限与程度之差。"③也就是说专门学校的任务是"学成任事",而"大学者,研究高深学问者也"④。蔡元培在任北京大学校长期间,就曾将工科调整到其他学校,而致力于把北大办成文理科的综合性大学,成为学术的中心。为此他提倡和协助学生组织许多研究会并发行《北京大学月刊》作为学校师生交流科研成果的阵地。并且他主张大学应设各科研究所,为教员提供从事科学研究的条件,使大学毕业生有深造的机会,使在校学生有自由研究之可能。

蔡元培的这些观点在反映科学发展的客观规律上当然并不完全正确,他对于学校任务的划分也未必精当。但是蔡元培在学习和科学研究上却提出了一个重要的问题,就是要重视理论的学习和研究,特别是蔡元培所说的"纯粹的科学"的研究。事实上人们对客观世界的认识有着无穷的未知数,许多研究和发现一时尚不能为人所掌握,不清楚或不完全清楚它在人们当前的实践活动中起什么作用,但是这种研究是极端必要的,没有这个研究就不能在科学发展上取得重大的突破。

蔡元培的这些主张也是很有针对性的,他反对当时重术轻学的恶劣学风。同时这时正是杜威实用主义教育思想在中国泛滥之时,蔡元培虽然也推崇实用主义,但是他坚持不让这种实用主义观点侵入高等教育,是正确的,应该说是有远见的。

对于基础教育和专业教育,蔡元培重基础知识和基本理论的教育。他说:"普通教育和职业教育,显有分别:职业教育好像一所房屋,内分教室寝室等,有个别的用处;普通教育则像一所房屋的地基,有了地基,便可把楼台亭阁等,建筑起来。""可是我们要起盖房子时,必得先求地基坚实,若起初不留意,等到高屋将成,才发现地基不稳,才想设法补救,已经来不及了。""若在中小学内,并没有建筑好

---

① 蔡元培.读周春狱君大学改制之商榷[M]//蔡尚思.蔡元培学术思想传记.上海:棠棣出版社,1958:219.
② 蔡元培.蔡元培选集[M].北京:中华书局,1959:167.
③ 蔡元培.读周春狱君大学改制之商榷[M]//蔡尚思.蔡元培学术思想传记.上海:棠棣出版社,1958:219.
④ 蔡元培.蔡元培选集[M].北京:中华书局,1959:23.

基础,等到自悟不够时,再要补习起来,那就很不容易了。"①为了加强基础教育,蔡元培在1922年1月发表的《全国教育会联合会所议决之学制系统草案评》一文中提出他不赞成中学文理分科,理由是分开来会降低中学基础教育的程度,又认为三三制中的高中设职业和师范的科目已有专业的趋向,那么普通教育的初中只有三年,教学时间不足,程度会太低,主张中学采用四二制。他对于当时风行的中学选科制也持不同意见。1921年,他说"现在的学校多实行选科制,但这种制度只能行之于高等以上的学校,并且学生只有相对的选择,无绝对的选择,除必修科以外的科学,才有选择权",而且所选学科还需要教员认定,"普通教育不能行选科制,只可采用选科精神"。② 这些都是他重视和要求加强基础教育的表现。蔡元培在专业教育中也重视比较宽厚的基本理论和基础知识的学习,他认为文科需要理科的基础知识,理科不可不兼习文科如哲学,等等,所以他在北京大学废止文理法等科别,而改为学系制,这些意见都是正确的。

这里应该提及的是蔡元培重视基础知识的学习,也重视系统科学的研究,但是他在一些地方介绍和推荐杜威实用主义的"做中学",他称之为"即工即学主义",否定教科书、教师的系统讲授和系统知识的传授。这又怎样理解呢? 这是一个矛盾,这个矛盾可从两个方面来分析。一方面蔡元培反对旧的呆读死记,不顾儿童个性发展,脱离生活脱离实际的教育,把这种实用主义的教育作为一种新的教育方法来推荐,这在他《新旧教育之歧点》这篇讲话中可以看出;另一方面蔡元培是面对小学或成人的补习教育而言,属于资产阶级所谓义务教育或社会教育的范围。对于劳动人民及其子女只要求能掌握一些生产技能所必需的片段知识,能够创造利润又不惊扰主人的安宁就可以了,这是蔡元培资产阶级立场的表现。

基于上述观点,蔡元培理想的学制就是小学、中学和中等专业学校、专科大学和大学,各有侧重,有显然的阶级性和阶段性,较为符合当时教育发展的实际。

三、囊括大典、网罗众家、兼容并收

蔡元培认为:"大学者囊括大典网罗众家之学府也。"③"无论何等学派,苟其言之成理,持之有故,尚不达自己淘汰之命运者,虽彼此相反,而悉听其自由发展。"④"此思想自由之通则,而大学之所以为大也。"⑤这是蔡元培办大学的基本

---

① 蔡元培. 蔡元培选集[M]. 北京:中华书局,1959:149.
② 蔡元培. 蔡元培选集[M]. 北京:中华书局,1959:117.
③ 蔡元培. 蔡元培选集[M]. 北京:中华书局,1959:67.
④ 蔡元培. 蔡元培选集[M]. 北京:中华书局,1959:79.
⑤ 蔡元培. 蔡元培选集[M]. 北京:中华书局,1959:67.

方针。

"囊括大典"重点在对待古今中外。大学既为研究学术之地,凡古今中外有名的学派、思想、著作都应收集研究。蔡元培很注意学校图书馆的建设。他对北大学生说:他要"筹集款项,多购新书,将来典籍满架,自可旁稽博采,无虞缺乏矣"①。"网罗众家"重点在广收人才并且能恰当地任用。蔡元培认为人才至为难得,不能求全责备,"若求全责备,则学校殆难成立"②。在北京大学蔡元培确实做到了不拘一格用人才。当时的教员中有二十几岁的青年如胡适、梁漱溟等,也有白发老翁;有鼓吹新思潮的李大钊、陈独秀、鲁迅等人,也有旧学深沉的王国维、刘师培等;"教员中有拖长辫而持复辟论者,以其所授为英国文学,与政治无涉,则听之"。③ 对于不称职的教员,哪怕是外国使馆介绍,英国公使亲自来"谈判"反对解聘的外籍教员,也同样让他走开,这种坚持原则用人唯才的态度是难能可贵的。

对于学术观点蔡元培反对"数千年学术专制之积习""一道同风之旧见"④,主张思想自由兼容并收。对于这个观点,虽然蔡元培用"万物并育而不相害,道并行而不相悖"来形容,但是蔡元培并不完全是个客观主义者,他支持新思潮,称之为来势勇猛的冲决旧日习惯的洪水,他反对对新思潮的压制,主张"舍湮法用导法,让他自由发展,定是有利无害的"⑤。他不同意旧派主张,提出"旧派对付新派的好方法"就是让他自由发展。至于不同的学术观点,蔡元培认为只要言之成理、持之有故就可以存在,如果是错误的当然会自然淘汰。这里面含有争鸣之意,不过更多强调的是各自的自由发展。对学生来说,可以不以一家之见为是,能够在教师不同的学派观点中有所选择。学生也可以展开自由的科学研究。

蔡元培这样一个办学方针的根据是什么呢? 他说是依"思想自由之通则"。"自由"是资产阶级革命旗帜"自由、平等、博爱"的第一条。归根结底是要摆脱封建经济的桎梏,自由地发展资本主义经济,使农民脱离对土地的依附而成为自由的劳动力,生产上的自由竞争,等等,需要有一个思想上的解放,这就是蔡元培所说的"思想自由之通则"。所以蔡元培以囊括大典、网罗众家、兼容并收的方针来反对封建的文化专制主义,是正确的,也是卓有成效的。北大之所以在五四运动时期能够成为全国著名的高等学校、新文化运动的摇篮、马克思主义的最早传播地,和蔡元培的这个办学方针是分不开的。这在某些方面也是符合科学发展的客

---

① 蔡元培.蔡元培选集[M].北京:中华书局,1959:25.
② 蔡元培.蔡元培选集[M].北京:中华书局,1959:79.
③ 蔡元培.蔡元培选集[M].北京:中华书局,1959:79.
④ 蔡元培.蔡元培选集[M].北京:中华书局,1959:67.
⑤ 蔡元培.蔡元培选集[M].北京:中华书局,1959:114.

观规律的,如不以人废言,对政治问题和学术问题要区别开来,允许和鼓励不同学派的发展,等等,对促进科学发展起着积极的作用。

但是蔡元培所讲的"思想自由之通则"是资产阶级的"通则",带有资产阶级无政府主义的倾向。"言之有理,持之有故"并不是鉴别真理的标准,在这个借口之下资产阶级的各种乌七八糟的东西都可以自由泛滥。蔡元培自己就认为哲学唯心论和唯物论可以并行无害,"若相反而实相成"①;宇宙论之乐天派与厌世观也可以并存;等等。在北大有反孔孟之道的,也有宣扬孔孟之道的;李大钊讲唯物史观,胡适讲实用主义。这种资产阶级的自由化,同样阻碍科学的发展。当然蔡元培的思想自由、"学术自由"也有一条资产阶级的政治界线,在这个线内是可以的,超出就不能允许了。例如,蔡元培出自"思想自由之通则"认为在北大可以宣传、研究马克思主义的革命道理,但是学生参加革命运动,他就认为学生行动越轨而坚决反对。蔡元培是反对阶级和阶级斗争学说、反对暴力革命的,大革命失败后他参与了国民党的"清党",可是1929年蔡元培却为李季的《马克思传》作序,他说:"研究马克思,不必即与中国共产党发生关系,且研究与盲从不同,研究马克思,不必即信仰马克思。"1933年他和叶恭绰、陶行知、李公朴等人发起马克思逝世50周年纪念会,在《缘起》中说:"同人等今基于纯正之研究学术立场上,发起纪念马克思逝世五十周年会,一以致真挚之敬意于此近代伟大之思想家,同时亦即做研究自由思想自由之首倡,并打破我国学术界近年来一种思想义和团之壁垒。"②在国民党反动派法西斯文化围剿的白色恐怖下,提出研究马克思主义还是有积极意义的。但是,对待革命理论只能有学术研究自由,而行动上不得越轨搞革命,有研究自由又可以实行之的只能是符合资产阶级现有社会利益的资产阶级理论。所以我们对于蔡元培这个兼容并收的办大学的方针要做实事求是的分析,既充分肯定它的正确方面和进步作用,也要分析它的资产阶级的思想实质。

四、科学教育与美感教育

蔡元培认为"教育的方面,虽也很多,他的内容,不外乎科学与美术"③,"文化进步的国民,既然实施科学教育,尤要普及美术教育"④。他在许多地方都谈到了这个问题。蔡元培把各门学科的教育都称之为科学教育,这是"五四"以来科学精

---

① 蔡元培. 蔡元培选集[M]. 北京:中华书局,1959:67.
② 蔡尚思. 蔡元培学术思想传记[M]. 上海:棠棣出版社,1958:126.
③ 蔡元培. 蔡元培选集[M]. 北京:中华书局,1959:162.
④ 蔡元培. 蔡元培选集[M]. 北京:中华书局,1959:162.

神的体现,与封建迷信和蒙昧主义相对立。在科学教育中他很强调自然科学的教育,并且正确地看到自然科学是生产力的一个部分,要富国强兵就要加强科学教育。他认为当前是个培植制造的时代,只有发展科学才能发展培植和制造,只有工农业生产发展了国家才会富强。不过他认为科学的重要,差不多人人都注意了,所以在这方面专门论述比较少,而对于科学教育和美育的关系,以及美术教育谈得很多,大力提倡美育是蔡元培教育思想的一个突出的特点。

蔡元培认为美育和科学之间的关系是:"要透彻复杂的真相,应研究科学,要鼓励实行的兴会,应利用美术。"①就是说把美育看成是促进科学发展的一种思想动力。他认为通过美育可以培养一种超脱于现实的、泯灭人我之差别、幸福之营求、生死利害等之关系的世界观。没有这样一个世界观或人生观,那么"现世之幸福,临死而消灭。人而仅仅以临死消灭之幸福为鹄的,则所谓人生者有何等价值乎?"那么"杀身成仁也,舍生取义也,舍己为群也,有何等意义乎?"他认为没有这样一个人生观,就不会有探险之精神、实践创造之志向,如南北极之探险、飞船飞机之制造,"其构造之初,必有若干之试验者供其牺牲,而初不以及身之不及利用而生悔。文学家美术家最高尚之著作,被崇拜或在死后,而初不以及身之不得信用而辍业"②。蔡元培认为通过美育可以培养一种高尚的情操,能有远大的抱负,不为"小小的利害""牺牲主义",不"放纵卑劣的欲望"③,不会有了几次挫折,就觉得没有希望,颓废下去甚至厌世。蔡元培认为美育可以发展人们的个性,调剂人们的生活,给人以有益的娱乐。他说:"常常看见专治科学,不兼涉美术的人,难免有萧索无聊的状态。"思想也易于机械呆板,"不但对于自己竟无生趣,对于社会毫无爱情,就是对于所治的科学,也不过'依样画葫芦',绝没有创造精神"。④美育还可以给人以有益的消遣,不至于缺乏正当娱乐而去嫖赌并沉溺下去。

蔡元培的这种美育观的哲学基础和美学基础显然是唯心主义的,他受康德二元论的哲学和美学观影响很深。他认为在我们生活的物质世界,即现象世界之外,还存在一个超出时间、空间、因果关系等的一个实体的世界、一种绝对的观念,是世界的本性。要认识这样一个本性最好的途径是美育,因为美感是"介乎现象世界与实体世界之间,而为之津梁"⑤。在现象世界中由于离合生死祸福利害而产生的爱恶惊惧喜怒悲乐之情一到美术中就除了美感之外都不存在了。如采莲、

---

①　蔡元培. 蔡元培选集[M]. 北京:中华书局,1959:106.

②　蔡元培. 蔡元培选集[M]. 北京:中华书局,1959:10.

③　蔡元培. 蔡元培选集[M]. 北京:中华书局,1959:10.

④　蔡元培. 蔡元培选集[M]. 北京:中华书局,1959:18.

⑤　蔡元培. 蔡元培选集[M]. 北京:中华书局,1959:10.

煮豆本为饮食之事,而一人诗歌,则别感兴趣,火山赤舌、大风破舟可骇可怖之景,一人图画则成为可以欣赏的东西。蔡元培认为通过这些超现实的美感,就可以破除人我之差别、幸福之营求种种现实世界的思想,而达到他所要求培养的世界观、高尚的情操等。他说:"美术的教育"可以"提起一种超越利害的兴趣,融合一种划分人我的僻见,保持一种永久平和的心境"①。这是一种超阶级超政治的唯心主义的美学观。但是如果我们脱去蔡元培这些唯心主义形而上学的外衣,那么他所论的美育的作用实际上就是他所要进行的资产阶级的思想道德教育。

蔡元培是资产阶级革命民主主义者。中国资产阶级的软弱性不仅表现在对帝国主义和封建主义的妥协上,而且还在于他们尚未革命成功,就已经看到了外国资本主义社会也并不是那么美妙,依然是"贫富悬绝""政潮排荡""演资本家与劳动家血战之惨剧",为了要避免和预防这些问题,孙中山曾提出过"毕社会革命与政治革命之功于一役"的主张,蔡元培则提出"公民道德教育""世界观教育",通过这些教育达到既无人我之别,亦无幸福之求,那么阶级斗争当然也就不复存在了。作为一个资产阶级革命民主主义者,蔡元培热切希望中国能实现工业化、现代化,他要求培养的人能够具有创业的大志,具有冒险精神和坚忍不拔的事业心。同时他反对封建的腐朽的糜烂的旧道德习气,提倡不嫖不赌不娶妾,不钻营利禄、不吸烟喝酒等新的道德风尚,这就是立足于现实社会蔡元培大力提倡美育的目的。他在北京大学组织"进德会"就是以这些为内容,他在北大还组织许多课外活动小组,如书法研究会、画法研究会等提倡美育。在他任"大学院院长"期间设国立音乐学校于上海,增设国立艺术学校于杭州,请音乐家肖友梅和画家林风眠为校长,极力提倡美育。

蔡元培重科学教育,把美育视为发展科学的一种思想动力是有道理的,美育可以起到培养世界观、情操,发展个性,娱乐生活等作用,而且它是艺术,是人们所喜闻乐见的,是潜移默化的,应该是教育的一个重要方面。我们所要扬弃的是他的唯心主义和形而上学的美学观,而要吸取他的有益的方面。一谈美育就疑心是资产阶级的东西显然是错误的。

五、"尚自然""展个性"

1918 年蔡元培发表了一个著名的讲话《新教育与旧教育之歧点》,提出旧教育以养成科名仕宦之才为目的,所以科举考什么就强制学生学什么,自然现象、社会状况,虽为儿童所亟欲了解者,以其与应试无关,均不得设为教科。"是教育者

---

①　蔡元培. 蔡元培选集[M]. 北京:中华书局,1959:106.

预定一目的,而强受教者以就之;故不问其性质之动静,资察之锐钝,而教之只有一法,能者奖之,不能者罚之。如吾人之处置无机物然,石之凸者平之,铁之脆者锻之;如花匠编松柏为鹤鹿焉,如技者教狗马以舞蹈焉。"而"新教育则否,在深知儿童身心发达之程序,而择种种适当之方法以助之。如一农学家之于植物焉,干则灌溉之,弱者支持之,畏寒则置之温室,需食则资以肥料"。"其间种类之别,多寡之量,皆几经实验之结果,而后选定之;且随时试验,随时改良,绝不敢挟成见以从事焉。"提出"教育者,与其守成法,毋宁尚自然;与其求划一,毋宁展个性"。"治新教育者,必以实验教育学为根底",主张设立"实验教育之研究所"。

蔡元培这个观点,旨在反对封建旧教育对儿童的压制和摧残。为了实验新教育,他介绍了一些资本主义国家的教育派别,如托尔斯泰的自由学校、蒙台梭利的儿童室、杜威的实用主义教育,以及当时流行欧美的劳作教育,等等。蔡元培教育实践活动的重点不在小学教育,所以在这个问题上所起的积极作用主要不在于他介绍什么样的教学方法,而在于他对教育科学研究的提倡。也就是说他认为教育的对象是人,是儿童,应该研究如何培养人的问题。教育学应建立在多种科学研究的基础上,研究心理学,特别是儿童心理学和教育心理学;要研究教材教法;等等。可以说蔡元培是在我国提出建立实验教育科学研究所的第一人。

在大学教育中蔡元培也主张发挥学生的主动性和积极性,他在北京大学将"学年制"改成"学分制",实行"选科制",鼓励学生自由研究,开展丰富多彩的课外活动,这些措施实践证明都是行之有效的。

蔡元培作为杰出的思想家和教育家,他的教育思想包括的面很广,从胎教到研究所,从普通教育到社会教育,从教育方针、学制到教学方法,以及一些教育思潮都有论述,以上所谈的只是其中的几点。可以看到蔡元培在中国近代特别是从1912 年到 20 世纪 30 年代初期在教育改革中的地位。如果说严复、康有为等人在19 世纪末是在中国建立现代资本主义式的教育体系的倡导者,那么蔡元培可以说是 20 世纪初中国资本主义新教育体系的建造者。在蔡元培的教育观点中贯穿着富国强兵的愿望和民主科学的思想,这是我们中华民族百年来为之奋战和我们现在四个现代化所要付诸实现的理想。我们可以从蔡元培的教育思想中吸取其具有民主性、科学性的东西,以利于我们教育的发展。从另一方面讲,蔡元培所向往的发达的资产阶级民主共和国和建立资产阶级革命民主的教育的理想总是不能实现,先扼杀于北洋军阀,后破灭于国民党反动统治,说明资产阶级民主共和国在半殖民地半封建的中国是不可能建立起来的,只有社会主义才能救中国,只有创立社会主义教育才是新教育发展的唯一方向,"前车覆,后车戒",这也是我们今天研究蔡元培教育思想的另一积极意义。

职业·职业观·职业教育①

　　《中华人民共和国宪法》第19条规定："国家举办各种学校,普及初等义务教育,发展中等教育、职业教育和高等教育,并且发展学前教育。"把发展职业教育列入宪法,说明大力举办职业教育已成为我们的基本国策之一。这是因为:实现"四化"必须发展生产力提高劳动生产率,要做到这点我们只能依靠科学和技术的发展,依靠劳动者的热情、智慧、知识和技能,而培养有觉悟有能力的劳动者就必须发展职业教育。现代经济发展表明,要加速生产发展,提高经济效益,必须依靠各方面的服务,包括文化教育、信息、医疗、法律、生活服务、娱乐等,要实现这一切服务,离不开职业教育,目前我们正在进行经济体制改革,其最终目的是解放生产力,人是生产力中最积极最活跃的因素,人才问题已经或正在被人们所认识,用人单位要聘用受过职业训练的人,就业和从业者也要求受到一定的职业训练,将成为一个不可逆转的趋势,我国准备实行九年制的义务教育,计划到1990年受专门职业教育的学生数要达到占高中生人数的60%,这样加上大专水平和初级水平的职业教育,各种就业前的培训、学徒工培训和业余职业教育,职业教育将成为我国教育体系中规模最大、范围最广、人数最多的一种教育类型。而目前我们所面临的情况则是,我国自清末有新教育以来职业教育的落后局面至今未能彻底扭转,由于我国人口众多,培训任务之重也为世界上所仅有,这就迫使我们不能不把发展职业教育提到战略地位。怎样在较短时期内,完成这个繁重的任务建立具有我国特色的社会主义的职业教育体系,是一个新事物,大家都在研究。在这个探讨过程中自然会存在许多不同的观点,对于什么是职业教育,职业教育包括的范围,职业教育的职能、结构、体制等都在讨论中。不过,不管讨论哪一方面的问题,最终总要回到什么是职业教育这个基本的问题上来。因此,这里准备从职业、职业观和职业教育这三个不同范畴的事物的起源、发展及相互关系方面,就什么是职业教育及某些有关问题做一个初步的探讨。

---

　　① 原载:教育与职业,1985(1):38-42.

职业是人类生活中客观存在的现象,是分工的结果,职业的本质含义,应该是个人对社会的关系。

在原始社会初期,大抵很难谈到有什么职业问题,因为这时的社会组织和社会生产没有明显的分工。当社会生产和生活继续向前发展,大约在旧石器时代晚期,我国山顶洞文化期,在氏族公社里,存在着按性别和年龄间的不稳定的分工,这可以说是职业的萌芽。因为从那时起,男人和女人、老年人和儿童在维持、延续人类社会生活上开始存在不同职能的区别。到了新石器时代母系氏族公社有了进一步的发展,新石器时代晚期中国人民的生活,已进入了畜牧兼农耕阶段。《礼记·礼运》关于大同之世的说法,反映了人们对于远古原始公社时期人类生活的一些朦胧的记忆。其中写道"选贤与能""男有分,女有归"。这里"贤"与"能"是氏族的首领,要负责管理生产和社会生活,因此他们个人与社会的关系,和一般氏族公社成员在职责上就有了区别。"分"可以说是原始的职业,"归"是有了可靠的生活。

随着社会的向前发展,农耕畜牧的分工,农业、手工业之间的分工出现了,"从事单纯体力劳动的群众同管理劳动、经营商业和掌管国事以及后来从事艺术和科学的少数特权分子之间的大分工"①出现了。以后分工越来越细。分工是人类社会生产和社会生活发展的一个必然结果,是不以人们的意志为转移的客观规律。人类社会没有分工就不会取得今天这样巨大的进步,这已是常识了。人类社会生活的长河是无限的,但作为每个个体的人,只能在其有限的生命之中和在其活动的有限空间之内服从这个客观规律,在社会分工中占一席位置,这就是他的职业。所以分工是产生职业的社会基础,职业则是反映了个人对社会的关系在分工中所占的地位和位置。所以,存在分工就存在职业。

不过,在社会发展中社会分工虽然比阶级分化要早得多,但是在产生了阶级之后,社会分工和阶级分化就紧密联系在一起,并同步发展了。在阶级社会中职业主要由阶级关系和阶级地位所决定,个别的人也可由其职业的转换而改变了阶级地位。由于这个缘故,本来由分工产生的职业就打上了阶级的烙印,并被蒙上了许多特殊色彩,在不同的社会不同的阶级中产生了不同的职业观。所以职业和职业观是两个不同的范畴。职业是基于分工而产生的不以人的意志为转移的客观存在,社会分工不消失,职业也必将永存。职业规则不同,它是观念形态的东西,可能正确地反映了职业的本质,也可能是歪曲的或不完全正确的,职业观不是

---

① 恩格斯.反杜林论[M]//中共中央马克思恩格斯列宁斯大林著作编译局.马克思恩格斯选集:第3卷.北京:人民出版社,1972:221.

永恒不变的。

职业观是不同社会发展阶段,在阶级产生之后则是不同阶级的人、对职业的不同认识。

一个时代占统治地位的职业观当然不会凭空产生,它与生产力发展的水平、生产关系密切相关,受生产力发展的水平所决定,为维护和发展一定的生产关系服务。

原始人的职业观已不可考,但据《礼记·礼运》篇的描述"货恶其弃于地,不必藏于己。力恶其不出子身,不必为己",以及我们对原始社会生活的推测,在原始公社时期人们对简单的原始分工都是视为个人对部落应尽的职责,他们的职业观应是对自己所从事的工作既无高低贵贱的观念之分,也没有什么固定不移的观念。

进入阶级社会之后,职业观随之发生了根本性的变化。在以农业和手工业经济为基础的古代中国,占统治地位的职业观主要是剥削阶级依靠其掌握的统治权,使分工固定并与阶级关系相一致这样一种需要的反映。

管子可以说是最早系统地论述了这个问题。齐桓公问管子如何"定民之居,成民之事"。管子对曰:"士农工商四民者,国之石民也,不可使杂处。"他认为应使士农工商都以己业教其子弟,使他们"少而习焉,其心安焉,不见异物而迁焉",做到子继父业,"工之子常为工,商之子常为商"①。《左传·襄公九年》说:"其卿让于替,其大夫不失守,其士竞于教,其庶人力于农稽,商工皂隶不知迁业。"直至唐朝,《唐六典》仍载:"工巧作业之子弟,一入工匠后,不得别入诸色。"

这些记载说明,剥削阶级为了维护其世袭的统治权,首先要在统治者和被统治者之间建立起严格的区别和界线。国家政权是专政的工具,但任何社会的政权也都具有管理社会生产和生活的职能,这些职能和从事这方面职业的人,事实上与统治权合二为一了,丧失了作为分工的职业的本来性质。其次,要把各种职业固定起来,不许任意迁移转换。把农民固着土地之上,工匠世传附属于奴隶主、领主或封建主。在这种生产关系之下所形成的职业观必然是职业具有了高低贵贱之分,"君子劳心,小人劳力",劳心者成为"君子",劳力者成为"小人"。"劳心者治人,劳力者治于人。治于人者食人,治人者食于人。"(《孟子·滕文公上》)对于从事各行各业的劳动人民来说,父子相继"不迁其业"是最高的职业准则。从而又引申出了义利之辩、谋道谋食的问题。在奴隶社会奴隶是会说话的工具,谈不到自身官"谋"什么的问题。春秋时期孔子就提出了"君子"讲"义"、"小人"讲

---

① 赵守正.管子注译:上册[M].南宁:广西人民出版社,1982:198-199.

"利"、君子谋"道"不谋"食"的思想。这样"职业"这个概念就逐渐变成仅对劳动人民掌握一技之长借以谋生（谋食）而言，谋"道"的君子不参与其中。这是形成社会上轻视职业教育，在旧中国甚至有人将其贬为"吃饭"教育的一个重要思想根源。这种职业观是与社会的严格等级制度相适应的。

现代的职业观形成于大工业生产发展和资本主义制度条件下。在资本主义社会对职业观主要有两种提法。一是所谓职业三要素：维持生活，发展个性，承担社会义务。新中国成立前中华职业教育社对职业教育所下的定义（用教育方法使人人依其个性，获得生活的供给和乐趣，同时尽其对群众的义务名曰职业教育）基本上是依据上述观点。二是从个人从事什么活动的角度上看的，如杜威所说："职业的意义无他，不过是人生的活动所循的方向，在一个人自己方面能成功种种结果，对于他人方面也有用处，因此使这个人觉得这种活动有意义。"①英文职业（Occupation）的原意即为占有某人时间的事物，如事业、商务、永久性的工作或作为嗜好的工作等。但不论从哪个角度谈，这种职业观都具有以下两个特点。首先，职业的概念扩大了。这是因为"资产阶级抹去了一切向来受人尊崇和令人敬畏的职业的灵光。它把医生、律师、教士、诗人和学者变成了他出钱招雇的雇佣劳动者"②。同时由于商品经济是资本主义生产的特点，以及生产的社会性，资产阶级也自诩他们的经营也同属于社会职业。这样，虽然在资本主义社会中存在剥削者和被剥削者、统治者和被统治者，在职业上划分高低贵贱的观念依然存在，但等级性消失了，至少在承认从事的都是"社会职业"这点上是平等的，当然这种职业观的另一个作用也就是用"职业"来掩盖了现实的阶级关系。其次，不再强调职业的固定性。马克思和恩格斯在《共产党宣言》中论述资本主义社会时说："资产阶级除非使生产工具，从而使生产关系，从而使全部社会关系不断地革命化，否则就不能生存下去。""生产的不断变革，一切社会关系不停地动荡，永远的不安定和变动，这就是资产阶级时代不同于过去一切时代的地方。"③在资本主义社会中生产技术不断革新，竞争获得胜利与失败，资本家需要不断流动和可以转换的自由劳动力，等等，破坏了旧日那种固定行业的、世传的职业的神圣准则。因此，在职业的概念中出现了"个性"的问题，把职业规定为可以依人的个性而自由选择的生活方式或谋生方式。这种职业观比起古代的职业观，无疑是很大的进步。但人的本

---

① 杜威. 民本主义与教育：第 3 版[M]. 上海：商务印书馆，1941：364.

② 中共中央马克思恩格斯列宁斯大林著作编译局. 马克思恩格斯选集：第 1 卷[M]. 北京：人民出版社，1972：254.

③ 中共中央马克思恩格斯列宁斯大林著作编译局. 马克思恩格斯选集：第 1 卷[M]. 北京：人民出版社，1972：254.

质在其现实性上是一切社会关系的总和,一方面摆脱不了分工和阶级关系的束缚,另一方面又要宣扬平等和自由地选择职业,这就是资本主义社会中职业观中不可克服的矛盾。

我们的职业观应该怎样,是一个需要专门研讨的问题。但有一点是明确的,即在我国剥削制度已经不复存在,阶级已经消灭,这就创造了可以按照分工的本来面目建立我们的职业观的条件,我们社会产生的职业观也必然反映这个现实。

在我国不存在统治者与被统治者,只有社会分工不同,没有高低贵贱之分,也就是说不论从事什么职业,其社会地位是平等的。把职业分为三六九等,甚至把自己从事的社会公职视为统治权是旧社会,特别是封建社会的思想残余,应该批判。因此,我们职业观的第一点应该是从事任何为社会生产、社会生活所需并为社会所承认的劳动,都是平等的社会职业。第二,社会主义社会的经济基础是公有制,在社会经济生活中不存在剥削者与被剥削者的关系。每一个人不论其自觉还是不自觉所从事的职业都是公有制经济中的一个部分,只有每个人做好本分与自己的本职工作,社会主义社会才能生存和发展,个人也才能从社会中得到生存和发展的保证,认识个人与社会的这种关系是我们职业观的核心内容。因此,我们对待职业的最高准则是为人民服务,为社会主义服务。就业当然是要解决个人的生活问题,但把职业仅仅看成是个人的生活方式、个人的谋生手段则是剥削阶级社会遗留下来的狭隘观念。第三,作为个人在从事什么职业上有多大的选择权,要依社会发展所提供的条件。总的来说,自由选择职业的可能性越来越大,但直至现在真正地可以依照自己的个性、爱好选择职业的自由仍然是不大的。因为目前还不能设想社会分工可以被消灭,分工的存在必然要求就业的结构要与经济结构、生产结构、社会需求相适应,否则就会产生人力资源的不平衡,得不到充分就业。在社会主义社会中各种差别的存在,如体脑差别、城乡差别等不可能在短期内消灭,这些都必然会影响和限制对职业的选择,此外影响就业的还有国家的各种政策、劳动工资制度,以及个人的各种生活机遇等。因此我们的职业观的第三点应该是把祖国的需要、现实的可能和个人的兴趣志愿正确地统一起来,这一点作为一个有觉悟的公民是可以做到的。

应该说明的是以上三点回答的问题是"职业观",也就是对职业本质的认识,而不是谈教育问题。从教育的角度上看我们一方面要教育青少年树立正确的科学的职业观,摆脱封建的、资产阶级职业观的影响;另一方面我们必须尽可能发展儿童和青少年的不同的个性、才能、兴趣,对此给以恰当的培养和指导,使他们能够从事最能发挥其能力的职业,这是教育的任务。事实上人的不同才能的形成和发展主要还是取决于后天的教育。孔子在两千多年前就接触到这个问题,提出

"性相近也,习相远也"的命题。马克思也说过:亚当·斯密比蒲鲁东先生所想象的要看得远些。他很清楚地看到"个人之间天赋才能的差异,实际上远没有我们所设想的那么大,这些十分不同的,看来是使从事各种职业的成年人彼此有所区别的才赋,与其说是分工的原因,不如说是分工的结果"。"搬运夫和哲学家之间的原始差别要比家犬和猎犬之间的差别小得多,他们之间的鸿沟是分工掘成的。"①因此,从广义上说按照社会的需要,开发智力,发展个性,培养人的职业兴趣和职业能力是职业教育的任务。

职业教育是指对全体劳动者在不同水平的普通教育的基础上,所给予的不同水平的专业职能教育,培养能够掌握特定劳动部门的基础知识、实用知识和技能技巧的人才的教育。

如上所述,职业是伴随分工而出现的,是一个古老的问题,泛言之有职业就有职业教育。但是,当前我们所讨论的"职业教育"是从近代才开始产生的。这如同在人类社会中教育活动早已存在,但学校教育的产生则要晚得多是一样的。因为这里所讲的职业教育主要是指在学校中进行的职业教育。因此,职业教育是整个教育体系中的一部分,教育体系的发展有其自身的规律,只有教育发展到一定阶段才产生了职业教育。

职业教育的产生起码要具备三方面的条件:第一,要有普通教育即一般的读、写、算等作为基础;第二,生产劳动技术在学校教育中传授的需要和可能;第三,随着分工的发展、社会生活的复杂,各类劳动越来越多地成为社会职业。这个条件产生于大工业机器生产和资本主义制度发展的时期。

马克思在《资本论》中指出:"劳动资料取得机器这种物质存在方式,要求以自然力来代替人力,以自觉应用自然科学来代替从经验中得出的成规。"②这样就使得人的生产条件发生了根本的变化。机器代替了使用工具的人的个人手艺。机器本来是人的智力活动的物化形式,但大工业革命把科学作为一种独立的生产能力与劳动分离开来,并且对立起来。机器使生产摆脱了个人技艺和人的生理条件的局限,从理论上说可以无限改善,工厂的全部运动不是以劳动者为起点,而是以机器为起点,不断地更换人员,不会使劳动过程中断。由于这些特点,资本主义生产是在一种矛盾的状态中发展的。一方面机器生产引起工人智力的荒废,使工人体力与智力彻底分离,机器不是使工人摆脱劳动,而是使工人的劳动毫无内容;另一方面大工业生产又反过来成为人类发展的源泉。因为,科学和工艺学的形成使

---

① 上海师范大学教育系.马克思恩格斯论教育[M].北京:人民出版社,1979:64.
② 马克思.资本论:第13章[M].北京:人民出版社,1964:423.

专业技术教学成为可能。生产的迅速变化，工人的全面流动性，要求工人了解生产的一般过程和原理，而大工业生产所创造出的巨大财富，也构成了使劳动者能够受到某些教育的物质基础。旧日的学徒制度不适应大工业生产体系而解体了，用新的教学制度来代替它成为必要和可能。机器在资本主义生产关系下又是生产剩余价值的手段，追求最大限度的利润是资本家生产的目的。为了从工人身上最大限度地榨取剩余价值，资本家延长工作日、增加劳动强度，但这些做法都有一定的极限，超过限度不但达不到目的，反而会造成毁灭性的后果。为了利润和竞争，不断革新生产技术、实行科学管理、提高经济效益等方式日益成为资本家获得高额利润的手段。而这些都有赖于工人的技术水平和熟练程度，有赖于各级技术人员和专业管理人员的工作，有赖于其他各方面的服务，如教育、医务等。所以仅仅给予劳动者一般读、写、算的初等义务教育就不够了，因此，在普及义务教育的基础上产生了近代职业教育。最初是少数职业学校，限于工业和农业，以后发展到家事及其他部门，最后构成了职业教育系统，并正式列入学制。

因此职业教育是现代教育制度中的一部分。它的产生是生产力和生产方式发展的结果，既不是资产阶级的善心，也不以人的意志为转移，职业教育的产生是历史的必然，也是历史的进步。当然由于它产生于资本主义制度下，必然要受到资本主义生产关系的制约，明确规定的或事实存在的"双轨制"就是这种制约的一种表现。双轨制是我们所要批判的，但不能把批判职业教育中反映出的阶级性和职业教育混为一谈，把职业教育视为资本主义社会特有的现象，仅仅是资本主义社会阶级压迫和教育不平等的体现，则完全是错误的。事实上职业教育作为一种教育类型，一经产生就以自己的规律向前发展。不管资产阶级的主观愿望如何，职业教育的水平必然要随着生产和科技的发展逐渐提高，从低级向高级发展，受职业教育的人数越来越多。可以预测将来当受大学教育最终成为全体人民生产和生活的必需时，现今形式的大学就会成为职业教育机构，从发展来看只能是职业教育水平的不断提高，而不可能是被消灭。

第二，职业教育在现代教育体系中相对于普通教育，属于专业教育，但要以普通教育为基础，基础如何对日后专业水平的提高和职业适应能力的大小直接相关。职业教育和高等教育同属专业教育，也都以适应就业或从业为目的。它们之间的区分在于社会职能和个人发展方向上的不同，也就是说培养目标不同。事物发展是不平衡的，任何时代都有自己那个时期的高精尖的科学，高等教育的基本任务和作用是保存、鉴别、传授和发展一个民族或一个社会已有的最高科学文化成就。所以高等教育的社会职能是培养从事基础理论科学或专业理论科学的人才，培养研究人员、高级技术人员和专家。就性质而言高等教育不可能是普及的，从个人的发展方向看更多的是发展解决对自然界和社会发展规律认识的才能。这里要注意的是不能把一种教育类型和某种类型的学校完全混为一谈。一般说大学是当前进行高等教育的场所,但大学中也有职业性的系科或课程,两年制的专科或两年到三年制的职业大学当属职业教育。

职业教育按其性质来说应该是普及的,就是说使每一个劳动者在就业前都能受到与自己所从事的工作相应的专业教育,在每一个劳动者需要的时候能够受到补充、提高或转业的教育,从而不断提高、改善全社会劳动人口的知识水平与结构是职业教育的总任务。职业教育的社会职能是培养能够掌握特定劳动部门的基础知识、实用知识和技能技巧的人才,目的在利用已掌握的规律,实现各种劳动领域所预期的成果。就个人发展方向来看更重实用知识、技能和技巧。所以职业教育在整个教育体系中以培养初、中级的专业人才为主要职责,处于普及义务教育与高等教育之间的阶段。就这方面而言,高等教育是职业教育的高一级教育,但就人的发展而言没有高低之分。发展是指使人在德智体美劳动技能诸方面得到发展,各级学校都要培养学生全面发展。在现代社会,人们不可能成为百科全书式的人物,只能成为他那一行的里手。一个口腔科医生和一个制造义齿的牙科技士更主要的区别是个性定向的发展方向不同,他们之间的技能不能相互替代也难分高低。因此,那种认为受职业教育就低人一等,或者只有学习困难的落后生才该上职业学校的观点是完全错误的。这种观念来自剥削阶级对普通劳动和劳动者的鄙视,也来自用这种理由来掩盖资本主义社会存在的社会上和教育上的事实上的不平等。最近北京市对职业高中毕业生的追迹调查表明,职业学校培养了不少很有才华的学生。

第三,职业教育的范畴主要包括三部分。一是职业准备教育,就是对幼儿和青少年在职业理想、职业兴趣、职业道德、职业知能等方面有意识地引导和教育,大致可分两个阶段,从幼儿园到小学为职业陶冶阶段,从初中或小学高年级是进行职业指导阶段;二是就业前职业教育,包括各级各类职业学校、培训班、专科学校和职业大学等;三是就业后的职业教育,包括职业补习教育、高一级职业教育和转业教育。

第四,职业教育的体制,从我国的实际出发考虑是否应是双管齐下、灵活开放、多种层次、相互衔接、殊途同归。也就是说不仅要有专门的职业学校,而且在普通中小学中也要进行一定的职业教育或职业训练,职业教育在入学水平、学习年限、学习方式、转学等各方面应灵活开放,给劳动者一切方便,使他们在需要和可能的条件下可以受到各级各类职业教育。对多层次的职业教育的各种层次应有明确的规定和要求,使它们能够衔接起来。职业教育可以是正规的学校,也可以是不正规的各类培训;可以是业余的学校职业教育,也可以是自学成才,途径可以不一,但要在水平和规格上统一起来,使劳动者可以依自己的条件通过各种途径培养自己成为合乎规格的各类建设人才。

当前对职业教育的概念问题也正在探讨,有的主张用"技术与职业教育",有的主张用"职业技术教育"。从上述对什么是职业教育的分析来看,作为教育体系三种类型之一,似以称"职业教育"为宜。因为"职业教育"概念反映了作为每一个就业或从业人员都应接受和受到的某种专业教育的实质,是与普遍教育相对的另一种普及教育。技术教育目前使用的含义并不一致,系指职业教育的一部分(大专水平部分)或是指一部分内容(技术教育),与职业教育并称容易引起一些误解。从我国的教育传统和社会现状用"职业教育"来统称这一类型教育是有利而无弊的。

关于职业教育理论研究的几个问题①

今天有机会参加天津技工师院召开的职业教育科学研究座谈会,很高兴。我主要是来向同志们学习的,也顺便谈一点关于如何进行职业教育研究的问题,和同志们共同商讨,不对之处请指正。

一、关于研究职业教育的观点和立场问题

我们研究职业教育要站在人民的立场,以马克思主义毛泽东思想为指导,这是大家都很明确的、早已解决的问题了。为什么还要提出这个问题,这是因为过去有一段时期,受到"左"的思想影响,在教育研究上存在着一些唯心主义和形而上学的不好的学风。这种唯心主义和形而上学表现在对于教育这样一个客观存在的社会现象研究中,否认或者轻视其客观规律,认为教育本身可以由人的主观意志或国家的政治权力随意摆布,不是用客观规律去说明教育现象和教育问题,而是往往用政治和思想上认识的原因来代替对规律性问题的分析。以致有时把教育问题和政治问题混为一谈。在这方面我们有着很多教训。因此,要搞好职业教育方面的科学研究,首先要肃清"左"的思想影响,正确解决立场和观点的问题。我们的一切工作,都是为了人民,我们的目的是要使人民受到教育,只有达到这一点才符合社会主义建设的利益,符合中国国情。在科学研究中应该做到不唯书、不唯上、不唯风。

二、怎样使科学研究成为"科学"研究

进行科学研究工作是不容易的,如果我们只是讲一点常识性的东西,那就不称其为科学研究。如果我们不能从研究中找到或得出一些带规律性的东西,推动认识的深化和发展,科学研究也就没有意义。社会科学的科学研究需要做扎扎实实的调查研究工作,要做大量的资料工作,确实地进行研究分析,而不是看到一点

---

① 原载:职业教育研究资料,1983(4):9－11.

就说,要抓住事物的本质。马克思的《资本论》就是从分析商品的本质开始的。研究商品的产生、商品的特性、商品发展的历史等,从而奠定了马克思主义政治经济学的理论基础。我们要学习马克思的研究态度和方法。例如,我们研究职业教育,首先要把一些概念弄清楚。什么是职业?职业是怎样产生的?它在历史发展中是怎样变化的?如果对职业这个概念都若明若暗,那么怎么研究职业教育呢?我想职业应该是分工的结果,它是人类社会生活中客观存在的现象。但是职业观就不同了,各时代各阶级有着不同的职业观。那么是不是从产生职业的时候起就存在着职业教育,任何专业的培养教育都应属于职业教育呢?那又是另一方面需要专门研究的问题,需要研究教育本身的发展及其规律问题,等等。有目的的教育活动可以说从人成为人的那个时候起就存在了,但是学校的产生要晚得多,同样,有了学校教育,不等于就产生了职业教育。为了阐明职业教育的问题,我们需要研究职业教育产生的历史条件,它和其他教育类型如高等教育、普通教育之间的关系,等等。例如高等教育,是专业教育,但它的社会职能同为专业教育的职业教育是有区别的。我认为高等教育的基本任务和作用是保存、鉴别、传授和发展一个民族,或一个社会已有的最高文化成就。因而它不可能是普及的,任何时代,任何社会都有高、精、尖,而高、精、尖就不是全体人民都能掌握的;职业教育其发展方向应该是普及的,现在有的国家,如德国职业教育不仅是普及的而且是义务的。所以我们目前一般讲职业教育,是指中等以下水平的专业教育。当然职业教育也在发展,目前有向大专发展的趋向。大学当然是可以普及的,当每一个劳动者都可受到大学水平教育的时候,高等教育必将发生变化。以上这些都是很不成熟的想法,仅仅作为问题提出,目的在于说明进行科学研究就要做过细的工作,具体问题具体分析,一步一步地研究,什么问题都谈到了,什么问题又都不十分明确,什么问题也没解决就不能称之为科学研究。

三、继承和创新的问题

孔夫子说过:"温故而知新,可以为师矣。"就是说你要"温故",学习前人遗留下来的精神财富,在前人的基础上起步;同时还要"知新",不能老是重复前人的东西。有些问题前人已经解决了,你费了半天劲研究人家已经解决了的问题,那不是白白地浪费时间和精力吗?我们要研究职业教育,就要研究过去从事职业教育的人,他们提出过哪些问题,解决了哪些问题,怎么解决的,哪些问题他们没有解决,为什么,等等。例如,通过职业教育能不能解决失业问题,中华职业教育社初建社时(1917)就提出要通过职业教育解决失业的问题。现在有人把失业问题分为结构性失业、发展性失业和经济性失业。职业教育在一定范围内是可以解决失业问题的,但经济性失业就不是职业教育本身能够解决的问题了。职教社后来注意了这个问题,提出"为人找事,为事找人",解决结构性失业或发展性失业问题主要是讲"对口"。所以黄炎培先生曾提出过职业教育的生命就是它的"社会性",意思是办职业教育必须了解社会上对各行各业的需求关系,否则,职业教育就办不好。因此他们搞各行各业调查,搞社会调查,搞职业指导、职业介绍,等等。对这些经验我们要分析研究。职教社也有错误的观点,特别是在前期,想通过职业教育解决中国的经济发展和社会问题,那当然是不可能的。我们曾抓住这点笼统地批判用教育来解决失业问题是改良主义,是教育救国论。好像一提通过职业教育解决失业问题就等于改良主义,这就不是具体分析的态度。研究一下前人的经验教训,他们提出过哪些问题,做过哪些工作,哪些是他们当时的局限性,对我们今天的工作是大有好处的,所以要解决继承的问题。当然,今天我们所面临的问题和职教社新中国成立前面临的问题完全不同了,我们还要了解新事物,解决新问题。因此,从事职业教育工作的人,要有职业上的敏感性,了解当前的情况,抓住关键性的问题,是很重要的。

四、关于研究的方法问题

我们的研究工作究竟是"博"一些好还是"专"一些好呢? 研究的问题当然要"专"。洋洋数万言,什么都提到了什么都不深入,不如范围小一些,精深一些。但是在研究的过程中不妨也要"博"一些。就是说涉及的资料、问题应该广一些。两年前我有一个研究生,他的论文题目是关于中华职业教育社社史方面的。我对他说,你要写职教社史当然要收集研究职教社的有关资料,但这不够,必须要有理论上的准备,起码要通读马克思《资本论》第一卷,要有普通教育理论——教育学、教育经济学理论做指导,要了解世界各国职业教育产生、发展的状况和当前职业教育的概况及发展趋势。要了解中国职业教育产生、发展的情况和有关职业教育理论各方面的情况,等等。这些绝大部分并不是要写到论文中去,但都是必不可少的指导思想和背景材料。只有你把中华职业教育社摆在这些背景上来分析研究,才能够较为正确地了解其产生和发展,给予一些较为适当的评价。因此,我想无论研究什么问题,都应该动用我们全部知识的总和。例如研究职业教育,如果我们对高等教育了解一些的话,那么职业教育和高等教育的关系就可能清楚一些。另外,我们搞社会科学的人,学点自然科学也有好处。搞自然科学的人很重视数据,这种研究方法我们也需要学习。过去研究社会科学,定性分析比较多,定量分析比较弱。一定的数量是为了说明一定的质量问题。学校考试是什么,无非是要用一个数量来衡量学生学习的知识的质量。所以给 59 分就不及格,60 分就及格了,59 和 60 都是数量,达到一定时数量就起了质的变化。用定性分析或定量分析都能说明问题。如我们说新中国成立前帝国主义在中国办教会学校是为了培养传教士和为其侵略服务的人,但是实际上事与愿违,教会学校的学生绝大多数都是爱国的,这个结论当然是正确的。我也看到国外有人这样研究,他们对教会学校送出去的留学生出国后选择什么专业做了统计,有一年的统计表明,教会希望这些学生进神学院,结果学生却选择了什么专业呢? 第一是科技方面的,第二是教育方面的。因为这些学生认为中国贫弱,希望救国,他们要学工业、学技术为祖国服务,他们要培育祖国的后代,所以选择教师职业,只有一名学生上了神学院,这使他们很伤心。可见统计数字同样可以说明问题,而且有说服力。

最后,想讲一点"中"和"外"的问题。

在研究中常常碰到如何对待外国的教育经验的问题。因为中国教育的发展有这样一个历史过程,在鸦片战争以前,可以说我们具有自己独特的民族文化和教育。但是从 1840 年以后,所谓新学校、新教育主要是学外国的,搬来西方的教育制度,当然也包括职业教育。现在我们提出要建立中国自己的教育体系。什么是具有中国自己特点的职业教育,这是一个大的研究课题,需要在理论上和实践上经过较长时期的摸索。那么从理论研究上看如何入手呢? 我有个想法,能不能先研究一下职业观。我们以马克思主义为指导思想的社会主义制度下的职业观肯定与资本主义社会的职业观不同,在如何建立和发展职业教育上也必然不同,这是不是构成具有我们自己特点的主要方面,至于某些具体办法,不一定非得完全不同,有些好的经验我们可以学习借鉴,甚至拿来为我所用。

以上几点很不成熟的想法,提出来供同志们参考。

一门年轻的体育科学——职业体育①

职业体育或叫作职业实用身体训练,是一门最年轻的体育科学。它是通过对运动生理学和心理学的研究,了解各类体育活动对身体影响的特点,确定哪些体育项目有助于富有成效地掌握这种或那种职业所必要的素质,哪些运动项目不利于某种职业的掌握,从而编制出供职业学校学生使用的体育教材,开展职业体育运动,帮助学生更好地获得从事这种或那种专业所必需的素质,提高劳动积极性,使人的能力得到充分发展。

例如,体操运动可以提高人的平衡感觉、空间定向、控制身体的能力;排球运动可以锻炼人的反应速度和选择性、准确性及空间定向与时间判断能力;通过篮球运动双手腕关节在空间的敏感性能够得到加强;田径运动可以提高反应速度、注意力的分配、运动定向能力;登山运动可以锻炼对缺氧状态的适应能力;游泳运动使人获得水性适应能力、控制身体以及全身配合的能力;等等。这些能力的获得对不同的职业具有不同的意义。

众所周知,钢琴家要有有劲的手指,多数钢琴家能将握力计握到尽头,这远不是每一位举重运动员力所能及的。但是如果钢琴家提了重物之后去弹琴,就会出现手指僵硬、不灵活的状况,这种情况在画家、书法家甚至打字员中都会出现。这是因为在弹钢琴时,手指的肌肉极度紧张,长时间保持能按节拍做迅速而敏捷的不同的动作。手提重物则是静止劳动,它能降低神经肌肉内器官的速度。因此,钢琴家不宜做那些与手指肌肉长时间静止用力有关的体育活动。钟表机械装配工整天与大小仅数毫米的零件打交道,这需要手腕和手指有十分精确的动作。劳动生产率取决于迅速识别这些零件,手指的触觉要灵敏。篮球运动可以提高手腕和手指动作的准确性,而体操运动由于在杠子上不断练习,手指的皮肤变厚,在触觉方面就不如篮球运动了。

苏联学者曾进行过这样的实验研究:高层建筑装配工这个职业,要求工人胆

---

① 原载:百科知识,1983(11):19.

大,行动敏捷,而且要有大力气。装配工不仅在高空作业,而且还经常在狭窄的支架上操作。经验证明,装配工通常要工作 4~5 年才能使高空恐惧感消失。于是他们让从事各种体育项目的运动员在高空中延伸出去的狭窄方木上做某些动作。情况表明:跳水运动员做得最好,其次是体操运动员和技巧运动员,再次是摔跤运动员。专家们据此决定将体操、技巧运动等作为培养未来高层建筑装配工职业学校学生的身体训练课,结果他们适应高空作业要快得多。哪些体育项目能提高在高温条件下工作的适应能力呢? 他们让各种运动小组的成员穿上冶金工作者的工作服,在 45℃的高温下进行体育活动,同时用传感器全面监视身体的功能状态。结果发现击剑运动员和长跑运动员能较快地适应这种环境。因此,他们将击剑和长跑运动推荐给未来的炼钢工人和铁匠,以及将在炎热的气候条件下工作的人们。

当然,选择能对具体专业的要求产生最大效果的训练不是件简单的事情。苏联生理学家、劳动卫生和体育运动领域的专家们,以及教育家们进行了许多试验。编制了供职业技术学校学生用的职业实用身体训练的推荐材料。下面做一些介绍,以供我国职业学校和从事这些职业的同志参考。

金属工、机床工——田径运动(走步、中距离跑)、篮球、体操。

织布工、纺纱工——田径运动(中距离和长距离跑)、篮球、滑雪。

瓦工——体操、滑雪。

抹灰工、油漆工——体操。

木工、家具工——自由式摔跤和古典式摔跤、实弹射击、网球、手球。

水手和其他水上运输工作者——技巧运动、游泳、弹跳网、跳水、体操。

纸浆、造纸生产工人——田径运动(掷手榴弹、跳远,中距离跑)、篮球、手球、游泳、滑雪。

拖拉机手、司机——田径运动(中距离和长距离跑)、篮球。

推土机司机、平土机手——篮球、体操、举重。

塔式超重机司机——体操、篮球。

联合采煤司机和矿井设备电气钳工——体操、田径运动(跑步、跳远)。

矿井电力机车司机——篮球、乒乓球。

当然,这并不是意味着这种职业实用身体训练可以完全代替职业学校的体育课,但是在体育课中和课外体育活动中,有组织有计划地进行某些实用身体训练,无疑有助于提高人的职业素质,从而提高劳动生产率,是人力投资的一个重要组成部分。

黄炎培的教育观①

　　黄炎培(1878—1965)是我国近代爱国主义和民主主义的教育家、政治活动家。他的一生经历了从旧民主主义革命到新民主主义革命两个历史时期。早年参与了辛亥革命,1931 年以后,投身于抗日救国运动、民主运动,是"民主建会"的发起人和组织者之一。晚年在中华人民共和国成立之后,任中央人民政府副总理兼轻工业部部长、人大常委会副委员长。教育工作在他一生中是贯彻始终的主要活动。辛亥革命后他曾主持江苏教育行政,倡导改革中小学教育,筹办南京高等师范学校,更重要的是从 1917 年开始他对职业教育的提倡和发起创立的"中华职业教育社",在推进我国职业教育的发展上做出了卓越的贡献。本文仅对黄炎培基本的教育观点进行一些初步的探讨,作为研究黄炎培教育思想和教育实践的开端。

一、教育的本质是"职业"的

　　辛亥革命是资产阶级领导的民主革命,在政体上要建立民主共和国,经济上要发展民族工商业。《中华民国临时约法》规定:人民有保护财产及营业之自由,即确立民族资产阶级的私有财产不可侵犯和有经营资本主义工商业的自由。因此,民国初年民间实业团体纷纷兴起。1921 年 1 月,上海有中华工学会的组织,宗旨为谋营造之统一,工程事业之发达,工程学术之日新;1 月 30 日"中华民国"实业协会在南京成立,提出振兴实业,扩充国民生计,挽回权利;同年 2 月又有"中华民国"商学的组织。一个兴办实业研讨实用科学的热潮出现了。在这个形势下教育界的进步人士对于当时弥漫于教育事业中的读书做官的传统思想和普遍存在的脱离生活、脱离实际、死记硬背的学校教育,深表不满,提出改革教育以切实用的问题。第一任教育总长蔡元培在 1912 年首先提出将实利主义教育列入民国教育方针。在研讨教育改革的思潮中,黄炎培于 1913 年发表了《学校采用实用主义

---

　　①　原载:职业技术教育,1984(4):45 - 48.

之商榷》一文，奠定了他以后提倡职业教育的思想基础。黄炎培在《中华职业教育社成立五年间之感想》中谈到了这个问题。他说："当本社成立之前，教育界盛倡实用主义已有年。迨本社成立，大都以倾向实用主义者倾向职业教育。故实用主义者，不啻职业教育之背景也。"①

黄炎培提出的实用教育主义主要包括两个方面。他认为教育不是目的，而是为达到一定目的的手段。故教育的本质应切于实用和发展人的能力。他说："教育者，教之育之使备人生处世不可少之件而已。人不能舍此家庭绝此社会也，则亦教之育之，俾处家庭间、社会间，于己，具有自立之能力，于人，为适宜之应付而已。析言之：即所谓德育者宜归于实践；所谓体育者求便于运用；而所谓智育其初步一遵小学校令之规定授以生活所必需之技能而已。"②1916年黄炎培在江苏教育暑期补习学校专门讲述了"本能教育"问题。他认为学校如果只是按课程表、教科书规定的科目和内容，将其灌输给学生，就是忘掉了教育之"本义"，失去了教育的"真义"。而教育之本义在于发展学生的能力。"例如习字，不在望其能临何家法帖，何人字体，乃在练习手眼，使之运用纯熟，基础牢固，自可指挥应用绰有余裕也。""读法吸收知识固也，而尤要者在字音之清澈正确，出言有章，免模糊支吾之病。"提出"今日最重要者，莫如发展本能，不以长在书籍上文字上考究""一个完全理想之学生，当目明耳聪四肢灵活各官发达"，衡量教育之效果应以此为据。如何达到使教育能发展人的能力，切合实用，有助于生活和生计。黄炎培认为根本之计不在于多设实业学校，普通学校加设实业科、提倡实业补习教育等当时相当流行的看法，而在于全面地改革学校的教学以适应职业的要求。他说："苟于普通诸学科不能使之活用于实地之业务，此外管理训练亦未能陶冶之使适于实际之生活，而徒长设学校，增设学科，譬犹习运动者感觉袍大服之不适也，特制一种运动用衣袭于其外，及其里衣之宽大如故可乎哉？"③所以他在1917年就明确提出："凡教育皆含职业之意味，盖教育云者，固授人以学识技能而使之能生存于世界也。"④

黄炎培接受了美国教育家杜威所提出的教育即传递、即生活、即发展的论点。其在1933年中华职业教育社为纪念建社15周年而写作的《职业教育之理论与实际》一书的"结论"中写道："著者常说，世界一切问题的中心是人类，人类一切问

---

① 中华职业教育社.社史资料选辑[M].北京：中华职业教育社，1982：142.
② 黄炎培.学校教育采用实用主义之商榷[J].教育杂志，1913（5）：7.
③ 黄炎培.学校教育采用实用主义之商榷[J].教育杂志，1913（5）：7.
④ 黄炎培.新大陆之教育[M]//黄炎培考察教育日记：下编.上海：商务印书馆，1917：5.

题的中心是生活。要是这个中心,在若干世纪内,一时没法改变,那么有生活,必有需要,有供给,那么人类必定有各个的特性,各个的特长,而人与人间,亦必定有彼此相感的精神和相结合的方式,在人群递嬗间,更必定有老辈根据的经验,来供给后辈的仿效,从仿效中获得改进的门径,我们敢说职业教育这套理论,虽措辞各有不同,而这理论的主干,是不易磨灭的。"①稍后黄炎培又进一步阐述了这个观点,指出:"教育是人类知识、能力之传递与演进的作用。"教育即生活"是一个原则。而人们的一切行为,一方面为欲表现他的思想,发展他的能力;另一方面求为大众服务从以报酬社会给他的恩惠"②。因此,教育必须适应生活状况,教育内容"务须供给其生活需要,扶助其生活改进,才能表现教育的实际效能"③。根据上述对教育本质的理解,黄炎培认为,教育就其本质而言就是具有"职业性"的,就是与生活、生计和社会发展联系在一起的。职业教育并不是一种"特殊"的教育,职业教育的理论反映了教育的一般规律。所以,他对职业教育所下的定义为:"用教育方法,使人人依其个性,获得生活的供给和乐趣,同时尽其对群的义务,名曰职业教育。"④

黄炎培对教育本质的论点,从其反映的客观要求——讲求实用为发展生产、发展民族工商业服务,和对教育本身规律的认识,无疑都是进步的,反映了教育在人的培养上和服务于社会生产、社会生活方面的一些客观规律。这个基本的观点,构成了他研讨职业教育和从事职业教育活动的主要理论依据,也是他如何办各类职业教育的基本指导思想;另一方面,也很明确,就是黄炎培对教育本质认识的理论基础是建立在资产阶级的人本主义或人道主义之上的,因而不可能理解人的本质就其现实性而论是一切社会关系的总和,不能够承认和揭示在阶级社会中教育的阶级性实质,这也就使他特别在早期,在中国半殖民地半封建社会这个特定的历史条件中陷入了"教育救国"论。

二、使无业者有业,使有业者乐业

黄炎培在 1949 年《中华职业教育社奋斗三十二年发现的新生命》中指出,中华职业教育社提出的终极目的"是使无业者有业,使有业者乐业"。"使无业者有业",其含义就是通过职业教育,给人以适合其个性的专业技能训练,使之能获得

---

① 黄炎培.职业教育之理论与实际:结论[M]//陈选善.上海:中华职业教育社,1933:1-2.
② 朱淑真.断肠集[M].上海:生活书店,1936:48.
③ 黄炎培.五六境[M].上海:生活书店,1935:76.
④ 陈选善.职业教育之理论与实际:结论[M].上海:中华职业教育社,1933:48.

适合社会所需要的职业以谋生。进一步再不断给以提高,使之胜任自己的职业,热爱本职工作,能有所发明前进,对社会做出贡献就是"使有业者乐业"了。黄炎培为什么提出这样一个终极的目标,在当时是有其深刻的政治、经济、社会背景的。他在回顾中华职业教育社是怎样产生的这个问题时说:"当时中国的社会,新发生一种矛盾现象,基于民国成立,各省大量推广教育,中学校一县有骤增到一百所以上的。但它的毕业生大都没有出路,江苏省教育会年年公布教育统计,中学毕业生升学者仅占25%左右,求事而不得者,占到半数,甚至半数以上。同时却因世界大战发生,舶来品骤然减少,实业界很想推广制造国货来承乏,而苦于缺少技术人员。它的发起宣言,就针对着这种现象立论,对于大量扩充普遍性的中学,认为是无目的无计划的教育,严切地加以评正,大声疾呼着主张大改革教育政策,必须把教育和生活密切地联系,它愿首先这样尝试倡导起来。"①就是说他之所以大力倡导职业教育,是在第一次世界大战期间中国民族工业有了较快发展的背景下,为适应民族经济发展对人才的需求和为了推进民族工业的发展,而提出来的。想以此为契机振兴中华,使我国走上发达的资本主义道路。1917 年中华职业教育社成立宣言很清楚地阐明了这一点,宣言说:"吾侪所深知确信而断言者,曰今吾中国至重要至困难问题,厥惟生计;曰求根本上解决生计问题,厥惟教育。"这里所说的"生计",并不是狭隘地专指个人谋生问题,也包括社会事业,主要指社会经济。所以宣言又说:"且教育昌贵也? 语小,个人之生活系焉;语大,世界国家之文化系焉。今吾国文明之进步何如乎? 行于野,农所服者先畴之畎亩也;游于市,工所用者高曾之规矩也。夫使立国大地,仅我中华,则率其旧章,长此终古,亦复何害? 独念今世界为何等世界,人绝尘而奔,我蛇行而伏。试观美利坚一国,发明新器物,年至四万;安迭生一人发明新器物,多至九百种,我未有一焉。谁为为之,无新学识以应用于实际,无新人才以从事改良,教育不与职业沟通,何怪百业之不进步。由是吾侪深知确信而复敢断言曰:吾国百业之不进步,亦实现时教育有以致之也。"所以要改革社会,首先要改革教育,如果能够做到沟通教育与职业,那么十年后,中国可以赶上"欧美今日之盛";可以"学校无不用之成材,社会无不学之执业,国无不教之民,民无不乐之生,乃至野无旷土,肆无窳器,市无游氓;因之而社会国家秩序于大宁,基础于确立"。② 事实上也是如此,中华职业教育社从成立之日起就一直受到中国民族资本家的支持并且与提倡国货抵制外货,推进民族经济

---

① 黄炎培.中华职业教育社奋斗三十二年发现的新生命[N/OL].人民日报,1949 – 10 – 15.
② 舒新城.中华职业教育社宣言[M]//近代中国教育史料:第 2 册.上海:上海中华书局,1928.

结下了不解之缘。中华职业学校创办时办了纽扣、珐琅两科就是出自这一目的。

1917年也是俄国工人阶级革命取得胜利的年代,中国工人运动随之兴起。中国的民族资产阶级既看到反帝反封建的斗争有利于工商业的发展,又害怕工人运动的两重性,这在黄炎培的思想上也有反映。在1926年大革命高潮期间,他在一封信中说:"国民爱国思想近较为发达,提倡国货之声日高,工业本有发展之望,无如罢工事件接踵而至,不惟投资者为之裹足,即引进新人才者亦为寒心。无资本,无人才今之工业当局几陷于欲进不能,欲退不可之境。"直到1948年黄炎培在《中华职业学校成立卅周年告毕业生和肄业诸同学》一文中还特别提出应"设法解决劳资问题"。"工厂老板与工人商店老板与店员如永远立在敌对地位,甚至结成仇怨,工商业前途从无安定与发展希望",提出如何使劳资双方合作的设想。

因此,可以说黄炎培提出的"使无业者有业"包括两方面的含义,即通过职业教育为工商业发展对口培养人才,同时解决失业的问题使人才不至于浪费,以裕生计。"使有业者乐业",也具有双重含义,即通过职业教育,给人以知能,鼓励他们在"事业"上有所成就,中华职业教育社出版的刊物《教育与职业》上登载了不少介绍奋斗成功的资本家的传略事迹,激励人们为创业而努力;另一方面也要培养资产阶级所需要的雇员和工人的品质以"消弭工潮,调和劳资"。

但其认为可以用职业教育来解决中国的社会问题,夸大了教育的作用,要通过职业教育来调和阶级斗争,反映了黄炎培立场和观点的局限性。但是"使无业者有业,使有业者乐业"这个观点从它的狭义方面来讲,确是精练地概括了职业教育的社会职能。所以,作为教育家,在实现"使无业者有业,使有业者乐业"的目标下,黄炎培正确地阐明了教育与生产的关系,论述了教育结构应该适应经济结构的问题;提出了改革现行教育建立全面的职教体系的设想并进行实验;提倡和重视职业素质训练和职业道德教育等在推动我国职业教育的发展和建立职业教育的理论等方面做了大量工作,做出了卓越的贡献。

在教育与生产的关系方面,黄炎培说:"社章里明确地揭示它的目的,有三点,第一是改良教育的准备。第二是替学生谋服务社会的准备。而它的第三点,就是替中国和世界增加生产的准备。那时候,中国还没有人提到增加生产,从教育下手,它是第一声。"①重视教育,重视培养人才为生产服务是黄炎培一贯的中心思想。1918年中华职业教育社创办的中华职业学校初设铁工、木工科,就是因为它"属于教育上手脑并用的基本教练,也是发展一般工业的基本因素"②。抗战时

---

① 黄炎培.中华职业教育社奋斗三十二年发现的新生命[N/OL].人民日报,1949-10-15.
② 黄炎培.中华职业教育社奋斗三十二年发现的新生命[N/OL].人民日报,1949-10-15.

期，黄炎培认为"我们有形的困难以外，还有无形的困难，诸位同学应当知道敌人不但用政治压力灭亡我，还用经济力量灭亡我"。他为四川青年同学画了一个在为了国家民族的生存这一总目标下生产、团结、国防的图式（见右图），要求他们，要在战时所需的各种知能中长精一种，要培养专才，集中长才。

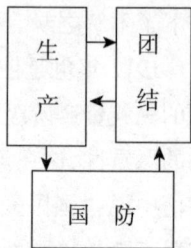

黄炎培提出"职业教育机关唯一的生命"，职业学校最要紧的一点，"譬如人身中的灵魂，得之则生，弗得则死"就是"社会性"，"从其作用说来就是社会化"。就是说"人才的培养与地方的需求，须极端配合"。职业学校无论是设科、课程、办何种职业学校的地区，职校毕业生的规格都要考虑到社会的需要，适应社会的要求。办职业学校的人必须有"社会活动力"，"职业学校校长资格所最不相宜的，怕就是富有孤独性的书呆子"①。这就是说职业教育，必须与社会经济结构相适应，与社会需求相适应，否则就得不到充分就业，达不到"使无业者有业"的目的。在中华职业教育社 1922 年拟定，后经五次修订，于 1942 年第 16 届全国职业教育讨论会修正通过的《职业教育设施纲领》中，关于职业学校设施标准的第 1 条就是："职业教育机关之设置，宜按照社会经济文化物产交通等状况定之。"并且规定："职业教育机关之设科须以地方经济文化物产及交通状况为根据。"为了使职业学校学生"具有使自己更适应生活的明确的目标"②，中华职业学校的教职员组成了职业指导委员会，调查了上海主要商行和工厂的组织以及用人状况，做了不同行业的职业生活的调查、各业（纺织业、航业等）概况调查，等等。黄炎培的这一观点确立了兴办职业教育的一个重要原则。

为了解决教育结构不合理，特别是中等教育结构中普通教育升学教育占绝对优势的状况，黄炎培提出解决的办法应为"推广职业教育""改良职业教育"，"改良普通教育为适于职业之准备"。即一方面确立职业教育的重要地位，大力发展和改良职业教育；另一方面以职业教育为出发点改革普通教育，使之适应职业的需要，以达到改变用人者叹人才之缺乏，就业者无应聘之能力的状况。根据这个观点，中华职业教育社认为职业教育在教育制度上应有一贯的（从初级到高级）、正统的（打破以升学为常例，就业为例外的传统观念）和整个的（有单独的职业学校系统）的地位。在他们和一些教育家的主张下，1922 年制定的"新学制"，体现

---

① 黄炎培.告宁属青年同学与爱护青年同学者书［M］//蜀南三种.重庆：国讯书店，1941：119.

② 中华职业教育社.社史资料选辑 3［J］.中华职业教育，1982（5）：170.

了这一思想,使职业教育在学制上有了一贯的、正统的和整个的地位。为了改革普通教育使之适应于职业的要求,并且能够不断提高从业人员的水平,黄炎培提出建立职业陶冶—职业指导—职业训练—职业补习和再补习这样一个职业教育的系统。黄炎培提出小学阶段属于职业陶冶。他说:"何谓陶冶,范土成器谓之陶,铸金成器谓之冶,以此方法,施之教育,使儿童于不知不觉中,养成为己治生,为群众服务之兴趣与习惯,所谓职业陶冶是也。"①如校园种植、手工"乃若养成儿童劳动、惜物、储蓄、经济诸良好习惯,其间影响,何在不予治生上、服务上有密切关系,则皆职业陶冶之所有事也"②。"人容不受特设之职业训练,而断无不受无形之职业陶冶,职业陶冶则非仅职业学校所有事,而一般小学所有事也。"③初中阶段应进行职业指导,高中设职业分科或专门职业学校。就业之后,还要接受职业指导和为了进一步提高的职业补习教育和再补习教育。这样,把职业教育作为一个灵魂贯穿在各级各类学校中就能够体现教育的本质是职业的,建立一个完备的、系统的职业教育体系。

为了培养能够胜任自己所从事的职业的人才,黄炎培提出在重视理论知识教育之外,要特别重视基本技能的训练和职业道德的培养,还要使学校的教育和环境与职业环境相适应,以免相互脱节。

上述一系列的论述,是黄炎培多年办职业教育的经验总结,直至今日,仍具有现实意义。

---

① 黄炎培.小学职业陶冶:序[M]//杨鄂联君,彭望芬.黄炎培教育论著选.北京:人民教育出版社,1993:99.
② 黄炎培.小学职业陶冶:序[M]//杨鄂联君,彭望芬.黄炎培教育论著选.北京:人民教育出版社,1993:41.
③ 黄炎培.小学职业陶冶:序[M]//杨鄂联君,彭望芬.黄炎培教育论著选.北京:人民教育出版社,1993:99.

关于职业培训的若干问题①

我很高兴能有这个难得的机会向同志们学习,并且感谢会议给我发言的时间。我想就有关职业培训的几个问题,谈一点个人的体会,就教于同志们。

一、先培训后就业是人类社会生产活动的基本规律。违反了这个规律,就谈不到人类社会的生存,更谈不到发展

人类社会生活与其他动物生活的本质区别就在于人会制造和使用工具,从事社会性生产劳动,依靠生产知识、技术经验的积累和传递来延续社会生存和发展,而不是依靠遗传的本能。因此,人类的劳动、劳动工具的制造与使用和劳动的计划性是分不开的。蜘蛛可以织出符合力学、几何学的网,但是它既不使用工具,也绝非事先有什么预定方案。而人类任何一个最原始的生产活动,都是事先考虑了使用什么工具、采取什么步骤、方法和预期能够达到的结果的。所以,要从事劳动就必须学习。在原始社会尽管教育尚未从劳动和生活活动中分离出来,但年长一代对年幼一代人的"教"和"学"的传递活动是存在的。一些考察证明,到了原始社会末期,已经有了专门的"青年训练",只有接受和通过这种训练才被承认为氏族公社的正式成员。这种训练也可以说是一种最原始的"培训",所以"培训"是一个古老的问题,远在学校教育产生之前就已经存在了。只是基于生产力、科技发展的不同水平,不同社会阶段教育或培训的内容方式、手段等不同而已。

在奴隶社会,政治制度是血缘亲族的世卿世禄制度,学在官府。奴隶主统治阶级在长期的阶级斗争中和国家的兴亡中,积累了如何培养统治者的经验教训,在我国后来为儒家学派总结为一套"修身""齐家""治国""平天下"的教育思想和体系,学堂教育主要是为培养这些统治者服务。而百工、医卜这些"执技以奉上者"的人,被认为是次一等的,依靠家传,子继父业,在整个社会教育中没有它的地位;至于奴隶只能在生产过程中学习了。即使是这样,在奴隶制末期,有技艺的手

---

① 原载:职业教育研究,1984(4):8-11.

工业劳动者的传授活动已有相当规模,甚至有代表其思想和成就的学派。如春秋时期的墨家学派,一般认为是代表"农与工肆之人"的思想,墨子本身精于工艺,当时儒墨并称显学。

到封建盛世的唐代,劳动技艺的传授,不仅仅是家族相传和个别的师徒相传,而且已有了国家的培训制度。唐代政府设立"少府监""将作监"等机构,专门管理"百工技巧之政",当时少府监匠已有19850人,将作监匠1500人。在手工作坊和生产机构中已采用师徒相传的"艺徒制",并由官方明确规定各种工艺的学习年限及考核方法。如细镂之工四年,车辂乐器之工三年,平漫刀稍之工二年,矢镞竹漆屈柳之工半年,冠冕弁帻之工九月,杂作者一年半到四十日不等。学徒师傅所传的家法,一年四个季节由监中令或丞试之,年终由监总试,成绩根据刻有学生姓名的产品评定。在我国封建社会,训练各行各业手工业工人和商人的主要方式是学徒制,而行会在其中起着重要的作用,如何培训学徒工是由行会规定办法的,包括学徒的礼节、数额、条件、学习过程、师徒的权利义务等。各行业对于学徒出师的年限、业务上的标准以及自己将来收徒的条件都有规定。学习某一行的徒弟,等于参加这个行业,所以许多行会对学徒的数额有限制,有的只许成员的子侄当徒弟。学徒年限依各行业性质而定,多半是3~5年。未满年限之前(出师之前)不准独自经营业务或受雇工作。出师后还必须为师傅工作一段时间。如清代浙江温州的丝织业规定:学徒先学织,后学染,每一户只许一人学染丝,每三台织机可以有两个学徒,未经正式拜师不得为学徒,年限五年,出师之后帮师傅工作两年。学徒可以中途退学,但此后永远不许再参加本行业。这种学徒制主要是在实践中学习,由师傅指点靠自己钻研,很重视基本能力或基本功的训练。当然在封建行会下,学徒制度中的陋规也很多,剥削压迫很深。

工业革命之后,工厂劳动破坏了旧日的师徒制,产生了职业学校。我国最早的技工培训是清末福州船政局附设的"艺圃"。新中国成立前长时期,我国都是职业学校(清末、民初称实业学堂、实业学校)、工厂徒工培训和旧式学徒三种形式并存的局面。我们回顾以上这些培训发展的历史过程,目的就在于说明这样一个问题:无论培训是在什么水平以及在何种形式下进行,它都是参与社会劳动必不可少的先决条件。先"培训"后"就业"是人类社会生产活动的一条基本规律。人不可能生下来就先验地会制造工具从事各行各业的生产,所以如果没有(尽管是最原始的)对青年一代的劳动培训,人类社会生活就不能维持和延续下去。而培训工作的好坏、质量的高低直接影响劳动生产率,直接关系社会生产力的发展。

二、多层次、多规格、多种方式或途径的教育和培训制度的存在,是由社会分工决定的,是由事物发展的多样性、不平衡性决定的,这也是不以人们意志为转移的客观规律

人们常说"三百六十行,行行出状元"。其实社会职业何止三百六十行,分工越细,社会职业的门类越多。由各种社会职业构成一个有层次的智力群体,一个社会才能有效地运转。就我国目前情况而言,体力劳动和脑力之间的差别,不可能在短期内消除,复杂劳动和简单劳动,虽然随着科技的发展会相互变化转换,但社会劳动性质的多层次总会存在。即使是机械化、自动化水平提高,不少手工劳动如工艺美术、特种工艺(如制造乐器)和生活服务等方面还需要手工劳动;另外还要考虑到人的个性差异和兴趣爱好。适应这种情况,必然需要和存在着多层次、多规格、多种方式的职业教育与培训。也就是说需要有大专水平的职业大学和专科等高级职业教育,需要中专、技校、职业高中等中级职业教育,也需要比较低的初级职业教育。就方式而言有专门的职业学校、工厂徒工培训、各种水平类型的职业培训班和师徒相传等。就目前来看谁取代谁都还不可能,只要上述情况不变,各种水平、方式的培训就不会从教育事业中消失。由于职业培训内容复杂,形式多样,由一个教育部门全部包下来是困难的,甚至是不可能的。劳动部门、企业以及各生产部门都要担负培训任务。各国也大都如此,并且设有专门管理职业培训的机构。如苏联除教育部门外,有国家职业技术教育委员会,下设全苏职业教育研究所,负责青工培训与教育的调研工作以及全苏联职业技术教育方法科学中心等机构。日本也是大力开展企业培训的国家,各项培训事业很发达。因此,分工的存在,各种差别的存在,多层次的生产力的存在必然决定职业教育和培训在年限、水平、途径、方式、管理等方面的多样性。

三、我们怎么会产生先培训后就业的问题

如上所述,先培训后就业是人类从事生产劳动的一个基本规律,我国也不例外,为什么目前要提出实现先培训后就业的问题呢? 我想这是有其特定的历史背景的。

从思想认识上看,新中国成立以后长期在职业教育问题上,存在着"左"的思想影响。这种"左"的思想可以追溯到 20 世纪 30 年代以及我们的解放区都有人认为职业教育是资本主义社会、资产阶级对付工人的东西,在社会主义社会中不应存在。1958 年 9 月中共中央、国务院颁布了《关于教育工作的指示》,要求当时的教育要为消灭一切剥削阶级和一切剥削制度的残余服务,为建设消灭城市与乡村的差别和消灭脑力劳动与体力劳动的差别的共产主义社会服务。认为共产主义社会的全面发展的新人,就是既有政治觉悟又有文化的,既能从事脑力劳动又能从事体力劳动的人。因此,在提出的几个"并举"中,虽然包括"普通教育与职业(技术)教育并举",并要求在一切学校中,必须把生产劳动列为正式课程,但最终的落脚点都是要在 3～5 年基本完成扫盲任务,争取在 15 年左右的时间基本上做到使全国青年和成年,凡是有条件和自愿的都可以受到高等教育。以 15 年时间来普及高等教育,然后再以 15 年左右的时间来从事提高的工作。换句话说就是要尽快消灭"教育上的不平等",使人人都能平等地上大学,以消灭体脑差别、城乡差别等。不承认或不愿承认在现阶段各种差别存在的必然性和合理性。很明显,反映这些差别存在的多层次、多规格、多形式的职业教育或培训,被列入了应尽快消灭之列。对待一个总想尽快消灭的事物,当然不会重视研究和发展它了。在"左"的思想路线影响下,发展生产的口号是"抓革命促生产",不重视科学技术。在这些"左"的思想路线影响下,必然造成我国职业培训事业长期处于落后的局面。"文革"更是给职业技术培训事业带来严重后果。为了改变这种不合理的现状,所以,提出了实现先培训后就业的问题。

这个问题的提出,大大促进了我国职业培训事业的发展,但是也还存在着某些问题。例如,把职业分为高低贵贱的封建等级观念和平均主义思想是不是都解决了;对这种多层次的职业培训的存在是不是都觉得那么理直气壮,认为就得如此,而且要长期如此。对待职业培训也还存在临时观点,以为是为了解决当前的就业问题、为了解决企业的用人问题、解决本单位子女就业问题等。所以我很赞同要从理论上研究培训问题,提高认识才能把培训事业办好。

四、建立培训科学和实现科学培训

建立培训科学就是要解决如何按客观规律来组织培训事业,增强自觉性,减少盲目性。这方面有许多问题需要研究。

1. 劳动性质与教育培训的方式。对于主要从事体力劳动或脑力劳动,从事复杂劳动或简单劳动,是自动化操纵还是手工技艺等不同的劳动性质,应该怎样组织培训才是科学的;采取学校、训练班还是师徒制哪种方式更经济有效;等等。

2. 分工的层次和培养的年限规格问题。这里面要有一个标准和规格。技术工、熟练工、半熟练工和壮工的层次和规格是什么,没有比较切合实际的、明确的规定,培养人的年限和规格无法确定。技工学校是不是都是两年三年呢? 有的工种可能只需一年,有的可能要多些。还有按生产力的多层次,需要培养在德智体美诸方面都得到发展的各种不同规格、不同职业的人才,我想这应该是每个人定向发展的方向不同,而不应有什么高低贵贱之别。

3. 从专科高级职业教育到初级职业教育，从就业前培训到就业后的提高或转业教育，这一整套的培训系统应该如何建立;各级各类职业学校的关系与区别,它们之间如何相互衔接,等等。办校可以动员各方力量,但不管谁办总要有章可循,才能保证质量而不流于形式。

4. 职业培训的领导体制问题。劳动人事部、教育部、各专业部都应各司何职,厂矿、团体、私人办学如何管理领导,现在的职工教育委员会、成人教育司局等组织如何协调,等等,这方面目前还存在着不少纠缠不清的问题亟待解决,否则管理工作就上不去。

5. 培训工作的重要职能之一就是作为实现人力资源平衡的杠杆,这就牵涉到计划与预测的问题,如何制定筛选最佳方案做到各方面的综合平衡是一门专门的学问。

6. 人事制度上的铁饭碗一定要打破,作为劳动人事部门还应负起职业指导、咨询、介绍等方面的工作,人事工作制度、劳动工资制度都有许多新问题影响就业培训,这也是需要研究的课题。

总之,需要研究的新问题很多,牵涉面也很广,不仅要研究教育,还要研究政治、经济学科,也要研究一些边缘学科如教育经济学、教育社会学等。

实现科学的培训,就是说对每一个人的培训要是科学的,应遵循科学规律,使用正确的方法。应该建立起职业教育学、职业心理学、职业体育学、职业生理学、职业卫生学等专门学科,不能用普通教育学科来代替,因为它们有自身的特点。如通常我们所说的职业道德,它的本质应是基于职业的本质属性,遵循职业活动的规律而引出的内在的人与人之间的行为规范,与共产主义道德有密切关系,但又不同于一般的公德。一个人有好的道德品质,才可能有好的职业道德,但不等于社会有好的职业道德。如果不精通专业及专业道德的要求,那么好心也会做出违反职业道德的坏事。这点我们前几天在辽宁省讲课,引起了同志们的反响。职业心理目前也是一个新课题,天津职业技术师范学院和北师大的同志合作的车工能力测验,不少同志对此也很感兴趣。职业体育是一门年轻的体育科学,目前在我国尚未得到重视,没有专门的研究。当然也还要讲职业美育。至于职业知识、能力、素质的教育方面应该研究的问题就更多了。此外还有教材、教法、生产实习、现代化教学手段等一系列的问题都要研究。

五、实事求是,打开局面

教育科学的研究在我国是比较落后的,职业教育在教育科学的研究中更为落后。这当然有很多历史的原因,新中国成立之前职业教育是被人看不起的,研究者很少,新中国成立以后又受到"左"的思想干扰,目前面临许多新问题,可以说这方面的研究工作困难不少。我们这些在高校工作的人都有许多研究工作上的教训,总结起来得到的结论就是研究工作必须实事求是,不唯书、不唯上、不唯风。这不是说不要书,领导的意见也不听,而是说不"唯",特别不要唯风,随风今天倒这边,明天倒那边。只要我们认准目标,实事求是,脚踏实地努力去做,总会有成果的。

当前职教发展的若干问题①

本文旨在提出在我国职业教育已有一定的基础和规模,面临新的形势,需要研究解决三个问题:第一,全面发展职业教育的政治、经济、文化传递传播、社会福利、审美诸功能问题;第二,建立、健全职业教育体系的问题;第三,职业教育教学改革的价值取向和目标问题。并对这些问题中的若干方面,提出个人意见和建议。

近十几年我国职业教育发展迅速,据统计到 1994 年年底全国有初等职业学校 1538 所,在校生 63.05 万人。高中阶段各类职业学校招生数为 340.75 万人,占高中阶段招生数的 58.31%。在校生 849.44 万人,占高中阶段在校生总数的 56.08%。全国有职业大学 87 所,招生数 3.55 万人,在校生 9.4 万人。并且进行了上亿人次的各类职业培训,农民的"绿色证书"培训也在全国展开。但是从每年新增劳动力人数来看,要使劳动者在就业前或者上岗前都能接受必要的职业教育,现有职业教育和培训的规模仍然很小,从数量上看还需要继续发展。除增加数量之外,当前我国职业教育发展还面临着一些需要着力研究的问题。

一、全面发挥职业教育功能的问题

1996 年 5 月 15 日第八届全国人民代表大会常务委员会第十九次会议通过了《中华人民共和国职业教育法》(简称《职业教育法》),法的称谓明确规定了这类教育的分类依据和价值取向。亦即职业教育是按照社会分工形成的职业的需求(包括社会的、个人的)而组织进行的教育。职业教育面向全部社会职业,其范围包括各级各类职业学校教育和各种形式的职业培训。

职业是由社会分工产生的,职业具有丰富的内涵。如职业的分类反映着社会生产力的水平和社会分工的水平,有什么样的生产力就会产生什么职业,社会的

---

① 来源:福建专题讲座汇编:福建中华职业教育社第八次理论研讨会论文[G].北京:中华职业教育社,1984:1-9.

分工水平越高,职业的分类越细。职业的结构反映着社会的组织结构,不同的职业在社会中具有不同的地位、职责、权利和义务。职业与人的社会地位、经济收入相关,反映着社会权益的分配。职业的社会构成,反映了社会产业结构、人力资源的配置、构成关系与比例。职业活动反映了社会运转的运作方式,包括不同职业的专业职责、各行各业间的相互关系与合作形式,为使职业活动顺利进行的职业道德、职业纪律等。职业也反映出不同行业所形成的不同职业群体所特有的社会地位、利益和特征。这一切构成不同职业不同的社会需求和对从职从业者的不同要求。职业对个人而言是谋生的手段。公民最基本的人权是生存权,国家应保障公民有为获得职业而接受职业教育或培训的权利,有接受职业指导的权利,有择业、就业和转业的权利。人们通过职业活动可以发挥自己的特长,展示个性,为社会服务,满足人们实现个人社会价值的需求,是使个性得到全面发展的必由之路。由于职业的丰富内涵,所以,以职业需求作为价值取向的职业教育,其社会功能是多重的。职业教育具有政治功能、经济功能、文化功能、福利功能、审美功能等。职业教育应全面发挥其多重功能。

"民以食为天",就业问题解决得好是个人生存和社会稳定的基本条件。我国当前就业问题很突出,由于人口众多,供大于求将长期存在。当然从根本上解决这个问题要依靠人口的控制和生产的发展,但职业教育在充分发挥其稳定社会的政治功能上也有很多工作要做:

1. 扩大数量,增大容量,尽量吸收适龄学生入学,提高就业年龄,降低就业压力。

2. 办好农业职业教育,认真解决滑坡问题,提高从事农业者的科技和管理水平,使农业经营能获得社会平均收益,稳定农业人口。

3. 大力发展农民工培训,解决农村富余劳动力转移的问题,使入城务工的流动民工获得一定的职业培训,以便他们回乡创业,成为农村经济新的增长点。

4. 切实做好城市、工矿富余下岗工人的转业培训。

5. 职业教育要发挥导向作用,综合平衡,防止热门专业一哄而上,形成结构性失业。

6. 加强职业指导工作,特别是进行创业指导和职业生涯指导。使受职业教育的人能够有自主创业的精神和能力,并且在如果面临失业时有调整自己及另谋职业的思想和能力。

7. 调整专业,增强职校学生的职业适应性等。职业教育还对社会起着整合的作用,通过先培训后就业政策的实施和各种职业证书制度的确立,建立以机会平等为原则的、以自获条件为录用标准的就业格局,有助于形成社会开放型分层体系,减少社会不平等的摩擦,防止在用人问题上的腐败和不正之风。

职业教育的经济功能是已经谈得很多的问题,这里不多展开,只谈谈当前十分急迫,而在职业教育中尚未引起足够重视的关于可持续发展战略教育的问题。

我们发展生产的目的是改善人民生活,满足人民群众日益增长的精神和物质的需求。职业教育应该把环境、生态、资源保护的教育列入教学计划,开设有关工业污染控制和治理的课程,在农业专业教育中,大力发展生态农业技术,进行有关环保的法制教育,增强全民环保意识,为实现中央提出的"到 21 世纪末,力争环境污染和生态破坏加剧趋势得到基本控制,部分城市和地区环境质量有所改善;2010 年基本改变生态环境恶化的状况,城乡环境有比较明显改善"的目标而奋斗。

职业教育是与物质文明和精神文明都相关的文化富集与传递的活动,也要充分发挥其文化功能。要重视科学文化与人文文化的相辅相成。不能见物不见人,重职业技术轻人文发展。充分发挥职业学校的教育文化功能,如课程的文化传播功能、教育过程中人际交往(师生、同学、其他代际)的教育文化功能、学校的大众传播的教育功能,以及其他文化功能,等等。

对于处于不利状态的社会群体,如妇女、残疾人、失业者、贫困人口等,职业教育具有社会福利的功能。《职业教育法》第 7 条特别规定:"国家采取措施,发展农村职业教育,扶持少数民族地区、边远贫困地区职业教育的发展。""国家采取措施,帮助妇女接受职业教育,组织失业人员接受各种形式的职业教育,扶持残疾人职业教育的发展。"这个任务也是非常艰巨的。

在人的全面发展上,职业教育具有审美的功能。自由创造是人类最宝贵的天性,职业教育为人的创造性的发挥提供了条件。职业也是人的审美对象,使学生能够和善于欣赏自己的职业,掌握职业的艺术,追求职业的完美也是职业教育的内容。

总之,要进一步推动职业教育的发展,提高职业教育的质量,很需要认真、深入地研究职业教育的功能。只有按职业教育的不同功能,设定办理职业教育的措施,全面发挥职业教育的功能,才能全面推进经济、社会发展和促进人的全面发展。

二、建立、健全职业教育体系的问题

《职业教育法》规定:"国家根据不同地区的经济发展水平和教育普及程度,实施以初中后为重点的不同阶段的教育分流,建立、健全职业学校教育与职业培训并举,并与其他教育相互沟通、协调发展的职业教育体系。"这是根据我国义务教育年限和国家允许的最小劳动年龄提出的主要以初中后为起点的职业教育体系。

近来在初中后或高中阶段教育部门要不要办学校职业教育有着不同的意见,引起了一些争论。有人认为参照国外,主要是联合国世界银行的调查,在发展中国家举办中等学校职业教育是不成功的,应该交由企业培训;不赞同者认为这样做不符合我国教育的传统和当前的国情,必将引起职教体系的破坏和职教滑坡。同时,有的大城市如上海初中升学率已达97%以上,随着生产向技术密集型转化对高级技术人才需求增加,高中阶段学生升学的比例需要扩大,提出职教高移的问题。有的行业如电力行业认为由于电网的大功率、高参数和高科技的应用,原来中专和技校培养的人才已不适合于目前现场操作人员的要求,需要培养有一定理论基础并有较强操作能力的新型中等技术人才。也有人提出现有三类中等职业学校——中专、技校和职业高中应走向趋同,成为基本上相同的中等职业学校等。看来在建立、健全职业教育体制中关键是中等阶段的教育怎么办,难点在于职业教育如何与高等教育相沟通与衔接。

如何建立、健全职业教育体制,特别是高中阶段的教育是一个需要研究和实践来解决的问题,但从实际出发,从国情出发,并考虑到将来的发展应该是一个基本的原则。据此,有以下几点考虑。

1. 由教育部门、行业举办发挥骨干和示范作用的职业学校是必要的。我国大部分小的乡镇企业不具备培训能力,有培训能力的国有大中型企业,目前正处于转轨阶段,将职业教育全部转由企业承担是不现实,也不可能做到的。高中阶段的学校职业教育,仍是能够集中人财物力培养中级从职从业人员的有效途径。学校类型应逐渐大体趋同。

2. 中等职业学校培养目标是面向就业,不能办成具有双重(升学和就业)目标的学校,但在教育体制中不能成为不可升学和取得进一步发展的终结型教育。解决这个矛盾可以有两条途径。由中等职业学校升入高等职业学校的采取专科一贯、对口升学的办法,建立起初、中、高三级职教系统。升入普通高等技校的由与成人教育沟通的补习学校,或专设的中间学校进行补习教育,由普通高校统一考试录取。

3. 在基本普及了高中阶段教育,生产转向以技术密集型为主的少数大城市,试办除原有高中、职业学校外的多元取向的高中教育,如举办专科中学,试办综合中学等。

职业教育应该建立一个学校教育与培训并举,职前教育与职后教育相联系,并与其他教育相沟通的开放的教育体系。开放主要有三点含义:一是方便入学,灵活结业,采取宽进严出;二是结构多样,便于选择,可进可止;三是能与高一级的学校衔接,与同级其他学校沟通。总之,使每一个劳动者在就业前都能得到自己所从事的职业相应的职业教育,在每一个劳动者需要的时候,能够受到补充、提高或转业的教育,从而不断提高和改善社会劳动人口的职业能力和素养是考虑职业教育体系的原则。

三、职业教育的教学改革问题

教学改革是职业教育发展和改革的核心问题。教学改革的核心是教育思想的改革。因此,要在分析总结传统的教育思想的基础上,研究培养现代人的现代教育思想。

人的现代化是社会现代化的条件和内容,能够培养出现代化的人是教育现代化的标志。什么是现代化的人,现在有很多论述和描述,但从根本上看可以有两点:一是身心都能得到全面发展;二是能充分树立人的主体意识和充分实现人的主体价值。亦即在能动地改造客观世界中,也能懂得改造和发展自身。有人说20世纪是学会生存的世纪,21世纪是学会发展的世纪,是有道理的。

根据这个设想,职业学校的教学改革有许多内容,如专业设置、课程开发、教学技术、教学管理等,也有不少模式和经验,如何衡量教学改革的绩效及其达到的深度和广度,是个很大的问题,对此,提出以下几点供参考。

1. 教学目标的价值取向及其实现的程度。职业教育的教学目标既不是重知识,也不是重技能,而应该以能力为基础。对教学改革成就衡量的主要标志要看目标是否明确、用什么办法达到和实现的程度。

2. 企业参与的程度。职校教改如果没有行业和企业的参与仅在教育或学校内部闭门改革是不会成功的。企业参与的形式可能多种多样,要衡量的是其参与的深度和广度。

3. 教学制度对社会职业(企事业)和学生(求职者)适应的程度。

4. 教学过程中学生主体地位的确立。在教学中教师居于主导地位,学生是学习的主体。一切教学工作都是为了学生学。必须改变过去以教师、教材、单向传授为中心的教学,变为以学生学为主体的双向活动,充分培养学生自我负责、自我学习、自我反馈、自我考核的能力。教会学生学会学习是教学的主要目的,也是衡量教学效果的主要标志。

5. 现代化教学手段的应用。应用现代化教学手段不仅可以节约时间,提高效率,而且是提供学生自学条件、发展学生能力的重要手段。现代化教学手段的应用,并不意味着必须有多么昂贵的设备,许多普通的手段都很有效,关键在于用不用和怎样用。

6. 毕业生的反馈信息。实践是检验真理的唯一标准。教学改革的绩效要在毕业生反馈的信息中反映出来。对毕业生主要从三方面衡量：一看毕业生的现代社会意识、工作态度；二看毕业生的职业适应能力；三看毕业生的发展能力。这种反馈信息要具有群体性，而不是个别尖子学生的表现等。

当然，要进行教学改革还需要一系列的保障条件，如教学管理、师资条件、设备等，这里不再详述。

总之，在职业教育已经有了一定基础和规模的今天，面临着社会和经济发展的新的形势，要进一步发展，需要研究一系列的问题，其中包括对职业和职业教育的认识、职业教育的发展前景与趋向，才能全面发挥职业教育功能，在社会和教育系统中调整自己的方位，并且要深入研究和进行教学改革，确定可操作可衡量的目标，才能把改革落于实处。

对福州、厦门发展职业教育的几点意见^①

1984 年 10—11 月间,本社组成调查组,在福建省福州和厦门两市调查中等教育结构改革和职业教育发展的情况。

据 1984 年初步统计,福建省中等学校学生中,职业高中和中等专业学校占81%。同年下半年,福州市有 47 所中学办了职业高中,招生数占高中招生总数的25%,厦门市有 16 所中学办了职业高中,招生数占高中招生总数的 35.7%。

两市改革中教结构,发展职业教育,成绩显著。一是培养出一批初级技术人才。福州市职业高中已毕业 1000 人,76.5% 的毕业生被择优录用;厦门市职业高中已毕业 2102 人,被择优录用的占 80.1%,加上自谋职业的,两市职业高中毕业生的就业率比较高。二是改变了中等教育结构的单一化,为建立与普通教育相并行、相结合的职业教育体系奠定了基础。三是促进了先培训、后就业方针的贯彻,也促进了招工制度由统包分配转为择优录用的改革。福州市有些企业算了笔账:培训一个学徒工要花 1296 元,录用职业高中毕业生就不要花钱,职业高中毕业生的劳动年限长,招工的平均年龄为 25 岁,职业高中毕业则为十六七岁。足证改革中教结构、发展职业教育的经济效益很高。

现就两市如何进一步改革和发展提出几点意见。

第一,进一步发展职业教育,全面贯彻先培训后就业的方针。

先就业后培训是落后的制度,必须改革。据估算,1984 年下半年福州市初、高中毕业生进大专、中专、技校和职业高中受专业教育训练的占总数的 48.6%,厦门市 60% 左右。两市就业前培训率虽已有所提高,但仍有半数左右需要解决就业前的培训问题。因此,职业教育必须继续有较大的发展。

(1)继续发展职业高中,使中等教育职业化。两市职业高中近几年内的发展,将受职业教育的与受普通教育的学生数比例达到 5∶5 或 6∶4,中学势必出现三种类型:一是职业高中;二是普通高中;三是综合性中学,兼办职业班和普通班,使

---

① 原载:教育与职业,1985(2):10 – 11.

职业教育和普通教育互相结合,互相渗透。这种发展变化,体现着中等教育的职业化趋势。胡乔木同志最近指出"世界教育的趋势向着职业化方向发展"。我国的实际情况也不例外,应该促进这种趋势的发展。

(2)中等专业学校和技工学校也要发展。现有的中专、技校一般都有潜力可挖,应通过改革,适当扩大招生。首先要采取措施,把毕业生的统包分配改为择优录用,同时恢复只招初中毕业生的制度,不再招高中毕业生。中专技校招收高中毕业生,从经济效益看,不仅是教育投资的浪费,而且增加学生家庭的负担,绝不能再继续下去。

(3)要在改革高教结构中,发展两年或三年制的职业大学和专科学校。福建已办有三所职业大学。这种大学每一毕业生所需的费用,约为普通大学的三分之一。这种大学应该适当扩大规模,提高质量。同时发展和加强专科学校,现有专科学校应该挖掘潜力,增加招生名额。毕业生改统包分配为择优录用。这样既有助于高等教育阶段本科与专科的比例趋于合理,又利于使较多高中毕业生的培训水平提高,以适应对外开放、引进技术和发展知识密集企业的需要。

(4)建立和发展劳动服务公司,培训普通高、初中未能升学的毕业生,并介绍或组织就业。福州市卫生部门所办的护士和妇幼保健训练班,组织毕业生开展社会保健业务,既能就业,又能为社会提供医疗保健服务,可谓一举两得。

第二,加强职业高中,提高其教育质量。

职业高中是职教体系中发展较快、数量较大的部分,也是与普通教育互相结合、互相促进的重要环节。加强职业高中并提高其质量,要解决以下问题。

(1)关于职业高中的培养目标和任务,两市有关同志意见不一。多数认为应该多层次、多规格,有些同志认为应与中专、技校分清任务,我们倾向前者的意见。实际上,两市的职业高中,主要为第三产业培养人才,专业种类繁多,学制年限有长有短。所以培养目标应该明确是多层次、多规格的,可以培养中、初级专业人员,也可以培养中、初级技工。这样既有利于增强职业高中对"四化"建设人才需求的适应性,又有利于调动师生教学的积极性。

(2)职业高中可采取多种多样办学的形式,但应以教育部门和企事业联办为主。正如福建省委第一书记项南在有关发展职业教育的讲话中所指出的:"态度要积极,方向是联办,内容要多样。"两市在联合办学方面已经取得了成效和经验。①一致认识到联合办学体现了教育必须与经济建设相适应的基本原则,是贯彻先培训、后就业方针的根本措施。联合办学还促进了职业高中的较快发展。②双方都要主动,而以教育部门尤其。厦门市教育局主动与16个业务局或公司按系统推动有关企、事业联合学校办学。③双方签订合同,规定企、事业单位有选配专业课教师、提供设备和补助部分经费等义务,有优先择优录用毕业生的权利。学校负责加强思想政治和品德教育,配备文化课教师,制定教育计划,编选教材等。有些职业高中的联办双方不签订合同,而通过协商解决问题,也合作得比较好。

(3)职业高中的经费,除原有的普通高中经费外,福建省和两市都拨发一定的开办费。厦门市还规定在市财政预算内每班每年拨给经费5000元,职业高中经常需要补充和更新专业设备,维持经费必不可缺。投资较少,却很有利于教育质量的提高,效益较大。

(4)师资,特别是专业课师资,是办好职业高中的重要条件。两市采取由文化课教师转为相近专业课教师,从企、事业单位调入或借用以及招聘等办法,初步解决了专业课师资问题,现在厦门市平均每班有2.5个专业教师。总的看来,专业课教师数量很不够,质量要提高,特别要注意新师资的培养。比较可行的解决办法之一是在有条件的高等院校设置所需专业师资培训班,并列入高校的招生计划。

(5)提高职业高中的教育质量,要着重做好以下两点。

首先,端正办学思想,认真贯彻"三个面向"和全面发展的方针。两市有些职业高中曾经偏重职业技术而忽视思想政治和职业道德教育,致使有些学生对学习目的缺乏正确的认识,少数学生中途流出校外,甚至有个别毕业生因品德差,不被录用。两市当局现已重视思想政治和职业道德教育,并把共产主义道德教育和职业道德教育结合起来,使思想政治和品德教育由虚到实。应在已有经验的基础上继续总结提高。其次,教学方面要从经济体制改革和科技发展等实际需要出发,发扬改革和创新精神。应研究吸收中专和技校的成功经验,但不宜套用中专和技校的教学模式。厦门市有些企业在考查职业高中毕业生时明确三项要求:①灵活解决问题的能力;②知识面比较宽广;③专业技能合格。这些要求促进了职业高中的教学改革。职业高中教学改革的要求是:文化基础知识绝不能削弱,专业知识技要特别注意培养独立解决实际问题的能力,使学生就业后都能进取创新。

技工学校要向多层次发展①

技术工人学校是近30年来在我国建立的一种学校,在培养技术工人,提高劳动人口的素质,使我国形成一支具有高中文化水平的骨干技术工人队伍方面,做出了自己的贡献。目前在教育体制改革中,技工学校同样面临着如何改革以适应经济体制改革,满足当前技术工人缺乏特别是高级技术工人奇缺的需要,扩大服务范围把技校办活的问题。这方面山东省劳动局技工学校的一些做法,对于教学和设备条件较好的技工学校有参考价值。

1. 目前技工学校存在的一个重要问题是缺乏层次,这既不符合各不同工种对技术水平的不同需要,也不利于技术工人的提高和发展。为解决这个问题,山东省劳动局技工学校正在向办三个层次的技工学校发展。从1984年开始他们试招钳工专业两年制的初级班,培养初级熟练工。1985年暑假招收技工学校应届毕业生两年制的高级班,培养高级技工(六级)和技工学校实习教师。他们认为这样做有几大好处。第一,可以扩大招生面,初级班可录取未上分数线的次优学生和照顾一部分子女入学问题,高级班可以满足一部分学生的升学要求。第二,按不同工种或工作岗位对技术的不同水平要求培养人才,可避免时间、人力、物力的浪费。第三,初级班学生学习优等的可以择优升入三年制的班级,技校毕业的优秀生可考入高级班,有利于学生的发展和上进。第四,高级班可以担负两项任务,培养高级技术工人和培养技校、职业中学等的实习教师,以适应现实的急需。

2. 调整和增设科目、专业,以适应新的需求。山东省劳动局技工学校是一所在金属加工方面车、钳、铣、磨、电、锻、铸工种比较齐备的学校,并有固定产品——万能磨床。但产品和工艺都比较陈旧。为适应新技术的发展和产品的更新换代,今后他们将一方面向自动化、数控机床方向发展,另一方面根据自己的教学力量和调查研究决定,今年增加锅炉检修工种,培养有技术的锅炉工,补上技工教育中的这一空白。

---

① 原载:教育与职业,1985(2):33.

3. 充分利用学校的师资、设备条件，扩大服务范围。目前他们招收半年制的代培生，因为住宿条件所限主要是为济南城市工厂企业代培，但在招生中多招几名学生，为乡镇企业代培技工。另外，与部队挂钩为部队培训军地两用人才。暑假期间利用学校工厂为职业中学代培实习教师。这样做可解决一部分单位技术培训的需要，从经济上看也是合理的。

我认为山东省劳动局技校的这些做法，是值得推荐的，也是在教学设备条件较好的技校中切实可行的。其中需要注意的一个问题是两年制高级班的师资必须有保证，需要解决的一个问题是高级班的学历问题，这方面希望劳动部门和教育部门共同协商，评定技工技术职称，对实习教师给予和其职务相应的待遇。

此外，关于技工学校的改革还有以下几点可以考虑。

1. 为改变技工学校目前"吃大锅饭"，由国家包下来，统一分配的现状，增强技工学校的活力和竞争能力，可以考虑开设自费班，招收一部分自费生，毕业不包分配，由学校推荐用人单位择优录用，也可自己谋职、从业。逐渐过渡到大部分取消统包和"铁饭碗"，以适应经济体制改革和劳动工资制度的改革。国家或企业拨给技工学校的一部分经费则可用来改善办学条件或增添新专业。

2. 不少技工学校实习工厂和实习条件比较好，可以根据本校工种和设备，办成技术教育中心，向职业中学提供实习场地和师资，为普通中学提供生产技术教育，为待业青年或个体劳动者提供技术训练。

3. 与改革学徒工培训相联系，由技工学校提供文化课和专业基础课、专业课的教学，由招收学徒工工厂进行生产实习教学，逐渐形成一个有制度有规格的学徒工培训系统。

4. 利用晚间开办业余技工学校，解决目前在职职工的中级培训问题。

当然，要做这些事不会没有困难、没有阻力，也许还会有点风险，也可能上述有的设想是不可行的。但是，要前进就需改革，要改革就需奋斗，我们现在所缺乏的还是创业精神和实干能力，只要着手去做，路总是众人走出来的。

实现全面的职业教育[①]

——提高职业学校的教育和教学质量

自 1980 年实行中等教育结构改革以来,我国的职业教育有了长足的发展,最近中央关于教育改革的决定更加速了这个发展的进程。据统计,1984 年全国高级中等学校在校学生中各类职业技术学校的学生所占比重,已由 1978 年的 7.6% 提高到 32.3% ,今年这个比重还在增加。随着数量的发展,也涌现出一批办得很有成绩的职业学校,但是由于我国的职业教育长期未能得到正常的发展,职业教育理论研究和实践经验都不足,怎样办好职业学校,不断提高教育质量仍是当前面临的一个重要课题。职业学校办起来了,能不能巩固发展,主要还取决于教育质量。可以说各级各类职业学校教育质量的高低,关系职教事业的成败,也是我们教育改革能否成功的一个关键问题。

提高职业学校的教育和教学质量,相关因素很多。有当前最急迫的教师、教材问题,经费设备问题,学生来源的水平问题,实习条件和场地问题,等等。这些具体问题应该逐步解决,以利于提高教育和教学的质量。但是如何衡量一个职业学校教育和教学质量的高低,以什么做标准,却是一个需要首先解决的重要问题。从总的培养目标来看,我们的职业教育不应是一种狭隘的职业训练,而是要培养社会主义社会全面发展的新一代。因此,是否实现了全面的职业教育就必然成为我们衡量教育质量的一个主要标志。

所谓全面的职业教育,也就是说要使职业学校的学生在德、智、体、美诸方面都得到发展。由于职业教育有别于普通基础教育,所以在对学生的培养上在上述诸方面都有着自己的特点和特殊的内容。具体而言,全面的职业教育主要包括职业道德教育、职业知能教育、职业体育教育、职业卫生教育和职业美学教育五个方面。

---

① 原载:教育与职业,1985(4):16-20.

一、职业道德教育

职业道德教育是职业教育的灵魂。因为职业的本质属性是个人对社会的关系,从事任何职业都是为人民服务,没有超越人与人之间关系的职业,所以训练培养从职人员,最首要的是必须进行职业道德教育。

什么是职业道德? 职业道德是根据各行各业的性质、社会职责、社会作用、服务对象、服务手段等方面的特点所形成的各自的人与人之间的行为规范。换言之,职业道德是基于职业的本质属性,遵循职业活动的规律而引申出来的、内在的人与人之间的行为规范。因此,职业道德教育不同于一般的思想品德教育、劳动纪律教育,而有自己的特殊的内容和规律,它们之间不能相互替代或等同。概括而言职业道德具有以下特点。

第一,专业性。国民公德是作为一个国家公民所共同需要具备的思想和品德,当然一个人如果没有良好的国民公德,也不可能有高尚的职业道德。但国民公德并不与具体的专业相关,仅仅有好品德而不精通专业,不懂得专业道德,好心也会办坏事,甚至违反了职业道德还不自觉。职业道德是依专业而不同的,如医德是"救死扶伤",师德则是"诲人不倦",事实上各行各业都有自己特定的道德规范。工作纪律、服务规程是与专业相关的,但它们的产生是由业务活动或生产过程本身需要而制定的,并非出自对调节人与人之间关系的道德行为的考虑。规章制度是必须遵守的基本要求,有些具有法律性质,如有违反造成严重后果要追究法律责任。职业道德则不同,它属于个人修养的伦理学范畴,修养有高有低,因人而异,是一种出自内心的自觉意识,许多方面是无法用条文规定的,也是没有止境的。

第二,社会性。在不同的社会发展阶段、不同的生产力和生产关系之下,对职业道德的要求是不同的。在阶级社会中有些职业道德具有鲜明的阶级性。如封建社会在等级制度下无论从事什么职业都不准"以下犯上","恭顺"被封建主定为服役之人的最高美德。职业道德作为上层建筑的伦理观,也随着社会生活和科学发展不断变化。有些职业道德有着强烈的时代性,如人工流产,过去医生和社会舆论都认为做这种手术是非道德的,随着人口理论和优生学、遗传学的发展,现在则不然。试管婴儿、器官移植等都冲击着传统的社会职业道德观念。

第三,继承性。由于职业道德的专业性,专业的职业活动在不同社会发展阶段虽然有其阶级性和时代性,但相同的专业之间仍有许多共同之处,有其延续性和继承性。在漫长的职业活动中,各行各业都积累了许多宝贵的职业道德规范。如商业中的"买卖公平,童叟无欺"、制造业的"货真价实"、执法人员的"刚正不阿"、军人的"勇敢坚毅"等，都需要挖掘、整理并批判地继承。

第四，规范性。职业道德的内容十分丰富，各行各业又不相同，道德水准也难以用文字加以精确的衡量和规定，但职业道德也不是无章可循、可以任意规定的。由于它是基于职业的本质属性，遵循职业活动的规律而引申出来的处理与职业有关的、人与人之间关系的行为准则，所以具有规范性。总的来说，作为个人的职业道德，主要包括三个方面。一是反映职业观的，即反映对职业价值的认识的。如全心全意为人民服务，热爱本职工作。做教师的要献身教育事业，甘为人梯，热爱学生，等等。二是反映对职业本质规律的认识的，反映对专业职能和知识认识的深度的如忠于职守，当教师的要教书育人，以身作则，等等。三是属于处理职业活动中人与人之间关系的。如团结协作，不嫉贤妒能，正直、诚实、尊重别人的劳动等。各行各业都要研究制定出本职业范畴内的道德规范，这是使职业教育能有效进行的基本条件。职业道德规范是职业学校进行职业道德教育的主要内容。

在职业道德中还包括社会的职业公德，其范围要广泛得多，不仅是个人问题，甚至也不是某一行业问题，如工业上对待公害的问题、对待农产品污染的问题、劳动保护问题等，也同样应形成一定的带有规范性的职业公德。

第五，不平衡性。道德行为的本质是区别善恶，是一种思想品质修养。因此，有高下之分，在人与人之间、社会集团之间是不平衡的。影响职业道德形成的因素很多，社会制度、生产关系、经济体制、经济政策、社会风气、历史传统、家庭影响等都与职业道德的形成有密切关系，但是学校教育在众多因素中是一个重要方面。因为善恶观念的形成离不开认识，辨是非；也要有情感上的修养，分美丑。向学生进行德、智、体、美系统教育的是学校，就这个意义上说，学校教育在形成人的职业道德观念、培养职业道德行为、提高职业道德修养方面起着决定性的作用。

因此，各级各类职业学校都要把进行职业道德教育置于重要地位。应开设专门的职业道德课程，教育学生精通专业，有组织有计划地通过专业学习、实习实践、社会调查、老职工的传帮带等多种途径，进行职业道德教育。

二、职业知能教育

职业知能是指从事各种专业所必须具备的知识、技能、技巧和素质的总的结构。所以，职业知能教育是职业教育的核心。各行各业在知能上的要求是不同的，但在考虑确定学生应获得的知能结构时应着重考虑以下几个问题。

第一，要使学生有较强的职业适应性。确定知能结构，当然首先要进行职业分析，确定从事某项职业必须掌握的基础知识、专业知识和技能技巧，接受教育者获得职业的适应性。在这个问题上，应特别注意防止和克服狭隘的专业和职业观念。如学习铁路管理,应该考虑从运输行业的角度给学生一些其他运输手段的知识;学习养殖的要懂得一些市场学、加工、制造的知识。在条件允许的情况下可以开设一些相关的学科,如学习工业设计的应学习工业心理学,商业和日用品设计的应学习社会心理学,等等。这对于学生眼界的开阔,职业能力的培养是很重要的。特别是我们的职业学校要适应当前不同所有制的经济结构,为个体和集体经营培养人才,这点就更为必要。

第二,要注意培养发展职业能力。能力是多方面的,当前最重要的职业能力是革新和创造的能力。我们应该培养有社会主义觉悟的、有知识的、有适应能力和富于创新精神的人。应当把革新作为战略决策,为此,要加强爱国主义和社会主义觉悟的教育;要有足够的专业基础知识和一般文化基础课的教育,一般来说在中等职业学校,学生除专业知识外,应该具有相当于高中文科或理科的基础文化知识。要改革死记硬背的教学,使学生学会学习;要重视见习、实习和各种职业实践活动,培养学生动手能力和创造性思维能力;要重视毕业设计。

在职业能力中职业素质的培养十分重要。职业素质是指从事某种专业所需要的特定能力和品质。我国著名经济学家于光远就曾谈到过学经济的学生要有经常盘算的性格。各行各业都有自己需要的能力和品质。如学市场学的必须有很强的反馈能力;驾驶员则要求反应迅速,动作协调;一个好的车工需要差别感受性灵敏,动觉表象清晰、完整,视觉表象在头脑中三维旋转能力强,双手协调活动、动觉反馈能力强;等等。有条件的学校应积极与专业部门、科研部门协作进行职业素质的研究和测定,制定培养计划,要使学生了解从事本专业要取得成就所需的素质,并培养训练这些素质,为学生今后的发展创造条件,奠定基础。

第三,要不断更新学校的课程、教学计划、教学内容,以适应新技术发展的需要。教育是一个长效事业,我们培养的学生要在几年之后才能参加工作。因此,在课程教材上一定要考虑科技发展的前景。有的职业学校提出宁可集中财力买一台先进设备,也不凑合买十台落后的设备,这种考虑是有一定道理的。有些内容一时还不能列入教学计划,可以考虑开设专门介绍世界先进技术和发展趋势的课程或专题讲座。

第四,在课程结构上要考虑劳动的变换、学生多方面的发展和继续深造的需要。这主要指的是在课程结构上要尽可能给学生以比较广泛的基础知识,克服实用主义倾向;或只重视熟练技能的训练,忽视专业理论的教育。使受职业教育者能够具有较强的职业适应能力和转换他种职业的一般条件。关于职业学校学生的升学和继续深造问题,当前是一个矛盾较多的问题。从长远的发展着眼,职业教育系统不应是早期终结型的。在中等职业教育阶段的学科设置上职业学校和普通中学应相互接近,在职业学校中加强基础课,在普通中学中增加职业科目,使各级职校毕业生既可就业也可升学,普通中学毕业生可以升学也可以直接就业。但从我国当前的条件来看是做不到的,勉力而为恐会两败俱伤。在这种情况下就不能一概而论,要区别不同的情况,经过一段发展过程逐步实现。

三、职业体育教育

职业体育教育或称职业实用身体训练,是职业学校体育教学的重要组成部分。根据运动生理学和心理学,不同的体育运动项目对人的发展的影响是不同的。例如,体操运动可以提高人的平衡感觉、空间定向、控制身体的能力;排球运动可以锻炼人的反应速度和选择性、准确性,空间定向与时间判断能力;通过篮球运动双手腕关节在空间的敏感性方面能够得到加强;田径运动可以提高反应速度,注意分配能力、运动定向能力;登山运动可以锻炼对缺氧状态的适应能力;游泳运动使人获得水性适应、控制身体以及全身配合的能力;等等。这些能力的获得对不同的职业具有不同的意义。但有些体育运动项目却是与某些职业要求相悖的,如要求手指触觉灵敏的专业,像钟表装配工,若长时间地从事单杠、双杠一类的体育运动,会使手指的皮肤变厚,触觉的灵敏性降低。研究各类体育活动对身体影响的特点,确定哪些体育项目有助于富有成效地掌握这种或那种职业所必需的素质,哪些运动项目不利于某种职业的掌握,编制出供本专业学生使用的体育教材,有计划地进行职业体育活动,帮学生能更好地获得或发展这种或那种专业所必需的素质,提高劳动积极性,使人的能力得到充分发展,是职业体育教育的任务。

关于职业体育这方面的研究成果目前见到的资料很少。苏联曾进行过这方面的实验和研究。如他们实验的结果表明,有助于克服高空恐惧感,培养高层建筑的装配工的体育项目是跳水运动、体操运动、技巧运动和摔跤运动。能够提高在高温条件下工作的适应性的体育项目有击剑、长跑等。并且在生理学家、劳动卫生和体育运动专家们、教育家们的协作下编制了提供职业技术学校学生用的职业实用身体训练的推荐材料。

当然,这种职业实用身体训练并不是可以完全代替职业学校的体育课程,但是在体育课中和课外体育活动中,有组织有计划地进行这种职业实用身体训练,无疑应该成为职业学校中体育教育的重要组成部分。

四、职业卫生教育

保护劳动者的健康不仅是医务部门的责任,也是教育部门的责任。美国经济学家舒尔茨在论证人力资本投资时,把延长公民寿命和增进他们的体质的种种保健措施,列为各项人力资本投资的首位。因此,在职业学校中必须进行职业卫生教育。

职业卫生教育主要包括两个方面。一是防止由于某种职业而易于形成某些病患的保健教育;二是有关职业病的防治知识。

据 1985 年天津体委、卫生局、总工会,对市属八个局 31 个工厂和企业职工健康状况抽样调查,在 44184 名职工中,总患病率高达 17.85%。患病率最高的三种疾病为:高血压、腰肌劳损和消化性溃疡。要改变这种状况,就需要制定适合不同职业的运动和保健计划,并在职业学校中进行有关这方面知识的教育和体育锻炼。对于女生要进行专门的劳动卫生教育,我国在广西成立了全国第一个女工劳动卫生研究室,将采用多学科结合的手段,来研究生产中各种职业性有害因素对女工及其后代的影响,提出科学的防治措施。

在某些生产环境和劳动过程中存在着可能影响身体健康的化学、物理、生物等有害因素如毒物、粉尘、高温、震动等职业性毒害。这些毒害可能引起职业病。对于这个问题的方针应该是防重于治。因此,在从事某种职业之前要开设劳动卫生或职业卫生课进行有关职业病防治知识的教育,由于无知而造成职业性的伤害是不允许的。我国法定职业病共 16 种:职业中毒、尘肺、热射病和热痉挛、日射病、职业性皮肤病、电光性眼炎、职业性难听、职业性白内障、潜涵病、高山病和航空病、振动性疾病、放射性疾病、职业性炭疽、职业性森林脑炎、布氏菌病、矿工滑囊炎。劳动卫生课的内容应包括:生产性毒物的分类及其危害,毒物在生产环境中存在的形态,生产性毒物的来源及危害,毒物侵入人体的途径,毒物在体内的代谢,影响毒物作用的有关因素,预防措施,中毒的临床表现,急救的处理原则等。事实证明,做好这方面的教育、防治工作,职业病的危害是可以防治的。北京市曾调查了 8 个印刷厂的从事铅作业的工人,由于防尘防毒工作做得好,没有发现一例铅中毒或铅吸收的患者。湖北松宜矿务局坚持综合防尘,加强防尘教育,普及防尘知识,1966—1981 年全局进矿的 7800 多人,15 年没有发现一名硅肺患者。

进行劳动卫生教育也是推动文明生产、安全生产,改变不安全、不卫生的不良生产条件,防止重大事故发生的重要措施之一。

五、职业美学教育

职业美学教育指对职业本身的美感教育。马克思曾经说:"劳动创造了美。"职业生活在人的一生中,是主要的和基本的劳动活动。人的美感反映人们对客观世界认识的深度和广度,反映人的发展的深度和广度,进行职业美学教育,对形成正确的职业观、促进职业道德的修养和职业素质的提高都有重要作用。

　　进行职业美学教育首先要使学生能够和善于欣赏自己的职业。人的生产劳动是有目的、有意识的，因而人能把人本身和劳动加以区别，劳动可以成为人的认识对象和欣赏对象。人能够在自己创造的对象中直观地看到自己的力量、智慧和才能的实现，当对象以表现创造活动内容的感性形式特征而引起人的无比喜悦时，这个对象就被称为美的。人类的美感也是在社会生产过程中、在征服自然过程中产生的，人类按照美的规律创造世界。事实上人们通常创造许多直觉形象，典型地反映职业的特征，通过由知觉或表象唤起的美感，使人热爱职业，产生对某一种职业的憧憬。如我们把医务人员形象化为白衣战士，以表示医务工作者的圣洁；把邮务人员称为绿衣使者，以感谢他们给人们带来信息和愉快；把教师比作园丁，以形容他们的辛劳。许多人就是从欣赏这个美的形象，而执着地追求某一职业。因此，我们要挖掘每一种职业内在的魅力，引导学生认识劳动目的、劳动内容的美，使学生理解到职业生活不仅有苦有乐，而且是美的。应通过各种艺术形象、绘画、音乐、舞蹈、文学唤起学生对职业的美感，引发激情，对自己的职业充满自豪感。这对培养学生热爱本职工作，发展学生的想象力、创造力，能够愉快地、创造性地完成工作都是十分重要的。

　　其次，要引导学生掌握职业的艺术。动物没有意志和意识，不能把自身和生命活动区分开来。而人则有意志和意识，可以把自己同自己的生命活动区别开来，成为自己认识和欣赏的对象。劳动过程本身也可以成为美感的对象，也就是说追求一种技艺之美。教师上一堂好课是艺术，工人完美的操作也是艺术。这种职业的艺术可以说是从职人员自身内部的知能在外部的完美的表现。在职业学校中学生对自己的专业活动，有一个学习掌握从不熟练到熟练的过程，在这个过程中要教育学生掌握职业的艺术，尽可能做到更为完美的境地。

　　最后，要教育和引导学生追求职业的艺术化。我们许多产品不仅可以应用，而且也是艺术品。例如，菜肴要讲求色、香、味俱全。漂亮的产品是美的，清洁、舒适、优美的工作环境对于提高工作效率、文明生产也是必需的。每一个从业人员都应讲求职业语言、仪表、风度。在职业教育中培养学生对艺术化的追求，培养文明生产、文明服务的作风，严格要求、严格训练，这对于改善整个社会的风气，提高全民的文明程度都将起到重大的作用。

　　以上五个方面，是实现全面的职业教育的一个相互关联的整体。缺少了哪一方面都难以实现高质量的职业教育。要使我们的职业教育向纵深发展，提高质量，巩固下去，不仅要看到今天的需要，而且要顾及明天的发展，创造条件实施全面的职业教育已是势在必行。当然如何发展职业教育，怎样才能算是实现了全面的职业教育目前也还是一个需要实验和研讨的问题，这里仅以管见就教于职教同行。

发展职业教育的关键①

　　职业学校毕业生的出路问题,可以说是发展职业教育的关键,这也是近些年来办职业教育的人们共同得到的一个结论。天津市职业学校毕业生就业情况调查反映的情况,就是一个生动的例证。

　　要使职业学校的毕业生能够得到充分就业,是一个很大也很复杂的问题。从总的方面来看,影响职业学校毕业生就业率有四个方面的问题。一是人才的供求关系。从宏观上看,如果国民经济不发展,就业门路狭窄,当然不能实现充分就业。职业学校毕业生就业率高的地区,如苏州等地都是经济发展较快的地区;反之亦然。就微观而言,专业设置不当,供过于求也要影响就业。二是就业渠道。渠道不通则两头落空,用人单位得不到专业技术人才,职业学校毕业生待业或转行。当前,我国阻塞就业渠道的问题主要是劳动人事制度中存在的一些弊端和"大锅饭"。一部分职业学校学生(中专、技校)包分配,而职业学校学生不包分配,这就违背了择优录用的原则。三是对人才重要性的认识和人才的规格质量。在企业改革中,不少企业已经认识到人才对于发展生产和提高产品质量的重要性,因而要求录用受过训练的职业学校学生。但也还有一部分人对职业培训的重要性缺乏认识,只顾解决眼前困难,比如片面照顾子女就业,限制和排斥职业学校毕业生就业,这是一个方面;另一方面职业学校本身的教学质量亦是一个重要的问题,如果培养的人规格不符,质量不高,用人单位不愿录用也是必然的。四是社会保障和社会心理问题。我国目前的经济体制是国有经济和集体经济是基本的经济形式,一定范围的劳动者个体经济是公有制的必要补充。根据这种经济结构,职业学校既要为国营和集体经济培养人才,也要为个体经济服务。职业学校毕业生自己从业、个体经营也是应有的出路之一,不能把这部分毕业生视为待业。当前无论是办学者还是社会舆论的确都还存在着认为自谋职业是没有解决就业问题的观念。这种思想的产生有实际问题也有社会心理问题。个体劳动者在医

　　① 原载:人民教育,1985(11):8.

疗卫生、社会保险等方面都存在着后顾之忧,感到不踏实,好像没有解决终身职业问题。

以上四个方面当然并不是影响职业学校毕业生出路的全部问题,但仅就这四个方面也可以看出,解决职业学校毕业生出路问题是一个综合性的问题,不是哪一个部门能够单独解决的,也不是教育部门所能够单独解决的,更不是各个职业学校自己所能解决的。

由于这是一个全局性的问题,所以正如上述调查所得出的结论:当地党政领导部门的重视和有关部门的协作,教育结构改革和劳动人事制度改革同步进行是关键的一环。天津市是这样,其他地区的经验也证明了这点。上海市 1984 年职业高中毕业生被各部门录用的占全部毕业生人数的 91.7% ,加上考入大中专学校、留校和要求自谋职业的,得到妥善安置的人数已占毕业生总数的 97.7% 。之所以有这样的成绩,除了职业学校毕业生的质量受到社会欢迎之外,重要的是上海市在用人制度上采取了措施。今年上海市劳动部门更简化了招工方法,业务单位可以直接从学校录用;文化课和专业课的考核经联办单位同意,可以以学校毕业考试成绩为准,不再另外进行招工考试,由联办单位在用人指标范围内择优录用。河北省规定:"从全民自然减员中抽出不少于 20% 的比例择优录用职业(技术)高中毕业生。"全省职业中学毕业生被全民和集体所有制单位录用的已达 65% ,石家庄达到 80% 。辽宁省劳动局、省教育厅联合发出通知规定:从 1984 年起全省所有国有工矿企业技术工种一律从职业技术高中毕业生中择优录用。各厂矿企事业单位录用职业技术高中毕业生为职工的数量,不得低于职工当年自然减员总数的 10% 。从中可以看出,各地都在积极地创造条件解决这个问题。

天津的经验很好,可供借鉴。其他地区也有许多行之有效的措施和经验。现在的问题是怎样把这些经验集中起来,进行可行性的比较研究,制定相应的劳动人事制度同步改革的具体措施,以便保障职业技术教育的发展,这对我国建设事业和教育改革都是非常必要的。

左宗棠和马尾船政学堂^①

　　左宗棠(1812—1885)是近代洋务派的重要人物之一。年轻时三次应试进士不第,即潜心研究舆地、农政、盐法、兵事等实学。他叹服西方的船坚炮利,久蓄仿造之志。1864 年曾雇匠仿造小轮船一只,但因技术不高"试之西湖,驶行不速"而作罢。因此,1866 年在闽浙总督任内力主筹办造船厂培养自己的技术力量。同年他在《覆陈筹议洋务事宜折》中提出:外人"所持以傲我者,不过擅轮船之利耳"。"若纵横海上,彼有轮船,我尚无之,形无与格,势无与禁,将若之何? 此微臣所为鳃鳃过计,拟习造轮船兼习驾驶,怀之三年,乃有此请也。"^②于是在福建马尾岛上建立了中国第一所造船厂——马尾船政局。左宗棠建厂的目的很明确,是为了引进西方技术,既造船又用以培养人才。所以他聘法国人日意格为监督,并与之订立合同:自铁厂开厂之日起五年内,保证外国技师和工人教会中国员工能按照现成图式自造轮船,外国技师就铁厂的工作母机教会中国工人能自己制造一切造船机器。根据这一目的,福州船政局由铁厂(机器厂)、船厂和学堂三部分组成。学堂初名求是艺局,后称马尾船政学堂,分航海建筑和航海理论两个专业。学造船的要求达到能按图自造水平,学驾驶的要求达到船长所必须具备的知识,能自行监造和驾驶。

　　船政学堂分前后两学堂,前学堂学制造由法国人主持,后学堂学驾驶由英国人主持。教师由两国聘请。当时教授航海的有斯恭塞格(练船教师)、德勒赛(航海实习教师)、禄赛(理化教师)、加乐尔(驾驶)、阿澜(轮机专业教师);教授制造的有舒斐(轮机制造)、马益识(船体建造)、乐平(船体制造)、卢维(设计专业教师)等。学校设备比较完善,有学生宿舍、教员住室、戏院等。1868 年为解决技术工人问题各厂分招收 15 岁以上、18 岁以下、有智力悟性者百余人,称为艺徒,随同洋匠学习,是为我国培养熟练工人之始。为了易于管束设"艺圃",为我国最早培

　　① 原载:教育与职业,1986(2):42.
　　② 中国史学会.洋务运动:第 1 册[M].上海:上海人民出版社,1961:18 – 19.

养熟练工人的机构。

马尾船政局及附设之学堂培养了我国第一批近代工业的技术力量。1869年第一艘制造的军舰"万年清号"下水,据奏:船上舵工、水手及管理机器的各式人员均为中国人,"并无一个洋人在内"。1874年合同满期,船局辞退大部分外国技师和工头,设计制造由自己培养的技术人员主持。到1895年成船19艘,成为清代最大的船舶修造厂。

马尾船政学堂培养了我国第一批海军舰长。当时南北水师主力舰管带邓世昌、刘步蟾、林泰曾、林永介、方伯谦等都是船政学堂出身。我国向西方寻找真理的先进人物之一严复也是船政学堂的毕业生。左宗棠的引进技术培养本国人才的办学思想是应该充分肯定的。

马尾船政学堂的毕业生在侵略者面前表现了中国人民的不屈精神。1885年中法战争时,淮系洋务派坚持不战,不做战斗准备,法国侵略者偷袭马江船厂和停泊在福州口内的中国舰队。中国海军闻警奋起,其中烈士有记载的如叶琛后学堂毕业,管驾"福胜"轮,率舰冲向敌群,拼死进击,枪弹贯颊,蹶而复起,继续指挥战斗,为国捐躯。吕翰船政学堂毕业后,曾任后学堂教习,后统带"福胜""建胜"两炮舰。海战爆发,短衣仗剑,指挥作战,身碎舰沉,壮烈牺牲,时年34岁。陈英后学堂毕业,管驾"福星",战斗中战舰多处起火,仍往来冲杀,最后火药仓中弹爆炸,与官兵一起殉国,时年28岁。翁守恭,12岁即入后学堂学习,毕业后任"福胜"大副,战斗中英勇牺牲时年仅18岁。船政学堂爱国志士还有许多,他们的英名将永垂不朽!

职业教育的几个基本问题[①]

一、名词与概念

作为现代教育结构三个组成部分之一的职业教育,目前各国使用的名词有所不同。英、美、法、联邦德国、日本等国统称"职业教育",新中国成立前亦称职业教育;苏联、民主德国等国称"职业技术教育"。我国 1949 年《共同纲领》提出发展"技术教育",《中华人民共和国宪法》第 19 条称"职业教育",1985 年《中共中央关于教育体制改革的决定》称"职业技术教育",联合国教科文组织 1974 年第 18 届大会通过的《关于技术和职业教育的建议》,建议使用"技术和职业教育"这一综合名词。使用哪个名词更能反映这一类型教育的本质,是一个值得探讨的问题。现将几个名词的含义分述如下。

职业教育:指为取得某种社会职业资格的教育。职业资格与学历有关,但不等同。学历是对教育水平的衡量,是构成职业资格的一个重要条件。职业资格是按国家规定对特定职业适应性的全面衡量,通常以职称形式表示。一些国家实行学历文凭和职业证书的两种证书制度就是这种区别的具体表现。因此,职业教育应包括从初等到高等教育各阶段为取得某种社会职业资格而进行的教育、学科和课程。不过目前除个别国家如瑞士实行大学职业化外,一般国家职业教育主要包括从初等到两年制大专水平的教育,按美国的说法是:面向不需要学士称号的职业进行职业教育的教育。

技术教育:就广义而言技术并不仅指生产技术,但是生产技术是其中最基本和最主要的。技术大体上是指生产过程中的劳动手段(如设备)、工艺流程和加工方法,是劳动技能、生产经验和科学知识的物化形态。技术教育就是相对生产技术而言的。技术教育由两部分组成,一部分为非职业教育性的,属于基础教育范围内的一般生产技术教育,如小学的手工劳动课、中学的绘画课等。苏联实行的

---

①　原载:教育与职业,1986(3):28 – 29.

综合技术教育也是非职业性的技术教育。另一部分为职业技术教育。

职业技术教育:专业化的技术教育,主要指生产中的专业技术教育。这个名词的内涵小于技术教育,一般说也小于职业教育。

技术和职业教育,基于对职业教育和技术教育广义的理解,联合国教科文组织提议作为综合名词使用"技术和职业教育",并且提出对技术和职业教育应进一步理解为:(1)是普通教育的组成部分;(2)是为在某一职业领域就业做准备的手段;(3)是继续教育的一面。

应该说明的是各国在使用上述名词时对内涵有着不同的理解。如苏联对只进行获得职业资格教育的学校称职业学校,对同时还可获得学历的学校称中等职业技术学校;也有的国家理科中学称技术中学;还有的将中等以下程度的称职业教育,专科程度培养技术员的教育称技术教育;等等。我们应对使用什么名词做出自己的判断,更重要的是通过"正名"能进一步促进职业教育和技术教育的发展。

二、"分流"与"两化"

《中共中央关于教育体制改革的决议》确定:我国广大青少年一般应从中学生阶段开始分流。有人有些疑虑,认为当前世界各国教育发展的趋势是普通教育职业化和职业教育普通化,趋于"合流",而我们却要"分流",是不是落后于形势?

首先要弄清"分流"与"两化"的含义是什么。从何时"分流"是指青少年职业定向的年龄阶段和开始专业化的最小年龄;"两化"是指当前职业技术教育培养模式的改变,在中等教育阶段(主要是高中阶段)普及职业教育的问题。"分流"和"两化"是两个相关但又不同的问题。

各国学制对分流年龄阶段的规定不完全一致,但有共性。19世纪末20世纪初,一些实现了普及小学阶段义务教育的国家,青少年职业定向在小学后,开始专业化的最小年龄在11～12岁。第二次世界大战后,这种小学毕业即决定终生的教育制度受到非议,许多国家延长了义务教育年限,推迟职业定向的年龄。当前大多数国家将接受职业教育的年龄阶段规定为初中后,即14～16岁,泰国、马来西亚、秘鲁、墨西哥等国则以12岁为最低年龄。联合国教科文组织的建议中提出:"原则上把15岁当作开始专业化的最小年龄。"我国入学年龄为7岁,规定中学阶段分流为12～16岁,与世界各国基本一致。

"两化"从职业学校来看是培养模式的变化,即从传统的重在某一特定职业资格的培训,转向避免过早专业化和专业过狭的教育,从早期终结型教育转为面对升学和继续教育;从普通高中来看,随着基础教育年限延长到九年,高中作为升学准备的普通教育性质相应也要改变,将同时担负职业教育任务,就是在整个中学阶段实行既能升学又能就业的教育。职业学校和普通中学将成为性质大致相同的学校,这就是所谓的"合流"。

各国在"两化"方面都做了一些努力。美国、英国、加拿大等国实行综合中学制度;苏联、罗马尼亚等国发展职业技术中学或专业中学;日本、民主德国等国加强普通中学的技术教育、职业准备教育,在职业学校中加强基础理论,合并专业工种、基础工种培训等。到1986年为止所有国家的中等教育还是多种类型并存。苏联提出的目标是到1990年职业技术中学达到占中等学校总数60%的奋斗目标。

从我国的教育状况来看,九年制义务教育尚未全面实现,绝大多数普通高中不具备专业培训的条件,相当一部分中等职业学校达不到既具有高中文化水平又掌握一门专业的水平,要实现中学阶段的"两化"尚需相当长一段时间的努力。目前我国中等教育中规定多种类型并存是恰当的、符合实际的。

开始专业化的最小年龄的规定保证了职业教育必须在一定的普通教育基础上进行,也考虑到了青少年能够自己确定职业定向的年龄。目前各国的基础教育年限大都在8~10年,少数为12年,我国定为9年,属于中间水平。我国教育体制中对分流的规定,是符合当今教育发展的趋势的,也考虑到了可行性。

问题是怎样改变传统的职业教育模式,怎样在普通中学中进行技术教育和职业准备教育,需要加以解决。

三、高等职业教育问题

职业教育是面对获得某种社会职业资格的教育,职业教育体系中包括高等职业教育,学校类型主要是专科,大学中也有设职业学科或课程的,但目前大学普通科目、理论科目占的比重大,基础理论宽厚,就业范围宽,而针对某一具体职业的专业知识、实际操作能力和解决具体技术问题的能力则相对不足。由于社会职业对高学历的人才的需求小于对中、初级职业技术人才的需求,一些高等教育发达的国家如美国、日本,出现了大学毕业生就业率低于专科学校毕业生的现象。日本1980年统计,大学和短期大学平均就业率为42%,而专科达到85%,比大学生高1倍,美国20世纪60年代末到70年代四年制大学毕业生的失业率从2.4%上升至6.1%。在这种情况下,有的国家如瑞典1977年由议会正式批准的高等教育改革议案,提出建立综合性的高等教育体系,合并过去在教育体制上分开的普通大学和专科学院,使学生既能学到传统大学所提供的基础理论知识,又可以接受专科院校所特有的专门的职业训练。课程设置向职业化、综合化、多样化发展,引进和增加职业训练的课程。高等职业教育越来越成为构成高等教育的重要组成部分,在基础教育已经普及到高中阶段的国家,如日本,职业教育正在向大专发展,它们称之为职业教育专科化。

在我国自有新学制以来就有高等职业教育。清末学制称"专攻科",民国初年(1912)和1922年学制称为"专门学校",1928年改称"专科学校",大学中也附设有专修科,到新中国成立初期大学在校生中有45%为专科学生。1952年以后,因为全面学习苏联,苏联学制中不设专科,所以我国也逐渐停办专科,再加上多年来不提职业教育,因此,在一些人的思想上对专科的性质不大清楚了,专科的办学方向也不够明确,有的专科实际上成了压缩的本科,甚至对于将专科学校算为职业教育思想上不通。近几年发展起来的短期职业大学,对学校性质也有一些不同的认识。实际上目前我国的职业大学就是一种职业专科学校,与美国、日本等国所办的短期大学有所不同,我国职业大学中不包括对四年制本科的预备教育。

高等职业教育在教育体系中有自己的地位和特点。第一,专科特别是地方职业大学与地方生产和科技发展直接联系,强调满足地方要求,面对乡镇企业,地方积极支持,学生毕业也易于就业;第二,以应用科学、服务性行业和一般管理等专业为主,还有少数新兴的学科和稀缺的专业;第三,学生的基础理论不需要如本科大学宽厚,但必须在专业上有比较强的实际操作能力和解决具体技术问题的能力,能够取得某种职业资格;第四,投资小、收效快、经济效益高。

职业技术专科和短期大学,20世纪60年代以后,在世界上发展很快。美国、日本短期高等教育学生占高等学校学生总数的40%,英国占50%,联邦德国占20%,法国占14.4%。

四、发展趋势

1. 发展职业教育问题仍将是各国教育发展的重要课题,将在中等教育阶段普及职业教育。

2. 无论是学校职业教育或工厂学徒工培训都将向非早期终结型发展。终身教育思想、职业前途教育思想将成为指导职业教育发展的思想。

3. 技术教育在普通教育和职业教育中将占有越来越重要的地位。

4. 继续教育有更大发展。

5. 职业教育的重点将从传统的第一、第二产业转向第三产业和新兴部门。

6. 职业教育更趋多样化,企业培训将有大发展。

7. 在高中入学率高的国家,职业教育有向大专发展的趋势。

应重视职业资格的审定^①

《中共中央关于教育体制改革的决定》指出：职业技术教育强调多年，局面没有真正打开，一个重要原因在于长期以来对就业者的政治、文化、技术准备缺乏应有的要求。事实上不解决职业资格审定的问题，"先培训后就业"就缺乏保证。

目前我国尚未建立起全面的职业资格审定制度。除了传统思想的影响外，由于我们过去经常强调的不是"学好了再干"，"而是干起来再学"。这在过去也许是正确的。但现在情况变化了，思想没有及时跟上，也造成了对职业资格的漠视，也在劳动人事制度上造成了极大的混乱。

现在要实现教育制度和劳动制度同步改革，逐步建立和健全职业资格审定制度，已势在必行。因为，只有通过职业资格的审定和执行，才能使全国人民建立起正确的社会主义的职业观，了解本职工作应负的社会责任和对自己专业知识、技术技能的要求，形成一个全民的对劳动质量的认识，全民劳动素质的提高才有保证；其次，必须有职业资格的审定才能保证社会生产和各项工作在应有的水平上进行，使科学技术和设备发挥作用，提高劳动生产率；再次，必须有职业资格的审定才能保证人民的生活质量、人民的生命安全；最后，对就业者的政治文化技术准备有了确定的要求，必将大大推动职业教育事业的发展。同时学历只是衡量职业资格的一个方面，采用按职业资格用人的制度，可以避免单纯追求学历所产生的种种弊端。

职业资格的审定是国家劳动人事制度的重要内容，关系各级各类职业学校的培养目标。建议劳动人事部和国家教委协作，组织人力从现在起着手工作，争取在 1990 年能够有一个较为完备的，与国际上各种职业资格相照应，又适合我国国情的、各行各业职业资格的规定，并进行立法，建立超国家的职业资格审定制度。

---

① 原载：职业技术教育，1986(5)：5.

全社会都要关心职业指导工作①

1986 年 11 月 29 日,中华职业教育社深圳办事处在深圳召开了"职业指导问题研讨会",这是我国自 1930 年以来第二次全国性的研讨职业指导工作的会议。第一次是 1930 年 9 月全国职业指导机关联合会成立后,于同年 12 月在南京举行年会。这说明专门的职业指导工作在停顿了多年之后,在我们实现社会主义四个现代化的改革进程中,开始受到各方面的关注。建立有组织有系统的职业指导工作已经势在必行。

一、职业指导工作的性质与任务

为什么当代社会需要职业指导工作为其服务?原因如下。首先,现代人一生下来就面临着一个复杂结构的社会。据统计,目前有 4000 多个学科领域,1 万多种职业。以高等学校为例,初步统计 1980 年全国高校共设专业 1039 种,北京大学共有 22 个系,设置 67 个专业,清华大学有 16 个系,43 个专业。职业学校 1981 年设有 348 个专业。在这种情况下,任何个人都难以获得较全面的升学或职业的信息,充分了解各专业或职业的状况。在个人通向社会职业,和社会各行各业对从业人员的选择和需求两方面都需要有一个桥梁,帮助它们相互了解,相互沟通,使人们找到和确定自己在社会分工中适当的位置,决定劳动就业方向,使人尽其才,事得其人。职业指导是在"人"与"事"之间起桥梁和沟通作用的一种服务事业。

其次,职业指导是教育工作中不可缺少的一个重要组成部分,是帮助和促进人的个性发展的一个重要方式。教育是有组织、有目的、有计划培养人才的事业,其目的是要通过各级各类教育,特别是职业技术教育,使人获得职业能力,最终实现劳动就业。因此,学校教育的任务中包含了帮助青少年选择合适的升学和就业方向,确定职业或进行职业训练,培养学生朝着自己所期望的职业目标发展。学校通过职业指导帮助学生根据自己的能力、兴趣和爱好选择适合自己的职业和工

---

① 原载:教育与职业,1987(3):4 - 7.

作,以完成其向社会输送人才的任务。同时,职业学校还要根据社会对人才需求的信息,不断调整专业、设科和教学内容,密切与用人单位的联系,更好地实现为国民经济和社会发展的服务。

最后,职业指导是帮助协调在人才培养和使用领域中的各种关系的一种手段,如通过择业指导、职业介绍、转业指导等工作,影响就业方向,协调人才的供求关系。根据上海市 1986 年对几所中学学生选择第一就业志愿的分类统计,被选职业类中科技工作占被调查学生总数的 53.3% ,教育工作为 11.0% ,文体工作 10.0% ,医务工作 14.0% ,军事工作 4.7% ,党政企事业管理工作 5.3% ,商业服务工作 1.3% ,农业劳动为 0.0% ,工业劳动为 0.3% ,个体劳动为 0.0% 。从这个统计可以很明显地看出,在被调查的学生中,选择职业的理想和实际的社会职业的需求之间存在着相当大的差距,不愿从事体力劳动是普遍的倾向。职业指导就是要帮助学生树立正确的劳动观点,了解和认识各行各业在社会主义建设中的地位和作用,使中学生在选择职业时不要集中涌向少数部门,千军万马争过"独木桥"。通过职业指导、职业介绍还可以协调人才的流向(城市、农村、沿海、内地、发达地区和贫困地区)、人才的结构(学历结构、年龄结构、专业结构)等方面的关系。

所以职业指导工作就其性质而言是在人才培养和使用的领域中,协调现代文明不复杂结构,合理开发人力资源的一种独立的社会服务事业。这种协调与沟通的工作十分重要,因为在个人与社会职业之间经常存在许多不可避免的不协调的因素,帮助解决好这些问题是职业指导的任务。

社会的物质生产决定人们的生活方式,这是马克思主义唯物史观的基本观点。截至目前的各种社会,人们都还不可能获得任意决定自己生活方式的自由。从总体来看,迄今人的个性、意愿从来与社会分工和社会职业存在着矛盾。古代的奴隶,之所以为奴隶当然绝不是他们的个性、素质、能力只适合当奴隶。中国封建社会工匠的子弟不迁其业,农民子弟世世代代固着于土地上也是被迫的,并非他们的天赋、才能只适合于手工艺或农业生产行业。在现代社会,各种职业的存在、变化,新职业的产生,旧职业的消失也不以任何个人的意志为转移。1950 年美国只有 17% 的人从事信息工作,现在则已超过 60% ,只有 13% 的劳动力在从事制造业,这当然不能说美国劳动人口的才能、素质前些年适应制造业的百分比高,而这几年变为适应信息工作的百分比高。所以,从总体上看,人们不论其意愿才能如何,都不可能离开社会结构形成的职业需求来获得自己的职业。因此,协调工作就变得十分必要。职业指导要帮助个人了解其对职业的适应性,能使其个性、特长得到充分发展,这点至关重要。无视个人意愿,不重视甚至压抑个性发展的社会,是不可能实现现代化的。但个人的兴趣、特长也不是绝对的,很大程度上取决于所受的教育与影响。职业指导还要使青少年了解个人在从事各种职业上的可塑性，以及能够从一种职业转向另一种职业的可迁移性。既要辅导学生了解如何实现自己的职业目标，也要帮助青少年懂得如何处理兴趣、爱好与可能提供给自己的职业的矛盾。

影响择业和就业的社会因素是复杂的，文化传统、习惯势力、家庭背景、社会心理、劳动工资政策、职业工作条件、个人的现实需要等都会影响青少年的择业方向。这些复杂因素的交错影响，也会产生诸多不协调的问题。例如，家庭父母的愿望往往对青少年择业方向影响很大，但这种愿望有时并不一定符合其子女的实际条件；受盲目追求升学的社会心理的影响，只求考上学校而去报考自己并不适合也不愿意从事的专业；受较高工资收入或某种劳动条件的吸引等都会造成人与事不相适合的情况。一时对所做工作的满意，并不等于选择职业的适当。如何帮助学生处理好这些问题，使所选择职业与学生的性格、能力、兴趣、特长尽可能地协调一致，是职业指导的又一重要任务。

个人的自我评估，以及自己对某种职业适应性的认识，也会存在矛盾和问题。特别是正在成长中的未涉世未成年的青少年，往往不能正确客观地认识自己和了解职业，有时自己也捉摸不定。青少年对未来对事业充满憧憬，这是他们的可贵之处，但现实的职业环境与理想总会存在距离，自以为有兴趣、有天才的事业，有时真的做起来也并非一定如此。正确的职业指导工作可以发现和培养天才，发挥才能；反之，错误地选择职业，会压抑才智，甚至可能埋没天才。

所以，职业指导之所以需要和重要，就在于它是使人们在不能有绝对自由选择职业的现实社会中，帮助人们能够比较合理地选择职业，协调不自由和自由之间的矛盾，尽量合理地开发利用人力资源，使社会对各种职业的需求得到满足，使个人能人尽其才，取得事业上的成功和生活上的幸福。职业指导是一个需要经济、计划、教育、劳动人事部门等多部门协作的一个综合性的协调工作，是一门跨多学科（哲学、心理学、生理学、教育学、社会学、行为科学等）的边缘学科。因此，职业指导是既需要由专门的机构进行组织领导，由具有专门知识经过专门训练的人员来进行，又需要全社会都来关心的一项独立的社会服务事业。

二、中华职业教育社开展职业指导工作的历史经验

为了推动当前的工作，了解和总结我国开展职业指导工作的历史经验十分必要。职业指导是 1908 年美国波士顿大学教授帕森斯倡导的。他鉴于一般大学生毕业后寻找职业无所适从，抽出一部分时间从事职业指导工作，在他的建议下，创设了波士顿职业局，专门从事职业指导和职业咨询工作。以后英、法、德、日等国

都开展了职业指导工作。中国的职业指导工作最初是由留美归国学生倡导的。1916年清华大学最早试行,1923年清华大学设职业指导委员会。但大力宣传、推进、实行职业指导工作的是中华职业教育社。

中华职业教育社推行职业指导工作大体可分三个阶段。1918—1927年这一时期主要是从事宣传、试验工作。1919年中华职业教育社成立了职业指导部,并组织了职业指导委员会。指导部的工作规定为:(1)调查本地重要职业;(2)调查各学校将毕业学生的年龄、体力、学业、品性、能力、志愿等;(3)收集各实业家对于雇用毕业生的要求和必要的条件;(4)本地各学校学生毕业之前,由社内派人员前往演讲选择职业的要求;(5)介绍毕业生转入相当学校。1919年中华职业教育社刊物《教育与职业》第15期专门出刊了《职业指导》专号,进行宣传倡导。

职业指导委员会由中华职业教育社与中华职业学校教职员联合组成,其任务是对职业学校的学生和准备从职的青年进行指导,使他们了解各行各业的情况及不同职业对他们的要求。黄炎培后来回忆说:"这个委员会负责调查上海主要商行和工厂的组织,调查有关他们雇用店员或其他雇员的情况。当我们普遍调查了我国日趋复杂的职业和迅速发展的职业教育时,我们意识到了职业指导的迫切性。如果我们不想任凭我们的学生徘徊、彷徨的话,这种调查是必不可少的。职业学校的学生还必须具有使自己能更适应生活的明确的目标。"[1]这个委员会在做了各方面的调查和访问了许多实业家后,完成了一本名为《职业经验谈》的书。与此同时,中华职业教育社还在一些学校中试行职业指导工作,上海试验的学校有澄衷中学、青年会中学,南京有省立一中,还有济南正谊中学、武昌中华大学附中等。

1927年9月中华职业教育社上海职业指导所的成立标志着职教社的职业指导工作进入了第二阶段。指导所的工作有以下几项。第一,调查、研究、宣传职业指导工作。当时调查了上海各种职业内容,编印了《银行业概况》《新医业概况》《书业概况》《养蜂业概况》《律师业概况》等介绍各业的丛辑。邀请心理学家讨论职业心理测验问题。1928年开办暑期职业指导讲习所。第二,职业介绍。这是职业指导所的主要工作,求职者填写"求职登记",求人者填写"求人登记",指导所免费进行介绍。第三,代办招考。即不仅介绍职业还为用人单位进行一定的短期培训。如为五洲大药房招聘并培养练习生,聘请饭店经理为常熟山景园培训侍应生等。第四,升学指导和就业指导。一般在各校放暑假前一个月内进行,学校设升学、就业指导周,各校通过中华职业教育社聘请和组织一些有经验有声望的教师和工商界人士去讲演进行指导。第五,对从业后的了解和对从业青年的指导。

---

① 中华职业教育社.黄炎培教育文选[M].上海:上海教育出版社,1985:193.

除上海职业指导所外,职教社 1927 年于南京青年会后与南京市教育局合办南京职业指导所,1931 年设海外职业指导所、难民职业指导实验场,1935 年设全国学术工作咨询上海代办所。抗日战争期间在昆明、桂林、贵阳设职业指导所,主要进行职业介绍和代办招考,为战时失学失业青年做了许多有益的工作。1939—1945年中华职业教育社联合各界与政府社会部合办战时人才调剂协会,在重庆设职业互助保证协会,1947 年与联合国善后救济总署合办上海伤残重建服务处。这一时期中华职业教育社还致力于职业指导理论的研讨和建立,出版了一批有关职业指导的书籍和专著,如俞兆明编写的《中学职业指导》《各国职业指导》,沈光烈译、增田幸一(日)著《职业指导概论》,黄炎培译《职业心理学》,以及《职业智能测验法》《职业分类表》《青年与职业》《择业自审表》《职业指导实验》等。在此之前,1925 年出刊了旨在对从业青年进行指导的《生活周刊》。

　　1946 年 9 月中华职业教育社在上海创办比乐中学,实验在普通中学中的职业指导及职业陶冶,是为职教社实施职业指导工作的第三阶段。《创设比乐中学意旨书》提出:"职业指导的施行,本不限于社会性。据世界职业心理专家的测验统计,大多数青年不论男女,到了 14 岁或 15 岁,天然地会想到将来生活的寄托,就是择业问题。教育在这个时候,就应该用种种方法明示或暗示各种职业的意义价值和从业的准备,等等,使得每个青年不要走向和他天性或天才不相近的道路。这就是职业指导。"①创办比乐中学就是要实验在初中阶段内对学生施行职业指导,使他们可以按着指导,升入分科的高中,达到"升学准备与职业训练同时兼顾的目的"。如何实现这点,比乐中学主要采取两个途径。一是课程与一般中学相同,但在教学中除一般要求外,重视应用。如语文课重视书法训练、应用文,英语课注重会话、书信,在教学课中兼授珠算、简易测量、簿记等。二是通过课外活动,进行职业技能的训练。比乐中学设有工艺、商业、师范教育等组。学生入校后,选择一组进行系统的学习,直至毕业。如工艺组包括标本采集制作、化学工艺、物理工艺三科。物理工艺科要学会简易电器使用和修理,学习装置变压器、电炉、电铃等。化学工艺科学习制造肥皂、糨糊、墨水、碘酒、牙膏、胶布、蜜钱等。木工组学会使用各种木工工具,制作帆布凳之类。这些实习产品,都作为商品自开小商店对外出售。师范教育组学习做小先生,为该校附近不能入学的儿童办义务识字班。对爱好文艺的学生,学校组织合唱队及钢琴、舞蹈、戏剧、绘画、木刻等小组,聘请文艺工作者进行指导。课外小组的活动,不仅训练学生的职业技能,而且培养学生的合群、互助精神、负责和自治的习惯。这个实验进行了三年,到 1949 年 8

---

① 　中华职业教育社.黄炎培教育文选[M].上海:上海教育出版社,1985:297.

月政府接管比乐中学时中止。

中华职业教育社进行职业指导的总的指导思想亦即职教社的办社宗旨："使无业者有业，使有业者乐业。"具体说是：为人择事，为事择人，使两相适合，以增进事工效能。其认为，一个社会人人有职业，有与其个性相适合之职业，则人人得事，事事得人，社会无有不发达者。职业指导同时也是整个职业教育系统中一个有机的组成部分。黄炎培曾提出应建立一个职业陶冶—职业指导—职业训练—职业补习和再补习的职业教育系统。抗日战争时期黄炎培又提出"学习一贯互进法"，主张从小接触某些职业，初中开始考虑选择职业，高中进入职业分科，毕业后工作一年，再按所习专业升入高等学校，毕业后再工作一两年，有可能再入研究院或就学国外深造。他认为："行此法，学而习，习而复学，使其所学与社会需要相配合，免蹈一般学非所用的流弊，固为互进的缘故。二行此法使青年聚精会神于一种专科，学于此，习于此，所认定的知能，比较普通教育方法所得，切实而熟练。固为一贯的缘故。三行此法可使中材子弟，得较可靠的一技之长，立身而报国。如遇天资较高者，必可养成一个具有实际学力与实际服务能力的专门家，与仅恃资格名位者不同，以此将见重于国家、社会。"[1]这个观点极近于当前国际上提出的职业前途教育思想。

从上述介绍中可以看出中华职业教育社所从事的职业指导工作是比较全面的，有升学指导、择业指导、职业介绍、代办招考及培训、就业后指导和救济性职业指导等。从内容上看首先重视对职业观的指导，黄炎培写了不少文章如《职业教育之礁》《学商业的青年自省七条》等帮助青少年认识职业的价值。中华职业学校的校训是："敬业乐群"，并且规定了职业学校学生修养的要求13条。其次对职业性质、职业的社会职责、职业生活状况、待遇、前途都进行指导。中华职业教育社在实行职业指导时很注意社会调查工作，培养的人要适应现实的职业生活，但也非消极适应，也要能改进职业生活。黄炎培在《职业指导号的介绍语》中说："我们在训练上绝对主张提倡自动自治，很希望青年学成之后，在职业界上发展他们自己的能力。"[2]同时职教社的职业指导工作不只是对学校青年（包括中学和职业学校），而且也面向社会青年。这些经验对于我们今天开展职业指导工作仍是很有意义的。

三、职业指导的发展趋势

当前一些国家在职业指导工作上设有专门机构，进行有系统的指导。如美国

---

① 中华职业教育社. 黄炎培教育文选[M]. 上海：上海教育出版社，1985：276.

② 中华职业教育社. 黄炎培教育文选[M]. 上海：上海教育出版社，1985：80.

在联邦和各州设有指导与人事服务机构,学校设有职业指导教师和职业安置员,形成一个职业指导网。苏联中央教育部、各加盟共和国教育部都设有青年职业定向教学法委员会,普通中学设有职业定向教学法研究室,一些企业、校际教学联合工厂设有职业定向办公室,城市地区创办有职业定向中心,形成一个完整的职业定向教育系统。民主德国、罗马尼亚等国都各自形成了职业定向和指导的系统。近年来在职业指导工作的观念上也有发展,西方提出"生涯规划"的思想。

所谓"生涯规划"即职业指导不仅是为了帮助青少年选择确定职业,而是从一生的工作着眼。帮助人们探索工作世界,认识自我,了解各种可行性;学会如何在竞争中努力求存,掌握从事任务职业都需要的能力,如处理人际关系的能力、解决困难的能力,掌握生活技巧等;帮助人们学会寻求工作的意义和从工作中得到满足,以及如何不断反省、检讨、改进自己的工作,提高工作效能等。"生涯规划"还包括这样一种思想,即不是孤立地看待职业生活,而是把人生中学习、工作及康乐三者结合起来。

1971 年美国原保健、教育、福利部的教育总署署长西德尼·马兰提出职业前途教育(生计教育)的设想。马兰认为生计教育将成为所有学生的而不是职业学校学生的课程的一部分,应贯穿于从小学一年级直至大专院校;在现有普通课程中,提供更多的有关劳动和经济的教材,而在职业课程中提供更多的基础知识材料,为所有的学生和儿童开设讲授基础知识和职业知识的综合性课程。具体做法是:小学 6 年熟习各种职业的可能,7~8 年级进一步接触到其中一种专业,9~10 年级深入学习某种职业,11~12 年级可以有三种选择,即掌握职业技能立即就业;学习升学的学术课程与职业课程,或者为取得某种学位进入 4 年制以上专门学院与职业技术结合起来学习更精深的学术性课程。他认为这样做就业的范围比较宽,升学也可能,继续学习知识基础也比较好。20 世纪 60—70 年代提出的"终身教育"思想,认为"教育过程必须持续地贯穿在人的一生之中",要从人的一生的发展来规划教育工作,为每一个人提供一系列不同种类的适合各人个性、独创性和职业的教育和训练。总之,使对职业的指导、定向和整个教育过程和人的全部职业生涯结合起来是当前职业指导观发展的一个新趋势。

当前我国的职业指导工作刚刚起步,随着社会主义商品经济的发展、劳动人事制度的改革和教育制度的改革,逐步建立起一个职业指导的网络和系统,开展这方面工作的研究已经势在必行。中华职业教育社带头开这样一个会,交流这方面的经验,呼吁全社会都要关心职业指导工作是很有意义也是很有远见的。

黄炎培教育思想的理论体系^①

今年是我国近代著名的爱国主义和民主主义教育家、政治活动家黄炎培（1878—1965）诞辰 110 周年，中华职业教育社创立 70 周年。黄炎培的教育思想和实践，是中国近代教育史上一个重要的流派。研究黄炎培教育思想的理论体系，对了解这一教育流派的产生及其在中国近代教育发展中的贡献，以及如何批判继承这份珍贵的思想遗产都有重要意义。这里准备从整体上对黄炎培教育思想的理论体系做一些初步的探讨。

一、黄炎培教育思想中的四大观点

黄炎培的教育思想内容丰富，几乎涉及教育的各个领域，在众多的论述中，贯彻始终的、作为其教育思想支柱的有四个重要观点。

1. 生产观点

黄炎培 1949 年在回顾中华职业教育社 32 年来所走过的历程时说：社章里明确地揭示的目的有三点，"而第三点，就是替中国和世界谋增加生产的准备。那时候，中国还没有提到增加生产从教育下手，它是第一声"^②。教育必须为生产服务是黄炎培一贯坚持的重要观点。

黄炎培认为发展生产力是使国家富强之本。他说第一次世界大战后，各国都致力于教育研究，所谓"战后教育者，生产教育而已：如何可使土地增加其收获；如何可使人力增加其效能；制造也，如何使之更精；运输也，如何使之更捷"。虽各国情况不同，但心光、目光所凝聚之一点，唯"生产能力之增进问题而已"。我国"以土地如此之大，人口如此之多，苟不亟亟焉自谋所以增进其生产力，他人将有代为谋者""所以图存者在此，所以图强者亦在此。谋教育而有国家思想、有世界眼光

---

① 原载：北京师范大学学报（社会科学版），1987(4)：44 – 48.

② 中华职业教育社奋斗三十二年发现的新生命[M]//中华职业教育社.黄炎培教育文选.上海：上海人民出版社，1985：321. 以下该书简称《文选》.

者,定不河汉斯言"。(《文选》第 61 页)科学则是生产力发展的先导,"一百五十年来的工业革命,领导者谁? 就是科学"(《文选》第 196 页)。要发展科学技术,必须培养人才,发展为生产服务的教育。所以,黄炎培得出结论:"盖今世商战、工战,无非学战。"(《文选》第 72 页)

黄炎培认为,财富是劳动创造的。世上最大多数的平民"他的生命,是完全靠自己卖力气换得来的;全人类的生命,也就是靠他们卖力气相互支撑的。卖力气讨生活的人多,社会富;囊虫多,社会穷;囊虫普及,人类灭绝"(《文选》第 165 页)。他在《中华职业教育社社歌》中写道:"惟先劳而后食兮,嗟! 吾人群之天职。欲完此天职兮,尚百业之汝择。"(《文选》第 334 页)所以,就国家而言,应将生产教育置于首位。"昔之为政,养民而已矣。不教徒养,养之功安得不穷? 教使自养,即教即养,教之功又安有穷乎?"(《文选》第 6 页)对个人而言,应学习一技之长应用社会,造福人群。

2. 效能观点

黄炎培十分重视办教育要讲求效能,他首先提出人才经济的观点:"人各有特别之才能,本之天赋,苟一一用之于适当之途,与因学之不当、用非其长,或竟学成不用而一一废弃之,两者之一出一入,其影响于国家、社会前途,岂复可以数量计? 所谓人才经济问题,吾知诸君固不得不认为重要。"(《文选》第 83 页)他认为:应该使"青年使用其脑力与日力,一归于经济"(《文选》第 44 页)。因此,黄炎培认为办教育一定要考虑供求关系。他对民国初年法政学校畸形发展深感忧虑,称之为"教育前途危险之现象",认为盲目发展普通中学,与社会需要脱节,致使社会无适用之人,而中学毕业生又无一技之长,就业无门的状况急需改变。办教育要做到"供求相剂,才能达到事事得人,人人得事的目的,而生产问题,才得根本解决"(《文选》第 236 页)。

教育要能收到实效,教学内容必须切合实用。黄炎培说:"求学必求当世必需之学,教人必教之为当世不可少之人。"(《文选》第 13 页)1913 年他倡导学校教育应采用实用主义,即"所谓德育者宜归于实践;所谓体育者求便于应用;而所谓智育,其初步一遵小学校之规定,授以生活所必需之普通知识技能而已"。如国文之根本在思想,务设法先使其思想开发正确;国文科所重,不推在文字,尤在言语;作文宜注意应用,多习书信,兼习电报,以及契据、广告、履历书等实用上所需者,更试行实地通信法,以交换知识,兼可练习社交。(《文选》第 14 页)他说:"真实学问不在书本上,而在事事物物上,故称求学为读书,实为错误。"有一部分技能,绝非读书所能得到,单靠读书,欲求得实用的知识和技能,"等于陆地上学泅水,是万万学不成的"(《文选》第 262 页)。

黄炎培提出办学一定要讲求效益。"不患人之不信仰学校,而患在学校之无法使人信仰。"(《文选》第157页)他主张缺乏条件,因而收不到实效的学校,毋宁不办。他在总结职教社徐公桥农村改进试验区的经验时特别提出:"总之,自忖能力不及的事,吾们决不随便干,免致蒙受重大损失。"(《文选》第210页)

3. 适应观点

黄炎培认为"教育以适应需要为主""方今教育上最大问题,无过于学校与社会隔绝。教育自教育,生活自生活"。(《文选》第218页)所以,办教育特别是职业教育一定要适应当地的需要,为发展地方经济服务。他主张"把教育和实业联为一体,一方面安插人才,解决生计,一方面即是开发地方产业"(《文选》第188页)。普及教育应包括儿童和成年人,凡该区域内一切社会改进工作,都应包括在此校责任范围之内。"而所施教育,须绝对适应本区生活状况,不惟授课时间须不妨碍其日常生活,而且教育内容须供给其生活需要,扶助其生活改进,才能表现教育的实际效能。"(《文选》第219页)

黄炎培指出,"教育以畸形发展为大戒",教育事业内部结构,比例亦要相互适应。上下级教育、普通教育与职业教育,都应"各依适当的比例而发展",否则"容量不足,则求学者放荡而无所归,以至一部分流为失学,酿成社会隘状;来源不足则设学者滥于收取,既妨经济,尤累教育"。"应毕业生不升学之请求,则以后初等、中等程度之职业学校及中、小学职业科,宜与普通教育方面依适当之比例而设置;应一般民众之请求,则以后民众的职业教育,至少宜与普通教育方面为平衡的进展。"(《文选》第177~178页)

4. 发展观点

黄炎培1916年在江苏省教育会暑期补习学校作题为"本能教育"的讲演,集中论述了他关于教育的本义在于发展人的能力的观点。他批评那时学校所奖励的品学兼优之学生,多"尽其,视也""屈其背也,且弱其身体也",这不能称之为教育。"天演论有言:'在非洲南方某山谷中有鱼,终年不见日光。鱼本有目,然在黑暗中无所用之,驯致无目,置之日光,不能视矣。'由此可见,动物之能力,不用则消灭净尽。"如"善用能力,则其发达有非可臆测者"。因此,"所贵于教育者,即在练习发展之一点"。黄炎培认为只讲"作文好""画图佳""某科几分"并非"教育真谛"。"必'耳聪目明''话说清楚''思想灵活''动作敏捷',方可谓之'以学生为本位'之教育,乃能收教育之良果。否则,功课虽及格,然人愈呆滞、愈拙笨,吾恐其异日变为非洲山谷中之鱼耳!"如果对天赋能力,不特不发达之,又从而斫丧之,消灭之,不仅关系学生本身之发展,而且有关国家民族的存亡,会导致"国将不国,种将灭种矣""尚能竞存于现世界耶?"改进之法在于"施教时,注意儿童之脑、之耳、之目、之口,不在书上、读书上看;考察成绩,不在几分、几分,而在发达其能力果有若干也"。一个完全理想的学生,"当目明耳聪、四肢灵活、各官发达",考察教师成绩应以此为准。"不能增长者,即为教育无效。"(《文选》第 37 ~ 46 页)

后来,黄炎培在发展人的能力上十分赞同杜威关于教育不推训练人之脑,尤当训练人之手的观点,更特别注意手脑的联合训练。他说,"手脑联合训练,确是人类生活教育上最基本的工夫"。"手脑联合训练,适合青年期身心发展的自然要求",也是矫正中国传统鄙视生产劳动的士大夫教育的良药。(《文选》第 322 页)黄炎培亲自将"劳工神圣""双手万能""手脑并用"定为上海中华职业学校的教育方针。中华职业教育社的社徽即是以大脑和双手为图案的。

上述四个观点贯穿在黄炎培全部教育思想中,成为其教育思想的重要组成部分,也是构成其教育理论体系的四大基石。

二、黄炎培教育思想的理论体系

黄炎培在谈到他的教育哲学时说:宇宙中一切事物都在变动,作为最高级动物的人类,生而有知,乃求真;有为,乃求善;有感,乃求美。"观有生无生一切物之变动不居,与人类求真、求善、求美之不已,而悟世界之日在进化与其进化之由来。观万物在天演界因优胜而生存,因劣败而灭亡之可幸与可悲,而觉悟而认识我人应有之努力。"(《文选》第 27 页)从进化史上看,人类之所以能够在宇宙生命的长河中生存、延续、发展,是由于"在人群递嬗间,更必定有老辈根据的经验,来供给后辈的仿效,从仿效中获得改进的门径"。这种活动就是教育,"教育是人类知识、能力之传递与演进的作用"①。所以,教育即生活,即传递,即发展。

在人类的生活中,黄炎培认为求生是最基本的活动。"凡有生命者第一要求也可以说唯一要求,就是它的生存。"(《文选》第 311 页)但"孤身不能,生亦寡趣,乃求群",求群即产生"爱",推而及之则"民吾同胞,物吾与也"。"大哉生也,善哉爱也。"可是"万物因生而有求,求之不得而有争,有争而有杀",一切惨变由此而起。(《文选》第 269 ~ 270 页)人类要能友好地生存下去,"唯一大问题是'全生去杀'"。黄炎培认为:"古今中外宗教家、政治家、法律家……一切主义,一切学说,都从这基本观念产生出来。"他自己的教育思想当然也是从这个基本观念中产生出来。(《文选》第 289 页)黄炎培认为争的根源在于:一是物质不丰富,"物质限之";一是认识不发展,"爱限之,而实知限之"。欲从基本上解决须从两方面下手:"从客体言,在增进所以供给生活需求之分量与效用;从本体言,在广其知以大其

---

① 黄炎培. 断肠集[M]. 上海:生活书店,1936:48.

爱。二者之间,因果存焉,所求既洽,则爱他心油然而生。"(《文选》第 270 页)无论是使物质产品极大丰富,还是增进知识都必须通过教育。所以,教育是达到"全生去杀"目的的手段,解决人类的生存问题是教育的最高或最终目的。黄炎培认为最高的理想当然是能凝合全人类为一体,由小康而大同。但目前现实做不到,只能从部分到整体,首先使自己的群立于不败之地,即"断没有侵略他群的心,必须有抵抗他群侵略的力,否则他群加害于我时,无力自存,群的生命也就毁灭"(《文选》第 290 页)。换句话说,要解决中华民族的生存问题,必须使国家富强起来,这就是教育的现实目的。

在当时半殖民地半封建社会民不聊生的情况下,要使国家富强,黄炎培认为首先应解决的是"生计"问题。所谓"生计"包括社会经济和个人生活之路两方面。"最基本的出发点是想消灭贫穷。我们深切地感觉贫穷是我们中国人一种严重的胁迫,一种根本的苦痛。"(《文选》第 284 页)教育如不解决生计问题,甚至妨碍生计,所学非所用,所供非所求,教育越发达,失业者越多,则国家危急。教育的任务就是要为国家、民族、个人解决生计问题。实现"学校无不用之成材,社会无不学之执业,国无不教之民,民无不乐之生,乃至野无旷土,肆无窳器,市无游氓,因之而社会国家秩序于大宁,基础于确立"的理想。(《文选》第 56 页)

从上述教育的本质、目的、任务出发,黄炎培认为必须改革当时脱离生产、脱离生活、脱离实际的教育,建立与职业相沟通的新的教育体制。

黄炎培认为,人类一切问题的中心是生活,生活必有需求、有供给,"既有需求与供给,有用途与来源,必有种种方式,演成种种制度,这就是职业"。"自社会生活方式采用分工制,求工作效能的增进与工作者天性、天才的认识与浚发,进而与其工作适合,于是乎有职业教育。"(《文选》第 289~290 页)所以教育和职业不可分,"凡教育曾含职业之意味,盖教育云者,固授人以学识技能而使之能生存于世界也"[①]。职业教育不是一种特殊的教育,而是教育的实质本应是职业的,职业教育的理论反映着教育的一般规律。"用教育方法使人人依其个性获得生活的供给和乐趣,同时尽其对群的义务,称职业教育。"(《文选》第 242 页)

要使自己的国家民族在竞争中生存下去,必须尽量发达地力、物力和人力,三者之间"人力是一切力的中心"。充分动员人力即"对全群的人,用启发方式,在每一个人长日劳力或劳心,换取他的生活需求时,帮助增进他的知和能,使了解到我与群的关系,尽量贡献他的力量,来开发地力和物力,凝结而成整个的群力",这就必须沟通教育与职业。因为,"所谓用劳力或劳心换取生活需求的日常工作,就是

---

① 黄炎培.新大陆之教育下编[M]//黄炎培教育日记:第 3 集.上海:商务印书馆,1917:5.

职业"；"所谓用启发方式，就前项工作，启发他的知和能，使每一个人明了我与群的关系，贡献他的力量，来开发地力和物力，或尚未有前项工作，因养成了相当程度的知和能而取得工作，这就是职业教育"（《文选》第 291 页）。

黄炎培认为沟通教育与职业才能增进生产力，发展国民经济。"夫欲解决'地'与'人'与'物'、生产能力之增进问题，舍职业教育，尚有他道邪？"（《文选》第 61 页）中国生产之落后，"谁为为之？无新学识以应用于实际，无新人才以从事于改良。教育不与职业沟通，何怪百业之不进步"（《文选》第 291 页）。沟通教育与职业可以使大多数平民获得就业能力以解决生计问题；可以改变脱离生产，脱离实际，不切实用，教用脱节的旧教育；可以使人的个性、特长得到发展，进行手脑联合训练，促进手脑发达，科学昌明，人类进步。据此，黄炎培提出职业教育的目的为：①谋个性之发展；②为个人谋生之准备；③为个人服务社会之准备；④为国家及世界增进生产力之准备。其终极目标是达到"使无业者有业，使有业者乐业"。

上述观点构成了黄炎培一个完整的教育理论体系，即以沟通教育与职业为核心的教育本质论——教育即生活、即传递、即发展，其本质即具有职业性；目的论——其终极目的是"全生去杀"，其现实目的亦即职业教育的四点目标；对象论——是具有天赋的知、情、意心理素质和有求真、求善、求美能力的、具有各自不同个性特长的求生的人，教育应发展人的天赋能力、个性、群性，满足人们求生的要求；课程论——亦即教育内容，必须切合实用，适应生活需求和职业需求；方法论——手脑联合训练。

至于如何沟通教育与职业，黄炎培提出了系统的主张：在教育体系上，职业教育应在学制上占有一贯的、正统的和整个的地位，并建立职业陶冶——职业指导——职业训练——职业补习和再补习的职业教育系统；在办学上主张"双管齐下"，一方面推广职业学校，一方面于高等小学、中学分设职业科；在教学和学习制度上主张专科一贯，学习互进等，限于篇幅这里就不展开论述了。

三、黄炎培教育理论产生的历史背景及思想渊源

黄炎培 1903 年开始办新教育正是癸卯学制颁布的那年。癸卯学制的颁布，反映了国外已经发展起来了的和国内正在兴起的近代大工业生产方式，冲击了传统的建立在自给自足小农经济基础上的儒家治术，由此带来教育思想、制度一系列的重大变迁。

儒家治国安民之道，所谓儒术，其核心就是在政令、法律、道德这三种规定人们行为规范、调节人们行为的手段中，特别强调道德的作用。将封建社会的经济

关系、阶级关系、政治制度用宗法制所产生的人伦关系使之道义化、礼仪化,以德以礼来维护封建社会的统治秩序,实现统治者的经济和政治利益。由于中国封建社会长期儒术独尊就形成了以道德教育为中心的传统教育。近代大工业生产方式、商品经济则要求把科学技术的发展提到国家富强之政的首位,传统的重本(农)抑末(工商)的经济观念,士农工商的等级名分,以及轻视科技、鄙视生产劳动的思想从而动摇,这就从根本上危及儒家治术。清末洋务派提出的"中学为体,西学为用"的治术思想和教育方针,反映了儒家治术已被突破,因而在教育宗旨中列入了"尚实",产生了实业教育。伴随着中国民族工商业的发展,中国资产阶级的思想家则把科技的发展作为立国之本。蔡元培即认为在竞争激烈的 20 世纪,一个民族或国家要在世界上立住是要以学术为基础的,学术幼稚和知识蒙昧的民族,没有不贫弱的。他将"实利主义教育"列为民国教育方针之一,主张"以人民生计为普通教育之中坚"。① 可见从清末的实业教育到民初的实利主义教育到黄炎培提出实用主义教育,有着一条可循的思想线索,其经济基础就是近代大工业生产方式和中国资本主义工商业的发展。第一次世界大战期间,中国的民族工商业得到短暂的较快的发展,使民族工商业需才乏人,而大量中小学毕业生无一技之长,就业无门的矛盾更为突出,发展职业教育成为时代的呼声,黄炎培的沟通教育与职业的思想也就应运而生了。黄炎培回顾当时的情况时说:"当时中国社会,新发生一种矛盾现象。基于民国成立,各省大量推广教育","但它的毕业生大都没有出路";"同时却因世界大战发生,舶来品骤然减少,实业界很想推广制造国货来承乏,而苦于缺少技术人员"。有鉴于此,他从提倡实用主义教育,也进一步提倡授以直接谋生之术的职业教育,倡导沟通教育与职业。

　　从上述背景中可以看出,黄炎培教育思想的提出,并不仅是改革教育问题,其实质是治术思想的改变,亦即寻求新的治国安民之道。他说:"我们所主张的归趋能在教育方面,而其动机和目的则是社会的。"(《文选》第 284 页)最初他认为,"根本上解决生计问题,厥惟教育"(《文选》第 52 页)。"吾辈宜十分信仰教育为救国唯一方法","提倡爱国之根本在职业教育!"(《文选》第 71 页)因此满怀信心认为可以走职业教育救国的道路。但现实使他逐渐认识到仅靠职业教育救国是行不通的。1925 年 12 月黄炎培提出"大职业教育主义",要求分一部分精神参加全社会的运动。1941 年又进一步认识到"在我们中国这样一个政治上、经济上受着种种枷锁的国家,所谓社会问题的解决,必须统一于国家、民族的解放"。"我们深深觉得,我们的教育工作如其不配合于一个合理的政治主张和措施中,是不能

---

① 蔡元培. 对于教育方针之意见[M]//蔡元培选集. 北京:中华书局,1959:8.

有什么成效的","职业教育,只有在民族解放、民权平等、民生幸福的社会里,才能实现他的造福人群的理想。反过来讲,又赖有职业教育的努力,我们民族解放、民权平等、民生幸福的国家社会,才能加速的出现"。(《文选》第28页)黄炎培从清末经过了半个世纪的探索和实践,最后终于找到一条唯一正确的道路,跟着共产党走,为创建新中国而奋斗,也找到了职业教育正确的位置。

进化论观点在中国的传播是黄炎培的教育理论产生的第二个背景和思想渊源。

达尔文的生物进化论对人类的认识的发展起了巨大影响。1898年严复译《天演论》对中国的思想界也起了振聋发聩的作用。将达尔文生物进化论引入社会学说的资产阶级庸俗进化论,在中国特定的历史条件下则起到了敲起民族危亡的警钟,振奋民族精神的进步作用。进化论提出要从类环境的角度去考察一个事物生存和发展的条件,这就突破了中国古代传统地从一国之治乱、王朝之兴衰来看待教育作用的狭窄观念,教育被置于与人类种族的发展和前途,与一个民族国家与世界各民族国家在竞争中兴衰存亡有关的地位;而这种兴衰存亡的关键不在少数统治者的圣明,而在每个种族成员的优胜。进化论提出生存竞争的观点,"优胜劣败""物各争存","宜者自立""适者生存""保群进化""与天争胜"的思想。教育的目的就是人类的生存,教育的任务是要在物竞进化的环境中培养能与天争胜的强者。这些进化论的观点构成了黄炎培教育理论的思想基础。不过从黄炎培的思想中还可看到克鲁泡特金生物互助论的影子,这方面可能来自黄炎培的业师蔡元培,不同的是黄炎培直接从生存的观点立论,而蔡元培则是以康德的哲学作为其教育哲学的基础。1949年黄炎培在《中华职业教育社奋斗三十二年发现的新生命》一文中写道:"他们干教育工作,所根据是人道主义,是国家、民族观念。"(《文选》第322页)这个估计是中肯的。就是说黄炎培的教育理论是建立在资产阶级哲学、社会学的基础上,在新中国成立前黄炎培没有接受马克思主义,他还要通过职业教育"消弭工潮,调和劳资",反映了他的资产阶级立场。不过作为民主主义进步教育家,黄炎培也深受近代工人运动的影响。他说:"又自工业革命,而劳资阶级分明,社会不公平的现象显著,自然而然的发生尊重劳工观念。因劳工占社会大多数,一切问题,皆以大多数的平民为总目标。""其在教育,安得不重平民教育?"职业教育"就是一方面要用科学来解决职业教育问题,一方面要用职业教育来解决平民问题。"(《文选》第168页)他提出"办职业教育,须下决心为大多数平民谋幸福。如果办职业教育而不知着眼在大多数平民身上,他的教育,无有是处,即办职业教育,亦无有是处"(《文选》第165页)。黄炎培也的确是这样做的,中华职业教育社在新中国成立前艰难困苦的环境中,为失学失业青年、工人、农民、店员、职员提高文化和业务水平做了大量的工作。

中国古代的大同思想，仁民爱物、民为邦本和敬业乐群等思想也是构成黄炎培教育理论的思想渊源。他非常赞同张载"民吾同胞，物吾与也"的观点，从爱心出发，他同情人民的困苦，特别强调解决生计问题以救之。从民为邦本出发，认为社会像一个花瓶，重心在下面，如果重心颠倒，花瓶就要倾覆。"所以民国成立之初年，我就不愿服务中央教育行政，而愿任地方。到民国十年、十一年，我更谢却中枢教育行政的使命，而矢愿委身职业教育。"他赋予"敬业乐群"以新的意义，批评以"职业为贱""以职业为苦"的错误观念，要求青年必须"敬业"，"人生必须服务，求学非以自娱，无论受教育至何高度，总以其所能应用社会，造福人群为贵"。"职业平等，无高下，无贵贱，苟有益人群，皆是无上品。"（《文选》第 115 页）"乐群"就是要以"利居众后，责在人先"的精神，服务于社会，为中华民族的生存和发展而奋斗。

黄炎培早年研读了大量西方著作，并且多次出国考察教育，从中有选择地吸收了国外的教育思想和措施。他认为裴斯泰洛齐主张使学校与实际生活相接近的观点，是治当时我国教育现状之良药。黄炎培特别受到杜威教育思想的影响，接受他的教育即生活、即传递、即生长的观点；赞赏他的"教育之为事，不惟训练人之脑，尤当训练人之手"，"一方增进世界之文明，一方发展个人天赋之能力，而生活之事寓其中焉。此普通教育，非特别教育也"的观点。（《文选》第 79 页）在职业教育体系上黄炎培深受美国职业教育的影响。他也非常善于吸收各国之长为我所用。如 1919 年 1 月黄炎培赴南洋群岛恰与李石曾同船，李石曾向他介绍法国的农业教育，分为四级，可以依次按系统逐级学习。黄炎培对此很感兴趣，称之为"专科一贯主义"。他以自己的侄子对此法进行试验，形成了他后来向青年推荐的"学习一贯互进法"。

总之，形成黄炎培教育思想的因素是多方面的，它是在中华民族这块土地上，为解决那时中国人民所面临的问题而产生的，有着时代、社会的大背景，有着中国古老文化和当时各种思潮包括教育思潮的相互影响、渗透、吸收，也是黄炎培一生追求、辛勤耕耘的硕果，是我们民族的财富。

黄炎培及中华职业教育社是我国近代重要的教育流派之一，黄炎培的教育思想是这一流派教育思想的核心，在改革旧教育，建立我国现代教育体制上曾起过重要作用，今天仍不失其光辉与现实意义。扬弃黄炎培教育理论中不科学的成分，吸收并发扬光大其合理的内核是我们后来者的责任，也是建立具有中国特色的社会主义教育的历史使命。

职业指导势在必行^①

随着经济体制改革、劳动人事制度和就业体制的改革,职业指导问题已经尖锐地提到日程上来了。长期以来由于我国实行福利性的就业政策,统包统配的劳动人事制度和在革命战争中形成的一些非职业的观念,如服从组织分配、党叫干啥就干啥,形成一种僵化的就业体制,用人单位没有选择、调整和辞退之权,就业者缺乏择业、转业、辞职的活动余地,以及依靠国家包下来,依赖铁饭碗的就业观念。在农村大量的劳动力不能得到释放和转移,极大地阻碍了生产力的发展和人民群众积极性和主动性的发挥。在这种情况下职业指导自然无从谈起,甚至把这种个人选择职业的行为视为个人主义、自由主义、无组织无纪律,以致到现在对这项工作许多人仍很陌生,在开放、搞活的经济体制改革的形势下,缺乏思想准备。目前看至少有以下一些问题需要通过职业指导来解决或协助解决。

第一,改变人们旧的就业观念,发扬创业精神。长期以来人们形成一种观念,只有通过国家分配到公有制的行政、企事业单位工作才算就业。职业学校除统包分配的学校外,要争取到指标分配出去才算解决了学生的就业问题。把个人创业看作是没有办法的办法,看不起个体户,轻视商业经营,等等。通过职业指导教育,改变过时的就业观念,鼓励多种经营,提倡创业精神,培养事业上的竞争意识和对风险的承受能力,才能使社会主义的商品经济得到较快的发展。

第二,统包分配的就业体制,随着经济体制改革的进行,国家教委已决定明年入学的大学生不再统一分配工作。逐步完全改变统包统配的就业制度已为期不远,中等以上各级各类学校都应开展职业指导工作,对学生进行就业观念、就业能力、就业方向等方面的指导,帮助青年适应新的就业体制。

第三,在农村经济体制改革中,将释出大量的劳动力,转向第二、第三产业。现在已有相当一批农村劳动力进入城市。到20世纪末这将是一支两三亿人口的劳动大军。对脱离土地的农民应该有职业指导和职业介绍机构为其服务,以减少

---

① 原载:教育与职业,1988(3):4.

盲目性,这项工作如不及时做好,会影响农村从自给型小生产向规模生产转化,也会形成一些新的不安定因素。

第四,全国各地陆续开放劳务市场,需要和指导工作相结合,在人与事之间架起桥梁,方能充分合理地发挥劳务市场的机制,使人得事,使事得人。

第五,随着人才流动,特别是政治体制改革,转业问题已是一个不容忽视的问题,需要对转业的人员提供职业信息、转业指导和转业培训等。

总之,职业指导工作势在必行,逐步在全国建立起职业指导和职业介绍的网络系统已提到日程上来。

论当代我国的大职业教育观①

"大职业教育主义"这个观念系 1926 年黄炎培在一篇题为《提出大职业教育主义征求同志意见》的文章中提出来的。60 年后的今天,在职教界又有人提出"大职业教育"的问题。这当然既非历史简单的重复,亦非偶然的巧合。因此,对这个问题的再次出现,有深入探讨的必要。

任何一类教育要使其得到顺利发展,必定要研究它的运行机制,即需要具备或创造哪些内部和外部的条件,它们各自的地位和作用,相互之间的关系,怎样调动各方的积极性、协调各方的关系等。黄炎培正是在考虑这些问题时提出大职业教育主义的。

当年黄炎培积 10 年努力发展职业教育的经验教训,认识到关门办职业教育是行不通的。因此提出:"(一)只从职业学校做工夫、不能发达职业教育;(二)只从教育界做工夫,不能发达职业教育;(三)只从农工商职业界做工夫,不能发达职业教育。"黄炎培说:"只从职业学校做工夫,使得职业学校以外各教育机关总觉你们另是一派,与我们没有相干。岂知人们常说什么界什么界,界是分不来的。不要说师范教育,医学教育等都是广义的职业教育,就是大学、中学、小学和职业教育何尝没有一部分关系? 大学分科,高中分科,是不用说了,初中何尝不可以兼设职业科,小学何尝不可以设职业准备科? 何况初中还有职业指导,小学还有职业陶冶呢。要是此方认为我是职业学校,与一般教育无关,范围越划越小,界限越分越严,不互助,不合作,就不讲别的,单讲职业教育,还希望发达吗? 所以第一层只从职业学校做工夫是不行的。""办职业学校最大的难关,就是学生出路。""怎样才能使学生有出路呢? 说几句联络职业界的空话是不够的。设什么科,要看看职业界的需要,定什么课程,用什么教材,要问问职业界的意见,就是训练学生,也要体察职业界的习惯;有时聘请教员,还要利用职业界的人才。不只是参观啦,实习啦,请人演讲啦,都要职业界帮忙哩。最好使得职业界认作为我们而设的学校,

① 原载:教育与职业,1988(4):14 – 15.

是我们自家的学校,那就打成一片了。所以只从教育界做工夫也是不行的。""社会是整个的。不和别部分联络,这部分休想办得好;别部分没有办好,这部分很难办的。""在腐败政治底下","农、工业不会好,农、工业教育那里会发达呢? 国家政治清明,社会组织完备,经济制度稳固,尤之人身元气浑然,脉络贯通,百体从令,什么事业会好。反是,什么事业都不会好。所以提倡职业教育而单从农、工、商职业界做工夫,还是不行的"①。60 年过去了,中国社会已经发生了巨大的根本的变化,但黄炎培提出的发展职业教育的三方面条件——社会环境、职业学校本身的适应性和教育事业内部的互助合作关系,仍然是关系职业教育能否顺利发展的重要条件。所以,人们今天再一次提到"大职业教育"观念的问题是不足为奇的。

不过当前在职教界中所提出的大职业教育观念,其背景和黄炎培当年完全不同了,其含义和内容也大大地发展和变化了。

当前教育所要解决的一个重要课题,就是怎样建立一个主动适应和服务于目前正在进行的经济体制改革、政治体制改革和劳动人事制度就业体制改革的教育体制。大职业教育主义观念就是在这样一种形势下又被提出的。在这个思想指导之下,有可能逐步建立起主动适应和服务社会主义初级阶段的教育机制。所以,其意义远远越过了职业教育的范围,而成为一种宏观的教育指导思想。一种教育观念上的变革,将导致教育实施方面的改变。之所以这样认为,可以从目前一般所说的大职业教育观念的含义和做法上做如下分析。

首先,大职业教育观的含义,指要在全部教育工作中,在各级各类学校教育中都要树立起职业教育的观念。这是因为人的个性差异存在,在社会主义阶段社会分工存在,职业仍是人们谋生的手段。无论哪一级或哪一类教育,其最终目的都是要培养在社会分工中占一席位置,或从事某一职业的人才。各级各类学校都负有按照社会的需要,开发智力,发展个性,培养职业兴趣,锻炼职业能力,给予一定劳动的或职业的技能训练的责任。不考虑社会职业的要求、学生个性的发展、学生今后生活出路的教育是无用的,各级各类学校都要有这个意识。

各级各类学校都要树立起职业教育观念,都要对学生进行就业观念、就业能力、就业方向等方面的教育与指导,改变过时的就业观念,鼓励学生从事多种经营,提倡创业精神、事业上的竞争意识和对风险的承受能力,帮助青少年适应新的经济体制和就业体制。只有这样才能使教育适应社会主义初级阶段发展商品经济、开放劳务市场、实现人才流动、扩大企业自主权以及多种所有制经济并存等开

---

① 中华职业教育社. 黄炎培教育文选[M].上海:上海教育出版社,1985:154 - 155.

放搞活政策的需要。今后在对学校教育质量的评估中,培养的学生职业适应能力的状况,将是重要的标准之一。

其次,教育特别是职业教育与经济和社会发展要实现其相互依靠的关系,就必须与社会和经济的需求息息相关,不能关门办学校,也不能单打一地办学。就普教而言,当然主要是进行基础教育。但根据我国的现状,在农村正在实验如何通过义务教育阶段同时给学生以初级职业培训。我国小学毕业生升入高等学校的占毕业生总数的5%～6%,农村为4%。90%多的青少年需要中、初级职业培训,所以,普通中学也必须考虑和创造条件开设一定的职业选择,给予某些职业训练,以适应青少年的就业要求。

职业学校凡是办得好的,都是具有综合性的,学校为多层次、多功能、多种类型办学,面向社会。如大同煤炭工业学校现有普通中专班、成人中专班、电视大学、代培的短训班等各种层次,具有职前教育、职后教育,长班、短班,综合培训、单工种培训等各种功能。它是部属学校,但也面向社会,为各省和地方培养人才。学校办有工厂,每年产值一百多万元,利润四五十万元。中专如此,技工学校和近年来出现的短期职业大学、职业高中也是这样。也只有这样,职业学校才能生存、发展,而不致办死。这是当前职教界谈论得最多的"大职业教育"思想。

再次,当前在一些大企业和农村出现就业前和就业后教育相通及一体化的趋势。我国一些行业如石油、煤炭、钢铁等的大企业都有自己的教育系统、教育中心或培训中心。办有从幼儿园、小学、初中、高中、技校、中专、职工大学、党校等一系列的学校。其中有些学校既负担职前教育,也负担职后教育,并与岗位职务培训工作相结合。

在农村,国家教委职教司提出建立一种以大专学校为后盾,县办中级示范性职业学校为骨干,广泛联系各种培训机构具有本地特色的职业教育网络。许多县级领导已经认识到追求升学率的结果是使县内人才外流。省级教育的重点应为地方经济发展服务。在县一级要形成一个一体化的教育网络。

这种行业的教育系统和县以下的地方基层教育系统的形成是一个很值得注意的现象。它可以使教育事业更紧密地与社会经济发展联系起来,有助于职业前途教育和终身教育的实现,有助于突破目前教育行政管理上的条块分割、部门所有、政出多门的现状。在教育经费的筹措和管理上也有优势。特别是随着农村经济改革的深入,农村要从自给型小生产向规模型生产转化,没有地方统筹规划的教育,特别是多种类型的职业教育的发展,是难以实现的。这是大职业教育的又一重要意义。

最后,我们国家要参与国际经济交流,发展外向型经济,职业教育的眼光就不能仅仅朝着国内,必须面向世界。研究世界市场的动向、要求和技术水准。要以国际通用技术标准,培养一批高技术工人,才能使产品顺利打入世界市场,才能在竞争中取胜。我国出口初级产品很多,后加工的能力低、技术差是很大的问题。虽然我国人口众多,可以发展劳动密集型的产业,但技术立国则是根本之计。为参与国际经济交流和技术交流,进行劳务输出或发挥劳务优势,实现开放、搞活的国策,办职业教育必须有面向世界的"大职业教育"观念。

总之,我认为当前大家所谈的大职业教育观念,是一个很值得提倡和宣传的思想。不仅在职业教育界要提倡和宣传大职业教育主义,而且要在整个教育界宣传这个思想,积极改变关门办学的倾向,使学校获得一种主动适应改革要求的运行机制。这里需要说明的一点是,这种主动的适应,和过去在"左"的思想路线干扰下搞的只开门不办学,是根本不同的。大职业教育思想是为了强化教育的作用,提高教育的社会的和经济的效益,从而达到改进和提高教育和教学质量的目的。

发展职业技术教育必须有观念上的转变①

观念是人们对某种客观事物、活动和现象的认识和看法。一种观念的形成有许多复杂的因素,但一旦形成,成为一种民族心理所表现出的思想、观点、信念、情感,则对社会生活各方面起着巨大的影响。教育观念也同样如此。在社会改革和变动时期,同时也必须进行观念上的改变与更新,没有这项努力,改革也不能顺利实现。美国社会学家英格尔斯在研究发展中国家的问题时,揭示了这样一个事实:任何一个国家要想进入现代社会,仅靠引进现代政治、经济制度,管理制度,教育制度,科学技术是不够的。因为"如果一个国家的人民缺乏一种能赋予这些制度以真实生命的广泛的现代心理基础,如果执行和运用这些现代制度的人自身还没有从心理、思想、态度和行为上都经历一个现代化的转变,失败和畸形的悲剧是不可避免的"②。这个看法应该说很有道理。当前在职业技术教育发展上,固然有许多这样那样的问题需要解决,但观念上的问题,尤其不容忽视,要使我国现代职业技术教育能够顺利发展,是需要在观念的转变上下一番功夫的。影响职业技术教育发展的观念较多,这里主要谈三个重要的观念问题。

一、树立三类教育协调发展的观念,改变我国教育结构中头重、腰细、脚轻的局面

三类教育指的是基础教育(包括幼儿教育)、职业教育和高等教育。三类教育协调发展是当代社会教育发展的基本规律。

教育源于人类——地球上具有最高智能的动物的生存方式,教育是人类生存方式的一个组成部分。因为,首先,作为人类,其生理构造不能自然地保证能够使自身成长为一个真正的"人"。一个人如果不受到最广泛意义上的教育就不能成为人。其次,人类社会是依靠使用工具进行社会性生产而延续和发展的,因而是

---

① 原载:教育与职业,1988(8):13-16.

② 殷陆君,编译. 人的现代化[M]. 四川:四川人民出版社,1985:4.

依靠生产知识、技术的积累和传递来延续社会的生存和发展的，而不是依靠遗传的本能，要从事劳动就必须学习，劳动力的再生产是社会生产的必要条件，教育和训练又是劳动力再生产的必要条件。最后，作为人，在他出生的时候，即面对着一个在一定生产力和生产关系之下的复杂的社会结构。这种社会结构最初是简单的，以后越来越复杂。即使在原始社会，人们也有一定的生产方式、生产技术、生活方式、语言、宗教信仰、公共关系、生活习俗等。一个人只有在获得这个社会所必需的劳动技能、生活知识、思想、习惯、行为准则等时，才能在一定的社会中生活。所以，作为一个人，接受一定的教育和训练，不论这种教育和训练是以什么方式和怎样进行的，是使其成为一个社会成员必备的先决条件，是教育的基本规律。这种认识应该说在远古即已存在，不过那时教育尚未从生产和生活中分离出来，不存在三类教育的分化而已。

分工的发展，阶级的生产，国家的建立，学校的出现，使教育逐渐成为一种独立的社会活动，教育结构也复杂化了，出现了三类教育。但古代的三类教育与近代的很不相同。由于那时人们赖以进行生产的工具是手工工具，手工工具劳动的特点是动力是人，因而受到人本身的局限，发展缓慢，所以古代生产的发展更多是依靠政策上的调整，而不是生产工具的改进。因而，作为垄断学校教育的统治者，对教育的要求主要是培养其后代和辅佐的官吏。作为高等教育和初等教育的大学和小学仅是年龄上的不同、程度上和等级上的差别，没有培养目标上的不同。由于劳动工具简单，生产力低下，作为获得职业资格的职业教育，基本上不是学校教育，而是以父子相传、官府培训的职官教育。父子、师徒相传的科技、技艺教育，是在劳动过程中完成的。广大劳动人民并不认为必须受到一定的文化知识和科技教育，普遍的基础教育是以"教化"的形式进行的。所以，我国古代从国家教育政策看，谈不上三类教育均衡发展的问题，国家办教育的重心在高等教育，读书是为了做官。

近代大工业生产使人类赖以生存的生产方式发生了根本的变化。机器生产摆脱了人的生理的局限，从理论上说可以无限改善，因而其本性是革命的。人类越来越依靠科学技术的进步、人的智能的发展和积极性的发挥来取得生活资料和在竞争中生存下去，因而产生了人民的素质问题。这样，接受一定的教育和训练是使其成为一个社会成员必备的先决条件的观念，就以普及义务教育这个更高层次的对教育水准的要求和基础教育理论表现出来。我国义务教育法规定：普及义务教育是人人都必须接受的、国家和家庭予以保证的基础教育。也就是说要做一个合格的现代社会的公民，必须受到一定年限的基础教育。随着科学技术的发展，绝大多数的职业需要有一定的专业训练。一个人必须接受一定的专门的职业技术教育，也逐渐意识到职业教育是使人成为一个合格的社会成员必备的先决条件,职业技术教育在有的国家已经是义务教育。所以,在当代教育结构中三类教育缺一不可,必须均衡发展成为当代教育发展的基本规律。

三类教育必须均衡发展的观念,在我国还远未解决。长期以来我国办教育的重点仍在高等教育。1985年我国还出现过年增加大学一百多所,平均三天新增一所大学的情况,这在世界上恐怕是绝无仅有的,远远超过社会的承受能力。基础教育薄弱,十亿人口有近三亿文盲。职业培训能力极端低下。据统计,"六五"期间新就业的3500万人中,受过专业训练的不足660万人,仅占就业人数的16%。1980~1984年新就业的待业青年2538万人,劳动服务公司组织的各种培训人数为380万,占就业青年的15%。我国小学生升大学的升学率在农村为4%,城市为5%~6%,大量需要的是中、初级培训。

造成这种教育结构中头重、脚轻、腰细状况固然有客观原因。如新中国成立前在半殖民地半封建社会条件下,缺乏自己的高级人才,新中国成立后为了建立独立的经济体系,重视发展高等教育是不可避免的现象。许多新独立的第三世界国家都有这种情况。但在一定时期不及时调整就会成为痼症。而我国旧的教育观念的影响也是阻碍正确处理三类教育均衡发展的主要原因。

封建教育观念在我国一些人的头脑中仍然根深蒂固。重视培养"官"、高级人才,不重视培养"民",提高全民族的文化素质。等级观念严重,不是把三类教育视为平等的,各有其独立目的和职能的教育,而是一级比一级高。这在工资职务制度上明显地表现出来。其实一个优秀的小学校长可以是伟大的教育专家。再加上读书做官的观念,造成办学校追求升格,办教育追求升学率,高考、留学可以成为左右学校教育的指挥棒。在革命战争年代,我们的办学方针是"干部教育第一,群众教育第二",干部教育重于群众教育。这在当时是恰当的,但在社会主义建设时期就不适用了。几千年来的小农经济意识,对科学技术在社会生产上的推动作用认识不足,造成对劳动者的思想、业务素质长期以来没有确定的要求。这些旧观念的广泛存在,必然造成我国三类教育结构和比例上的失调。

所以在今天要发展职业技术教育,必须在观念上来一个彻底的转变,认识三类教育在现代社会生活中各自的地位和作用,认识三类教育协调发展是现代教育的基本规律,克服两千多年积淀下来的读书做官的心理,树立正确的职业观,才能真正扭转现在教育结构中头重、脚轻、腰细的局面。

二、建立一种大职业教育观念,改变教育脱离生产、脱离实际盲目追求升学率的现状

关于我国当代的大职业教育观,笔者曾在1988年《教育与职业》第四期发表

《论当代我国的大职业教育观》一文做过简单的论述。其中提出目前一般所说的大职业教育观念的含义和做法有四点：①大职业教育的含义指要在全部教育工作中，在各级各类学校教育中都要树立起职业教育的观念；②教育特别是职业教育与经济和社会发展要实现其相互依靠的关系，就必须与社会和经济的需求息息相关，不能关门办学校，也不能单打一地办学；③就业前和就业后教育相通及一体化的趋势；④我们国家要参与国际交流，发展外向型经济，职业教育的眼光就不能仅仅朝着国内，必须面向世界。这里对什么是大职业教育不再论述，关键在于为什么要建立大职业教育观念。

首先，教育的本质是培养人的，通过对人的培养实现对社会政治、经济等各方面的服务。教育作为一种独立的社会事业，与社会之间的联结点是什么，我以为一是"公民"，二是"职业"。就是说通过教育要培养一个国家的合格的公民，同时要通过教育培养当代社会结构所需要的各类劳动者、专业人员和专家。培养合格公民的任务主要由基础教育负担，培养专才的任务主要由职业教育、高等教育来负担。这个连接点过去在认识上是有失误的。

长期以来我们提出的教育方针是"教育为无产阶级政治服务，教育与生产劳动相结合"。前者过分强调教育的政治功能，忽视教育还具有经济和文化方面的价值；后者离开（或者说不要）职业这个中介直接与生产劳动相结合，根据我国的经济体制只能是一种产品经济下劳动力直接再生产的观念。其结果就是学校不关心学生的就业问题，不关心职业能力和素质的培养；学生缺乏谋生的能力，社会服务观念薄弱，个性和特长也无从充分发挥。事实上在社会主义初级阶段，职业三要素——发展个性，为社会服务、为国家增进生产力，个人谋生的手段，依然有效。要发展商品经济，适应多种经济形势发展的需要和劳动就业制度的改变，各级各类学校都必须树立起职业教育观念，对学生进行就业观念、就业能力、就业方向等方面的教育与指导。培养学生的经营思想、创业精神、竞争意识和对风险的承受能力，使教育通过职业这个中介与社会密切联系起来，才能扭转目前盲目追求升学率，教育与社会需求脱节的问题。

其次，教育要发展，特别是职业技术教育必须寻求其最佳的内部和外部的运转机制。换言之，职业教育本身有一个自我改善、自求发展的问题。长期以来特别是作为我国二类主要的职业学校的中专和技校，由于条块分割、部门所有、统包分配造成缺乏主动适应改革形势的活力，农村的职业培训问题长期解决不了。国家资金短缺，完全依靠国家投资发展职业技术教育有很大困难。因此，必须改变旧的"等"国家投资、"靠"统一分配所形成的关门办学的观念，以及为升学服务的普通学校的办学思想和模式，树立创业思想、经营思想、竞争意识。职业技术学校要能做到切实地为地方经济发展服务,有自己创造的财政收入,那么,职业教育就可能迅速得到发展,打破目前产生的呆滞和回缩的局面。这就是提出建立大职业教育观的第二个原因。

三、建立开拓观念,摆脱"长官意志"、因循守旧、抱残守缺的观念

我国长期的中央集权的封建社会,"人存政举、人亡政息",造成法制不完备、法制观念薄弱和长期积淀下浓重的因循守旧、抱残守缺的心理积习。一百多年前,我国最早提出向西方学习的先进人物魏源,就曾大声疾呼应该破"人心之寐患"和"人才之虚患"。一百多年过去了,这种思想观念仍然如梦魇一样束缚着我们的手脚。因此,职业教育要发展,也必须自己解开束缚,树立开拓观念,提倡自下而上的改革。

"五四"运动前后,我国老一辈的教育家在这方面曾树立了光辉的榜样。当时,在北洋军阀统治下,中国的教育和清末封建王朝时期的没有多大差别,为争取中国教育的现代化,使祖国富强,蔡元培、黄炎培、陶行知、陈鹤琴、胡适、张伯苓、郭秉文、蒋梦麟等一批教育家站了出来,进行大学改制、中小学和初教改革。民间教育改革的团体如中国科学社、中华职业教育社、中华教育改进社、中华平民教育促进会、中国儿童社等如雨后春笋相继出现,大大推动了教育事业的发展,为我国教育的现代化奠下基础。

这一时期教育改革的根本动因在于第一次世界大战期间,帝国主义暂时放松了对中国的经济侵略而造成我国民族工商业短暂的迅速发展。但大战结束,帝国主义又卷土重来,使中华民族没有得到发展的可能。今天情况完全不同了,我们面临着实现四个现代化,使中华腾飞的大好时机和局面,再抱着因循守旧、抱残守缺的思想观念,应该具有犯罪感了。

当前,一些守旧观念在职业教育发展中已成为一个不可忽视的重大阻力。如要改革大锅饭和统包分配的劳动人事制度,职业技术学校要实行不包分配,对这件事是积极研究解决其中的各种困难问题,开拓前进呢? 还是害怕,力保旧的分配制度,认为这样一来中专、技校的这方面的"优势"没有了,学校就办不下去了,甚至认为会垮台了呢? 观念不同,态度也就各异了。

所以,开拓的观念至关重要,这当然需要各方面有一个宽松的环境,但就职业教育或职业学校自身来说,则千万不可作茧自缚。往往教育改革的阻力恰恰来自教育界内部。这是一个值得注意、必须解决的问题。

总之,加强教育规律、基本理论的研究,加强对我国职教实际的研究,在观念上来一个转变,应是当前发展职业技术教育的一项重大工作。

社会主义初级阶段职业技术教育的性质、任务与改革问题①

一、社会主义初级阶段职业技术教育的战略地位问题

在社会主义初级阶段,为实现使我国在 21 世纪 50 年内达到中等发达国家的水平,职业技术教育的发展与否起着极为重要的作用。在这个问题上首先需要解决的是教育在一个社会和平发展和建设时期的地位和作用问题。我国古代即提出过"建国君民教学为先"的命题。汉初中大夫陆贾在总结显赫一时的秦王朝为何二世而亡的教训时曾向汉高祖刘邦提出:"居马上得之,宁可以马上治之乎。""文武并用"才是"长久之术也",建议兴学校。这为后来汉武帝制定"罢黜百家,独尊儒术"立太学以养天下之士的文教政策打下了思想基础,给封建社会的长治久安奠下了基石。虽然那时对教育的社会职能和对教育价值的认识和今天有很大的不同,但反映了教育在社会骤变时期、新兴阶级夺取政权时期和掌握政权之后的和平建设时期,其地位和作用是不相同的。生产力的发展是社会发展的原动力,当生产力受到代表一定生产关系的政权的压制和阻碍时,不同性质的矛盾需要用不同的方式来解决,推翻或夺取政权是不能用教育的手段达到的。但在新兴阶级政权建立之后,教育在巩固政权、发展生产力上就起着"为先"的作用了。新中国成立前有些教育家主张教育救国,当然不能达到推翻帝国主义和封建主义在中国统治的目的,受到革命派的批判是正确的。在中华人民共和国成立以后,在开始社会主义建设以后,再以革命时期的原有观念为准,甚至发展到一切"以阶级斗争为纲",而不是把社会的发展置于依靠科学技术和教育的基础上,给我国社会的发展造成的灾难性的后果,今天已经毋庸置疑了。1974 年 11 月 19 日联合国教科文组织第 18 届大会通过的《关于技术和职业教育的建议》中提出的"技术和职业教育是保持现代文明的复杂结构及经济和社会发展的先决条件",可视为当代

---

① 原载:教育与职业,1988(8):7-8.

国际上对职业技术教育地位和作用的一个概括性的表述。没有这个先决条件，我国的四个现代化是不能实现的。

其次，我国社会主义初级阶段的特征是生产力极不发达。我国的国情是：人力资源极为丰富，建设资金严重短缺，物质资源相对不足，构成了我国经济建设人、财、物三大资源的特定格局。强化物质资源开发，人均资源占有量限制了我们；强化资金资源的开发，靠借贷外国资金起步亦不可能；唯有走强化人力资源开发利用之路才是最实际的选择。强化人力资源的开发利用，就必须把提高劳动者素质和大量合格人才的培养放在首要位置。没有职业教育的发展，人力资源的开发亦是不可能的。

最后，实现工业化和生产的商品化、社会化、现代化的过程，必然要加强生产的社会分工，深化劳动部门的内部分工。社会分工不大大发展，现代化亦不能实现。职业教育的社会职能之一，就是既要适应不同社会职业的要求，通过职业教育实现社会分工；又要使千差万别的职业要求通过职业教育系统形成一个合理的人才结构层次和培养人才的科学系统。

从国际上的经验而言，没有一个经济发达的国家职业教育不发达；反之，没有一个不发达国家职业教育不落后。因此，我们认为上述认识是符合当代教育发展规律的，也是符合我国国情的。

二、商品经济下的教育观念问题

社会主义初级阶段的重要任务之一，就是大力发展有计划的商品经济。商品经济的充分发展，是社会经济发展不可逾越的阶段，是实现生产社会化、现代化的必不可少的基本条件。商品经济发展的本身要求有自由的劳动力亦即人民群众有择业、就业、转业、辞职等权利和自由。所以，应该如实地把劳动力还原为商品，按价值规律办事，否则教育和职业技术教育不可能得到发展。最近有报道说明教师队伍不稳定，少数的学校因教师改行而不得不停办，学生流失量增加，新的教育无用论抬头，就是长期以来不按价值规律办事，简单劳动与复杂劳动报酬倒挂的恶果。随着劳务市场的开放、人才的流动搞活，这个问题将越来越突出。商品经济的意识和规律同样必须引入教育领域。

在商品经济下，不可能如以前产品经济下，采用劳动力直接简单再生产的办法办职业技术教育，如计划招生、按指标分配。职业必然成为职业学校和社会的连接点。如果教育的结构不适应经济结构的变化，教育的层次与经济发展水平不相适应，教育的内容与劳务市场的要求不相适应，教育的质量与技术革命的发展不相适应，这种教育就不是社会主义初级阶段所需要的教育。教育不与职业联系起来,教育为物质文明和精神文明建设服务只能流于空谈。

三、三类教育协调发展的问题

三类教育(基础教育、职业教育、高等教育)协调发展是现代教育发展的基本规律。必须改变我国目前教育结构中头重、脚轻、腰细的现状,切实实现普及义务教育,大力发展和普及职业技术教育。

首先,必须改变对基础教育的观念。长期以来,我们把国民基础教育和普通教育等同起来,因此认为基础教育就是普通教育不包括职业技术教育,这种观点不符合当代社会发展的需求。事实上现代绝大部分职业都需要有一定的专业训练。因此,国民的基础教育概念中既应包括普通教育,也应包括一定的职业技术训练,具备两方面的基础才能成为一个合格的国民。

其次,必须改变在教育发展中以高等教育为重点,升学为指挥棒的现状。这个问题谈了多年,至今未能彻底扭转,现在已经到了应该认真追究为何解决不了的原因的时候了。

我们认为最主要的原因还在于封建社会读书做官思想的流毒。而我国三十几年的行政管理体制和劳动人事制度又强化了"官本位"的观念。"干部"与"工人"之间、农民与工人之间有着不可逾越的界线,读书追求升学是一般群众达到跳出"农门"当工人,或跳出"工、农门"当干部的最可行的途径,历史的积淀和社会现实所造成的民族心理意向,是此风刹不住的重要原因。

最后,长期以来对马克思主义关于人的全面发展学说的理解和运用上陷入空想,甚至混乱。有时提出脑体全面发展,有时提出克服分工的局限性,使人多方面得到发展,等等。总之,一般认为基于社会分工和服务于深化分工的职业技术教育是一种使人片面发展的教育。因此,趋向强调普通教育。事实上在社会主义初级阶段要实现工业化和生产的商品化、社会化,是和分工的发展分不开的,不能离开现实条件所给予的可能空谈人的发展。马克思也曾指出:"人类的才能的这种发展,虽然在开始时要靠牺牲多数的个人,甚至靠牺牲整个阶级,但最终会克服这种对抗,而同每个个人发展相一致;因此,个性的比较高度的发展,只有以牺牲个人的历史过程为代价。"①在社会主义初级阶段,我国的生产方式是从最原始的手工劳动到现代高技术都有,高技术的比重很小。因此,对劳动力水平的要求绝大部分是中、初级职业技术培训。离开这个现实,一切全面发展,提高基础教育基点(最好到高中阶段)的论点,都是背离社会需求的空谈。

---

① 马克思,恩格斯.马克思恩格斯全集:第26卷[M].北京:人民出版社,1972:124.

三类教育缺一不可,各有其独立目的和社会职能。当前我国高等教育的发展已经超过了社会的承受能力。因此,今后一个较长时期内,应将教育的重心置于基础教育和职业技术教育。

四、职业技术教育的社会支持和自我改善、自求发展的问题

职业技术教育没有国家的投资和社会的支持是不可能迅速发展的。到目前为止,职业技术教育经费没有专门的规定,是很不正常的。企业法中也没有对职业教育应予以支持的条文。国家应该确立全社会都要有关心和支持职业技术教育的义务的思想,对企业为职业学校提供实习场地,担负指导实习任务等办法,做出明文规定,并有强制措施保证执行。

职业教育和职业学校本身也应努力改善以适应社会需求。这方面应进行的工作很多,其中有两个方面应特别提出。

一是三教(基础教育、职业技术教育、成人教育)统筹的问题。基础教育与职业技术教育应相互渗透,因地制宜,不要用人为的比例使二者截然划开。成人教育要尽快完成从重点在学历教育,转向为岗位职务培训。在办学上职前培训和就业后培训应相互联系形成体系。

二是努力形成增值型的职业技术教育。增值型的职业技术教育,就是在运用教育经费实施教育过程中,不仅要低耗高效地完成其第一任务,即培养合格的专业人才,而且还要利用教育过程中的某些环节、某些条件,直接或间接地参与经济建设和科技推广,生产某些物质的、技术的产品,完成其第二任务。学校在实现第二任务时,不仅可以培养学生的职业能力、技能、技巧,同时运用自己在完成第二任务中所创造的经济收益,不断地壮大自己,发展自己,产生出自求发展的机制,形成自我发展的能力,使国家财政有限的投入,发挥出更大的社会效益和经济效益,从而缓解目前财力不足,教育经费拮据而职业教育又必须大力发展所造成的矛盾和困难。

孔子论师德①

孔子(公元前 551—479)名丘,字仲尼,是我国春秋时期著名的思想家和教育家,儒家学派的创始人。他在 30 岁左右开始办私学,从事教育活动,直至逝世。相传有弟子 3000,贤者 72 人。孔子所创立的儒家学派和他的教育活动,对我国几千年来的文化思想和教育影响很大。我国的封建统治者曾尊孔子为"至圣先师""万世师表",这当然是出自其治术的需要。但孔子作为杰出的教育家,他所身体力行和总结的许多对教师的要求,确实堪称一代风范,至今仍不失为师德规范。

职业道德,由于其作为专业道德所特有的行业性,而具有继承性。发掘和研究古代的职业道德,对建立今天职业道德规范有着重要意义。因而研究孔子对师德的论述,对今天做教师的也是十分必要的。孔子对师德方面的言行很丰富,概括起来有以下几方面。

一、学而不厌,诲人不倦

孔子自称:"默而识之,学而不厌,诲人不倦,何有于我哉。""若圣与仁,则吾岂敢? 抑为之不厌,诲人不倦,则可谓云尔已矣。"他又说:"温故而知新,可以为师矣。"即孔子认为做教师首先要有渊博的知识,但还不够,还必须不断努力,"为之不厌"来扩充自己的知识,要"敏以求之"。孔子删诗书,定礼乐,修《春秋》,一生在学习和研究方面是十分勤奋的。他形容自己是"其为人也,发愤忘食,乐以忘忧,不知老之将至云尔"!

教师必须"诲人不倦",热爱自己的事业和学生,有高度的责任感。他说:"爱之,能勿劳乎? 忠焉,能勿诲乎?"他对学生充满感情,无论什么人向他求教,他都"有教无类"给予教诲。孔子处在社会大变革的春秋时期,生活动荡。50 多岁时被迫离开鲁国,带领弟子奔走于宋、卫、齐、陈等国 14 年。但无论"被围""绝粮"都坚持教学。困在荒郊即习礼于大树之下,讲诵弦歌不衰。孔子的"不厌""不倦"

---

① 原载:教育与职业,1988(10):32 – 33.

精神,是作为一个教师的难能可贵的品德。

二、有教无类,无私无隐

孔子主张"有教无类"。对待学生无论什么出身,无论贫富都一视同仁。他钟爱地谈到出身低微的冉雍时说:"犁牛之子骍且角,虽欲勿用,山川其舍诸?"当时耕牛是不能用作祭神之物的,孔子的意思是,耕牛之子,如果长得出色,神也不会不接受这种祭享,像仲弓这样的人才怎能因其父下贱而不重用呢?众所周知,生活贫困的颜渊是孔子的得意门生。

孔子对待学生无私无隐。他说:"二三子以我隐乎?吾无隐乎尔,吾无行而不与二三子者,是丘也。"孔子之弟子陈元私下询问孔子的儿子鲤学习些什么?以为孔子在教自己的儿子上会有所偏私。鲤回答说:学诗,学礼,和孔子对众弟子的教育一样。陈元高兴地说,我问一得三,既知道应该学诗、学礼,又知道孔子之无私,"君子之远其子也"。对儿子和对学生都不应有偏私。对学生一视同仁,尽自己的所学无保留地传授给学生,做到无私、无隐,确是教师的又一重要品德。

三、以身作则,教学相长

孔子很了解教师身教的重要性。他说:"其身正,不令而行,其身不正,虽令不从。""不能正身,如正人何?"《论语·乡党》中记载了孔子合乎"礼"的起居言行,就是孔子以自身的榜样教育学生的佐证。

孔子认为教师不应是绝对的权威。他提出"当仁,不让于师"。他主张教学相长,十分喜爱能对他有启发的学生。他说:"起予者商也!始可与言诗矣。"孔子认为学生是会超过教师的。他说:"后生可畏,焉知来者之不如今也?"

四、重视教容、教态

《论语》记载:"子温而厉,威而不猛,恭而安。"就是说孔子的教容、教态是温和而严厉,有威仪而不凶猛,庄严而安详。孔子"不怨天,不尤人",不迁怒,不贰过,宽以待人,严以律己。能正确处理好人际关系,处理好自己与学生之间的关系。在教容、教态、风度上要能为人师表,当然也是为师的重要品德。

孔子在2000多年前所论述的师德:学而不厌、诲人不倦、有教无类、无私无隐、以身作则、教学相长,以及温、威、恭、安的教容教态,不怨天尤人、不迁怒贰过的品质,反映了教师职业对教师的本质要求,符合教育规律。因此,孔子对师德的论述仍应是我国当前教师职业道德中的重要组成部分,学习孔子的优良师德风范也是每一个教师所应该努力做到的。

职业技术教育与商品经济的发展^①

现代工业是建立在商品经济高度发达的基础之上的,换句话说没有商品经济的发展,就不可能有国家的工业化。所以,商品经济的充分发展,是社会经济发展不可逾越的阶段,是实现生产社会化、现代化必不可少的基本条件。商品经济的发展对职业技术教育提出了什么要求?职业技术教育又怎样服务于商品经济的发展?这是当前办职业技术教育需要解决的重要问题。由于我国长期以来实行的是统一计划下的产品经济,对教育与商品经济的关系很少论及,又由于受到一些"左"的思想的干扰,使本来已经比较明确的问题,变得模糊不清了。所以,有必要对职业技术教育与社会主义商品经济发展的关系做一些必要的探讨。

一、分工的发展是商品经济发展的前提,职业技术教育是为深化分工而服务的教育

马克思指出:"谁用自己的产品来满足自己的需要,他生产的就只是使用价值,而不是商品。要生产商品,他不仅要生产使用价值,而且要为别人生产使用价值,即生产社会的使用价值。""要成为商品,产品必须通过交换,转到把它当作使用价值使用的人的手里。"(《资本论》第 1 卷第 54 页)就是说商品经济的特性是生产为了交换,而不是为了满足自己的需求。所以,商品经济所赖以产生和发展的基础是社会分工的深化。商品交换活动自远古就已经存在,但由于生产力低下可供交换的物品不多,因而社会分工不发达,基本上是自给自足的自然经济。只有在近代大工业生产的条件下,生产完全是为了交换,破坏了自给自足的自然经济,深化了社会分工,才产生近代的商品经济。所以,社会分工的发展是商品经济发展的前提。

职业技术教育产生的基础是社会分工,没有分工,就不存在社会职业,当然也不会有职业技术教育。所以,职业技术教育从其产生之时起,就是服务于社会分

---

① 原载:职教通讯,1989(1):5 – 8.

工的教育。1974 年 11 月 19 日联合国教科文组织第 18 届大会通过了一个《关于技术和职业教育的建议》的文件,文件认为"技术和职业教育是保持现代文明的复杂结构及经济和社会发展的先决条件"。现代文明社会结构极为复杂,不仅有政治、经济,文化、教育、军事、外交等各个方面,每个领域中又有各种不同层次和结构,构成极其细致的社会分工和千差万别的职业。据分类统计约有一万多种职业。职业技术教育就是面向这些职业的教育,它适应各种不同社会职业的要求,培养各类从职从业人员,没有职业技术教育,现代文明的复杂结构就不能保持,现代生产也不能进行。

职业技术教育不仅服务于社会分工,而且是促进社会分工和深化社会分工的有力手段。职业技术教育是一种规范性、定向性的教育,要使千差万别的职业要求通过职业教育系统形成一个合理的人才结构层次和培养人才的科学系统,是职业技术教育的基本职能。因此,职业技术教育起着稳定分工,培养各行各业所需人才的作用;同时分工深化,新失业、新职业出现时,职业技术教育也具有超前和先导的作用。

在我国现实社会的分工中,各种差别仍然存在,如体脑差别、工农差别、城乡差别,以及复杂劳动与简单劳动的差别、重体力劳动和轻体力劳动之间的差别,等等。稳定分工、深化分工的教育是否与我们追求的消灭三大差别的目标背道而驰?对这个问题我们要做具体的分析。从总的方向上我们是朝着使人的"体力和智力获得充分的自由的发展和运用"(《马克思恩格斯选集》第 3 卷第 322 页)的目标发展。但是作为人的发展的总的目标和前景与人现实所能达到的发展水平是不同的。人在智力、体力上能够得到多大程度的发展,要取决于社会生产力发展的总的水平。人的本质,并不是个别的个体所具有的抽象属性。就其现实性来说,它是一切社会关系的总和。所以,不能离开现实条件所给予的可能,去空谈人的发展。马克思也曾指出:"'人'类的才能的这种发展,虽然在开始时要靠牺牲多数的人,甚至牺牲整个阶段,但最终会克服这种对抗,而同每个个人发展相一致;因此,个性的比较高度的发展,只有以牺牲个人的历史进程为代价。"(《马克思恩格斯全集》第 26 卷第 124 页)体力劳动和脑力劳动的分离,带来了人类的文明社会,但是以人的发展的巨大牺牲为代价的。要消灭这些差别,还要经过一个相当漫长的历史过程。我们今天仍处在商品经济很不发展的阶段,我们的任务在于发展分工,深化分工,而不在于消灭差别。对此,要有一个历史的观点。

恩格斯在《反杜林论》中阐述了现代平等的要求是:"一切人,或至少是一个国家的一切公民,或一个社会的一切成员,都应当有平等的政治地位和社会地位。"他指出:"无产阶级平等要求的实际内容都是消灭阶级的要求。任何超出这个范围的平等要求,都必然要流于荒谬。"(《马克思恩格斯选集》第 3 卷 143、146 页)所以,我们在职业技术教育中的平等观念表现在教育机会均等;表现在无论从事哪种社会职业其政治地位和社会地位都是平等的,没有高低贵贱之分;表现在由于不同职业的服务对象、服务方式、社会职能不同而产生的各种差别,从人的发展角度上看,只能是知识、技能、素质的发展方向不同,而没有高低好坏之分;事实上三百六十行,行行都出状元。

由于职业技术教育是为深化分工而服务的教育,所以,是促进商品经济发展所必不可少的重要手段。职业技术教育的重要性和先进性也在于此。

二、在社会主义商品经济下,劳动力是商品,但持有这种特殊商品的人不是商品,职业技术教育必须正确处理这个两重性

劳动力或称劳动能力,是在活的人体中存在的、每当人生产某种使用价值时就运用的体力和智力的总和。在社会主义初级阶段,职业是谋生的手段。所以,劳动力是商品,要按价值规律办事,受劳务市场需求的调节。人们在考虑选择接受何种职业教育,从事何种职业时,必须考虑两个方面:希望就业条件、待遇较优的职业和现实所能提供选择的职业,否则就不能实现就业,达不到谋生的目的。职业学校的设校、设科、发展规模都要考虑到劳务市场的需求。在正常情况下,生活的改善与受职业教育的程度和事业上的成就成正比,劳动报酬必须按价值规律办事,否则就会出现社会职业结构上的失调。

劳动力是商品,但是这种特殊商品的持有者——"人"本身不是商品。那种把人作为"会说话的工具"买卖的奴隶制社会已成为过去。社会主义社会的公民是按照自己的独立意志来生活的。职业是谋生的手段,但人们在选择职业和认识职业时并不仅仅考虑这一点。他还要考虑职业的社会价值和本身的兴趣特长等。在商品经济下所谓职业三要素,即发展个性、谋生的手段和为社会服务是人们考虑从职从业时不可分割的三个方面。事实上不少的人从事业心出发、从个人的爱好出发,而放弃有更高收入或职位的职业,走上艰苦的工作岗位。这是因为,劳动力这种特殊的商品不是可以任意由人买卖的没有意志的物,而是由具有独立意志的人支配的。

所以,职业技术教育的重要任务和内容之一,就是要教育学生认识各种职业的社会价值,充分理解自己所从事的职业的意义,通过不同的职业技术教育,发挥每个人的个性和特长,处理好个性特长、服务社会和个人谋生三者之间的关系,使人待事,使事待人。我们培养的是有能力自我规划或调整职业的,具有独立性、创造性和创业精神的自由劳动者,而不是商品。不如实地把劳动力作为商品,职业学校的教育就无法与商品经济下的劳务市场相协调;而不区别劳动能力和持有这种特殊商品的人,无视人的思想、意志和志愿也要犯极大的错误。因此,必须正确认识和处理好这个两重性的关系。

目前我们一部分职业技术学校向用人单位收取一定的培训费。少数人对此有误解,这是不懂得培训费的实质是什么造成的。马克思说过,要改变一般人的本性,使它获得一定劳动部门的技能和技巧,成为发达的和专门的劳动力,就要经过培训,社会必须支持这笔培训费用。企事业向学校交培训费仅仅是社会支付劳动力教育费用的一种形式,而且是总教育费用中极小的份额。国家为此付出的培训经费要比这个大得多,不仅是付出职业教育经费,还要包括基础教育经费,等等。由国家财政支出教育经费是天经地义,由企事业单位支出部分经费就成了出卖学生,自然是无稽之谈了。

三、改革职业技术教育,培养自由的劳动者

商品经济要得到发展的另一重要条件就是需要有自由的劳动者。劳动者据有对自己劳动力的所有权。每一方只有通过双方共同一致的意志行为,才能让渡自己的商品,占有别人的商品。换句话说,就是用人单位和就业者应有双向选择权。用人单位有选择、聘任、解聘的权利和自由;就业者有择业、就业、转业、辞职等权利和自由。否则商品经济下的平等竞争机制就不可能形成。

"职业"可以说是商品经济下教育与社会的重要结合点。学校与社会是通过对人才的培养和使用相联系、相沟通的。学生是通过就业才能进入社会。职业教育的任务就是要培养出享有双向选择权和具有择业、就业能力的自由劳动者。

为此,职业技术学校的统包分配制度一定要彻底改变。要树立职业教育的观念,对学生进行就业观念、就业能力、就业方向等方面的教育与指导。改变过时的就业观念,鼓励学生从事多种经营,提倡创业精神、事业上的竞争意识和对风险、失业等情况的承受能力。帮助青少年一代适应商品经济下新的就业体制。只有这样才能使教育适应扩大企业自主权,开放劳动市场,实现人才流动,以及多种所有制经济并存等开放搞活政策的需要。我们的职业技术学校在商品经济发展的面前,绝不能被动失措,要主动适应。今后在对职业技术学校教育质量的评估中,培养学生职业适应能力的状况,应为重要的评估标准之一。

在培养自由的劳动者方面,农民问题是个很大的问题。长期以来农民被许多政策束缚在土地上。近年来虽有很大的突破,但自给自足的自然经济、半自然经济仍占很大比重。不把八亿农民转化为商品经济下的自由劳动者,就谈不上商品经济的发展、国家的工业化和现代化。

所以,城乡的职业技术学校都应研究实验这一重大课题:如何用现代职业教育的力量去分解、破坏农村自给自足的自然经济和半自然经济,把商品经济意识输入农村,把商品经营的生产方式带到农村。如重点培训、培植专业户,从职业技术教育上支持农村的适度规模经营,积极为乡镇企业的发展培养人才;广开学路帮助一部分农民离开土地转向其他行业,多方培养围绕农村需要离土不离乡的医疗、卫生、环保、环卫、治河、治水、治虫、森林草场保护、海洋渔业资源保护、法制等各方面的人才,等等。农村的商品经济得到了发展,我们国家商品经济的发展才会有可靠的保证。

最后,商品经济的发展,还离不开社会化、商业化服务事业的发展。我国经济发展的历史经验证明,只重视生产投资,而不努力改善人民生活,提高人民现代化的生活素质,经济发展就丧失了目标,极大地挫伤了群众劳动的积极性。我国服务性行业的职业教育很不发达,而且范围狭窄,大多集中于传统行业,如饮食、服装、美容、家电修理等。目前我们是一方面服务行业不发达,生活不便,节奏缓慢,浪费人们许多时间和精力;另一方面存在着就业不充分的问题。如能将企业中的富余人员、农村中的富余劳动力正确地加以引导,建立社会化、商业化的服务系统和网络,既是社会的需要,也有现实的可能性。对此,职业技术教育应该先行,研究服务性行业的社会需求及发展前景,开拓新的领域,如广泛的信息服务,各种代销、代储、代办、代理业务,各类租赁业务,各种劳务、专项服务,特需服务,以及各种保育、保健、营养、快乐服务项目,等等。广开学路和就业门路,改善人民的生活素质。使群众在生活上从大部分依靠自己动手、自我服务的这种自然经济、半自然经济的状态,转向依靠社会化、商业化的公众服务。这将大大加快社会生活节奏。

再论"大职业教育"观①

去年 4 月(1988)我在本刊第四期发表了一篇题为《论当代我国的大职业教育观》的文章,引起一些教育同行的关注和兴趣,今年愿再借贵刊,对为什么要提倡大职业教育主义,做进一步的阐述,与同行专家们研讨。

一、职业教育的基本含义是:针对取得某种"职业资格"的教育

首先谈谈为什么在职业教育概念上要加一个"大"字,是否自我膨胀,抑或另类教育亦都可有大××教育观,如大基础教育观、大高等教育观等。另类教育是否能大××教育观,对此我缺乏研究,不敢妄论。但职业教育之所以要树立一种大职业教育观,不是由于想抬高身价、自我膨胀,而是源于职业教育的特性,即区别于他类教育的质的规定性,这一点我想是无疑的。

这就牵涉到什么是职业教育。尽管对这个概念有不同的表述,但在认定职业教育的基本职能是培养各行各业的从职从业人员这一点上,是相同的。所以,职业教育的基本含义应是针对取得某种职业资格的教育,不论这种教育是以什么形式和怎样进行的。职业教育自古就存在,但直到近代才在教育体系中形成一种独立的教育类型。在近代的教育体系中基础教育是作为一个合格的、现代社会的国家公民所必须受到的基本教育。目的在于给人以基本的思想品德、文化素养和劳动技能的培养和教育,发展个性,使人在德、智、体、美、劳等诸方面得到发展。基础教育要与职业教育相渗透、沟通,但其主要职能不是专门针对取得某种职业资格的教育。高等教育是专业教育,高等教育中包括一部分职业系科,但普通高等教育属于普通专业教育的性质,基础理论宽厚、职业的适应面宽,而职业的针对性不强。高等教育还负有职业教育所不具有的保存、鉴别、传授和发展一个国家和民族已有的最高文化成就的职能。因此,虽然职业教育与高等教育都是专业教育,但任务不同,培养目标不同,针对获得某项职业资格而进行的教育是职业教育的特征。

职业资格是一种伴随着社会分工和社会职业而产生的对从职从业人员资格

---

① 原载:教育与职业,1989(3):29-32.

的认定。因为人类的生活不是一代一代简单的重复,而是不断发展前进的。如果一个人的劳动达不到一定社会职业对他起码的要求,那么社会将不会承认其劳动,他也不能获得赖以谋生的职业。社会或国家对职业资格的衡量,从古至今都存在,最初是自发的、不规范的,随着社会的发展越来越趋于自觉,越趋于规范化。在当代,职业资格通常以职务或职称的形式来表现,如技术员、技师、工程师、医士、医师、教师等。职业资格是一种综合的职业能力,包括思想品德、职业道德、职业的知识、能力、技术、技能和技巧,包括为从事这一职业所必需的实践经验、职业素质等。例如,加拿大编的《加拿大职业分类辞典》即是按职业分类体系逐一说明每一种职业的合格条件,采用规范化的资格检测表,列举该职业对普通教育程度、具体的职业培训、能力、倾向、兴趣、性格及体质方面的要求。此外还有用文字说明的岗位工作内容、工作人员必备的条件等。

　　由于职业资格是一种综合的职业能力,故不能把职业教育仅仅视为职业知识和专业技术的教育。职业资格的养成也不是职业学校教育或专门的职业培训所能单独完成的。实际上人们的职业准备教育从幼儿就已经开始了。幼儿园和小学都要教育儿童认识各行各业;培养热爱劳动、尊重各行各业劳动者和爱护劳动成果的思想品质;树立职业理想;培养和锻炼日后从职从业所必需的能力,如克服困难的能力、人际交往的能力、独立工作的能力、创造力、一定的体力等;还要给予初步劳动知识和技能的训练。初中是职业指导阶段,应对学生进行比较系统的升学指导与职业指导,也可以根据需要(特别在农村),开设某些职业课程或职业选修课程,给学生以某些初级职业培训。按我国现行学制,高中以上学校即可进行各类职业教育了。可见,职业教育是渗透于、沟通于并在一定程度上存在于各级各类学校教育之中,不能仅仅视为是职业学校的事。所以,在各级各类学校中都要树立职业教育的观念,亦即树立"大职业教育"观,应该是办教育的一个重要指导思想。

二、职业教育自古迄今都是有各行各业参与的社会事业

　　教育本身就是全民的社会事业,因为教育事业所关系的是全民族的后代和未来。在我国古代学校的产生,标志着教育活动逐渐从生产生活中独立出来,这是历史的巨大进步。但由此教育也分裂为两个相互分离的部分。一部分是只有贵族、自由民才能受到的学校教育,一部分是在强迫劳动过程中对奴隶的生产训练。劳动者和生产劳动知识被排斥在学校教育之外,学校教育成为国家控制的事业,为培养行政官吏服务。这种状况使我国古代各行各业的职业教育主要不是依靠学校,而是依靠业务部门,更大量的是由社会上的各行各业通过父子相传、师徒相传等形式,通过行会等组织进行的,是一种由各行各业参与的社会性的教育事业。

如古代国家行政机构中的太史局、太医署、太仆寺均负有培养天文、历算、漏刻、医生、兽医等人才的任务。少府监、将作监培养手工业和建筑业的工匠。民间手工业和商业的行会都有规定和管理徒工和铺伙培训的职能。此外还有普遍存在的师徒、父子相传的各行各业的职工训练。近代大工业生产使职业教育进入了学制,成为学校教育的一个重要组成部分,但到目前为止尚未能改变职业教育所具有的,社会性教育事业是一种需要有各行各业参与的这一独特的性质。

这是因为社会分工越来越发展,职业的种类越来越多,据统计目前已有一万多种职业,各种生产岗位更是难以数计,而且社会对人才的需求量很大,完全依靠教育部门解决是根本不可能的。以企业为例,企业是国家经济活动的主要部门,我国现有一亿两千多万职工,80%以上在经济部门,其主体又在企业。每年我国厂矿企业招收新徒工在100万人以上。不仅大量初级工要依靠企业自己培训,相当数量的中级、高级专门人才也要靠企业培训来解决。"六五"期间我国有成人高校1200多所,成人中专校4000多所,职工学校3万多所,其中大部分为厂矿企业所办。如黎明发动机厂自身培养的中级技术人员,占现有全部技术人员的1/3强。更不要说某些企事业单位所需的特、高、少、快人才教育部门根本无法培养。如福建中外合资福辉首饰有限公司,专门从事外销的黄金、珍珠首饰的生产。现有的中专、技校都没有这种专业,也不具备培养这类工人的条件,该公司所需820名工人,只能由企业自己培养。

企事业是用人单位,关心职业教育所培养的人的数量和质量是很自然的。在职业培训上完全由教育部门解决专业师资、实习场地、设备和实习指导教师是困难的,有的专业根本不可能。各企事业单位因为拥有本专业的专业人才技术力量、专业设备和资金,有能力也有义务支持职业学校解决上述问题。

所以,自古以来业务部门、生产部门都具有培训的职能,有为国家育才的任务,当今也不能把职业教育局限于学校内部,看成只是教育部门的事情。应该树立一种大职业教育的观念即职业学校要树立依靠各行各业的观念,企事业单位也要树立起支持职业教育的观念,把职业教育作为应有各行各业参与的社会事业,才能使职业教育正常迅速地发展起来。

三、职业教育的社会职能是全面的,既为建设物质文明服务,也为建设精神文明服务;既为增进生产力服务,也为社会主义民主建设服务

目前在论及职业教育时有一种倾向,往往着重强调为经济建设服务,为振兴地方经济服务,这当然是无疑的,但作为职业教育的社会职能而言,这种认识不够全面。教育是培养人的事业,任何教育都要把人的发展作为首要任务,职业教育也不例外。我国近代著名职业教育家黄炎培给职业教育下的定义是："用教育方法,使人人依其个性获得生活的供给和乐趣,同时尽其对群的义务,名曰职业教育。"他又说："职业教育,将使受教育者各得一技之长,以从事于社会生产事业,藉获适当之生活,同时更注意于共同之大目标,即养成青年自求知识之能力、巩固之意志、优美之感情,不唯以之应用于职业,且能进而协助社会、国家,为其健全优良分子也。"①

在职业教育中,职业观、职业道德的培养,在任何国家、任何时代都是置于首位的。因为职业交往构成了社会多层次的关系,如职业与社会的关系、职业与职业对象的关系、不同职业间的关系、从职从业人员之间的关系、从业人员与职业团体之间的关系等。没有作为精神文明的重要内容的职业道德为之调节,社会上职业活动就不能正常有秩序地进行。对个人而言,缺乏职业道德也就谈不上事业上的成就,甚至由于职业道德败坏而被逐出某种职业。黄炎培曾要求中华职业学校的学生要有"金的人格、铁的纪律","人格一经毁损,其人见弃于群众,哪有功名事业可言"。

文化素养也是每一个从职从业人员必不可少的基本素质。如普通文化教育培养的语文知识和语言、文字表达能力,数学知识、计算和逻辑思维能力,社会科学知识与处理人与人之间关系的能力,体力、艺术才能,等等对从事任何职业都是重要的。不能认为普通文化教育不是职业教育的有机组成部分,而应把普通文化教育列入职业培训计划。联合国教科文组织在 1976 年第八届大会通过的《关于技术和职业教育的建议》中提出要求"技术职业教育在其专业化的每个阶段都应包括普通教育"。

职业教育除直接为经济建设服务外,其中有一部分专业如政法、公安类的学校本身就直接服务于民主政治与法制建设。即便是直接培养生产部门人才的职业教育,也要培养学生正确的政治观点与参与意识、民主思想和法制观念。我们要培养社会的主人,培养具有独立人格的劳动者。

所以,不能把职业教育仅仅理解为一种专业或技术教育,甚至仅仅是为了谋生的一技之长,这是对职业教育狭隘的、不全面的观点,也不能如清末那时把职业教育局限于"工、农、商"实业教育的范围。在这方面也要有一个大职业教育观。

四、职业教育的"职业"制约性

职业教育是针对取得某种职业资格的教育,所以它必须也必然受到社会职业的制约。社会上有什么职业才会需要某种职业教育。职业教育培养的人才须与社会

---

① 黄炎培.职业教育之定义[M]//黄炎培教育文选.上海:上海教育出版社,1985:186.

职业在种类上、数量上、质量上的要求相适应才能发挥其作用。因此,办职业教育最大的难题就是专业的适应性和学生的出路。基础教育不存在这个问题。高等教育部分存在这个问题,是因为高等学校的某些基础理论系科、某种特殊专门学术,不能以一时的需求为转移,但这可由国家特别支持。而上述问题对职业学校则是个生死攸关的问题。为解决这个问题,近年来职教工作者总结了许多经验,提出了各种办法。如"三教统筹";北京市提出的"一联合、二结合、三统筹",即本部门与其他部门的联合;常规教育与短期培训结合、学历教育与岗位培训相结合的二结合;普通中专和职业高中、职工中专的三统筹,以及主张中专、技校、职业高中三统筹;等等。在办学上实行合办、联办、委托代培等各种形式。无论是哪种经验,归根到底就是要改变和摆脱部门系统封闭式的办学圈子,加强横向、纵向联系,面向社会,开展专业化协作,发挥职业学校的多功能作用,走大职业教育的道路。

五、职业教育的社会开放性

如上所述,职业教育既是一种牵涉面很广的教育,又是一种贯彻整个职业生涯的教育。既包括就业前的职业准备教育、各级各类职业教育,也包括就业后的职业知能补充和扩展的教育、更新与提高的教育、智力再开发的教育、继续工程教育和转换职业的教育;既包括正规的学校职业教育,也包括非正规的各类职业培训;既有对在职职工和从业人员的职业培训,也有对待业、失业人员进行的职业培训。职业教育要面向各种不同的行业、工种,不同的行业在社会生活中有不同的义务,有自己的特殊利益、特定的工作时间与活动方式、特定的职业环境以及生活方式。职业教育必须为各种不同年龄、不同层次、不同需要的人服务。要完成使每一个劳动者在就业前都能受到与自己所从事的职业相应的职业教育,在每一个劳动者需要的时候能够受到补充、提高或转换专业的教育,从而不断提高、改善全社会劳动人口的职业素质的任务。上述情况决定了职业教育必须是灵活开放的。必然要求要与生产、科研、业务单位联系协作,与国家的各种开发计划如丰收计划、星火计划、燎原计划甚至火炬计划相配合,走建教结合的道路。不仅职业学校办学要多层次、多形式,而且要走出校门,送教上门。办职业教育思想一定要开阔,不"大"则不行。

总之,大职业教育观念我以为是由职业教育的特性所决定的。因此,它是客观规律,不是什么人想出来的,也不以人们的主观愿望为转移。所以,不管现在对此有些什么赞同或不赞同的意见,最终职业教育还是要沿着这条路发展下去。

同时,大职业教育观念目前在我国已经不仅仅是一种教育思想观念的问题,而是现在许多职教工作者正在做的事,他们是我国当代大职业教育的开路人。

论企业培训^①

企业培训是指由企业负责进行或资助的教育与培训。包括企业内部培训、企业与学校合作培训和由企业送出到院校或科研机构、其他企事业单位接受的教育与培训。近年来,我国企业培训发展较快。"六五"期间,累计培训职工上亿人次。全国工交财贸系统共轮训干部 470 多万人;8 万多名企业经理、厂(矿)长参加国家统考;3000 多万青壮年职工完成了初中文化、初级技术补课任务;科技人员的继续教育和专业管理人员的业务培训也有很大的发展,每年有近百万科技人员学习外语、计算机以及有关新理论、新技术、新工艺等知识。

企业属经济部门,是生产单位,为什么要办如此大规模的教育与培训事业?这是由企业的社会责任、企业本身的需要和现代生产的特性所决定的。

一、企业培训的意义与范畴

企业是国家经济活动的主要部门,是最大的用人单位,也是拥有各种人才最多的单位,应该负有为国育才的社会责任。

第一,企业培训是职业教育体系中不可或缺的一部分。自古以来生产部门都具有培训的职能。手工劳动者主要是靠生产部门培训。不过那时主要是培养徒工,只是在当前科学技术迅猛发展的时代,才产生和逐步形成了企业培训的系统,而且企业也必须自己培养人才。这是因为:

(1)企业部门对职工的需求量很大,仅靠教育部门的培养远远不能满足需要,特别在我国教育落后的情况下更是如此。我国目前学校的专业培训率(包括大学、专科、中专、中技、职业高中等)仅占全部就业人数的 16% 左右。厂矿企业新招徒工大部分要依靠企业自身培训。大量中级甚至高级专门人才也要依靠企业培训来解决。

(2)企业生产门类众多,不同的生产岗位更难以数计,即或生产同类产品,不

---

① 原载:教育与职业,1989(6):8－12.

同厂家产品的型号,采用的工艺技术、配方等都各有不同的知识和技术要求。教育部门办的学校只能提供通用的、基础的职业培训。针对某一具体企业具体岗位的培训一般不是学校教育的任务,学校也不可能进行这样的培训。所以,就是已经受到良好的职业教育的人,在上岗前,一般还要进行一段岗前培训。

(3)某些厂矿企业所需的少量的特殊的人才,如黄金、珍珠、首饰的深加工人才,教育部门很难或无法培养。同时受资金、设备等方面的限制,职业学校也难以承担某些高技术、新工艺、新工种的培训。此外,有些社办企业需人甚急,往往合同一签或贷款到手就必须抢时间,马上招工,立即培训,尽快投产,才能尽快取得经济效益,这也不能完全依靠学校来进行培养。

所以,企业对新工人或技术人员的培训不是可有可无,也不是教育系统或劳动系统所办职业教育的补充,而是在整个职业教育培训中必不可少的一个专业教育体系。

第二,企业培训是企业人力资本投资的重点。教育具有经济效果,这点从古代人们就已经有所认识,但作为教育经济学是在 20 世纪六七十年代才开始兴起的一门边缘科学。教育经济学认为:学校教育和知识进步都是经济增长的主要源泉。很显然学校教育和知识进步都不是自然资源,而主要是人力形成的。就是说这两者都需要资本储存和投资。人力资本投资的效益在世界各国有不同的计算方法,也不一定很准确,但教育投资可以获得相当高(在国民收入增长额中约有30% ~41%是提高教育水平的结果)的经济效益这一点是无疑的。

所以,企业培训是企业人力资本投资的一个重要部分。事实证明只有重视教育投资,企业的生产才能大大提高。

第三,企业培训可以稳定职工队伍,发挥人的积极性。企业培训不仅是为了使工人、技术人员能适应现在岗位职务的需要,而且也是为个人的发展和提高提供条件。在正常情况下,人们所受到培训的程度,与他们事业上的成就、收入的增加、职务的晋升成正比。通过各种培训进修,可以满足人们追求为社会做出更大贡献,实现自己的人生价值的愿望,激发人们的上进心,调动起人的积极性,培养造就出一支思想先进,掌握现代科学技禾和管理技术,具有较高工作能力和生产技能,层次结构比较合理,达到岗位要求,纪律严明的职工队伍。

需要注意的是,企业培训的开展必须与劳动工资制度的改革配套进行。如果学与不学一个样,甚至知识、技能提高了只能增加工作的艰辛和负担,而得不到应有的报酬,必然挫伤职工学习的积极性。

第四,企业培训是形成企业文化的重要手段。把企业培训仅视为职业技术的训练,是不全面的。企业培训的一个重要内容是进行职业道德教育,培养企业精神,培养企业文化。各行各业都有自己的职业道德,企业应有目的、有组织、有系统地对职工进行本行业的职业道德教育。企业对职工的凝聚力是企业的生命,各行业、企业、厂矿都应形成自己的传统、行为准则、厂风、厂纪甚至工作习惯、生活方式等。优良的传统和企业精神的教育,是团结全体职工同心同德、同舟共济、艰苦创业的最好精神纽带。过去我们在这方面曾创造出一些好的经验,如三老四严的"大庆精神","毛泽东号"机车包乘组"安全第一"的优良传统等。现在也有不少企业正积极培养企业精神,培育企业文化。这将对职工的精神面貌发生巨大影响。

第五,企业培训有助于解决人员滞胀与隐性失业问题。由于过去"统包统配""低工资广就业"的劳动人事政策等原因,我国企业中人员滞胀的问题很严重。而且企业冗员增加与高素质工作人员短缺的现象并存。企业负担沉重,发展步履维艰。较好的解决办法之一,就是开展企业培训,给富余人员补习、提高或转换职业、转换工种的教育。使不能上岗的人,能够提高素质达到岗位职务的要求,或从人浮于事之处转向需要的工作岗位。如果把厂内待业或隐性失业变为人才培训,那么无论对厂矿企业,对社会和对职工本人都是积极的开拓前进的措施。

从企业培训的目的、意义可以看出:企业培训的范围很广。从性质上看主要可分为三类:取得就业或上岗资格的基础培训;就业后提高的进修培训;职业或岗位变动所需要的转业、转岗培训。从培训对象上分,有管理人员、科技人员和工人。

二、企业培训的原则、目标与组织形式

企业培训是教育事业的一个组成部分,因此从总的方面说应按教育的基本规律办事。但企业培训又有其独立的目的和独特的对象,所以也有自己的规律和原则。

1. 企业培训的原则

针对性:企业培训的目的是为本企业培养合格的人才,其对象是固定了岗位或定了向的职工。因此企业培训一定要具有很强的针对性。在培养目标确定以后,合理地组织教学内容,在许多情况下讲授方法可采用针对性强的现场教学、案例式教学、讲座、考察、研修等多种形式。

效益性:企业培训要讲求实效。就是说要帮助企业在生产开发、科技开发、智力开发上取得经济效益。这是企业培训的生命所在。效益也是职工学习的内在动机,只有在职工感到学习能够解决实际问题时,才有动力。在办学上也要讲求效益,改革封闭式办学模式,加强横向联系,走高(层次)集中、低分散、多形式、广

联合、专业化的办学路子,提高企业培训的总体效益。

适应性:企业培训必须适应企业的生产环境、生产条件,采用全日制、半日制、业余与单科进修等各种形式。要按需施教,学用结合以适应不同对象的不同要求。

灵活性:企业培训是一个多层次、多规格、多学科、多内容、多形式、多渠道的复杂系统。因此,办学、设科、教材、教法都需具有极大的灵活性。根据具体条件可实行学年制、学分制、单科结业、综合培训筹多种教学制度。企业所办的正规学校如职工大学、中专、技校都应是多功能的,既进行学历教育,也担负各种短期培训。

超前性:企业生产要发展,教育应先行。特别是企业的技术开发、技术改造、技术引进、设备更新,采用新工艺、新材料、新设备以及转换产品之前,制定企业培训计划。如果培训问题不解决,企业的技术改造、转产等工作都很难圆满完成。

延续性:企业对职工培训有长远的打算,把目前需要和长远规划结合起来,普及与提高结合起来,通过多次、各种培训工作,有计划、有步骤地不断提高企业职工的素质,这是企业培训的一个重要原则。

2. 企业培训的目标与组织形式

企业培训根据不同需要,可以有许多不同的培养目标和某一个时期的重点培训任务。就总的目标而言,企业培训可以分为三大类,即徒工培训和入厂教育,岗位职务培训,继续教育。此外还有顾客和消费者教育、职工闲暇教育。

徒工培训是企业培训的重点之一。目前我国企业徒工培训主要有三种形式:企业办技工学校、在生产现场由师傅培养的徒工培训和学校与企业合作培训。关于前两种形式这里不准备多谈,厂校结合培训技术工人是我国近年来试行的一种形式。如上海电子工业学校移植联邦德国职业教育的模式,学校与七个电子工厂挂钩,使所有学生在三年期间有一年在企业接受各关键工作的培训,实践性环节的教学时间占总学时的69%。超过现行技工学校的实践教学时间,在理论教学的课程设置上也打破原技校与中专、大专大同小异的老格局。这种形式值得注意。

入厂教育不仅在学徒工中进行,对已接受职业培训的新工人、技术人员也要进行,使他们了解工厂的现状及发展前途,生产工艺、工种要求、厂内各种代号、图纸的学习、厂内各种设备的使用、厂风、厂纪、安全及职业道德等。时间按需要可长可短。

岗位职务培训是按照岗位规范的要求进行的培训,各类从业人员要取得岗位职务合格证书才能担负此项工作。对某些重要岗位人员,还应定期复核,根据生产和工作中提出的新要求培训提高。所以这是一种综合性的职业技术培训。在职期间的职务培训应以短期为主,业余为主,自学为主。要从我国的实际出发,充分利用现有的教育、科学、文化设施,充分发挥各种社会力量的培训作用来完成这个任务。岗位职务培训是我国当前在职职工培训的重点。

继续教育、专业培训和实践培训。继续教育是对科技人员进行知识更新和补缺,加速智力开发的教育。它的任务是全面提高科技人员素质,推动科学技术进步,实现科技管理现代化,为提高经济效益和社会效益服务。它是深化企业改革的一项重要措施,也是适应新技术革命形势的基本对策之一。

继续教育的方式应多种多样,主要根据不同对象和教育目标而定。可以有系统进修、结合科研的研修、学术讨论、国内国外考察、参观技术展览、访问专家学者等各种形式。

一般说来,普通高等教育注重基础知识、理论知识,但对某一个具体职业或岗位职务的针对性不强,实践经验和动手能力不足。大学毕业生在进入企业后仍需要根据工作岗位的要求进行专业培训、实践培训,扩展、补充所需的知识,打好专业技术工作的实践基础。这也是继续教育的内容之一。

以上三个方面是企业培训的重点,但仅把企业培训局限于解决八小时之内的工作问题,局限于本企业内部的职工,仍是一种狭隘的观念。因此,职工闲暇教育与顾客和消费者培训就成了企业培训的又一个内容。

职工闲暇教育。一个人的发展不仅在于他如何工作,也在于他如何度过八小时之外的闲暇时间。一个人的智力、才能是统一的,无论在哪一方面的发展,最终都将有益于他的工作。我国职工的体质、文化素养都比较差,提高这方面的水平,也是企业人力资本投资的一个部分。所以,企业培训也应包括对职工如何度过闲暇时间的培训,教育职工认识生命的价值和树立时间观念。为此,企业特别是企业的工会、共青团组织应支持和组织职工业余时间的学习与培训,这种培训不同于上述培训之处,在于它不必与职工的本职工作有关,范围宽广,可以是文化的、技术的、艺术的、体育的、生活知识技能的,等等,而且完全自愿。这种培训与企业组织的业余文化、体育活动可以结合起来,但也有区别。文化体育活动重在活动的本身,而培训侧重在给予职工某一方面较系统的知识与能力的训练,使企业职工的各方面才能得到更充分的发展,成为工作和生活中的多面手。

顾客和消费者培训。为了做好技术转让、产品销售、售后服务等工作,企业也负有对顾客和消费者进行培训的任务。如有的产品可以指导消费,向顾客介绍产品性能、使用和维修方法等等。有计划地组织对顾客和消费者的培训,对提高企业和产品的声誉,吸引顾客,扩大销售都起着积极的作用。通过培训还可得到对产品的反馈信息,以便及时调整和改进产品生产。

三、企业培训的条件与障碍

目前我国的企业培训已初具规模。大的企业都有自己的培训中心,设有党校、职工大学、职工中专、技术学校等,初步形成了一支专、兼职结合的师资队伍和管理干部队伍;国家对企业培训有了比较明确的政策;职工教育研究工作也有发展。这些构成今后开展企业培训的良好基础。商品经济的发展给企业带来了紧迫感和危机感是促进企业培训工作发展的基本动力;职工职业意识的增强,劳动工资制度改革培训与任职、提升、工资逐步协调形成一股内在的需求,这些都是开展企业培训的基本条件。但也要清醒地认识到,目前我国企业培训中存在的问题仍是严峻的,甚至出现滑坡现象。今年北京市报名参加职工大、中专学习的人数降到最低点。北京市总工会职工大学1980年开办时录取比例为7:1,今年报名人数却未满额。造成这种状况的原因,除社会上新的"读书无用论"的冲击外,从企业本身和职工教育中的问题来看有以下障碍。

(1)企业负责人的短期思想与行为。企业实行承包制以后,在素质不高的厂长(经理)中产生了短期行为。只顾在承包任期内抓产值,或给职工多搞点福利,拼设备、拼人力甚至竭泽而渔,不重视对比较长效的人力资本投资和企业培训工作,极端的不但不支持,反而对上学职工扣工资、扣奖金、编外甚至开除。这是一种十分危险的思想和行为,必须采取有力手段给予制止。

(2)职工教育中的追求学历风。企业培训在于使职工安心于本职工作,努力提高专业技术水平,成为本岗本职的优秀工作者。旧的教育思想观念和前一段劳动人事工资制度存在的问题,使企业培训也框定在学历教育的范围内,导致学用脱节、教非所用,影响企业和职工的积极性。实行岗位职务培训和定向培养是职工教育一项带方向性的改革,但要对仍在学历教育轨道上的企业培训进行全面改革,这是目前需要解决的问题。

(3)职工学习积极性的问题。只有办学者的积极性而无学习者的积极性,企业培训是办不好的。上级摊派,奉命学习的培训很容易走过场。企业培训由于接受教育的人各种各样,个人的学习目的不同,知识、能力、水平不同,工作环境、条件、节奏不同,均有一定的实际工作经验,很多人又有家庭负担,所以组织这方面的培训是一项很专门、很细致的工作。对这方面专门的研究工作目前还相当缺乏。

总之,企业培训是整个教育体系中重要的组成部分,要全面地认识和规划,使企业的发展转向依靠教育和科技的进步,扭转目前靠拼资源、拼投资、拼人力来取得增长速度的局面。使每个职工在其最需要的时候,受到他最需要的教育,教育的一切设计都要考虑如何用最少的时间,取得最大的效果,是企业培训所要探索和努力的方向。

中国职业教育四十年[①]

中华人民共和国成立四十周年即将来临,四十年在人类的发展史上只是弹指一瞬,但在社会发展上却接近半个世纪。对这亦短亦长的四十年中的职业教育做一个概括性的回顾,对我们总结过去、展望未来是有益的。

四十年职业教育的发展经历了一些什么阶段,如何分期,是一个比较复杂的问题,因为很难从年代上给予精确的划分,这里主要根据职教指导思想和实施的变化与发展,分五个时期来谈。

一、技术教育时期

据已故教育家黄炎培日记所载,在中华人民共和国成立前夕,1949 年 9 月新政协筹备会常务会第六次会议上,对是否将重视发展职业教育列入《共同纲领》条款有一场争论。一部分人主张列入,另一部分人不同意列入,理由是:1. 职业教育是资本主义国家的产物;2. 苏联无职业教育;3. 中等、高等教育已将职业教育包括在内。就是说他们认为:第一,社会主义社会不存在就业、失业等职业问题,所以不需要职业教育;第二,我国建立新的技术教育要以苏联为蓝本;第三,职业教育是指中等以上的为生产部门服务的技术教育。争论的结果,后者意见占了上风。因此,《共同纲领》有关的条文规定,"有计划有步骤地实行普及教育,加强中等教育和高等教育,注重技术教育",而未提"职业教育"。在 1949 年 10 月 31 日建立起的中央人民政府教育部,下设高等教育、中等教育、初等教育、社会教育和视导五个司,也未设职教司(至 1952 年成立高教部后,在高教部中始设中等技术教育司)。

在上述思想指导下,1949 年 12 月第一次全国教育工作会议提出,为培养大批中级建设干部,中等学校在今后若干年内应该着重向中等技术学校发展。随之1951 年第一次全国中等教育会议决定:改造现有的技术学校使之适合于建设的需

---

① 原载:教育与职业,1989(9):6-9.

要;协助企业部门创办新的技术学校,举办短期训练班,并在可能条件下,转变若干普通中学为中等技术学校。1951 年 10 月中央人民政府政务院颁布的《关于改革学制的决定》中,规定技术学校分技术学校和初级技术学校两种。前者招收初中毕业生,修业年限 2~4 年,后者招收小学毕业生,修业年限 2~4 年。各类技术学校附设短期技术训练班或技术补习班。医药及其他中等专业学校,其修业年限、招生条件等,参照技术学校之规定。专科学校修业 2~3 年,各种高等学校附设专修科,修业年限 1~2 年。以后又对技术学校颁布了一些具体的规定。在这一时期对徒工培训和职工业余技术教育也做了规定。1951 年 1 月全国职工业余教育委员会成立。

在大力发展技术教育的思想指导下从 1950~1953 年上半年短短两三年的时间确立了从初级到高级职业教育的体系,提出了正规的、速成的、业余的各种技术学校或训练班适当配合发展的方针;规定了技术学校学生待遇、专业设置、生产实习等各项规章制度。1952 年全国中等技术学校已有 1710 所,为新中国职业教育事业,奠下了初步基础。

二、中专、技校时期

在 1949 年第一次全国教育工作会议上确定,对旧教育改革的方针是:"坚决改造,逐步实现。""以老解放区新教育经验为基础,吸收旧教育有用经验,借助苏联经验,建设新民主主义教育。"这个方针是正确的,但是由于以苏联教育为蓝本的思想的作用,教改实际工作中出现了倾斜。即对解放区的教育经验没有认真总结作为基础,对新中国成立前国民党统治区的教育和资本主义各国的教育经验基本上采取批判和否定的态度,突出强调学习苏联。这样就在 1953 年以后,形成了一个全面学习苏联教育的高潮,职业教育也不例外。

当时苏联的职业教育主要有两种形式,一种是招收七年制不完全中学毕业生的技术学校、师范学校、医科学校,学制 3~4 年;另一种是招收四年制初等学校毕业生的艺徒学校,学习期限从 4 个月到 3 年不等,高等教育中除有二年制的师范专科学校之外,没有高等职业技术学校。职教体系不够完整,职业学校教育起点都比较低。

学习上述苏联的职业教育体制,就不可避免地将招收初中毕业生的中等专业或技术学校作为职业教育的主要形式。因此从 1952~1953 年高教部对中等技术学校进行了全国性的调整。调整中停办了一批条件很差的学校,将大部分私立学校改为公立,把原来多科综合的职业学校改组为单科性学校,在领导关系上确立由中央业务部门实行集中统一领导的体制。初级技术学校、招收小学毕业生五年一贯制的中等技术学校和高等教育中的专科学校均停止招生。与此同时,劳动部将原以训练失业人员就业为主的技工训练班、技工学校做了整顿,开始设立招收初中毕业生,以培养中级技术工人为目标的技术工人学校。由劳动部门综合管理。1954年劳动部成立技术工人培训司。同年高教部颁布《中等专业学校章程》将技术学校与中等专业学校统称为中等专业学校。在职工业余教育方面,亦开始举办业余中等专业学校。这样,从1954年以后,我国的职业教育进入了以中专和技校为主体的时期。

这时在全国教育发展的方针上也有所变化,从重点发展中等技术教育,转向重点发展高等教育。中小学教学计划中均未列入劳作或生产技术课,也未将劳动知识技术教育列入培养目标。中学仅在“教导原则”中提出近似综合技术教育的要求。1954年教育部召开全国中学教育会议进一步确定主要办好高级中学、完全中学和工农速成中学,着重发展高中和大城市、工矿区的学校。因此,可以说这一时期的中学教育虽然提出“为升入高等学校或参加建设工作打好基础”的双重任务,但主要的指导思想是升学教育。

至1957年据教育部统计我国中等专业学校1320所,技工学校728所,师范学校592所共2640所,普通中学11096所,职业学校(包括师范学校)占中等教育总数的24%。毕业生人数占22%。每万名人口中中专生有12人,技校生7.4人,普通中学生97.2人。升学率分别为小学44.2%,初中39.8%。

这一时期职业教育的主要成就是:调整和发展了一批职业教育的核心力量——中等职业学校,提高了教学质量,特别是技术工人学校的建立,使技术工人培训从新中国成立前小学、初中阶段,提高到高中阶段。中专和技校为我国此后三十几年的社会主义建设事业培养了几十万中级骨干人才和技术工人,对我国独立的工业体系的建立起了重大作用。这一时期的主要问题是,由于不加分析地搬用苏联职业教育,破坏了原已建立起的职教体系,初等职业学校被取消,占高校总数31%的专科学校,大部分停办。职业教育缺乏层次,设校、设科单一,管理上部门所有,缺乏灵活性。在专业设置上工科比重大,农业及其他专业比重小,工科中重工业比重大,轻工业及其他比重小,有失调现象。从教育事业的整体而言,由于重心上移,普教主要为升学服务,职业教育得不到应有的重视,普通中学仍占全部中等学校数的76%,职业教育薄弱落后的状况并未改观。这些问题随着普教的发展,大批中小学生升学与就业问题日益突出,而变得十分尖锐。

三、推行半工半读、创设农业中学、职业中学时期

1955年一届人大二次会议通过的《中华人民共和国发展国民经济的第一个

五年计划》提出五年内需要增加两个一百万人才,即一百万高中级专业技术人才和一百万熟练工人。当时中专、技校年毕业生不足 10 万人。1956 年中国共产党第八次代表大会召开,又提出在第二个五年计划期间要努力发展高等教育和中等专业教育,注意发展工人技术学校的任务。经济发展的需要和中小学生升学与就业问题的日趋尖锐化,使教育改革势在必行。因此,一场以教育与生产劳动相结合为中心的教育改革便从 1957 年开始了,并在 1958 年达到高潮。

这次教育改革是在非常复杂的背景下展开的,当时我们正在开展"反对修正主义"的斗争,国内出现"大跃进"和人民公社运动。对于如何改革教育,观点上也不尽一致。尽管如此,从改革职业教育的角度上有三个方面是一致的。

第一,职业学校要实行半工半读。1958 年 1 月毛泽东主席在《工作方法(草案)》中提出:"一切中等技术学校和技工学校,凡是可能的,一律试办工厂或者农场,进行生产,做到自给或半自给。学生实行半工半读。"同年 5 月国家主席刘少奇在中共中央政治局扩大会议上提出:我们的国家应该有两种主要的学校制度和工厂农村的劳动制度。一种是全日制学校教育制度和机关、工厂的八小时工作制;另一种是半工半读的学校教育制度和半工半读的工厂劳动制度。他认为通过这个制度可以比较充分地满足许多人的升学要求,扩大劳动就业,近期解决普及教育问题,从长远看可以逐步消灭体脑差别、缩小城乡和工农的差别。

第二,创办农业中学、职业中学。1958 年 3 月江苏开始推广招收小学毕业的半农半读农业中学,得到肯定。同年 3 月教育部在北京召开第四次全国教育行政会议提出:"大力举办农业中学、工业中学和手工业中学,把高小毕业生培养成为有社会主义觉悟、有文化、又有一定生产技能的劳动者。"

第三,在普通中小学开设生产劳动课。1957 年 3 月教育部即通知各地初中三年级可增设农业基础知识课,并强调做好不升学的中、小学毕业生的生产劳动教育。

在上述思想指导下,职业教育突破了 50 年代初期按照苏联模式所建立起的框架,开始向多种形式发展。1958 年 3 月劳动部召开全国技工学校工作会议,提出"技工学校的生产和教育应是统一的,要做到既是学校,又是工厂,既是学生,又是工人,既是学习,又是劳动"。此后,中专和技校都大力推行半工半读。一些省市和中央部门成立专门机构领导和推进半工(农)半读的试验工作。初等职业教育中,农业中学和职业中学很快发展。至 1965 年农业中学和其他职业中学经过调整后有 61626 所,在校生达到 14318000 人。普通中小学经过几年试验,1963 年教育部公布实行《全日制十二年制中小学新教学计划(草案)》,规定小学六年级开设生产常识课,初中三年级开设生产知识课,高中三年级开设农业科学技术知识选修课。1965年中等专业学校1265所、中技871所、师范394所,加上6万多农职中,中初级职业学校共有64156所,普通中学18102所。职业学校数量大大超过普通中学。

四、"文革"时期

"文革"使我国的职业教育遭受严重损失。首先,减少了各级专业学校之间的层次和培养规格。1968年推广上海机床厂的经验,将大学入学的水平降低到高初中毕业生均可。致使中等专业学校有无存在的必要成为问题。1968年《人民日报》公开讨论中等专业学校要不要办,技工学校怎么办。1969年大批中等专业学校被裁并,教师和干部被下放,不少部门和地区的中等专业学校几乎全部停办。大批技工学校停办或被改为工厂。1970年以后各大学均招收工农兵学员,据北京市对所属十一所大学入学生文化程度的统计,初中以上占20%,初中占60%,相当小学程度的占20%。其次,普通中学获得发展。1965年普通中学为18102所,到1974年骤增至100621所,1978年又达到162345所。当时中专、技校虽已有一定恢复,但只有4474所,仅占中等学校总数的0.02%强,中等教育结构失调。在这种严峻的形势下,1978年4月教育部在全国教育工作会议上拨乱反正,正式提出改革中等教育结构,使我国职业教育进入一个恢复、发展和改革的新时期。

五、改革中等教育结构发展各类职业教育时期

1978年教育部提出改革中等教育结构,要求从单一的普通中学教育体系转变为普通中学教育与职业教育并举,从只面向升学转变为同时面向培养大批优良的劳动后备力量;1980年各地开始试办职业高中和职业高中班,建立劳动服务公司进行就业培训,从这时起的10年,是40年中职业教育发展的黄金时代。取得的成就是巨大的。现仅就获得成就的原因谈几点个人的管见。

(一)拨乱反正,明确认识。从指导思想上明确摒弃了可以说从30年代起就困扰着解放区和新中国成立后新中国的、认为职业教育是资本家对付工人的教育是资本主义国家才有的错误观念,确立了职业教育在经济和社会发展中的重要地位,并在1982年将其列入宪法,这是10年来职业教育得到长足发展的根本原因。没有这样一个指导思想上的根本改变,就谈不上自觉地、认真地发展职业教育。

(二)力排众议,坚持转轨。我国"学而优则仕"读书做官的思想在社会上流毒甚深,再加上多年来教育在升学的轨道上运转,追求升学率观念可以说在教育界和群众心理上根深蒂固。不从教育实施上改变这种现状,即谈不到职业教育的发展。10年来教育行政部门从改革中等教育结构入手,坚持反对片面追求升学

率,把相当一部分中学转到职业教育的轨道上来;随之,在高等教育中发展职业专科和短期职业大学,开办职业技术师范院校;继之,将职工业余教育转向以岗位职务培训为主,成人教育转向以岗位职务培训为主;同时又试验将职教因素引入普教,试验推行在义务教育年限中实施初级职业训练和在普通中小学设立劳动技术课程,等等。这些力排众议、坚持转轨的措施,为职业教育的发展开辟了道路。

(三)多方设法,筹集经费。发展职业教育经费是最大的难点之一。在国家补助费有限的情况下,广大职教工作者发扬主动出击的精神多方集资举办职业教育。如职业中学所创造的联办、合办、自费走读、收取培训费等诸多形式;调动地方财政创办职业大学;群众集资建立职教中心;职业学校走教学、生产、科研、服务相结合的道路自己创造和解决经费问题,发动社会力量办职教;等等,为职教的发展提供了物质保证。

(四)慎于引进,博采众长。近十年来我们对各国的职业教育做了多方面的介绍,鉴于20世纪50年代初期全面移植苏联教育的经验教训,在引进上采取了一切通过实验的慎重态度,如对西德的徒工培训制即是如此。并且也在切实研究试验老一辈教育家如黄炎培、陶行知等在这方面的经验;对原有中专、技校的经验作为职业学校的核心力量予以首先发展,并总结各地创造的新鲜经验给予支持和推广;国家教委还设立了农村教育实验区、布点试验燎原计划,开展各种预测和可行性研究。为职业教育的改革和发展确立一个踏踏实实的、稳步前进的基础。

这些经验就其实质而言亦即如何建立具有中国特色的社会主义的职业教育的问题,反映了如何树立现代教育观念的问题;体现了社会主义的教育是为人民服务的,要为绝大多数普通劳动者服务;牵涉到如何从中国国情和社会实际出发,建立自己独立的、具有中华民族特色的职教体系等问题。所以,虽然目前职教发展困难仍然很大,阻力也相当不少,但毕竟道路已经开通,已经迈过了创业维艰的10年而进入巩固、发展与改革的时期。相信再过10年,到中华人民共和国成立50周年时,我国的职业教育一定会以更新的面貌展现于世。

关于发展初级职业中学问题之我见①

近两年,特别是从 1988 年以来,关于职业教育需要降低重心(特别在农村)已经提到日程上讨论了。农村(包括某些城市)相当初级中学阶段的初级职业学校,或在初中内进行初级职业培训的学校纷纷出现。这里指的是采用初二后分流,或在初中三年中实行定向职业教育的学校,至于在初中开设生产劳动课与初中后培训不包括在内。因为,前者是普通初中的教学内容之一,不属定向职业教育;后者应列入"成人教育",不属本文讨论之范围。

主张设立职业初中的人有两条理由:1. 符合我国国情与当前教育发展的实际。现在我国城市尚未能完全解决初中生升入高一级学校的问题,农村大约70%的初中生不能受到高中阶段的教育,大量的初中毕业生要回乡生产或直接就业;2. 符合我国农村现实生产力和生产技术的状况,目前农村主要还是传播与推广一般实用技术,仍属初级职业培训范围,大量需要的是初级职业教育。在城市也有一些工种只需初级职业教育就可以了。所以,他们认为(主要是农村)教改的突破口应为职业教育,即在初级中学中加入职业培训,这样可以扭转普通初中片面追求升学率的办学方向,培养农村适用人才,解决学生厌学和制止流失学生的问题,有利于九年基础教育之普及。不赞同这样做的人认为,国家规定的义务教育年限为九年,义务教育法规定:"义务教育必须贯彻国家的教育方针,努力提高教育质量,使儿童在品德、智力、体质等方面全面发展,为提高全民族的素质,培养有理想、有道德、有文化、有纪律的社会主义建设人才奠定基础。"其中没有要求在义务教育年限内进行职业教育,义务教育应为普通基础教育,在此教育年限内施行职业教育是违反义务教育法的。这样做削弱了国民的文化基础教育,不利于人的全面发展,是一种急功近利的短视行为,其结果必然会降低国民素质。同时办职教比办普教投资大,办一所职校的钱可以办几所普中,职教与普教争夺初中阶段的教育经费,有碍于九年义务教育的迅速普及。究竟孰是孰非?我想有几个理论和

---

① 原载:教育与职业,1990(7):5-7.

实际的问题需要探讨。

一、如何看待人的发展问题

教育是培养人的事业,研讨任何一种教育措施当然首先要考虑是否有利于人的发展。

一般在教育领域内研究人的发展,有三个层次。第一个层次是,从这个时代的人所能达到的认识,论述完美的或理想的人的发展目标是什么;第二个层次是研究在现实社会的条件下人能够达到什么样的发展水平;第三个层次是具体解决在现有条件下如何运用教育的手段,使人得到可能达到的最大限度的发展。

马克思对于人的发展前景曾做过概括性的论述。即在生产力高度发达的共产主义社会,人们将消灭"旧式分工",以及由此而造成的人的片面发展和职业性的痴呆,使人的"体力和智力获得充分的自由的发展和运用"(《马克思恩格斯选集》第3卷第322页)。这个关于人的全面发展的学说,是属于第一个层次的,是共产主义者所追求达到的理想。

马克思主义认为:人的本质,并不是个别的个体所具有的抽象属性。就其现实性来说,它是一切社会关系的总和。不能离开现实社会所给予的可能去空谈人的全面发展。在现今世界上,不论哪一个民族,也不说什么社会制度的国家,都没有具备能够使人的体力和智力获得充分的自由的发展和运用的条件。在我国虽然消灭了阶级,但社会中体脑、城乡的差别还存在。任何个体都不能离开这些局限获得对自己体力和智力的充分的、自由的发展和运用。这种状况反映在教育制度上只能是一种差别性的教育。因此,在个体所能达到的发展水平上也必然存在差别。这是第二个层次的问题。

第三个层次,落实在教育制度上这种差别性的教育究竟应该从哪一个教育阶段或水平开始呢?差别教育与全面发展是什么关系呢?

回答第一个问题的依据应是要看国家和群众能够承受多长时期的普通基础教育(或义务教育)年限。新中国成立前我国义务教育年限一直定为四年,在反动统治下就是这四年也没有实现。现在我国规定实行九年制义务教育,初三分流。但在实施过程中,又产生了初级职业学校这样一个现实的存在,说明在对九年义务教育的承受能力上各地区并不相同。无视相当数量(特别是穷困地区)小学毕业生和初中毕业生直接从业就业的需要是不行的,所以初级职业学校不能不有一定数量的发展。

关于第二个问题,则需要分清人的全面发展和全面发展的教育是两个不同的概念。前者是目的,后者是手段、途径,前者是对人的发展的总体要求、前景、目标,后者是具体的教育内容。如前述人的全面发展系指人的体力和智力的全面发展,全面发展的教育则是通过具体的德育、智育、体育、美育、劳动教育使每一个劳动者达到现存社会所能够给予的"全面发展"。因此,无论何级、何类学校都要进行全面发展的教育,都会促进人的全面发展,初级职业学校当然也不例外。那种一谈到施行职业教育就认定必然阻碍人的全面发展的观念是没有根据的。诚然,在初级中学内进行职业教育势必减少一定的普通文化课的学习,但是增加的专业知识和职业技能的学习同样是促进人的全面发展的教育。不能认为只有普通文化科目才能促进人的发展,而职业科目不能促进(甚至阻碍)人的发展。相反,职业教育作为专业教育、定向教育是促进人的个性发展的重要手段,通过职业教育既能促进和发展与所选职业有关的才能,又能培养和弥补这方面的某些不足,使人的才能得到更充分的发展。那种认为初级职中毕业生的素质一定低于普通初中毕业生的素质的论点,不能成立。

二、同等教育权的问题

义务教育是国家以法律规定并强制施行的一定年限的国民基础教育,接受这一定年限的教育是每个公民的义务。国家、社会、学校和家庭对此要予以保障。

保障就有一个保障公民同等教育权的问题。亦即公民要尽义务上学,国家、社会、学校应保障所有儿童能够在规定年限内受到同等教育,引申而言即义务教育要保障公民教育机会均等。国家和社会对适龄儿童少年是不能厚此薄彼的,如果允许在义务教育阶段进行职业教育,势必使不同初中毕业的学生不在同一起跑线上,接受职业教育的学生升学的可能就小得多,或者不可能,造成教育机会的不均等。

事实上,教育机会均等也只能是一种发展前景,而不能作为现实的目标。因为要保障所有同龄儿童少年在义务教育年限内的同等教育权,是需要有各方面的条件的。如足够数量的学校,大体条件相当的学校设备、师资、教材、教学设备,还涉及学生家长因减少辅助劳动和增加子女教育、生活费用的承受能力,等等。世界上能够达到这个标准的国家不能说一个没有,但也极少。我国的现实是一所简陋的农村中小学(穷困山区还有不少只有一名校长兼教师兼事务的复式教学班式的学校),与一所大中城市中设备完善、师资优良的中小学根本不能相比。所以,并非全部实行普通文化教育就等于有了同等教育、同等竞争的可能。这样做的结果,很可能把基础教育引上片面追求升学率的邪路,使大多数不能升学的学生家长不愿保障学生就读,学生本人也会因失落感产生厌学弃学现象。如果在初中阶段划两条起跑线——升学竞争与就业竞争,那么在接受初级中等教育的学生中,初级职校的学生在从业、就业上就更胜一筹。普通初中毕业生和初级职校毕业生各有自己的优势,也算是扯平。平等本来就非平均主义,大家一样。这是初级职中为什么吸引家长和学生的原因。

进一步分析,要创造实现同等教育的条件靠什么? 只能靠国民经济的发展,靠农村生产力的发展,靠脱贫致富。农村经济的发展要靠一代新型农民,当前农民之所以热衷办初级职中就是因为适应了农村现实发展的需要。事物只能在矛盾中发展。马克思也曾指出:"人类才能的这种发展,虽然在开始时要靠牺牲多数的人,甚至牺牲整个阶级,但最终会克服这种对抗,而同每个个人发展相一致;因此,个性的比较高度的发展,只有以牺牲个人的历史过程为代价。"(《马克思恩格斯全集》第26卷第124页)这是不依人们主观愿望为转移的客观规律。

适应当前的需要,发展一部分初级职业学校是不是目光短浅、急功近利呢?从世界新技术革命的潮流看,从长远的发展看,接受初级职业教育无论从文化基础和职业技术水平当然都是很不够的,发展的后劲也较差,这是事实。解决这个问题,是否可以从两个方面下手。一是初级职业中学不能过多削减普通文化课,要保证学生基本上达到初中文化水平;同时在教学上注重学生学习能力的培养,使他们学会学习,获得在从业就业之后接受继续教育,不断提高的基础。二是高中阶段的职业学校,在招生上对初级职中毕业生给予照顾,适当降低文化课要求,增加对口专业知识的考试与考核,使一部分职业初中毕业生可以对口升学。

三、职业教育的义务教育问题

将初级职业教育列入九年义务教育的年限之内,即等于将职业教育列为基础义务教育。现在有些农村初中实行初中毕业时对学生进行短期职业培训,培训考核及格才发给毕业证书的做法,实际上也是将职业培训列入了义务教育。

要不要实行义务职业教育,这既牵涉到对基础教育的理解问题,也是一个能否做到的实际问题。在当代绝大多数的职业都需要受到一定程度的专业培训的情况下,为提高国民的职业素质,有的国家如民主德国、联邦德国已实行义务职业教育,有的国家在义务教育年限内包括职业教育的内容,如美国的综合中学、罗马尼亚的专业中学等。作为国民基础教育应包括两部分,即基础的普通文化教育和基础的职业教育,这已经成为当代教育发展的趋势。

不过,在我国全面推行义务的职业教育目前条件不成熟,主要是办职业学校投资比普通中学要高得多,为国力难以承担。从文化基础和未成年人身心发展看过早专业化也是不利的。因此,尽管需要和应该允许初级职业学校的存在,但职业科目不能作为义务教育强制施行。是否学习职业科目要完全由学生自愿。义务教育年限内的初级职业中学的开办也要谨慎限量，不能一哄而起。

四、人才选拔问题

有人担心普中减少会缩小升学的选择面，有碍人才的选拔。千军万马争过独立桥固然不行，但没有一定的淘汰率也就不成其为选拔。

我们在选拔人才上是一个有着悠久历史的国家。实行了约1300年的科举制度对人们的思想影响很深。科举制度的选拔有着两个鲜明的特征：一是目标单一——选拔行政官吏；二是通过内容单一的考试进行——考《四书》《五经》、诗文。所以这种选拔是以牺牲绝大多数人的才华和教育经济效益极端低下为代价的。许多人"皓首穷经"，考到头发白了除一肚子"子曰""诗云"之外，没有任何谋生的技艺。学而优则仕，读书做官是这种选拔制度的灵魂。这种观念到近代学制建立之后就演化成了追求升学，一级一级地考上去，以高考的单一目标和考试内容为指挥棒，使大量学生成了"陪读生"，窒息了他们的才华。

要解决这个问题，必须改变旧的选拔观念和教育观念。基础教育（包括九年制义务教育）只能是国民基础教育，而不是以选拔为目标的教育。在中小学提出为升学做准备的任务是没有什么道理的。不以选拔为目标的教育，不等于不能完成为高一级学校输送合格新生的任务。一个合格的初中毕业生或初级职中毕业生自然应该具备升入高一级学校的能力。这方面如果教育质量合格，政策配套，是不会因为职业中学的发展而影响人才的选拔。何况选拔人才并非仅升学一途，技术等级考核、公务员考试等也是人才选拔，今后应朝着建立多种选拔人才制度的方向发展。

总之，在我国社会主义初级阶段，初级职业中学的存在和发展是必然的，在农村数量将会超过高中阶段的职业学校；但要慎重，数量不能太大。较好的做法是开好普通初中的劳动课，使学生获得基础的劳动知能训练，并因地制宜地学到一两种简单的实用技术，同时与成人教育相衔接，大力开展初中后的职业培训。降低职教重心，应着眼于初中后的各类短训，而不是看办了多少初级职业学校。

蔡元培论职业教育①

——纪念蔡元培逝世 **50** 周年

今年是我国近代著名的资产阶级民主革命家、思想家、教育家蔡元培逝世 50 周年。蔡元培一生对我国近代教育和我国教育的现代化做出了卓越的贡献，可以说中国近代的各项教育改革都与蔡元培的名字分不开，职业教育也是如此。他的学生，我国著名的职业教育家，中华职业教育社的创始人黄炎培回忆说：

"时吾方倡职业教育于南方，其始颇不为人谅，惟吾师能知我，既共列名发起，复时时为之张目。数度当众演述中华职业教育社创始之艰苦，当时论尤庞杂时，矢石雨集，吾师乃身为之蔽，任评议会主席且十年，有会集必至。"②

蔡元培竭力倡导职业教育，支持中华职业教育社，并且在职业教育理论上有着丰富的著述，对中国职业教育的发展起了重要的作用。

一、职业教育为富国强兵之本，应列为基本教育方针

蔡元培认为现代社会，国家之贫富强弱，与国民学问之深浅为比例。他说："自人文进化，而国家之贫富强弱，与其国民学问之深浅为比例。彼欧美诸国，所以日辟百里，虎视一世者，实由其国中硕学专家，以理学工学之知识，开殖产兴业之端，锲而不已，成此实效。是故文明国所特以竞争者，非武力而智力也。"他认为要使国家富强必须发展工商教育。"英国以工商立国，而工商以学为根据"。"英国工商业之发达，正由工商教育而来"，"今欲将英国工商业盛况移植到中国，非从根本下手不可"。"发达工商而不提倡科学，是犹仅执饭桶、米仓以求食也"。当时的中国矿产、机器、农业、交通运输、能源等开发都远逊于西方，原因就在于这些事"皆需人办，然中国缺乏人才"。"人才何以缺乏？无教育故也"。所以，蔡元培认为发展职业教育，是使中国得到发展的头等大事。

---

① 原载:教育与职业,1988(1):44-46.
② 黄炎培.吾师蔡子民先生哀悼辞[N/OL].中央日报,1940-03-24.

基于上述观点,1912 年 2 月蔡元培就任"中华民国"第一任教育总长时,发表了《对于新教育之意见》论文,提出将实利主义教育列入民国教育方针。他说:"虽然,今之世界,所恃以竞争者,不仅在武力,而尤在财力。且武力之半,亦由财力而孳乳。于是有第二之隶属政治者,曰实利主义教育,以人民生计为普通教育之中坚。其主张最力者,至以普通学术,悉寓于树艺、烹饪、裁缝及金、木、土工之中。此其说创于美洲,而近亦盛行于欧陆。我国地宝不发,实业界之组织尚幼稚,人民失业者至多,而国甚贫。实利主义之教育,固亦当务之急者也。"根据蔡元培的意见,1912 年 9 月教育部公布的教育宗旨为:"注重道德教育,以实利教育、军国民教育辅之,更以美感完成其道德。"正式将实利主义列入民国教育方针。为我国现代职业教育的建立和发展,特别是在第一次世界大战期间兴起的职业教育思潮,奠下了始基。

蔡元培强烈地"叹息痛恨"读书做官之遗毒,使"法政学校,遍于都市"。而对办余姚汝湖乙种农业学校的教育家"肃然起敬",说他们"是诚吾所望于全国同胞者矣"。

二、学与术并进为科学发展之原则

蔡元培认为基础理论与应用科学两者必须同步发展。他说:"学与术可分为二个名词,学为学理,术为应用。各国大学中所有科目:如法律,如医学,非但研究学理,并且讲求运用,都是术。纯粹的科学与哲学,就是学。学必借术以应用,术必以学为基本,两者并进始可。"学与术的关系有两重。就科学、学理的来源而言,先有术后有学。学理是从应用、从实践中得来的。就原理与应用的关系而言,"学为基本,术为支干"。"中国固然要有好的技师、医生、法官、律师等等。但要在中国养成许多好的技师、医生等,必须有熟练技能而又深通学理的人。""要是但知练习技术,不去研究学术;或一国中,练习技术约人虽多,研究科学的人很少,那技术也是无源之水,不能会通改进,发展终属有限。"

另一方面,学理的研究是为了应用。蔡元培认为:"农业学校学生,当知农业为平民的而非贵族的,实践的而非理论的,进化的而非保守的。故学生在校时,当注意实习,留意普通人之习惯,庶毕业后得实地施行。"他赞赏法国的中等农业学校注重实习。"除每周十余句钟理论外,皆于农场实习。或于上午所讲笔录之,下午施之于实验。由是理论与实验,相辅而行。理论之所不及者,而实验可以补其短,实验之无有者,理论得以导之。农业进步之秘诀,其在是乎!其在是乎!"他批评当时我国之农业学校,"于学理上毫无应用",认为学理之研究应为振兴农业之实用,不注重实用,"虽经意学理,而实验忽之,不过纸上谈兵已耳"。"是故虽有研究学理之事实,不能与耕夫同操作,乏实习之工夫,其结果也,卒不能达振兴农业之目的。"所以,他提出职业学校学生,不应追求坐办公室,以农商部或各省实业厅职务为归宿。农校学生,应"注意实习,而卒业后得从事耕种,与农夫谋进步,庶几农业之前途,有一的(滴)之希望焉"。

三、教育之任务在于养成健全之人格和有用之专才

蔡元培主张健全人格的教育。他认为人的心理具有知、情、意三个方面。"发展人格者,举智、情、意而统一之光明之谓也。""人还是社会性的动物,在人性中含有个性和群性两个方面,人的本性即有适应社会的能力。因此,不得有离绝社会关系之各人,两要亦不容有消尽各人价值之社会。"完全人格的教育就是要"能使国民内包的个性发达,同时使外延的社会与国家之共同性发达而已矣。"蔡元培还指出:"人类者,不徒有肉体之嗜欲也,又有精神之嗜欲。人类于自求生存以外,又有对于真善美的欲望。"而这种精神上的需求更为宝贵。因此,蔡元培认为培养完全人格就是要使人在知、情、意,个性和群性,身和心诸方面都得到和谐的发展。要通过德、智、体、美和世界观的教育来实现。

在教育上,蔡元培认为普通教育与职业教育是基础与专用的关系。他说:"普通教育和职业教育,显有分别;职业教育好像一所房屋,内分教室、寝室等,有个别的用处;普通教育则像一所房屋的地基,有了地基,便可楼台亭阁等建筑起来。""要起盖房子时,必将先求地基坚实,若起初不留意,等到高屋将成,才发现地基不稳,才想设法补救,已经来不及了。"所以,基础一定要打好。1922 年学制改革,确定高中采用设职业分科的综合中学制度时,蔡元培认为三年初中程度太低,基础不够,主张中学采用四二制。

普通教育和职业教育虽然有基础和专用之区别,但在养成健全人格上任务是一致的。蔡元培反对在职业学校中只教授应用知识技术的"极端之实利主义"。主张重视德育、体育、美育。他说:"健全之精神,必宿于健全之身体。""科学知识、美术思想为发达工艺之要素,利用厚生之事业,非有合群之道德心,常不足以举之。"又说:"至实业教育,亦宜与美感教育调和,若农业与自然之美,工业与美术之美,在注重美育发达,人格完备,而道德亦因之高尚矣。"

四、亦工亦学可达教育和职业合一的理想

蔡元培说:"做工的穷人,没有力量读书受教育,这不是民智发达一种缺憾吗?读书的人不能做工,教育越发达,没有职业的流氓越多,这不是教育界一种危机吗?占全国民半数的女子不读书不做工,这不是国民的智力及生产力一种大大的损失吗?父兄养子弟,子弟靠父兄,这种寄生的生活,不但做子弟的有精神上的痛

苦,在这财政紧急的时代,做父兄的也受不了这种经济上的重累。"所以,蔡元培大力支持留法勤工俭学运动,支持"五四"时期出现的"工读"思潮。希望通过半工半读、亦工亦读,"达教育和职业合一的理想"。

蔡元培在1920年所写的《我的新生活观》中说:"新生活是每一个人,每日有一定所作工,又有一定的时候求学。""要是有一个人肯日日作工,日日求学,便是一个新生活的人;有一个团体里的人,都是日日作工,日日求学,便是一个新生活的团体;全世界都是日日作工,日日求学,那就是新生活的世界了。"因为,如果人人作工,那么每个人都能得到求学的时间,人人求学,工作必能改良,产品日益丰富,生活不会困苦;同时还可通过求学,转换自己的职业,使自己向更高的职业目标发展;学习能增进人们的知识、修养,眼光会日益远大,心地会日益平和,生活也就会日益幸福。他很希望通过人人都能既工又学,达到一种没有穷困、压迫、斗争的理想社会。

为此,蔡元培不仅支持工读运动,而且非常重视业余的各种学习。他说,"吾生有涯,而知也无涯","真理之饥渴,或甚于饮食","而美感之冲动,有逾于色臭"。他支持北京大学的学生为学校工人开办业余的补习教育,并亲自在校役夜班开学式上讲话。提出:"我以为夜课之有益于诸位者有二:1. 有益于现在之地位;2. 有益于他种职业之准备。"他亲自提拔自学成才的校工,在北京大学传为佳话。

五、提倡实利主义,必先养其道德

蔡元培说:"欲提倡实利主义,必先养其道德。"就是说要建设物质文明,同时也必须建设精神文明,否则物质文明也是得不到的。他非常重视职业道德的培养。

蔡元培一再强调要有一个正确的职业观。认识劳工的价值,劳工神圣! 他说:"凡人以适当之勤劲,运用其熟练之技能,而所生效果确有裨益于人类者,皆谓之工。""我说的劳工,不但是金工、木工等等,凡用自己的劳力作成有益他人的事业,不管他用的是体力、是脑力,都是劳工。所以农是种植的工,商是转运的工,学校职员、著述家、发明家是教育的工,我们都是劳工。我们要自己认识劳工的价值。劳工神圣!"他指出:"凡人之职业本无高下贵贱之别。高下贵贱,在人之品格,而于职业无关也。""凡一职业中,莫不有特享荣誉之人,盖职业无所谓高下,而荣誉之得否,仍关乎其人也。其人而贤,则虽屠钓之业,亦未尝不可以显名,惟择其所宜而已矣。"

蔡元培非常重视要培养对事业的献身精神。他说,人生有涯,不能有生无死,"现世之幸福,临死而消灭。人而仅仅以临时消灭之幸福为鹄的,则所谓人生者有何等价值乎?"如果人们仅仅追求眼前的幸福,那么"杀身成仁,舍生取义也,舍己而为群也,有何等意义乎?""争一民族之自由,不至沥全民族最后之一滴血不已","有何等意义乎?""且人既无一死生破利害之观念,则必无冒险之精神,无远大之计划,见小利,急近功,则又能保其不为失节堕行身败名裂之人乎?"一个人如果建功立业,有益社会,"则身没而功业不与之俱尽,始不为虚生人世,而一生所受于社会之福利,亦庶几无忝矣"。蔡元培要求他的学生要以天下为己任。入法科者非为做官,入商科者非为致富。他要求学生学习古代大禹治水,十年不窥其家,墨子摩顶放踵,利天下为之的献身精神,培养自己具有无求生以害仁,有杀身以成仁的高尚节操。

蔡元培不仅对总的职业道德修养提出要求,在他写的《中学修身教科书》中对许多行业的职业道德规范也提出自己的见解。他认为行政官应"勤与精","毋黩货","勿徇私"。司法官应公平中正,勿徇私情,勿避权贵,宽严得中,要养清明之心力,而不可失之于轻忽。医生应精研业务,为病人保守秘密,沉勇果断,有冒险献身精神,对病人须恳切不欺。教师应该有渊博的知识,对所教学科详博综贯,适应不穷,能掌握教授管理之法,要以其身为学生之律己。卫生宜谨,束身宜严,执事宜敏,断曲直宜公,接人宜和,惩愤而窒欲,去鄙倍而远暴慢。商人应正直无欺,恪守信用,虽要勇于赴利,敏于乘机,但必须恪守商业道德,有高尚之风,少鄙劣之情,等等。

蔡元培正确地指出职业道德,不是人生来就固有之品性,"大率以实行本务之功涵养而成"。涵养道德有两个方向,消极而言,要恪守道德;积极而言,要努力发展自己的人格。"消极之道德与积极之道德,譬犹车之有两轮,鸟之有两翼焉,必不可以偏废也"。

在职业道德的修养中蔡元培积极提倡美育的作用。他认为美育可以培养高尚的情操、远大的抱负,不会为"小小的利害",而"牺牲主义",不"放纵卑劣的欲望",不会因挫折,而丧失希望,颓废下去,甚至厌世。他说:"常常看见专治科学,不兼涉美术的人,难免有萧索无聊的状态"。思想也易于机械呆板,"不但对于自己竟无生趣,对于社会毫无爱情;就是对于所治的科学,也不过依样画葫芦,绝没有创造精神。"所以他在提倡职业道德教育的同时,还大力提倡对学生进行美育。

毛泽东称蔡元培为"学界泰斗,人世楷模"。他的思想博大精深。本文的介绍只是个人学习的一点体会,但就从这极不全面的介绍中也可以看出,蔡元培先生虽然离开我们已半个世纪,但他对职业教育的论述,在今天仍是很有启迪,很有现实意义的。

参考文献:

[1]中国蔡元培研究会. 蔡元培全集[M]. 杭州:浙江教育出版社,1997.

智利、阿根廷、墨西哥的职业教育①

智利、阿根廷、墨西哥都是拉丁美洲国家,通用语言是西班牙语,国内民族中都有不使用西班牙语的印第安人。

智利实行义务免费基础教育,儿童 6 岁入学,学制 8 年。职业教育主要是在中等教育阶段进行。智利中学学制 4 年,分为初中 2 年,高中 2 年。初中仍为基础教育,对升入高中或入中等职业技术学校的学生其课程设置、教学计划都是相同的。

中等职业技术学校主要培养农业、商业、工业和技术部门的中级技术人才。在 2 年初中后,第 3 学年入中等职业学校学习,学制 2 年(少数为 3 年)。

近年来,智利出现不少属于高等教育范畴的专科学院。专科学院设有农艺学、建筑学、生物化学、土木工程、商业工程、林业工程、医学、法律、牙科、心理学、化学和药物学、兽医学等学科,可以授予各种专业文凭和技术职称。专科学院内包括 2 所高等教育学院。属于高等职业教育范畴的还有技术培训中心,技术培训中心只授予技术职称。这种属于高等教育范畴的职业教育,特别是技术学院,对学生和家长很有吸引力,不少学生愿到专科学院学习,而不愿入中等职业技术学校。因此,近年来智利的中等技术学校在校生呈下降趋势,目前智利有 25 所专科学院(智利大学为 20 所)、97 个技术培训中心。

近年来,智利积极开展旨在加强职业和技术教育的教改实验。如 20 世纪 80 年代初在小学试行学校园地计划。用一小块土地作为学校的园地,学生到园地劳动,在教师的指导帮助下实践他们在课堂上所学的知识。1982 年该计划正式作为手工和园艺课列入 3 ~ 8 年级的课程。

另一项实验就是加强职业学校与企事业部门的联系,使培训直接与劳动生产挂钩,将一部分中等职业技术学校委托给生产部门或私人企业办理,政府教育部门只对教育和技术教育方面进行监督和检查。从 1983 年开始,公共教育部已同

---

① 原载:教育与职业,1988(1):45 – 46.

农业部门的社会开发公司签订委托管理几所农业学校的协议书,同私营社会发展公司签订了委托代管和共管国内不同地区的几所工业学校的合同,并准备将这些经验向全国推广。

从 1980 年开始,智利采用远距离教育作为成人教育的手段,普及基础教育和开展职业培训。1984 年智利政府通过了成人基础教育和成人基本技术教育两项计划。成人基本技术教育是为 18 岁以上,文化水平在小学 4 年级以上,初中 2 年级以下的成年人设立的教育计划。总学时为 2560 课时,除学习文化课外,同时要学习专业技术课程。主要的学习方式是自学。

智利教育国家管理的最高行政机构是公共教育部。全国划分为 12 个行政区和首都地区。每个行政区设区教育部,省市一级设教育厅。

阿根廷义务教育为 7 年。中等教育阶段分为普通中学和职业学校。普通中学学制 5 年,初中 3 年,高中 2 年。职业学校有商业学校、技术学校、农业学校和艺术学校。

商业学校,学制 3 年主要对学生进行商业行政和商业教育。设有商业管理、会计学、成本、银行和税务、保险、关税、公共行政及市场等专业。学校数量最多,有近 1800 所,私立的 1000 所左右,学生毕业后获中等商业教育证书。艺术学校 200 多所,技术学校 900 多所。技术学校又分为初级和高级二类,初级技术学校学制 3 年,设有普通文化知识课程。高级技术学校学制亦为 3 年,进行职业培训和科技领域中某一专业的培训,学生可获得经济管理、实用手工艺、航空、设计和广告、电机、电子、机械、光学、书画刻印艺术、珠宝、农业机械、钟表业、采矿、葡萄酒酿制等专业的技术员职称。农业学校数最少,有 190 多所。分两个阶段,第一阶段进行职业和能力的训练,使学生成为有技术的农业工人;第二阶段进行农业企业定向和行政管理教育。

阿根廷对 18 岁以上的成年人设有中等教育程度的教育中心,学制 3 年。毕业后可以取得成为劳动卫生、石油、机械、机电、自然资源、护理等专业人员的文凭。全国有 1000 多个教育中心。

目前,阿根廷在教育制度上新的发展是在一些专业实行学校与企业结合的双轨培训制度,发展夜校等非正规教育,向青年、成年人及妇女提供多种职业课程。从 1963 年开始电视技术学校向公众开设了 3～9 个月的课程。每年开设的课程不同,已开设的课程有:汽车、摄影、数学、语言、计算机、工业安全、科学和技术等。

阿根廷的教育司法部协助总统处理文化、科学、教育、技术等事务,国内设有全国职业机构中心咨询委员会。

墨西哥的中等职业技术教育发展较早,在 20 世纪 20 年代就开始兴起,到

1930 年公立中学,约有 70% 的学生在技术学校学习,这一比率在拉丁美洲各国中是最高的。目前,中等职业技术教育在墨西哥整个教育体系中占有重要地位。

墨西哥实行小学义务教育,儿童 6 岁入学,学制 6 年,中学学制 6 年,初中 3 年,高中 3 年。职业技术教育可分为初中阶段、高中阶段和高等教育阶段。

初中阶段的职业学校有:技工学校和技术中学。技工学校主要是培养熟练工人,学制一般为 4 年,开设与工业、农业、畜牧业、商业、服务业等有关的专业,学生毕业后不能升入高中学习,这类学校全国有 2700 多所。技术中学属初中教育范畴,学生在校要学习初中的文化课程,同时学习工业、商业、农业、工艺、渔业、林业等技术知识,毕业后可以就业。

高中阶段的职业学校也有两类,一类是不属于大学预科教育的中等专业学校,一类是属于高中教育范畴的技术高中。中等专业学校,招收初中毕业生,学制 2～4 年,主要培养中等专业人才。由专业技术教育全国理事会负责。发展这类教育,被看作是墨西哥国家发展的首要战略任务之一。所以,近年来发展很快,1980—1981 学年度墨西哥有 119 所中等专业学校,到 1983—1984 学年度就发展到 1004 所。此外大学、工学院、技术学院也担负培养中等专业技术人员的任务。

墨西哥中学教育的特点是附属于大学,公立大学都有自己的预科部(即高中),私立中学为使其学历得到承认,也必须附属于某个大学。因此,技术高中也附属于高等技术院校。学生除学习普通高中文化课外,还进行专业和技术教育,培养农牧业、工业、林业、海洋科学和服务业方面的中等技术人员。学生毕业后可以就业也可以升入技术学院或大学。

技术学院是高等教育阶段的职业学校,学制一般为 4 年,培养各种高级技术人才,只招收技术高中的毕业生,学院不授学位。大学招收普通高中和技术高中的毕业生。

在成人教育方面,墨西哥建立了开放大学、开放高中。

在墨西哥的教育实施中值得注意的是,他们重视对印第安人的教育,对印第安人实行双语和双文化教育。教师用印第安语教学,西班牙语作为第二语言;保护和发扬印第安人的风俗人情、传统习惯等。在墨西哥政府主管全国教育的公共教育部下专门设有印第安人教育司。在职业教育方面为 12～14 岁未能上双语和双文化小学的印第安人少年设立"社会一体化中心",中心为学生提供食宿,除在 3 年内学完小学课程外,还要进行职业培训。全国有 30 多个这种中心,学生 4000 多人。此外,还有具有经济和教育双重目的的"生产宿舍"140 多所,在宿生一万多人。墨西哥的印第安人约有 500 余万人,分属 50 多个"人种集团"。

加拿大社区学院的 DACUM[①]

DACUM 是课程设计或一项课程的开发(Developing a Curriculum)的缩写,这种课程设计的方法广泛用于北美和世界一些地区的职业教育,在加拿大社区学院中应用已有 20 年的历史,被认为是一项成功的经验。1991 年 11 月上旬在中加高中后职业技术教育课程设计研讨班中,加拿大三位课程设计专家专程来华介绍加拿大社区学院的 DACUM,与会的人都感到很有启发,现将这种课程设计方法简介如下。

一、DACUM 的指导思想和作用

加拿大专家认为:课程设置和教学计划是所有培训业务的核心,满足产业对培训对象的主要要求是本模式方法的基本原则。出发点是就业环境而不是专家或课程方面的专家的观点。也就是说在课程设计上存在着两种不同的出发点或指导思想,因而也有两种不同的课程设计方法和培养途径。一种是基于学术的,其出发点是教育对象应具备什么知识,通过学科教学进行培养。这种课程的设计方法是根据社会的目标和价值,由学术提供了课程,如语言、科学、艺术、伦理等等,通常按年龄分成不同的层次,根据科目的逻辑组织课程,编写教材,进行教学。这种方法主要为普通中小学和大学本科所采用。另一种是基于工作的,其出发点是培养对象应具备什么能力,而不是具备什么知识。其课程设计的方法是根据国家、社会、劳务市场对职业的需求,确定应设专业,根据对专业岗位工作和任务的分析,开发课程,决定教学方式,进行培训。职业教育的课程设计应属于后者。DACUM 的指导思想就是从具体的职业或工作岗位所要求具备的能力出发,制定课程,培训的最终目标也是看具备了哪些能力,而不是学得了哪些知识。

根据上述指导思想,他们将制定一个完整的培训计划分为三个步骤。1. 确定专业设置;2. 进行工作分析和分步的能力分析,确定教学目标;3. 制定教学计划。

---

① 原载:教育与职业,1992(1):31-33.

专业设置要由经济发展的目标、人才需求预测等来决定,不属于 DACUM 的工作范围。DACUM 系在专业确定之后的第二个步骤,即采用系统分析法,通过对工作与任务的分析,提出最终绩效目标(培训最后要达到的目标),并将此目标分解为多种分步能力目标,作为制定教学计划的依据。这部分工作不是由学校的教育工作者或教师来做,而是由雇主、从事这个职业或在这个岗位上有数年工作经验的专家、工程师和专门的课程设计专家组成的顾问委员会(从业者委员会)来完成。因此,DACUM 也可以解释为分析工作的一种系统方法。

DACUM 在整个培训工作中起着"承上启下"的作用,是制定整个培训计划中关键的一环。工作分析的结果,既是成果,也是课程开发的过程。加拿大专家认为,采用这种课程设计方法的优点是有效、省时、经济,并且是一种相互交流式的。

二、DACUM 的工作程序及 T·P·O 和 E·O 的制定

DACUM 的工作程序分为两步。第一步组织第一个顾问委员会,进行工作与任务分析,确定通常为 6~10 个主要综合职责,并逐一列出每项综合职责的具体任务。如确定培养的专业是机械加工车间技术员。按这次参加研讨班的同志模拟顾问委员会讨论提出的主要综合职责有:编制机械加工工艺规程;设计工艺装备(刀具、夹具、量具);提出调试加工设备的报告,控制零件加工质量,参与机加工生产管理。然后列出每一个主要综合职责中包括的具体任务。如编制工艺规程这个职责中包括以下任务:能读图,了解毛坯性能,安排工序、工步,选择加工设备,确定工时,确定工装,确定加工余量,计算工序尺寸公差,确定最优加工方案,填写工艺文件。每个主要综合职责下的具体任务多的可达 20 项。

第二步是组织第二个顾问委员会,成员可以与第一个顾问委员会相同,也可以不同,但都是由雇主、企业中的专家等组成,而不是学校的教学人员。第二个顾问委员会根据第一个顾问委员会列出的每一项具体任务写出最终绩效目标(T·P·O——Terminal Performance Object),T·P·O 的描述要包括三个方面,即通过什么,使用什么,达到什么。如确定加工余量这一任务的 T·P·O 是:通过对零件加工技术要求及工序安排分析,查定或计算工件的工序余量,以达到技术、经济的要求。然后根据 T·P·O 的目标,按技能、知识、工具、安全、态度等项目列出为达到最终绩效目标的分步能力目标(E·O——Encapable Object)。如确定加工余量的E·O 是,技能:读图、查手册、计算、绘图、编制工序;知识:机械制图、机加工、热加工(铸、锻、热处理)、金属材料性能、刀夹具、公差、技术测量、初等数学、机床用途,工具:技术手册、绘图工具、计算器、计算机,安全事项和认真精确的态度等。再将 E·O 中的每一种技能和知识照此层层分解再写出 E·O,最后一个主要的综

合职责可以分解为 50 ~ 200 个 E·O,DACUM 的工作到此就完成了。

以后的工作是将上述材料交到学校,由学校的教育专家、教师组成委员会,对 T·P·O 和 E·O 进行归类、排序,把相同的或相近的技能、知识等集中在一起,构成可以在一定时期(一周、一个月或半年)内完成的教学单元,若干教学单元加起来构成一门课程。将各门课程按先行、后续、难易等排序,根据内容要求确定教学方法、手段编制出教学计划。

在归类中可能许多技能和知识是重复的,重复出现的次数越多,说明这种知识、技术或态度对于这个职业是重要的,即成为教学的重点。

三、有关的几个问题

DACUM 是加拿大社区学院的一种课程设计方法,加拿大社区学院是一种地方性、综合性的职业教育机构,开设就业前和就业后的各种职业课程,包括从几星期的短训到 2 ~ 3 年制的有证书的正规教育。他们认为 DACUM 不仅适用于短训,也适用于 2 ~ 3 年制的高中后职业教育。

加拿大专家认为,这种课程设计的另一优点是打破了教与学的神秘性,教师和学生在教学开始前就知道他们要达到的目标,学生学习目标明确,也清楚对他们学习成绩的最终评估标准,使学生能积极主动地学习。

关于这种课程设计是否针对性太强、适应性不够、学生知识面窄的问题,加拿大专家认为,任何职业培训都是针对某一种职业的需要,不可能培养全能的人,也不可能将学生今后发展所需的知识、技能都包括在一次培训的内容中。DACUM 只是培养初始的入岗能力,就业之后,根据需要可以再学习提高,如果转业,所学的知识、技能、态度等总有一部分为其他职业所需要,到时只要经过培训补上所缺部分即可转业。在社区学院 2 ~ 3 年制的学生还可以选修他们感兴趣的相关或其他课程以扩大知识面。在实行过程中,对使用这种课程计划培养的人才,入岗能力不够的批评很少,经常受到的批评是认为学生沟通能力(加拿大是一个移民很多的国家,大部分人说英语,还有少部分人说法语及其他语言)、自我发展能力方面欠缺。为此,现在他们在总课程中加入 25% ~ 30% 与职业技术无关的更广泛内容,如英国文学、外语、心理学、社会学、公共关系学等。学生也可以选修一些其他培训项目中的课程,如工艺技术员可以选修会计的课程等。

四、几点思考

加拿大社区学院 DACUM 方法,引起与会者的极大兴趣,也有学校表示愿意试验,大家感到以下几点很值得我们考虑和借鉴。

首先，DACUM 不仅是一种方法，一种工作程序，而是反映了一种教育思想、教育观念，现在大家都在研究如何摆脱普教模式，办出职教特点，这种不从学术出发而从工作出发的课程设计，对于我们研讨职教特点，如何办出职教的特色给予了许多有益的启发。

其次，DACUM 工作是由雇主、生产单位有经验的专家完成的，而不是由教育工作者关门进行，有利于解决职业学校与社会需求脱节的问题，使企事业参与职教工作，使职教能更好地适应地方经济与社会发展，这种方法值得我们借鉴。

再次，DACUM 培养目标具体明确，可操作性强，通过工作分析，对实现多层次、多规格的职业培训课程的开发提供了一种方法，也有助于保证培训的质量。

最后，课程设计是办好职业教育的核心问题，在加拿大已经发展成为一门专门的科学，有专门的课程设计专家主持课程设计，进行有关课程设计的科学研究，这方面我们还很落后。进行课程设计的科学研究，培养和建立一支课程设计的专家队伍，应该提到我国职教工作的日程上来了。

颜元的职业教育思想[①]

颜元(1635—1704)字易直,又字浑然,号习斋,河北省博野县人,是晚于黄宗羲、顾炎武、王夫之等人约 20 年的明末清初反理学教育的教育家。少年时受过城市生活的影响,20 岁时因家道中落回乡居住,亲身"耕田灌园""劳苦淬砺",生活十分艰苦,为了谋生而学医,这对他的教育思想有很大的影响。1658 年他开设家塾,教授生徒。1696 年往肥乡主持书院,不久归里,八年后病逝。

我国封建社会后期,东南沿海特别是长江三角洲地区在农业发达的基础上,手工业开始繁荣。元明之际,杭州地区已出现若干资本主义性质的手工工场,到明代中叶,东南沿海地区工商业更加繁盛,苏州东半城成了丝织业手工工场和手工作坊的集中地区。全城织工、染工在几千人以上。随着工商业的发展,市民作为一种社会力量开始产生,因而也就出现了反映市民利益和要求的启蒙思想家,提倡经世致用之学。如顾炎武(1613—1682)认为科举考试败坏天下之材,提倡研讨民生利病。黄宗羲(1610—1695)反对空谈心性,主张学校应学习五经、历算、医、射等知识。在这种思潮下,产生了颜元关于职业教育的思想。

颜元很重视人才在治国中的作用。他认为"有人才则有政事,有政事则有太平"。"盖学术者人才之本也;人才者,政事之本也;政事者,民命之本也。无学术则无人才;无人才则无政事;无政事则无治平,无民命"。他抨击宋明理学"以空言乱天下","以章句谈乾坤"。这种教育"上者,只学先儒讲着,稍涉文义,即欲承先启后;下者但问朝廷科甲,才能揣摩,皆鹜富贵利达,浮言之祸,甚于焚坑"。培养出来的人则是"无事袖手谈心性,临危一死报君王,即为上品矣"。针对这种空疏无实的教育,颜元提出讲求实学,培养有用之专才的教育思想。

颜元认为什么是圣贤呢? 圣贤必须有真才实学,"能斡旋乾坤,利济苍生方是圣贤。不然虽矫语性天,真见定静,终是释迦、庄周也"。世界上哪有"但能说天、说性、讲学、著书而不可为将相之圣贤乎?"所以他主张教学要"远从孔子,近师安

---

① 原载:教育与职业,1992(3):45 – 47.

147

定(胡瑗)"，"以六德、六行、九艺及兵农钱谷水火工虞之类教其门人，成就数十百通儒。朝廷大政，天下所不能办，吾门人皆办之；险重繁难，天下所不敢任，吾门人皆任之"。他一反"君子不器"的教育思想，提出："学须一件做成便有用，便是圣贤一流。试观虞廷五臣只个专一事，终生不改，便是圣；孔门诸贤，各专一事，不必多长，便是贤。"他认为"人之质性个异，当就其质性之所近，人志之所愿，才力之所能以为学，则易成圣贤，而无龃龉之性格，终身不就之患"。如古代禹终身司空，皋终身专刑，契终身专教，都是圣贤。颜元反对"君子谋道不谋食"的观点，他认为教育除道德修养之外，需有"谋生"的目标。他说："若宋儒之学，不谋食，能无饥乎？"他主张从谋生着眼，求学者除学习经书之外，应兼习医、农等技术。"今世之儒，非兼农圃，则必风鉴医卜，否则无以为生"。如果只倡言道德，不务生理，那就和僧道一样了。根据这个思想，他在教学内容上主张德、艺、文、武兼备。

颜元在建立漳南书院时，首先订立一个原则："宁粗而实，勿妄而虚"。他在漳南书院中设立武备、文事、经史、艺能、理学、帖括六斋。文事斋学习礼、乐、书、数、天文、地理等科；武备斋学习黄帝、太公及孙武诸子兵法、攻守营阵、陆水诸战法并射御技击等科；经史斋学习十三经、历代史、诰制、章奏、诗文等科；艺能斋学习水学、火学、土学、象术等科；理学斋学习静坐，编著程朱陆王之学；帖括斋学习八股举业。后两类内容是颜元所反对的，为什么还要设这两斋，颜元说，一则为了适应当时某些人的需要，二则可以显示吾道之广可以容之，但要逐渐加以引导，将来取消，用这两斋的房舍接待客人和游学之人。在教学方法上颜元重视"习"与"行"。要格物致知，免于习行，考其致用。他说："天文、地志、律历、兵机数者，若洞究渊蔽，皆须日夜讲习之力，数学历险之功，非比理会文字，可坐而获也，读书特致知之一端耳。"只会读书不会解决实际问题也不能算真知，颜元指出，如果有人"止务览医书千百卷，熟读详说，以为予国手矣。视诊脉，制药、针灸、摩砭以为术家之粗，不足学也，书日博、识日精"，可是行起医来治不好病，这种医生满天下，"而天下之人病相枕，死相接，可谓明医乎？"如果手不弹琴，心不领会，但以讲读琴谱为业，则更与学琴相距十万八千里了。

颜元的教育思想带有比较明显的市民思想的特征，他把专才也视为圣贤，突破传统的轻视专业人才的观念，提高实用人才和专业人才的地位，在古代教育史上是一个重大的进步。特别是他提出教育要为个人谋生服务，可以说是我国教育史上最早提出职业教育思想的教育家。

参考文献：

[1]（清）颜元. 颜元集[M]. 北京：中华书局，1987.

黄炎培职业教育思想的理论基础①

黄炎培在大力提倡和推进职业教育的实践中建立了自己的职业教育思想体系。这个思想体系的理论基础是他对职业的本质和对教育功能的分析。

一、职业是社会生存所必需的分工的产物，教育是保持和发展各行各业的条件

黄炎培认为"凡有生命者，第一要求也可以说唯一要求，就是它的生存"②。所以，"人类一切问题的中心，是生活"(《文选》第 203 页)。为了生存就要有供给，"因从事于生活需求之供给，本于分工的自然趋势，养成专门工作，而职业以兴"。"自社会生活方式采分工制，求工作效能的增进与工作者天性、天才的认识与浚发，进而与其工作适合，于是乎有职业教育。"(《文选》第 292 页)

黄炎培认为，"教育是人类知识、能力之传递与的作用"③。"前人所获得的知识和经验，乐于传给后人，后人从仿效中获得改进，或进而有所发明，这就是教育。"(《文选》第 292 页)教育的本义，就在于练习，发展人的天赋能力。因此，教育是延续社会生产、社会生活，保持和发展各行各业的条件。

在这个问题上，黄炎培十分精辟地论述了科学与教育在发展生产力和推进各行各业进步上的先决作用。他说科学是近代"工业革命"的"先导"。"用科学解决，百业有进步，不用科学解决，便无进步。"(《文选》第 169 页)"今日之世界，一科学相争之时代也。"(《文选》第 89 页)而教育是"扩大科学运动之先声"(《文选》第 168 页)。"以教育之力扶植其生产力之一日千里，宁复可量？"(《文选》第 70 页)如果"无新学识以应用于实际，无新人才以从事改良，教育不与职业相沟

① 原载:教育与职业,1992(7－9):3.

② 中华联业教育社. 黄炎培教育文选[M]. 上海:上海教育出版社,1985:311. 正文此处以后将《黄炎培教育文选》简称为《文选》。

③ 黄炎培. 断肠集[M]. 上海:生活书店,1936:48.

通,何怪百业之不进步?"(《文选》第 54 页)所以,"盖今世商战、工战,无非学战"(《文选》第 72 页)。

二、职业本身具有双重意义,教育也具有双重功能

黄炎培认为职业本身具有双重意义。一是,"职业一名词,包括对已谋生与对群服务,实是一物两面"(《文选》第 247 页);二是,职业"外适于社会分工制度之需要,内应天生人类不齐才性之特征",不仅要求供需相济,而且要求才性相近,才能使事得人,使人得事,"使百业效能赖以增进",并使人"获得职业的乐趣"(《国讯旬刊》第 237 期)。

黄炎培提出,教育的作用是启发,是感化。教育具有发展人类生产和生活的知能与培养服务精神的双重功能。他说:"所谓用启发式,使人人明了其自身应尽之义务与应享之权与利之质量与限制,而努力取求,教育是也"。"用教育方法,使人人依其个性,获得生活的供给,发展其能力,同时尽其对群之义务,此种教育名曰职业教育。"①所以,根据职业的本质和教育的本质,职业教育应达到四个目的:"一谋个性之发展;二为个人谋生之准备;三为个人服务社会之准备;四为国家及世界增进生产力之准备。"(《文选》第 273 页)。

黄炎培认为上述观点,既是职业教育的理论,也是一般教育的基本理论。他说:"有生活,必有需要,有供给,那么人类必定有各个的特性、各个的特长,而人与人间亦必定有彼此相感的精神和相结合的方式,在人群递嬗间,更必定有老辈根据的经验,来供给后辈的仿效,从仿效中获得改进的门径。我们敢说,职业教育这套理论,虽措辞各有不同,而这理论的主干,是不易磨灭的。"(《文选》第 203 页)也就是说教育必须与职业相沟通,既传递生产、生活知识,又要发展人的天赋能力和个性特长,并且要培养其国家观念、民族意识、为群众服务的精神和增进个人的人生修养。黄炎培从理论上概括称这种教育为以实用为主义的教育。所以他说:"盖职业教育犹是实用教育也。"(《文选》第 42 页)

---

① 黄炎培. 断肠集[M]. 上海:生活书店,1936:46.

关于中等职业技术学校教学改革的若干问题①

教学是学校的中心工作,办好职业学校必须提高教学质量,而教学质量的提高不是孤立的,必须纳入整个职业教育改革的系统中,才能得到有突破性的进展,否则恐难以摆脱传统教学模式,办出职教特色。下面仅就有关的若干问题谈点看法。

一、研究教学工作的基础理论

要提高教学质量,研究教学问题,首先要树立正确的教学指导思想。指导职教教学的基础理论,主要有三个方面。

1. 职业资格与职业教育

这个问题所要回答的是建立职业学校教学工作的社会依据。由于人类社会生产和生活的特质,分工是人类社会的一种基本结构,由分工而产生的职业,对于社会、对于生活在社会中的个人都是不可缺少的。离开各行各业,就谈不到现代社会,人们不从事各行各业,社会无法生存,个人也不能获得赖以谋生的手段。

也由于人类生产和生活的特质,历史上的生产资料,都是同一定的科学技术相结合的;同样,历史上的劳动力,也都是掌握了一定的科学技术知识的劳动力,是具有一定的科学知识、生产经验和劳动技能来使用生产工具、实现物质资料生产的人。人类生活不是一代一代的简单重复,而是不断地发展前进。要从事社会劳动、从职从业,就必须具备一定社会所要求的职业资格。职业资格是一种综合的职业能力,包括从职从业者的思想品德,职业道德,职业的知识、能力、技术、技能和技巧,还包括从事某种职业所必需的实践经验、职业素质等。所以,为了人类社会的生存和发展,培养从事各行各业新一代人的职业资格是一个社会最根本、最重要的任务。泛言之,全部教育工作都具有这方面的职能,但从现代教育内部的分工而言,职业教育是专门针对获得某种职业资格的教育。普通基础教育不具

---

① 原载:教育与职业,1992(8):7 – 9.

有职业的针对性;高等教育其普通文化和专业理论宽厚,就业的适应面宽,但职业的针对性不强。针对取得某种职业资格的职业教育,在一个社会中是绝大多数从职从业人员所需要和必须接受的教育。

因此,职业学校设计教学的社会依据是培养何种职业资格。按职业资格的需要,教学目标可以包括有作为教育水平衡量尺度的学历教育、作为技术水平衡量尺度的技术等级教育,也可能只需其中之一,或不一定要求达到某种学历或技术等级的职业培训,一切依培养何种职业资格为转移。同时职业教育的学历教育在规格、层次、体系上也应有别于普教系统。养成某种职业资格(或入岗的初始能力),是就业前职业教育教学的根本目的。

2. 人的发展层次和发展方向问题

教育是培养人的事业,研讨任何一种教育类型都要研究与人发展的关系,以及如何通过这类教育最大限度地促进人的发展。

一般在教育领域内研究人的发展有三个层次。第一个层次是,从这个时代的人所能达到的认识,论述完美的或理想的人的发展目标是什么。马克思对于人的发展前景曾做过概括性的论述。即在生产力高度发达的共产主义社会,人们将消灭"旧式分工",以及由此而造成的人的片面发展和职业性的痴呆,使人的"体力和智力获得充分自由的发展和运用。"这个关于人的全面发展的观点属于第一个层次,是共产主义者所追求达到的理想。但迄今为止无论哪个国家、哪种社会制度的社会都未能达到使人的体力和智力都能获得充分自由的发展和运用的目标。马克思主义还认为,人的本质并不是个别的个体所具有的抽象属性,就其现实性来说,它是一切社会关系的总和。所以,不能离开现实社会所提供的可能条件去空谈人的发展。当代社会存在着阶级和千差万别复杂的社会分工。在我国虽然阶级已经消灭,但社会中体脑差别、工农差别、城乡差别仍然存在,随着商品经济的发展,社会分工还在进一步深化。任何个体都不能离开这些局限获得对自己体力和智力的充分的、自由的发展和运用。教育结构必须适应社会结构和经济结构,这是一条基本的规律。这种状况反映在教育制度上,只能是一种差别性的教育,亦即不是所有的人都能够和需要受到同样的或同等的教育。因此,在个体所能达到的发展水平和发展方向上也必然存在差异,这是第二个层次的问题。研究职业教育就要正确认识这种差别,承认差别。在教学上那种中专向大专靠、专科办成压缩的大学本科的做法并不意味着教学质量的提高。应该认识到在教育水准上虽有中等、高等的差别,但人在发展方向上的不同,则无高低之分。例如,牙科医生和制作义齿的牙科技师、研究头发的生物学家和美发师、历史学家与导游,他们的知识领域与技能不同,职业素质发展的方向不同,而无高低好坏之分。所以,行行都可以出状元,都可以成材。何况个人价值的体现,在于他对社会的贡献,而不在他的职业或职务。因此,职业学校的教学,应着重于个性发展和因材施教,在培养从事某种职业所必需的职业素质上下功夫,使之达到尽可能地最大限度的发展,而不应在课程上盲目地攀比加深或拔高。

第三个层次是具体解决在现有条件下,如何运用教育的手段,使人得到可能达到的最大限度的发展。要做到这点就要进行全面发展的教育。

3. 全面发展和全面发展的教育的问题

人的全面发展和全面发展的教育是两个不同的概念。前者是目的,后者是手段、途径;前者是对人的发展的总体要求、前景、目标,后者是具体的教育内容,是教育工作的诸方面。要使人的智力和体力都得到发展,就要进行全面发展的教育。亦即通过具体的德育、智育、体育、美育、劳动教育使受教育者在德、智、体、美、劳动技能诸方面都能达到一个基本的要求,达到现存社会所能够给予的"全面发展"。因此,无论何级、何类学校都要进行全面发展的教育。职业学校在教学中不仅要进行一般的全面发展的教育,而且要实施"全面的职业教育"。所谓全面的职业教育就是,在德育中要进行职业道德教育,在智育中除一般文化知识、修养外,主要进行职业知识、能力的培养教育,还职业体育(亦称职业实用身体训练)、职业的美学教育和劳动卫生与安全教育。实施全面的职业教育是提高教学质量的关键。

二、培养目标的多样化问题

决定职校全部教学工作的是培养目标。职业学校的培养目标从总体上看有两种:一是层次目标,可分为初等、中等、高等不同的层次;二是专业岗位目标,如我国对中等职业技术学校的岗位目标规定为培养中级技术人员和管理人员,中级技术工人和从业人员。以什么标准来划分层次呢?现在我国基本上以入学文化水平定层次,招小学毕业生属初中阶段的为初级职业教育,招初中毕业生属高中阶段的为中级职业教育等。这种划分方法,就对文化基础的要求而言,有其合理的一面,但也存在着缺陷,主要是未能解决各层次职业学校的衔接问题,缺乏职业教育的特殊要求,有的与培养技术等级的要求也难以协调一致。就具体的专业岗位目标而言,目前我国中等职业技术学校的教学模式主要有两类,一是中专类,一是技校类。职业高中则有的等同中专,有的等同技校,此外还有部分低于中专和技校的二年制职业高中。

从上述情况看,尽管认为职业教育应为多类型、多层次、多形式的主张已提了多年,但中等职业教育的培养目标和教学模式仍然很单一。要深化教学改革就必须改变这一状况。为适应各种不同职业与个人各种就业、升学需要,在中等职业教育中除中专、技校这种教学模式外,可以有多种培养目标,如双证制(高中毕业合格证和一个工种合格证)、双元制(徒工培训)、职业高中的基础工种培训(包括宽基础窄工种)、二年文化一年专业培训等多种可升学或不升学的培养目标。总之,应以职业资格、职业的针对性与适应性为出发点,确定培养目标。对多种培养目标在文化与专业水平上形成的参差不齐,可以在职校开设中间型的课程(如德国"高中中心"中的一年制的职业专科、二年制的补习文化的技术高中),或在就业后以补习教育、模块式的教学作层次衔接的中间环节,供有志深造者选择,以解决与高一级职业学校的衔接问题,建立起一个从初级到高级的职业教育灵活的能动的教学体系。

三、知识结构问题

在中等职业教育的教学中,目前最突出的问题是文化课与专业课的关系问题。对此有一种相当普遍的观点叫作文化课要为专业课服务。这种提法可能是对职业学校教学的职业针对性有所误解,是不全面的、弊多利少的。文化课就是文化课,不能任意轻率地改变文化课的功能。职业学校之所以要开文化课,是因为,一个人的普通文化知识,不仅是接受专业教育的基础,而且是每一个从职从业人员必不可少的文化素养。如语文知识和语言、文字表达能力,数学知识和逻辑思维能力,社会科学知识与处理人际关系的能力、体力、艺术才能等对从事任何职业都是重要的。人的智力、知识对一个人而言是整体的,他所获得的普通文化知识,必然会构成其职业素质的一个部分而体现在职业的活动中。当然,这不等于否定在不妨碍文化课教学的前提下对与所从事的专业的相关部分和问题可以有所照顾或偏重。有一些与文化课相关为专业所必需的知能,如贸易中的商业文书等,可以做专业基础课开,而不要在语文课中去兼顾。我们对课的观念也要更新,并非一谈到设课内容必须按学科体系从头到尾,时间必须半年、一年。

职业学校必须开文化课,还因为,在培养人中要非常重视非智力因素的培养,并非有了专业知识、技能就能取得事业上的成功。智能型罪犯的技能技巧也能达到出神入化的地步。一个人的兴趣、志向、品德、情操、风度、生活品位、情调甚至衣着、谈吐等对从职从业都是重要的。一个有文化修养、格调高雅的人事业上的成功率可能更大。因此,在中等职业学校的教学计划中应列入音乐、美术课程和必要的历史、地理教学内容。

专业基础课对专业课而言是服务的关系,因此应具有针对性。针对性强可能宽厚不足,而专业基础知识扎实宽厚与否牵涉到职业适应性的强弱和发展后劲的夫小。为弥补不足,可开设不同类型的选修课,如弥补不足部分的、较系统的基础知识课,某些部分的专门提高课,带综合性、边缘性的学科课程等,供不同学习成绩和需求的学生选修。这方面有的职业中学已用提高课的方式开始这样做了。

在理论知识与实践技能方面,职业学校要加强技能训练是无疑的。但不能把实践技能仅看作操作技能。在技能培养中应该是能力重于技艺。应重视创新(革新)能力、应变能力、事故预防、诊断能力、解决问题的能力、公共关系和人际交往等能力的培养。为此,模拟教学、现场实习、工读交替等教学组织形式在职业教育中应占重要地位。

四、课程设计、教学组织形式与方法问题

从获得某种职业资格、工作能力为出发点的课程设计,有别于立足于知识、学科体系的课程设计。这方面我们已积累了一些经验,但还缺乏系统工作。国外的一些经验如加拿大的 DACUM 课程设计方法,国际劳工组织开发的组合培训的设计方法与教学组织形式,综合中学的课程设计,以及英国的工读交替制、德国的双元制、美国的合作教育等教学组织形式都可资借鉴。

在教学方法方面,要改进教学不仅要注意研究"教法",而且要重视研究"学法",教导学生学会学习。有的职业高中如中原油田采矿五厂职业高中为学生开设学习方法课,归纳前人学习行之有效的方法十条,用谚语、名人事迹、名言讲给学生,是一个好的尝试。能够吸收、消化新知识、新技术,并将其应用于实际,是重要的职业能力之一,应重视自学辅导和各项课外学习活动的组织,重视图书资料和实验、实习场地的建设与使用,使其真正在培养学生学习能力上发挥应有的作用。

总之,中等职业学校的教学,由于各行各业本身就是一个魅力无穷的五彩世界,教学与实际应用与就业紧密联系,应该是生动的、多样的、有趣的和有吸引力的。要改变目前这种沉闷的状态,须有一个突破。当然有些问题不是教学工作本身所能解决的,要依靠职业教育的整体改革,但部分改革也是推动整体改革必不可少的一环。关键还在于解放思想,真正打破教学上学科体系的束缚,打破旧课程概念的框框、套套,把学生放到获得职业能力的广阔天地中去。那么,中等职业学校的教学工作就可能百尺竿头更进一步,出现一个新的局面。

谈谈职业教育的"职业"性问题①

近十几年来,我国的职业教育有了很大的发展,这个发展指的是数量上的增加和质量上的改进,也创造许多好的经验;但毋庸讳言至今我国的职业教育仍然是举步维艰,存在不少困难。主要的问题还是发展不够,改革有限。可以说这些年我国的职业教育基本上仍在普通教育模式和集中统一的计划经济下建立起来的非职业式的教育框架中运转,因而表面上似乎是符合人们的心愿,如上职业学校,可获得学历、包分配或可争取到分配指标、可以农转非、做升学的过渡或就业的跳板等,但实际上由于不能充分表现出自身的价值,也就不可能获得更强大的生命力。

为什么这样说,因为这个问题表现得很普遍,而且具有政策导向的性质。如"职业教育"作为教育类型之一,早已载入宪法,党的十四大文件又再次重申:"大力加强基础教育,积极发展职业教育、成人教育和高等教育。鼓励自学成才。"但至今一些政府文件和国家教育主管部门仍使用"职业技术教育"作为统称。这当然不会是什么咬文嚼字的文字之争,而是反映着教育观念上存在着一些分歧。姑不论"职业技术教育"的词义是否科学,就教育观念而言,简单说来,就是不同意统称"职业教育"的人,认为中专以上不属于"职业"教育。

所以,首先这是一个教育思想问题。本文所讲的"职业教育"系指一种教育类型,有其自身相对独立的质的规定性。如果一个事物不具备自身的特质,就不可能成为分类中的一类。职业教育的本质属性是:为获得某种"职业"资格而组织的教育系统。职业资格不是学术水平,也不等于技术等级,而是一种综合的职业能力。其包括思想品德、职业道德、本职所需要的知识、技术、技能和技巧,包括从事某种职业所必需的实践经验和职业素质等。因此,它是一种以能力为基础的教育。职业教育面向就业而不是面向升学;接受职业教育所获得的主要不是学历文凭而是职业资格证书;评价职业教育的质量不是看学生达到的学术水平,而是看培养的人其职业能力的高低。对于这种以能力为基础的教育,应该说在认识上不

---

① 原载:教育与职业,1993(2):8-10.

尽一致。

如认为这种教育短训可以,不能算正规教育;认为培训技术工人可以,培养技术员不行,或者培养操作型的人才可以,培养技术型的人才不行;等等。在我国劳动人事制度仍然是认学历不认资格。为了与学历资格吻合,职业学校的年限只能比照普教系统,对职业学校必须规定文化课水平要达到相当于普通高中的水平;更不要说有的办学者以加强学术水平来提高自己的地位和待遇,以给学历、包分配、能升学作为吸引生源的手段。这样,办着职业教育,但眼睛瞄着学历教育,怎么能办出职业教育的特色呢?

其实职业教育完全可以摆脱学历和学术课程的困扰,可以按不同的职业资格的需要招收不同学历或学术文化水平的人给以职业资格培训,可以招初中毕业生,也可以招高中毕业生,还可以招高一、高二或大一、大二转学生,为什么一定要职业教育担负部分系统学术教育的任务呢? 在国外,有的国家规定:中、小学教师除有大学学历外,还要接受关于教育学科的职业培训,考试及格才能获得从事教师职业的资格证书。按说这已经是大学后的教育了,怎么能认为获取职业资格的教育就必然或只能是低层次、操作型的呢? 有什么理由说职业资格证书就低于学历文凭呢? 实际上二者不能相比。这是两种教育类型的两种不同的衡量尺度。

职业教育不面向升学,但不等于接受职业教育的人就不可能再升学或深造,关键在于我们的学制是以学历教育为正统的,所以学制单一,缺乏灵活的中间环节,互不沟通,而不是职业教育阻塞了上进之路。职业学校大都在学制规定年限内,在文化课、基础理论课、专业课、实习实验课中做文章,很难对社会"职业"下功夫。为了保证职业学校质量,一些地区搞文化课统考、技术评比、等级考核等,但对任职资格很少有严格的规定与考评。如此种种,就使得职业教育在学术上不可能超过普中或普通大专,在职业能力的培养上又受到学时等的限制不能得到充分的培养和训练;有的职业能力不需要花三四年培养,但限于学历要求又必须拉长,在这么个框框里办职教,自身办不好,社会也难以重视,职业教育是不能得到长足发展的。

我国著名的职业教育家黄炎培曾说过,职业的含义是为己谋生,为群众服务,是一个事物的两面,是很有道理的。办职业教育,要在"职业"上下功夫,其内涵就是要从这两方面着手。在过去统一集中的计划经济体制下,职业学校实行统招统配制度,表面上看甚为重视"为群服务",即满足社会主义计划经济的需要;但实际上与那时的工厂一样,只管生产不管市场需要,只管产量不管经济效益如何。造成职业教育的封闭性,既未直接立足于企事业的需求,更没有把学生作为求职的主体,为己谋生虽客观存在,但在教育中被忽视掉了。

应该承认,在现阶段职业仍是个人谋生的手段,随着市场经济体制的建立这个问题就完全地提到日程上来了。职业教育要能面对市场经济，就必须成为沟通企事业职业岗位需要与个人求职要求的桥梁，在"职业"，亦即用人单位所需要的职业资格和满足人们求职、任职、转业等需要上下功夫。职业学校也面临着激烈竞争的局面，学校要通过入学考试选择学生，学生也要看能不能满足他求职需要而选择学校。如果职业教育不能在管理制度、课程开发、教学管理、学习模式等方面调动起两头（用人单位和求职的主体）的积极性，职业教育就不能说是充分地发挥了他的功能，显示出其他类型教育所不能替代的价值和优势。当然这不是说在职业教育中不可以有学历教育，更不是说在职教的课程中不可以设学术课程和一般文化课程，只是设这些课程的目的是为了培养职业能力，而不是为了升学或取得学历。因此，这些课程的设置、内容、体系、教与学的方式都应有别于普通学术教育。所以，转变观念，如实地把职业教育办成"职业"教育，这是职业教育改革的根本。

与教育观相关联的是如何看待人才的问题。什么是人才，不同历史时期、不同社会政治经济背景有不同的标准。中国的封建社会把熟读《四书》《五经》考中状元的视为人才，可太平天国招贤榜上所列人才的标准就大不相同。到了近代大抵是以学历论人才的，而在中国共产党革命队伍中的人才观主要是看他对革命的忠诚、献身精神和实干能力，而不在于毕业于何等学校。当今世界上又如何看待人才呢？这里摘录一段上海的实事，以说明当代人才观的一个侧面。上海《解放日报》1992 年 10 月 29 日署名文章报道："笔者前不久参与了几次上海市三资企业招聘人才的有关工作，深感在当今时代，人才的选择不取决于静态的学历高低，而表现为动态的能力大小。"上海百事可乐公司、易初摩托公司等都通过市人事部门委托复旦大学管理学院出面招考。复旦管理学院根据招考单位特定的工作岗位要求，运用国际上流行的心理测试、情景模拟等方法选拔。如招考外资企业总经理秘书，每个应试者要在半小时内处理若干文件，接待若干来访，接听若干电话。应试者或应付自如，或手忙脚乱；或英语口答流利，或结结巴巴。在测试过程中，不少手持本科以至研究生毕业文凭的应试者被淘汰。外方经理解释，"我们需要能干事的人，而不在乎你知道多少"。据作者说，上海对外服务公司应外商驻沪机构的要求，向社会招聘秘书、业务员、翻译等人才，前去应聘的 2000 名青年中，有大专以上文凭者 1960 人，当场被淘汰者占 80%。有的虽闯过初次考试关，但由于缺乏相应专长，以后也被外商谢绝。这说明职业能力是当代衡量人才的一个重要标准。

谈到能力，往往被认为就是动手能力，这是一种不全面的认识和误解。前面提到的职业能力是一种综合能力。西方有的职业教育家将职业能力分为四个方面,即知识、态度、经验、反馈。也就是说职业教育所培养的人,应该具备合格的初始入岗能力,包括与职业相关的知识、工作态度(动机、动力、情感、品德)、实践经验、动手能力及自我学习、自我评价、能够独立工作和今后能进一步提高的能力。所以,要改革职业教育,在人才观上也要改变,才能摆脱从传统学科体系观念出发的知识观和人才观以及从学历标准出发的培养目标。建立起以能力为基础的培养目标,职业教育的课程、教学才会有一个新的局面。

在教学方面,目前我国的学校职业教育基本上是比照普教定学制,在学制年限中设课程。课程大体分为文化课、专业基础课、专业课、实验实习课四块,采取一致进度的班级教学。这种教学制度越来越难以适应种类繁多的职业岗位需要和瞬息万变的市场经济的需求。学生只是作为受教的主体,而不是求职的主体,处于被动状态。要改变这种情况,需要以"职业"为基础,进行职业能力分析,按照培养职业能力的需要重新设计教学的管理、组织形式与学习方法。在这方面,国外一些行之有效的教学管理体系和教学形式是可以借鉴的,如以能力为基础的课程设计与教学体系,自我学习、自我评价的学习模式,双元制的培训方式,合作教育及模块式教学,等等。

要冲破旧的教学模式,管理体制上的改革至关重要。管理实质上是教育思想在制度上的体现,有什么教育思想就有什么样的管理制度。原来条块分割、统招统分的管理体制,从观念上说源于不承认社会主义社会存在个人求职和就业问题,因而不存在"职业"教育的思想。所以学校既不需面向人才市场,也不需考虑入学者个人的求职需要。又如职业教育应是多层次、多规格、多形式的已提倡了多年,但目前仍很单一。难以实现的原因源于管理上拘泥于普教学制的思想定式。国外许多国家中普遍存在的、为地方经济服务的、学制概念比较模糊的、多规格、多层次的"高中后"职业教育,像加拿大的社区学院、英国伦敦技术学院这类的学校我国就没有,沟通普教与职教至少在 1985 年就正式提出,但极难做到,也是由于管理体制的不容许。1992 年有的地方如北京市才开始允许中专招少量高二转学生。所以,对职业学校的管理,也必须按照职业教育的性质和规律办事。否则要进一步发展职业教育就只能是步履维艰了。

限于篇幅这里就不再展开研讨怎样解决职业教育在非职业式的教育框架中运转的办法了。总之,造成这种状况的原因很多,有文化传统、近代中国教育发展的背景、经济体制和发展水平的制约、教育发展水平的制约等。要解决也不是朝夕之功,但是又必须解决。本文的目的只是希望能引起对这个问题的注意,对此应有紧迫感、危机感。首要的还是要解决思想认识问题、教育观念问题,才能把握时机跟上形势,真正使职业教育摆脱困境,走上迅速发展之路。

如何理解市场经济体制下的职业教育①

近来职业教育如何适应和服务于社会主义市场经济,成为最热门的话题,可谓是观点纷呈。但在讨论中出现了一个值得注意的问题,就是有人往往把在市场经济体制下如何办职业教育,和在市场交换活动中职业教育机构的角色混淆起来。这个问题如不分清,弄不好会把办教育变成了开"学店",就要走到邪路上去了。对此想谈一点个人的意见。

一、职业教育与市场经济的血缘关系

1. 不可分的血缘关系

"市场"顾名思义是商品交换的场所。商品,马克思曾说过:"谁用自己的产品来满足自己的需要,他生产的就只是使用价值而不是商品。要生产商品,他不仅要生产使用价值,而且要为别人生产使用价值,即生产社会的使用价值。""要成为商品产品必须通过交换,转到把它当作使用价值使用的人的手里。"(《资本论》第1卷第54页)所以,市场经济也就是高度发达的商品经济,或商品交换占主导地位的经济。

实现商品交换的前提,是要有可供交换的剩余产品和由交换而产生的社会分工。虽然交换活动自远古就已存在,但由于生产力低下,可供交换的产品不多,因而社会分工不发达,主要是自给自足的自然经济。只有在近代大工业生产的条件下,生产完全是为了交换,破坏了自给自足的自然经济,深化了社会分工,才产生了近代的商品经济、市场经济。现代工业是市场经济的基础,社会分工的发展是市场经济形成和发展的前提。

由于分工产生了社会职业,因职业的需要职业教育产生了。职业教育是与社会分工相始终的,职业教育产生于分工,又服务于分工。所以,职业教育与商品生产,与市场经济有着不可分的血缘关系。

---

① 原载:教育与职业,1993(7):5-7.

2. 稳定分工,深化分工;敬业为先,能力为主

在当代我国的职业教育是国家公民在义务教育后,为从职从业所必须接受的、针对获得某项职业资格(或证书)的、非终结型的教育与训练。职业教育与市场经济最本质的关系应是其服务于社会分工,稳定分工、深化分工的职能。现代职业教育是一种规范性的专业定向教育。职业教育可使千差万别的职业要求,通过职业教育系统形成一个合理的人才结构层次和培养人才的科学系统。因而起着稳定分工、深化分工的作用。1974 年 11 月 19 日联合国教科文组织第 18 届大会通过的《关于技术和职业教育的建议》的文件中,对职业教育的职能概括为:"技术和职业教育是保持现代文明的复杂结构及经济和社会发展的先决条件。"现代文明社会结构极为复杂,不仅有政治、经济、文化、教育、军事、外交等各个方面,每个领域中又有各种不同层次和结构,构成极其细致的社会分工和千差万别的社会职业。职业教育就是面向这些职业,适应各种不同社会职业的要求,培养各级各类从职从业人员的一种教育活动,没有职业教育,现代文明的复杂结构就不能保持,现代生产也不能进行。所以,在市场经济体制下,职业教育要以服务分工、深化分工为己任,按照不同职业的不同社会职能、服务对象、服务方式的需要,组织多层次、多规格、多形式的差别性教育。在新行业、新职业出现时,要起到超前培养人才的先导作用。

职业教育要适应和服务于市场经济,一切从事职业教育的机构就必须把培养"敬业"精神置于首位。要教育学生懂得社会分工的道理,了解自己所从事职业的社会职能,知道应以什么样的行为准则和行动去实现这些职能。尊重职业,恪尽职守,精益求精。"敬业"是最基本的职业道德,也是最基本的职业行为,这是市场经济特别是社会主义市场经济运行机制所要求的。那种以为在市场经济体制下就可以不顾职守唯利是图,是荒谬的;减弱了这方面的教育是错误的。

职业教育要适应和服务于市场经济,还必须以能够胜任、完成社会分工所赋予的职业职能为培养目标,亦即以职业资格、职业能力为培养目标。其中最主要最根本的是职业教育要从"普教模式"和学术教育、学历教育中解脱出来。只有这样职教机构所培养的人才才能走入劳务市场,靠敬业精神和任职能力取得职业,做出成绩,为国家和社会做出贡献。

二、劳务市场与培训市场

1. 劳动力是一种特殊的商品

在市场经济中劳务市场和培训市场是必不可缺的客观存在。劳务市场之所以能够形成,就在于在社会分工的条件下,劳动力是一种特殊的商品。劳动力或

称劳动能力,是在活的人体中存在的,每当人生产某种使用价值时就运用的体力和智力的总和。在社会主义初级阶段,人所具有的劳动能力,仍是其谋生的源泉。劳动力不仅具有使用价值,而且具有交换价值。亦即劳动者具有对自己劳动力的所有权,他们可以通过与使用这个劳动力的一方共同一致的意志行为,让渡自己的商品(劳动力),占有别人的商品(一般以等价物货币形式表现),以维持自己的生计。这种双方的交换行为构成了劳务市场。劳动力既然是商品,就受价值规律约束和市场需求调节。但劳动力又是一种特殊的商品,有着与一般商品不同的性质,主要表现在两个方面。

第一,劳动力与一般商品可以与商品持有者分离不同,劳动力与其持有者不可分离,而商品的持有者——人,在现代社会不是商品。因而,这种交换让渡行为是有限度的,表现在用人单位有选择、聘任、解聘的权利和自由;就业者有择业、就业、转业、产职等的权利和自由。

第二,劳动力以等价物形式表现出来的交换价值,只在一种特定的意义上存在。从劳动力是一种最积极、最活跃的生产能力这一本质来看,劳动力的价值是不能以任何其他商品作为等价物来衡量的。

人是无价之宝。认识劳动力的这种特性至关重要,离开了这两个基本点,职业教育就会走到邪路上去。

2. 培训市场的关键在于满足两个双向选择

劳动力之所以是最积极、最活跃的生产能力,除人的意志的作用之外,还在于它是可以通过培训等手段不断增值的。自然的劳动力只是一种可以参与社会劳动的可能性,要改变一般人的人性,使他获得一定劳动部门的技能和技巧,成为发达的和专门的劳动力,就必须经过培训。从事培训活动的各级各类职业教育机构所持有的知识、信息、技术是具有使用价值和交换价值的,可以转让。在这样的条件下,劳动力的持有者需要培训服务以增加所持劳动力的价值,适应职业需要或谋求更好的职位;用人单位也需要职业培训的服务以满足其对人才的需求,发展其事业。这两种对让渡知识、信息、技术的需求,以及他们以货币为等价物与职教机构进行交换,就形成了培训市场。

因此,在培训市场中,与一般的商品交换的双向活动不同,存在着两个双向选择。即一方面学校要通过入学考试或考核选择学生,或作为施教的基础、起点,学生也要根据能不能满足其求职需要而选择学校;另一方面,学校通过控制学生出口标准,颁发证书,或使学生获得社会考核机构颁发的证书,向社会有选择地推荐学生,用人单位要根据培训人才的质量有选择地任用。所以,职业教育要为市场经济服务,就必须在专业设置、课程开发、教学管理、学习模式、管理制度等方面满足求职者(学生)和用人单位的需要,将原来以学校(或教育行政机关)为主体制定,改变为以企业的需要和学生的需要为主体,只有能满足这两个双向选择需要的培训机构,才能在培训市场的竞争中生存,立于不败之地。

三、职业培训机构不能以商业活动的形式进入市场

如前所述,职业教育与商品经济有着不可分的血缘关系,在市场中存在着劳务市场和培训市场,但职业学校和培训机构不能办成"学店",以商业活动的形式进入市场。这是由劳动力的特性和教育的本质决定的。

教育作为一种社会现象,是人类的生存手段之一。因为人类不是依靠遗传的本能生存,而是使用工具进行社会性生产而生存和繁衍的。要生产就必须学习。所以在没有商品、没有市场经济的远古教育就已经存在了。教育作为维持社会生存与发展的社会公益事业是其本质的属性,职业教育也不例外。因此,不能套用商业活动的经济规律办职业教育。

首先,虽然在培训中可以收学费、培训费,但在很大程度上不是一种等价交换。在现代社会,人的生存权利是最基本的人权,这就是杀人要偿命的道理。职业是谋生的手段,职业教育是给人的谋生手段的社会事业。所以,职业教育可以收费,但不是都应收费或"等价"收费。公民初次接受的职业培训按道理说应该是义务的、免费的。目前世界上有的国家已将初次职业教育或部分职业教育列入义务教育。在国家解决结构性失业进行转业培训,或为救济失业而进行的职业培训,以及为残疾人举办的福利性职业培训,一般是不收费或低收费的。在这里不能用商品交换的基本规律——等价交换来指导办职业教育。

其次,教育的作用是促进人的发展,不是做知识买卖。职业教育的对象是人,人的意志可以对经济和社会发展起着推进、迟滞甚至破坏的作用。职业教育机构不是转让知识、信息、技术的公司,而是教书育人的场所。人才的价值是无可估量的。育人就要首先讲思想境界、情操、奉献。

最后,职教机构对劳务市场的调节作用与商品经营规律不同。职业教育机构对劳务市场的供求起着调节的作用。如由于就业人口高峰期,或由于经济发展等诸多原因,造成劳动力供过于求时,可以通过扩大职业教育规模,吸收一部分劳动力,或推迟青少年进入劳务市场的时间,起到储备人才资源。减轻社会就业压力的作用,这方面日本等国都已有成功的经验;又如对国家需要而生源少的专业,国家要给以优惠政策,以吸引学生。这些调节有的可用经济手段但属于社会调节,与市场上商品过剩时要紧缩进货,热门货多进完全相反。

四、几点结论

(1)市场和市场经济是两个不同的概念。就市场经济而言,现代职业教育是这种经济体制下的产物,并服务于这种经济体制;就市场而言,职教机构是教育场所,是求职者与用人单位之间的桥梁,不是经营商品的学店。所以,职业教育受到劳务市场和培训市场的调节,但不是在市场中的商业活动。目前应该警惕的是,在为市场经济服务的口号下,职教机构违背其作为社会公益事业的本质,变得商品化。

(2)职业教育要为市场经济服务,要面向市场,指的是按照市场经济条件下所形成的职业教育规律办职业教育。摆脱高度集中的计划经济体制所形成的束缚和普教模式,办出以能力为基础的新型证书教育。这是要在职教本身上下功夫的,绝不是职校"跳海"、师生"下河",把学校办成企业就能达到的。这里我们切不可忘记1958年一哄而上的学校办厂(场)、厂(场)办学校,无视教育规律,使教学秩序混乱、质量下降的沉痛教训。要警惕在改革开放的"虎皮、大旗"下,也会覆盖着"左"的余烬。

(3)职业教育的办学规律不是商品市场上的等价交换、利润原则。如基础职业教育、某些职业的再培训、某些专业等,赔钱、贴钱都得办。企事业和个人都有付费的责任,职业学校也应该努力发挥自己专业的优势,创造收入改善办学条件。但在上述情况下国家投资仍是经费的主渠道。把"以职养职"作为一种职业教育的普遍规律是行不通、错误的。

(4)培养"敬业"精神是职业教育的首要任务,绝不能在经济大潮中见物不见人。职业教育要把人的培养置于首位,这是任何时候都不能忘记的。

河北省的职教中心[①]

一、缘起

河北省的职业教育与全国其他省份一样,在 20 世纪 80 年代初期兴起,但建立县级职业教育中心,则是开始于 80 年代后期,大规模建设是从 90 年代进行的。已建的 60 所中 40 所已基本完成。之所以要建设县级职教中心,是由于近十年的实践证明,分散办学、各自为政、效益不好、质量难以提高,更重要的是不能适应河北省经济进一步发展的需要。为解决这个问题,河北省做出了农村县(市),以建立政府统筹下的职教中心为县级职业教育的主要办学形式的决策。下决心打破中专、技校、职业高中,农广校、电大等职前职后教育和各部门办学的界线,把县(市)分散办、小规模的中等职业技术学校综合在一起,办成具有一定规模和水平的职教中心。

二、职教中心的含义是什么

河北省的职教中心,有的称"职业技术教育中心",有的称"综合职业技术教育中心"。不称学校而称中心,最主要的含义在其集中与综合。我们所见到的中心,都是合并各类职业学校和培训机构而成的,并且新建集中的校舍。如青县职教中心是由技工学校、师范学校、农广校、电大、成人教育总校、教育电视台等单位合并而成;冀州市综合职业技术教育中心是全县一职中、二职中、农广校、卫生学校、农机学校、教师进修学校、中华会计函授班等 9 所职业教育机构而成,等等。因而是一种融职前职后于一体,多专业、多层次、多种培养目标和培训形式的综合性、多功能的人才培训中心。其综合性还表现在校企紧密结合,各中心都有相当规模的实习基地和校办产业,集人才培训、科研示范、技术推广、技术服务、信息传递于一体。有的中心在乡镇还有分校。集中起来使中心具有相当的规模,校园占地和实

---

① 原载:教育与职业,1993(8):7-8.

习基地占地都在百亩以上,在校生1200～1500人之间,全部建成后每个中心要求达到在校生4000人左右,年创收在50万左右,是一个名副其实的"中心"。

三、遇到什么问题,怎样解决的

对这个问题,河北省教委副主任陈逊先说,在职教中心建设中有几个主要问题。

1. 办学和管理体制问题

在实践中我们遇到的首要问题,是如何理顺办学和管理体制问题。解决这个问题的基本思路是:实行"政府统筹、部门联办、教委协调、各尽其力、一校多制"的办学与管理体制。主要做法是,职教中心建立办学委员会,一般由县(市)委书记或县(市)长任主任,各有关部门的一把手任委员。其主要职责是:①按需研究制定学校发展规划;②筹措解决办学资金;③协调各有关部门在办学中的任务与职责;④研定专业设置、招生规模、教学计划、教学实习及毕业生的安置使用等;⑤研定职教中心主要人员的任命;指导检查办学情况;等等。1991年,为抓好职教中心班子建设,省委组织部、省教委、省人事厅联合发文,明确县级职教中心校长由县(市)长兼任;常务副校长享受县级干部待遇。两年来,职教中心办学管理体制已基本理顺。

2. 资金投入问题

解决好资金投入,是办好职教中心的基本保证。我们的基本思路是:广开财源,有效使用。首批60所职教中心建设,已共计投入3.38亿元。资金来源:一是地方财政投资1.25亿元;二是筹措贷款共8720万,其中省贴息8020万元,地市贴息700万;三是各县市领导带头,发动各部门、厂矿企业、乡村集体、干部群众,通过多种渠道,共集资捐款6200万元;四是通过变卖原校产、学生适当交费、校办产业收入等,共筹集了6000多万元;五是国家教委拨付职教专项补助款,每年200多万元。这项资金,除部分用于城市职业中学设备投资外,近二年,大部分用于了职教中心仪器设备的投资。去年,省农口还拿出100万元,用于职教中心的基地建设。

3. 基地建设问题

据对首批建设的60所职教中心统计,平均校园占地面积140多亩;农林实验场地少则百亩,多则上千亩。各职教中心都办起了校办产业,大体上每校3～5摊,有的属自办产业,多与专业结合;有的属于通过地方政府将厂子划拨给学校,给予减免税收等优惠政策。目前校办产业发展很快,有些校办厂办得很有特色,如沧县职教中心的种鸡场,已成为全省八大种鸡场之一。

对职教中心基地建设和发展校办产业的基本要求是：服务育人，服务社会，注重效益，年纯收入50万元以上。目前有30多所已达到50万元。

4. 师资队伍建设问题

为了建设一支数量足够、质量合格、结构合理、专兼结合的职教师资队伍，我们做了许多努力。文化基础课师资以专职为主，一些是调配的，一些是从离退休的老教师中选聘的。专业教师专兼结合，近几年我们建立了专业师资培养培训基地，河北农技师院，侧重培养第一产业专业师资；河北职技师院侧重培养第二产业专业师资；邢台高等职业技术学校，侧重培养第三产业专业师资。与此同时，在省属12所院校的27个专业开设了职教师资班，兼职教师主要从联办单位聘请。职教中心的专业多属联办。

5. 教材建设问题

1992年我们组织大专院校和部分科技人员制订了21个专业的教学计划和教学大纲，教材由各地市选定。省里组织编写了农林牧专业共21种教材。

6. 建设卫星接收设备和教育电视台的情况

为充分发挥县职教中心作用，利用现代化的教学手段，推广科技，培训农民等，60所职教中心都配备了卫星接收设备，职教中心建电视台的工作正在进行。1993年2月13日，省政府办公厅又就建立县级教育电视台的问题发出了通知，进一步明确了建台规划和台址、建设与管理以及建台标准和费用。省教委对每座电视台补助5万元。

四、职教中心建设的经验

我们看到的职教中心大部分都是在一两年内很快建设起来，并形成规模的。如三河市职教中心1991年成立，现已有61个教学班，十几个专业，在校生2667名；黄骅市职教中心1992年始建，现有21个教学班，7个专业，在校生1000人；晋州职教中心1992年3月1日破土动工，9月中旬已开始使用。为使职教中心建设一步到位，当年见效，有的县如晋山县实行了"四个同步"：一是基建与生产实习基地建设同步进行；二是基地建设与招生同步进行；三是基建与内部设施配套同时进行；四是基建与绿化美化同步进行。

县级职教中心的这种建设方式，看来有几条很值得注意的经验。

1. 这种建设方式需要有相对大的集中投资，有难度，但关键在于县（市）领导是否真正从思想上认识到，并在行动上落实把教育（包括职业教育）摆在优先发展的战略地位。河北省的经验证明只要不是空喊"认识"就能够办到。做到抓住机遇，不失时机，尽快实现经济发展与人才培养的良性循环。

2. 这种建设方式,从强化政府统筹入手,比较彻底地打破了多年来形成的职业教育管理体制中的部门所有、条块分割、政出多门的状况,为职业教育走向市场,实行社会化的培训,奠下一个较好的基础。

3. 这种建设方式,各方面要求起点较高,无论学校建筑、基地建设、学校规模、教学质量、图书仪器设备,特别是社会效益、经济效益都要求高于原设各校,也为高于原设各校创造了一定的条件,这无疑对职业教育的提高与发展起到了推动和促进的作用,促使县级职业教育向一个新的高度发展。所以,河北省县级职教中心是一个新生事物,虽然还有不少困难,也有许多问题有待探讨、有待完善,但在发展具有中国特色的职业教育方面上是一个具有突破性的举措。

职业教育的国际盛会^①

1993 年 9 月 13 ~ 18 日,中华人民共和国政府在联合国教科文组织批准的参与计划的框架内,在北京主办了国际技术与职业教育研讨会。研讨会是由中国国家教育委员会和联合国教科文组织中国全国委员会联合召开的。研讨会的目的是,通过加强国际交流与合作、互通信息、交流经验,研究共同关心的问题,以促进各国技术和职业教育的发展。

来自世界五大洲 23 个国家和地区的代表出席了研讨会,中国除了代表外有 27 位观察员参加会议,联合国教科文组织和世界银行的代表也应邀出席会议。中华职业教育社总干事陈一如、本刊主编高奇作为观察员参加了研讨会。

中华人民共和国国务院副总理李岚清、中国国家教育委员会主任朱开轩、副主任王明达、联合国教科文组织亚太地区总办事处主任阿赫迈德出席了开幕式。大会选举中国国家教委副主任、中华职业教育社副理事长王明达任研讨会主席,王明达主持了这次研讨会。

李岚清在开幕式上讲话,他说:"和平与发展是当今世界两个重大课题,现代化是每个国家矢志追求的目标,而职业技术教育则是现代化建设的重要支柱之一。各国现代化建设不仅需要大批高级人才,而且需要大量具有合格技术才能的专门人才和训练有素的劳动者。后者必须靠职业技术教育来培养和提高。因此,职业技术教育直接关系着经济建设的质量和速度,是推动科技进步与社会发展的重要手段和战略措施。随着世界范围经济联系的不断加强,扩大各国职业技术教育界的交往已是大势所趋。我们注意到,各国的职业技术教育都有自己的特色,加强交流与合作,不但对各国职业技术教育的发展,而且对各国经济的发展都将大有裨益。""这次在联合国教科文组织支持下召开的'国际职业技术教育研讨会'有着十分重要的现实意义。随着科学技术在经济发展中作用的不断增强,以及世界经济格局和经济结构的变化,职业技术教育的改革与发展已显得越来越

---

① 原载:教育与职业,1993(11):5 - 7.

重要。"

李岚清说:"改革开放是中国的基本国策,将长期不变,而且开放的程度会越来越高。在这一基本国策指导下,职业技术教育领域的改革将不断深化,对外开放将进一步扩大。中国愿意并将继续加强同世界组织和世界各国的交流与合作。""中国的大门始终是向世界敞开的。"

王明达在开幕式上的讲话中回顾了我国职业教育发展的历程,并且提出:"我们争取到 20 世纪末建立起从初级到高级、行业配套、结构合理、形式多样,又能与其他教育相互沟通、协调发展的职业技术教育体系的基本框架;使职业技术教育的规模有进一步发展,水平有较大提高。"他说:"我们愿意借此机会,认真研究和学习各国职业技术教育的先进经验,促进中国职业技术教育的发展。"

联合国教科文组织曼谷亚太地区总办事处主任阿赫迈德在开幕式上讲话说:"第六次亚太地区教育部长和经济规划部长会议曾经要求人们眼光超越基础教育,特别注意技术普及工作,提供知识及生活技能,使人们能够应付科学技术在社会中日益增加的影响。"在这一方面,他明确表示,联合国教科文组织在职业技术教育中所能发挥的作用是:"为明日的需求提供技术人才,而不是培养年轻人适应昨天的工作。"

研讨会进行了大会发言和分组讨论,讨论议题集中在五个方面:职业技术教育在社会经济发展中的地位和作用;企业在职业技术教育中的作用、职能和参与;职业技术教育的资金来源与师资来源;职业技术教育的教学和管理水平与体系;促进国际、地区、国内的合作。

与会代表在报告和讨论中交流了各国职业教育的情况,并且带来了许多当前各国职业教育改革发展的新信息。总起来说,各国都在为培养 21 世纪所需人才和面对激烈的国际经济竞争,而改革、调整和发展本国的职业教育。其着眼点集中在以下几个方面:

一、加强企业参与

德国、奥地利、瑞士都介绍了他们"双之制"培训的经验,一些国家如泰国等也正在试验引进"双元制"。英国代表在报告中介绍,在 1991 年政府批准的英国工业同盟提出的教学大纲及训练目标中,要求至 1996 年 50% 的中型、大型企业将成为"人力的投资者"。英国提出的"国家职业资格"计划,要使企业进一步参与职业教育,由雇主与工业的代表制定培训标准,全部资格都要获得与其有关的企业的许可。

菲律宾 1991 年起在课程编制中采取实习分析法,课程的编制是与工业界紧密合作下完成的,旨在尽可能完善地符合这些企业对劳动力培训的要求。韩国代表在报告中列举了他们学校—企业合作的各种模式和活动种类,等等。

二、大力推行以培养能力为基础的职业教育

当前各国都在积极地改革传统的职业教育。菲律宾代表提出:1993～1998年菲律宾中期发展规划的两大轴心是人才的培养和世界性竞争力。各分领域则全面围绕重新编写人才培训教材的工作展开,其目的在于大力推动以培养能力为主的职业教育培训制度。澳大利亚以能力为基础的职业教育和培训的引入,一直是职业教育改革的重点,为推进以能力为基础的职业教育,正在为将于1995年执行的"澳大利亚证书培训制度"进行试验。

对于什么是能力,大家都有一个共识,即能力不是一种狭窄的技能,而是包括基本能力和职业能力两个方面。澳大利亚代表提出基本能力的七个方面是:收集、分析、归纳意见与信息;交流思想与信息;计划与组织活动;与其他同志和集体合作共事;运用数学方法与技术;解决问题;使用技术。美国代表提出:工作的实际能力是从事高效工作的关键。这种实际能力有两项要素。一为基础,亦即所谓"就业性技能",由基本技能、思想能力和个性品质三部分组成;在此基础上是五种能力,即利用资源、与他人相处、获取信息、熟悉制度和掌握技术的能力等。英国代表认为,能力是一个内涵外延极广的概念,它代表着一种在工作范围内能将技术、知识在新的形势下转换运用的能力。它包含组织、计划和创新的能力,而且能应付任何意外情况,还包括个人在工作环境中与同事经理及客户之间相处的能力。在英国的国家职业资格计划中,对于职业资格检验的核心在于要工人展示他在特定的级别下,在特定的环境中,完成一件特定的工作的能力。评估的关键在于表现,要想通过国家职业资格考试,每一个人都必须展示他的可以胜任工作的能力。这种以能力为基础的职业教育,将会带来职业教育工作全面的变革。

三、重视普通教育与职业教育的沟通

日本代表专门阐述了日本初级中学的工艺教育。日本最近修改的教育计划的基本目标之一,就是更强调就业前培训的知识和技能。并从1990年开始到1996年分步从幼儿园到高中实施新的教学计划。在初中每一学校必须教授11门工艺课中的七门以上,其中木工、电气技术、家庭管理技术和食品是必须教授的。尼日利亚代表介绍了他们如何将职业教育因素注入9年基础教育。加拿大各省政府,从20世纪80年代后期也着手加强中学职业准备计划、工作实践与合作计划,以及高中与学徒计划之间的联系。一些国家还注意在高等教育阶段职业教育

与大学本科之间的沟通。

此外,重视发展继续教育和终生教育也是大家关注的问题。

我国国家教委职业技术教育司副司长刘来泉在大会上介绍了"中国职业技术教育的现状和展望"。会议期间代表还参观了北京市黄庄职业高中、东城区职业技术教育中心学校、电力技工学校、铁道学校等职业学校,引起各国代表极大的兴趣,并给予很好的评价。北京市各职业学校学生为代表们准备了一场精彩的演出,台上台下亲切交融,气氛十分热烈。

通过讨论,研讨会最后通过了《国际技术和职业教育研讨会最后报告(草案)》。这个报告是在国际机构主持下产生的关于国际职业技术教育的第一批权威性概述之一。报告(草案)中对所讨论的几个重点问题都提出了一般性看法、议题与问题,解决问题的战略和建议采取的行动。如关于企业在职业技术教育中的作用、职能和参与建议:①所有国家应颁布法律,规定和确保发展职业技术教育,明确培训机构与企业的作用和相互关系;②各国政府应开发和传播有关经济活动、劳动力市场的发展趋势和培训目标方面的信息,与其经济伙伴共同合作,以协助进行合理规划,协调培训工作;③培训机构应与工商界及劳动者组织设法建立并保持关系。关于教育经费建议各国应注意以下问题:①努力寻求各种可以利用的经费,其来源包括国家、地区和地方各级政府;企业、同业公会和工会共同资助课程;按照需求和办学的开支对学费分级;以公众捐款、贷款或设备的方式,由学员和毕业生的雇主提供捐助;公众捐款、奖学金和资助基金;校办企业和生产单位的利润;为发展校办企业而得到的银行贷款;②为那些有机会接受职业教育而面临学费困难的人提供"安全网"支助,如学徒期工资、学校、院校或政府的学生补助金、奖学金,优惠利率的贷学金,用将来的收入偿还;③做出法律规定,其中包括在行业范围或全国范围征收培训税、对主办培训的企业实行税收优惠,对企业资助培训机构及其计划和学生实行税收优惠等;④政府要为需要特殊照顾的人提供职业教育。关于师资问题,提出了为解决当前的各种问题,有两个条件应当予以满足:①职业技术教育教师的工资和工作条件至少应与其他职业的工艺师和技术员大致相当;②敦促各国政府为职业技术教育的教师和教员制订完善的标准,对教师进行考核,包括其教学能力,并且为教师提供初步培训和进修的机会。在职业技术教育的层次、体制和管理方面建议:①各国政府应考察为创造有效的职业技术教育所需的新型运作环境,在中央和单个职业技术教育学院、组织结构和管理过程方面需要哪些改革;②制定和执行适合培训职业技术教育管理领域管理和领导人员的计划;③需要采取行动,在职业技术教育课程与中等学校、理工学院和大学课程之间建立有效的联系。

报告(草案)还向联合国教科文组织及相关的国际机构提出如何帮助各国开发有效的职业技术教育体系的建议等。

从研讨会的发言、讨论以及最后报告中可以看出,尽管世界各国背景不同,职业教育各有自己的特点,也几乎没有任何战略可以适用于所有国家。但各国确实面临着许多共同的问题,任何一个国家的经验,对他国都有借鉴意义,相互交流研讨、合作是非常必要的。研讨会达到了预期的目的,在团结、协作、务实的氛围中胜利闭幕。

中国教育的根本出路①

最近李岚清在中华职业教育社 1994 年全国社员代表会议开幕式上,代表中共中央、国务院的讲话中讲了这样一段话:"我们要在 20 世纪末基本普及九年制义务教育和基本扫除青壮年文盲的基础上,大力发展职业教育,培养大量的发展社会主义市场经济的实用人才,这是解决我国教育问题的多快好省的道路,也可以说这是根本出路。"传达了中央对今后我国教育发展的思路,可以预料按照这个方针在我国教育的发展上,将进入一个关键性的发展时期。

李岚清的这段讲话包含着以下一些含义。一要基本普及九年制义务教育和基本扫除青壮年文盲,这是国民基础教育,是提高全民文化素质的根本保证,是职业教育和一切高一级教育的基础,是不能放松和必须完成的。二要大力发展职业教育,培养大量的实用人才也就是说在基础教育后,发展职业教育是重点,要大力发展;要培养大量、不是中量更不是少量的实用人才。职业教育是培养实用人才的,高等教育也要担负培养相当数量的实用人才的责任。所以,可以说这个任务不仅要由职业教育承担,也包括高等教育在内。三是只有把教育转到这样的一个轨道上来,才是解决找国教育问题的根本出路。因此,应该把这样一个思想和决策,理解为要求我国教育的全面转轨,改变以升学为主导,以学术、学历教育为中心,脱离生活、脱离实际、脱离职业、脱离实用的教育,转向以培养大量实用人才为主导、为核心的教育。这才是根本出路。

为何这样说,因为只有这样才合乎社会发展和教育发展的规律,合乎国情,合乎 21 世纪发展的需要。

一、大力发展职业教育,培养大量实用人才符合社会发展、人的个性发展和个人就业的需要,因而也是符合广大人民的根本利益的

当代文明社会有着极为复杂的结构,不仅有政治、经济、文化、教育、卫生、军

---

① 原载:教育与职业,1994(7):12 - 13.

事、外交等各个方面,每个领域中又有各种不同的层次和结构,构成极其细致的社会分工和千差万别的职业。教育是保持现代文明的复杂结构促进分工深化、社会发展的重要先决条件。因此,教育的结构必须符合或适应社会分工的结构,适应经济结构、产业结构、技术结构,等等。据统计就是在发达国家70%~80%的工作不需要高学历,绝大部分的工作岗位需要的是一线的实用人才,在我国,经济欠发达更是这样。所以,职业教育在社会中应是受教育人次数最多、规模最大的教育。

人的个性千差万别,世界上找不出没有差别的人。丰富多彩的职业给人的个性发展提供了客观条件,大力发展职业教育,做到因材施教,使事得人、使人得事就可以使人的个性发展成为现实。从人的发展而言,只能说方向不同,没有高下之分。技术工人的手艺、技术断非大学教授、政府官员所能具有的,当然让技术工人去教尖端物理也是不行的。古人对这个现象总结为"三百六十行,行行出状元",这是千百年实践中得出的真理。那种认为发展职业教育,培养实用人才会妨碍个性发展的观点,恰恰是扼杀个性发展的。

在社会主义市场经济体制下,职业是个人谋生的手段。通过教育给公民以就业的能力是国家的责任,也是个人生存的需要。这个问题随着就业体制的改变,将越来越重要。

所以,大力发展职业教育,培养实用人才是符合社会、国家、个人的需要,是广大人民的根本利益所在,因而也必然是教育的根本出路。

二、大力发展职业教育,培养实用人才,符合国情

我们在教育方面的基本国情是"穷国办大教育"。国家对教育的投入有限,人民在教育上的承担能力弱。不可能想象我国12亿人口受教育的程度会很快高移,大学本科以上的教育必然也应该受到一定的限制。在基础教育(九年义务教育、高中教育)后须大力发展的必然也应该是职业教育。

由于我国人口众多,地区发展不平衡,在相当长的时期不能在全国普及高中阶段的教育,还必须在九年义务制教育中加入或渗透职业教育,发展初级职业教育。实行多次分流(小学后、初中期、初中后、高中期、高中后),大力发展各种层次的职业教育,才能既满足社会对提高全体劳动者素质的要求,又能切实实现,所以说符合国情。

三、大力发展职业教育,培养大量实用人才是对教育转轨的基本要求,符合全面改革教育的需要

我国古代的官办学校都是脱离生产、鄙薄技术的,主要为培养政务官,所谓学

而优则仕。从 20 世纪初新教育体系建立起来之时,教育界的仁人志士就开始寻找改革追求升学、做官,脱离生产、脱离生活、脱离实际的教育之路。一些卓越的教育家提出了自己的观点,如蔡元培提出完全人格教育,陶行知提出生活教育,黄炎培提出职业教育,等等。尽管他们的立论不同,但他们在寻找如何使教育切合实际,培养的人切合实用的出路上都积极倡导发展职业教育。蔡元培把实利主义列入教育方针,陶行知提倡生利主义的职业教育,主张工以养生,黄炎培更是以倡导职业教育为己任。他们的观点和他们的经验很值得我们研究和借鉴。

要实现转轨关键的问题是必须树立起现代职业教育的观念。现代人不以职业为"下贱",认为职业生涯是人一生中最主要的活动,是自立于社会、贡献于社会、实现自我价值的途径。所以,职业的需求(无论是将来的和现在的)就成为贯穿整个教育过程的主旋律。目前世界上职业教育发达的国家其教育体制的设计都是按照这样一个观点来考虑的。一些教育思想如职业前途教育、终身教育、俄罗斯教育法将基础教育后的专业教育都纳入职业教育等也都是以职业需求为核心的。所以,不能闭着眼睛想象当代职业教育仍是改良艺徒教育,也不能心存鄙视认为职业教育只能是所谓低一级的培养工人的技能教育。职业教育数量固然要发展,但更重要的,一要从教育思想上解决,要从娃娃抓起,从小就要使孩子认识各行各业,树立职业意识,热爱劳动,尊重各行各业劳动者和爱护劳动成果,培养和锻炼以后从职从业所必需的思想品质和能力,要从中学阶段直至高等学校实行职业指导;二要从教育体制上解决,使职业教育在学制中占有其应有的地位,解决职教本身的系统问题、衔接问题,如何与普教、成教、高教的衔接与相互转轨的问题,如何使职业教育贯彻终身的问题,等等;三要从教学内容、教学方法上解决,职业学校当然要培养实用人才,基础教育、高等教育也要解决理论联系实际的问题,也要考虑所学与所用的联系。只有整个的教育转入培养大量实用人才的轨道,中国教育的问题才能最终说是解决了。

四、大力发展职业教育,培养大量实用人才也是对职业教育改革的要求,符合职教改革的需要

不能认为办了职业学校就算是大力发展职业教育,办职业教育还必须在"职业"两字上下功夫。如职业教育当然要把"敬业"教育置于首位,现在职业道德教育仍然薄弱,有时游离。怎样使学生知识、技能与态度同步获得还没有系统的办法;办职业教育要使"无业者有业,有业者乐业",我们现在无论在机构设置、教学管理、教学形式、教学内容等方面还远远不能适应和满足全体求职求业者的各种不同需求;职业教育要满足职业岗位的要求,这方面企业参与的机制还没有建立起来;职业教育要给学生以综合的职业能力,使其在今后的职业生涯中能够得到发展,怎样教育学生学会学习也是一个重要的问题。现在我们研究教法多,研究学法少,重视建立实习实验场所,不重视学生学习资料的开发和建设,讲课多、自学少,等等。要能培养出大量的实用人才,职业教育本身也要进行改革。

五、大力发展职业教育,培养大量实用人才符合 21 世纪国家发展的需要

21 世纪将是竞争更为激烈的时代,一切竞争归根到底是人才竞争。培养高科技人才和基础理论研究人才固然十分重要,但社会大量需要的仍是中初级实用人才。我们的职业培训设备、内容、手段都很落后,规模更赶不上需要。怎样尽快地扩大培训能力,争取与国际培训规格接轨,是我国产品走向世界的保证。从适应21 世纪增强综合国力的需要看,大力发展职业教育,培养大量实用人才也是我国教育的根本出路。

总之,解决中国教育问题的出路在改革,改革的根本出路在使教育转到大力发展职业教育,培养大量实用人才的轨道上来。李岚清所讲的主导思想和决策之所以重要,就在于是解决中国的脊梁问题。基础教育犹如双腿,腿站稳了,脊梁才能挺直,脊梁挺直了头才能抬起,我们才能昂首阔步地走向新的世纪。

职业学校课程改革中的辩证法^①

课程改革是职教改革的核心问题,因为任何改革最终都必须落实到教学上才能产生培养人的实效,而教学的关键问题是课程。职业学校的课程改革已进行了多年,取得了不少的成绩,也积累了相当的经验。但仍然有一些问题在困扰着学校,迟滞着改革的步伐,其中有较难解决的实际问题,也有不少是认识问题、思想方法问题,本文拟试就后者谈一点个人的看法。

谈课程改革首先离不开培养目标,职业教育之所以一定要统称"职业教育"而不能称为"职业技术教育"或别的什么教育,其原因就在于职业教育的培养目标是培养"职业人"。职业作为定语来形容人,约定成俗其含义是对资深的行家里手的称谓,如职业外交官、职业军人、职业运动员、职业政治活动家等。虽然作为职前教育的职业学校,不可能培养出资深的行家里手,但其培养目标,亦必须能达到从事本职业初始的入岗能力,获得从事某种职业的资格。一种职业资格——无论从事多么简单的工作——对个人来说,都是种复杂的综合能力,既包括天生的自然素质,也包括由后天的生活、教育、学习、实践所获得的思想品德、知识技能、自我生存、发展的能力,等等。所以,培养人的工作很复杂,培养一个从职从业的人更是一项复杂的工作,仅就教学中的课程而言其中就有一些辩证关系很值得研究。

一、学科体系与教学体系的关系

科学是人们对自然现象或社会现象规律的认识。把这种认识做理论上的系统论述就构成各类学科。如数学、物理学、生物学、考古学、教育学等。作为学科的理论系统,要强调其自身的系统性、逻辑性和完整性。但作为教学科目(课程)的体系则不同于学科体系。教学大纲是教育部门根据一定的培养目标而制定的向一定年龄、一定水平的教育对象传授知识培养技能的教学体系。因此,教学大纲不能脱离学科体系,脱离了就会成为杂乱而不可认识的东西;但又不等同学科

---

① 原载:职教论坛,1994(7):13-14.

体系,教学有自己的认识规律,学科的系统性、完整性在教学中从来不是唯一的标准。职业教育是在一定程度的基础教育之上的定向教育,其培养目标在于某种职业能力的养成;所以保持学科的系统性、完整性更不是职教课程所必需的。只能相对地看待学科的系统性和完整性。研究教学大纲的合理性和科学性,其标准只能依据培养目标的需要,如果设科和课程恰到好处、足够需要就是达到了职校教学的系统性和完整性。

二、专门与综合的关系

职业教育是一种定向教育,要学习各种专门知识与技能。各科的专门知识与技能构成一种综合的职业能力,那么是不是各门课程学得越专、越深,就越好呢?看来不是,因为职业教育所要培养的不是某一门学科的专门家,而重在综合的职业能力。因此,不必要地加深、拔高课程内容,势必造成课时紧张、学习困难、科目狭窄、能力薄弱等问题。职业学校的课程设置及课程内容应求其综合效应,而不必求高深。凡本职业范围所需的知识、技能不妨多设。如培养一位售货员,应该具备的能力是多方面的,包括商品知识(历史、产地、生产、保管、维修等);财会、市场、营销知识;美工艺术方面的知识能力(商品陈列、橱窗设计等);外语、计算机等方面的知识能力;以及社会心理、人际交往甚至形体训练等多方面的知识、技能和修养。要求在校学得门门皆专是不可能的,但不懂得一些也是不行的。所以,不要一想到设课就是半年、一年,多少多少学时,就是系统讲授、系统教学。事实上课程可以有长有短,有多课时的课,也可以有几课时、十几课时的短课;内容可以是单科性的也可以是综合性的;可以由教师进行教学,也可以指定参考材料或利用视听材料由学生自学。综合性、多科性应是职校课程设计的特点。

三、高与低的关系

谈教学水平,有人往往以所学理论知识深浅论高低。于是曾出现过专科向大学本科靠、中专向专科靠,以为这样就提高了教学水平,这是一种误解。各级各类学校,具有不同的培养目标,因此,评价教学水平的指标不具有可比性,何况知识技能水平的高与低本身就是相对的。

教育是培养人、发展人的事业,从职业教育的立场看人的发展应该说只有方向的不同,没有高下之分。一位核物理专家的听觉、音感会比不上一位制二胡或小提琴的乐工;牙科专家能做高难度的外科手术,但其安装义齿的工艺操作水平就不会比镶牙的技师、技工高,因为他们的发展方向不同。古人对这个现象总结概括为"三百六十行,行行出状元",这是从千百年实践中得出来的科学结论。高与低也是相对的,技术工人的手艺、技术绝非大学教授、政府首脑所能具有的,当然让技术工人去教尖端物理也是不行的。这就是职业平等,各有分职,专长不同,各有"绝活"。

四、宽与窄的关系

有人也许会想,从职业能力需要设计课程会不会使学生所学不深透、不系统,知识不宽厚,陷入狭隘的"实用主义"。当今社会分工细密、"知识爆炸",百科全书式的人是不会有的。宽与窄也只能是相对的。如职中机电、电子类专业电学的理论和实践能力就要求高,一般说会高于大学文科的本科生。而有一些知识则可以满足于基础教育已有的水平不再加深。时间是常数、培养目标是已定的,有宽就必然要有窄。不在本职不直接需要处窄,就不能在职业需要的知识技能上宽。舍去一些可学可不学的,获得更多的有用知识技能又有何不好呢?

五、职业的针对性与就业适应性的关系

针对职业能力而设计课程会不会造成职业针对性强而就业适应性差的问题,会不会将来转业困难、没有后劲呢? 研讨这个问题不要忘记以下两点。

第一点是人是一个整体,其所具有的知识技能也是一个整体,这些知识和技能既能互为补充、互相渗透也能相互迁移。如基础文化知识可以转化为职业能力,一个受过基础教育的人,尽管他没有受到专业培训,也具备一定的职业能力。一种职业能力也能向他种职业能力转移。有一些知能是共同的,以对职业道德的认识而言,学生应有对社会义务的认识、对职业职能的认识、对行业和职业行为规范的认识、对社会监督(纪律、法律、舆论)的认识、对人际关系的认识、对人与生存环境及生态环境的认识等等,这些对从事任何职业都是必须具有的。职业教育中有一般的基础文化课程,也有许多基础的和通用的知识技能,只要是真正获得一种职业的能力,也就同时获得了一定的转向他种职业或岗位的能力。事实上职校培养的学生转行的也不少,从一方面看有人才浪费之嫌;但从另一方面看,如果学生没有受到某种职业训练,要转向另一种可就的职业也是不可能或困难的。

第二点是就职业学校而论,所培养的只能是初始的入岗能力,不可能把一个人一生所需的东西,都在职业学校中学到。在教学中最重要的是要教会学生学习。现在我们研究教法的多,研究学法的少,研究如何帮助学生学会自我学习就更少。提高学生的适应能力关键在于转变教育观念和改革教与学的方法。

　　以上只是谈到在教学改革中如何看待课程改革的一些相关的问题,如果用马克思主义唯物辩证法再深入研究下去,还有主要矛盾和次要矛盾问题、矛盾的主要方面问题、矛盾的统一和转化的问题等。如果我们这样一步步地研究下去,职业学校的教学改革就会建立在一个坚实的理论基础之上,而这正是我们今天所需要和所缺少的。

行业职业教育的最新动向①

本刊讯:本刊记者1994年11月下旬从在深圳召开的职业教育改革与发展研讨会上获悉,我国各行业职业教育近年来发展迅速,他们认为行业、企业在发展职业教育方面负有重要责任,对实现把经济建设转到依靠科技进步和提高劳动者素质轨道上来具有决定性的意义。一致认为中共中央、国务院颁布的《中国教育改革和发展纲要》,以及刚刚召开的全国教育工作会议,提出职业教育主要依靠行业、企业和社会力量来办,为职业教育的改革和发展指明了方向。同时,由于近年来国际国内经济和技术发展迅速,国内经济体制改革深入,产业结构和产品结构调整,职业教育面临着许多新问题,出现了许多新动向。

一、由单纯的生物医学模式向生物—心理—社会医学模式转变

卫计委科技教育司长刘海林说:"我国现有中等卫生技术人员的数量和质量不能满足城乡人民群众对医疗卫生工作日益增长的需要,而医学科学的飞速发展、现代科学知识和科学技术的迅速增长与传统的医学模式、陈旧的教学内容和灌输式的教学方法形成越来越尖锐的矛盾。"传统的教学模式可以概括为"四个注重"和"四个忽视",即比较注重理论,相对忽视实践;比较注重生物医学科学,相对忽视人文科学:比较注重治疗,相对忽视预防;比较注重个体治疗,相对忽视人群和社区。所以1988年卫生部部长陈敏章在全国中等医学教育工作会议上提出:中等医学教育改革的中心任务是:打破在教学工作中的传统模式,把中等医学教育人类同于高等医学教育的"学院型"改变为"实用型"。转变思想观念,深化教学改革,由单纯的生物医学模式转变为生物—心理—社会医学模式,已摆在了广大教育工作者和教师们的面前。

为了研究探索、实现这个转变。各地卫生厅和中等卫生学校几年来进行了积极的改革试点,1990年卫生部教育司在与世界卫生组织合作的护理教改项目,按

---

① 来源:教育与职业,1995(1):6-7.注:高奇笔名荒原.

照生物—心理—社会医学模式,对理论教学和课程体系进行了大胆的改造,构筑了比较科学严密的目标体系,采用学生参与式的教学和评估方法,把态度目标有机地融进课程目标体系之中,收到很好的效果。在各地改革经验的基础上,卫生部对原颁发试行的十个西医、西药类专业教学计划及教学大纲进行了修订;拟定了放射技士(放射技术)、口腔技士(口腔工艺技术)两专业的教学计划及教学大纲,使每门课程所包括的知识目标、技能目标和态度目标与专业培养目标相一致,在必修课中医护类专业增设了医学伦理学、医学心理学、社会医学、预防医学、初级卫生保健等课程和内容;技术(辅助)类专业,除增设医学伦理学外,增设计算机基础等,以适应科学技术发展的需要;加强了临床诊和实验课的比重,达到1∶1左右;医疗预防类专业加强了社区医学教育与实习;这些教学计划与大纲已于1994年3月向全国中等卫生学校颁发贯彻执行。中等医学教育的教学改革已全面推开,中等卫生学校教育将会出现一个新的面貌。

二、适应大机组、大电网、高参数、高技术电力企业的发展,创办新型电力职业学校

电力部教育司司长许英才分析了电力工业发展的现状和前景是:电力工业是技术密集型产业,正向大机组、大电网、高电压及高度自动化发展。电力工业科学技术纲要提出,要尽快完成引进300MW、600MW 发电机组的国产化,到20世纪末,逐步过渡到以亚临界参数的600MWK 电机组为主力的机组,水电发展方向也是如此,核电技术要求更高。到20世纪末,全国装机容量中的大部分属于大功率、高参数、计算机集中控制体系的机组和设备。这就对电力职业教育提出了新的挑战——如何适应电力生产的发展和新技术的要求,培养生产第一线的实用技术人员。

为此,电力部认为通过改革优化电力职业教育结构,淡化进而消除电力中专与技校的界线,建立一种全新的电力中等职业教育模式,势在必行;同时也要发展电力高等职业教育。关于建立新型电力中等职业学校他们的思路和做法是:①培养目标不以人才身份为界限,而要以明确的职业岗位需要为依据;②专业设置以适应生产岗位的需要为原则,设立与岗位要求紧密对路的新专业,专业设置的总体结构要合理,面向电力工业发展趋势、现代企业制度和生产岗位系列;③教学计划采用"分段培养、逐级分流"的形式。每一段都是一个达到一定学业规格要求的、相对完整的教学过程。④根据职业技能需要设计教学内容采用模块式教学,使之切合分段培养的需要;⑤建立讲授、实验、实习一体化的教学方式,综合开发学生的职业技能。

三、转轨使银行职工教育面临的形势与对策

中国建设银行总行教育部主任张衡、中国工商银行教育部主任王金贤都谈到在我国金融体制改革中,重要的举措之一就是将银行的政策性业务与商业性业务分开,把国家专业银行办成国有商业银行。建设银行和工商银行都面临着转轨这一根本性的重大改革,能否顺利转轨,转轨后能否按照现代商业银行的经营原则进行运作,人才是根本问题。对此,建设银行提出他们需要拥有一支能处理同国家和中央银行关系的高级人才;拥有一批能正确处理建设银行同商业银行同业之间关系的高级经营管理人才;拥有一支高素质、熟悉银行业务的骨干队伍;拥有一支高素质、精通国际金融业务的专门人才。为了解决紧缺人才,适应转轨的新形势,他们提出的对策是:确立普遍提高、重点培养、充实基础、突出技能、优化结构、形成梯次的培养方针;对不同培训对象和培训要求选择不同的培训形式和方法;营造人才培养的良好环境;建设多功能的培训基地。工商银行的对策是:把干部职工教育与全行的改革和业务工作实践更加紧密地结合起来;开展以商业银行经营管理基本知识为主要内容的岗位培训,特别是高中级决策人员和经营人员的培训;加大院校改革力度,逐步建立以岗位培训为基础的院校运行机制;大力提倡并鼓励自学成才。

四、铁道部的"7277"人才素质工程

刚刚闭幕的铁道部教育工作会议确定了 2000 年"建设一流的铁路教育"的总目标,提出了以适应现代化建设为目的,以质量和效益为准则的"7277"人才素质工程:到 2000 年,全路职工高中毕业以上文化程度接近 70%;全路专门人才达到职工总数的 20%;工人中受到系统专业教育的达到 70%;一线关键岗位变招工为招生的比例达到 70%。为了实现这个目标,北京铁路局提出深化教育模式改革,改革的基本原则是:①改善培养人才规格,经过学校教育的毕业生应是政治修养好,职业道德高,专业知识精,职业技能强,能直接与岗位接轨的专门应用人才;②打破以学科为体系的教育模式,建立以岗位职责为目标,以能力为本位的教育、教学体系和课程内容体系;③建立以学生为主体,教师为主导的教学模式;④建立企业全过程参与,共同培养人才的办学机制。

五、今天的教育,明天的科技,后天的经济

中国兵器工业总公司教育局副局长指出:国有企业从计划经济走向市场经济过程中,主要需解决好三个基本问题。一是转换经营机制;二是有一个合理的、有

竞争力的产品结构,并能不断开发、调整;三是好的企业素质(劳动者素质、技术装备素质和管理素质),其中,劳动者素质是最根本的。兵器工业部要逐步建立和完善多层次、多渠道的行业职业教育体系;统筹职业教育和成人教育,把职前和职后、规范化与非规范化职业培训结合起来,打破传统的教育思想和办学模式;提高办学水平和办学效益。

煤炭部科教司副司长金学林讲道:我国是世界第一产煤大国,煤炭占我国一次能源的比重在75%以上,决定了煤炭工业在国家经济建设中的地位。为了适应煤炭经营与生产方式的改变,机械化自动化程度不断提高,产业和产品的技术含量增加,工作岗位对操作人员技术水平要求提高的需求;解决人员分流的转岗培训、煤炭职工子女教育、农民轮换工培训和一些乡镇煤矿技术力量落后、管理混乱急需人才等问题,要加快教育改革步伐。为少走弯路重视借鉴国外先进职教经验,在煤炭中专校开展"CBE"教育模式的实验,并重视总结自己的经验。

机械工业部教育司司长涂仲华说道机械、汽车是国民经济的支柱产业,机械、汽车工业将与世界市场接轨,经济的竞争将越来越取决于职业教育的水平。在机械工业职业教育的改革与发展中要建立有中国特色的双元制技工教育和学习西德高专经验的示范专科;中专要走教学—技术服务—生产实践三结合的路子;从制度上保证先培训后就业、上岗;建立开放式、多功能、多层次的办学模式,推行职业资格证书制度;以企业为主体,以行业为主导,理顺职业教育的管理体制,充分发挥行业协会的作用。

国家科委人劳司司长特别讲了企业技术创新的问题。认为提高企业技术创新能力是搞好国有大中型企业的重要途径,职业教育是提高企业技术创新能力的重要保证。总之,在改革的年代,变革、创新应该是人们必须适应的一个观念。从企业的实际需要出发,对职工进行培训,将是现代企业中必不可少的日常工作内容之一。对知识分子进行终生教育,对职工进行终生培训也将是科学技术的进步和经济发展对企业提出的必然要求。

温暖工程赞①

　　温暖工程是一项崭新的事业。温暖工程所面对的主要问题是在建设有中国特色的社会主义的改革进程中,在国民经济和科学技术快速发展的情况下,所产生的人力资源的合理开发和重新配工的问题。如由于产业高次化和新科技的应用而出现的农村大量剩余劳动力的流向、培训就业问题,由于产业结构的调整和伴随现代企业的建立而来的国有企业富余人员的转岗、转业和培训问题,转变职能地改革中党政机关精简机构下岗人员的安置与再培训问题,等等,是中国历史上从未碰到过的问题;即或是过去已存在的问题如复员转业军人安置就业问题、残疾人中有就业条件者的就业问题等,在社会主义市场经济下的就业条件也发生了急剧的变化。要从职业指导、职业培训上对此提供服务,必须走开拓、创新之路,是新形势下的新任务、新工作。

　　温暖工程是一个宏大的举措。温暖工程涉及的人数之多,动以亿计。牵涉面之广,包括工、农、兵、干及一切需要求职就业的人。涉及社会各行各业,涉及教育各种层次。是"急人所急,雪中送炭,灯亮一盏,光洒成片"的直接有助于我国社会和政治稳定的盛举。

　　温暖工程是大众无私的奉献。发展生产,共同富裕是我们社会主义建设的最终目的,"己立立人,己达达人"是我们民族传统的美德。通过实施温暖工程调动社会助人与互助的精神,动员各方力量,利用各种形式的职业教育和培训,提高这些社会群体的就业能力,优化他们的就业条件,帮助、指导他们在社会职业中找到合适的岗位,合理开发利用丰富的人力资源,促进生产力的发展,达到共同富裕。正是大众办大事,无私暖人心。

　　我们职教工作者对实施温暖工程当然是当仁不让。既要"赞"温暖工程,大力宣传,使其像"希望工程"一样深入人心;更要"赞"温暖工程,尽自己之力,助其成功,促其发展。

---

　　① 原载:教育与职业,1995(1):1.

中国经济和技术的发展对劳动力职业培训的影响①

当前中国的经济和技术处于快速发展、转轨和改革的时期,这一阶段将会持续一个相当长的时间。这是因为近百年来,中国由于外患内忧经济处于不发达状态,技术落后于先进国家几十年。中华人民共和国成立之后,特别是近十几年的改革开放,生产力得到解放,由此爆发出来的能量是巨大的,下一个世纪中国将进入发达国家的行列。

基于这样的一个背景,中国可以说是百业待兴,经济持续快速增长是必然的趋势。1992 年比 1991 年国内生产总值增长 12.8%,1993 年比 1992 年增长 13.4%,1994 年上半年工业比 1993 年同期增长 15.8%。这种经济发展态势,使劳动力的培训面临着一系列新的问题。

一、在经济快速增长的情况下,如何使新增劳动力在就业前都受到一定的职业培训,提高科技进步因素在经济增值中的比重

经济增长需要劳动力的投入,更重要的要靠科技进步。我国科技进步因素在经济增值中的比重"六五"期间为 10%,"七五"期间提高到 30%,有了不小的进展,但距发达国家的 60% ~80% 还相差很远。技术老化、设备陈旧、工艺粗糙、管理落后造成的产品质量差、消耗大、效益差是我国经济发展中必须解决的问题。提高科技进步因素的比重,就需要提高劳动力的素质,但又存在着一些制约新增劳动力素质提高的因素。

(1)基础教育薄弱。我国计划到 2000 年基本普及义务教育,亦即在 85% 的城乡普及 9 年义务教育,在 15% 经济发展较低的农村普及 5 ~6 年或 3 ~4 年小学教育。在青壮年中还存在 7% 的文盲。现在每年有 400 万小学毕业(2)生升不了初中。薄弱的基础教育给提高劳动者素质的就业培训带来相当的难度。

---

① 原载:南昌职业技术师范学院学报,1995(2):77–79.

（2）教育投入不足。穷国要办世界上规模最大的教育，难度可想而知。从职业学校看，设备优良、教学水平高、规模适中、效益好的学校只占10%左右。许多职业教育机构尚为生存所困扰。这就造成新增劳动力多、培训力量不足的突出矛盾。1993年全国城镇（农村未统计在内）新增就业人员705万人，而同期中等职业学校的全部在校生为762.3万。全国每年有1100万小学、初中、高中毕业生需要进行职业培训，现有的培训机构远远不能满足需要。大量未经培训的人员进入劳动岗位，造成劳动力素质低下，也给就业后的职工培训带来巨大压力。

这种经济发展与教育发展相互影响和制约的矛盾，决定了中国职业教育的复杂性和多样性。即起点低（不可能都在初中后）、多层次和多种形式。必须利用一切可以动用的教育资源，尽力扩大职业培训规模。除正规职教机构培训外，需在义务教育阶段（小学和初中）渗入职教因素，在普通高中增设职业课程，改造原有专科和成人高校使之成为高等职业教育机构，举办大量的短期培训，鼓励各方兴办职业教育，要面授、函授、远距离视听教学并举，发展半工半读、工读交替制等。总之，用一刀切、一种模式不能解决培训能力与经济不适应的问题。

在办学上要发展和完善产教结合的办学体制，以解决部分培训场地和经费。

二、在经济与技术发展不平衡的情况下，职业教育如何适应和促进经济与技术的发展

我国经济与技术发展很不平衡，有经济比较发达的沿海地区、经济特区，这些地区产业向高层次发展，技术也比较先进，劳动密集型产业正向高新技术产业转移；也有经济欠发达的西北内陆地区，以青海省为例，据1993年统计，全省国民生产总值101亿元，每平方千米提供1.4万元，仅为全国平均水平的4.28%；还有8000万人口的特别贫困地区。技术发展也很不平衡，高新技术与陈旧设备、落后技术并存。职业教育受到这种巨大反差的影响，需求情况存在着很大差异。职业教育要能有效地适应和促进经济与技术的发展和需要：

（1）在职业教育的层次上，尽快发展一批高等职业学校，以适应经济发达地区和高新技术的需要。北京已经提出要努力发展高等职业教育，有计划地将现有部分普通高校和成人高校逐步改造成高等职业学校。上海提出纵向高移和横向沟通的计划，但大量发展的仍应是中等职业教育。《中国教育改革和发展纲要》已确定到2000年达到使50%～70%的初中毕业生受到职前教育和培训。在经济落后的农村，推广初级培训应为工作的重点。

（2）在培训内容上无论哪一级培训都应追踪先进技术、高新技术。这是因为，首先，我国是一个后发展国家，已经有发达国家的先进技术可以引进，可资学习，迎头赶上,不需要走现在发达国家上百年的发展老路。其次,用先进技术、高新技术去发展工农业是一条振兴经济的必由之路。我国工业不能再重复靠扩大投资规模发展的老路,必须走技术改造、内涵改革的道路。农业目前存在的深层次的问题就是粗放增长、成本高、质量低、销价上不去、经济效益差,在市场上缺乏竞争力。只有依靠高新技术、先进技术发展高产、优质、高效农业,发展精细农业,才能走出困境。最后,也是最重要的一点,就是经过 45 年的发展,我国自身已具有发展先进技术、推广先进技术的实力。我们有 5000 多个独立的科学研究与开发机构,近 8000 个企业技术开发机构,200 多个接近或达到国家先进水平的重点实验室,52 个国家级高技术产业开发区,认定了 3500 多个高新技术企业,还有 25000 个民营科技型企业,在科学技术上具有超越发展中国家的优势和潜力。火炬计划、星火计划、丰收计划、燎原计划、攀登计划等都取得了很大的成就。所以,不仅在工业,而且在技术相对更落后的农业,在职业教育上都要更新内容,改革教学,追踪先进技术、高新技术,以达到促进经济发展的目的。

(3)在培训规格上,要注重基础技能的培训和复合型人才的培养,力求知识技术的一体化(如机电一体化、光电一体化),重视柔性生产系统以及农工贸结合等发展趋势,以及经济转轨时期就业和转业的需要。

三、产业高次化和产业结构的调整对职业培训提出的新要求

我国目前正在经历着产业高次化的过程,总的情况是,第一产业每年大约下降7%,第二产业相对萎缩,第三产业发展迅速。从投资规模看与 1992 年相比较 1993 年的投资比重,第一产业从 2.8% 下降到 2.2%,第二产业从 58.9% 下降到 53.6%,第三产业从 38% 上升到 44.2%。第三产业发展造成金融、税务、财会、旅游、证券、房地产、营销、外贸等人才奇缺等。这就对职业培训提出了新的要求。

(1)在城市和农村要大力发展、组织对农民工的培训。我国农村 8 亿人口,据估算 2 亿劳动力要从农业中转移出来,这样大量的人口靠现有城市吸收是不可能的。原有工业部门已从外延增长向内涵增长过渡,对劳动力的吸收能力下降。民工潮的走向是,由西向东,而且目前产业结构都是东部向高新技术产业发展,劳动密集型产业西移,盲目向东涌进,不能持久。在这种情况下,发展中小城镇,发展乡镇企业是一条势在必行的出路。事实上城市中流动的农民工现在已经出现回乡创业的势头。据安徽省阜阳地区全区十个县(市)调查,前几年外出打工者回乡创办企业有一定影响和相当规模的已有 700 多家。阜阳市打工回乡人员创办的企业数、实现产值、利税已占全市乡镇企业的 1/4,吸纳就业劳动力占农村富余劳动力的 11.5%。因此,聘用农民工的城市企业和城市劳动工商管理部门应以高度

的社会责任感重视对农民工的培训,使他们中的一些人掌握技术后,逐步形成一股回乡的"创业潮"。在农村要加强乡镇企业中农民工职业培训,壮大乡镇企业力量,建设新型中小城镇。

(2)扩大转业培训在职后教育中的比重。随着产业高次化和工业生产结构的调整对原有职工的转岗、转业培训和对失业职工的再培训的任务日益增长。1993年不包括企业中隐性失业的富余人员,城镇失业率为2.6%,考虑到我国需就业的人口基数,再加上农村的富余劳动力,其绝对数是很大的。仅重视在岗培训是不够的,必须扩大转岗、转业培训在职工教育中的比重。

(3)合理调整专业。尽管第三产业发展迅速,需人恐急,但必须注意专业结构的合理性。农村职业学校向非农专业扩展,是农村的需要,但不能忽视农科,农业的基础地位不能动摇。在一个薄弱的工业基础上是发展不起第三产业的,第三产业的人才培训不能削弱。我国基础建设落后是制约经济发展的"瓶颈",所以要确保对交通、通讯、能源、重要原材料工业以及大江大河大湖治理等重点建设人才的培训。

四、在经济体制改革的过程中,如何发挥行业和企业在职业培训中的作用

行业和企业参与职业教育是职业教育的基本规律,目前我国企业,特别是大中型国有企业,正在改革的过程之中,建立现代企业制度刚开始试点,在这个进程中企业行为不可能完全规范,甚至由于面临的困难,企业培训出现下滑现象。对此只能从实际出发,用多种途径解决。

(1)进行立法,确定行业、企业对职业培训的权利和义务,规范企业行为。这个工作现在正在进行,但要到位不是短期能够达到的。

(2)要区别情况推进企业培训。有条件的大中型企业可以推行双元制,以董事会的形式、校企联合办学或企业自建培训中心;小型企业以联合建立培训中心、校企联合办学、委托培训等方式为宜;对亏损严重或关停并转的企业,应给予培训上的扶植,协助企业转产和员工转业。这项工作国家要资助,也要发动社会力量予以协助。

总之,一国经济和技术的发展对职业培训的影响是多方面的、错综复杂的,是一个很大的课题,这里只能仅就其中的若干方面,做一些分析,与大家共同探讨。

发展高等职业教育的几点设想①

一、什么是高等职业教育？高等职业教育有何特点

1. 两个基本的出发点

①职业教育就其性质与任务而言，在目前四类教育中只相对于基础教育，不相对于高等教育和成人教育。所以，不能简单设想高等职业教育是独立于现有高等教育之外的另一种特殊的教育。

②高、中、初三等教育是教育水准的衡量尺度，职业教育从哪一个教育阶段开始取决于青少年职业定向的年龄阶段和开始专业化的最小年龄。一般是由国家的劳动政策或学校制度决定的，即在哪一个年龄阶段可以开始职业定向，允许学习职业科目，哪一个年龄阶段允许就业。职业定向和开始专业化的最小年龄可能是一致的，也可能不一致，有的国家在小学后即开始职业定向，但接受专业化教育在初中后。我国按义务教育法规定开始专业化年龄在 15 岁，从实际出发下移到 13~15 岁，就业年龄在 16 岁~18 岁。

职业教育终止在哪一教育阶段取决于社会职业结构层次的需要，尽管达到的水平可能不同，但任何社会都需要高、中、初级的人才是一个一般的规律。高等教育中必然包括高等职业教育。所以，我们当前的高等教育状况，不能说就是合理的、定型的，高等教育也需要改革。

2. 如何区别职业与非职业教育

①在中等以下教育阶段区别明显，即一部分属于基础教育，一部分属于职业定向教育。

②高等教育的任务是培养高级专业人才，本身就具有职业的定向性。但高等学校起着保存、鉴别、传授和发展一个国家或社会已有的最高科学文化成就的作用，代表着一个国家或民族的科学技术文化水准，其中一部分高、精、尖的学术只

① 原载:教育与职业,1995(9):5-6.

可能掌握在少数人手里,本身就不具有普及性或目前的实用性。因此,高等学校有两类系科:一类是基础理论或跨学科的综合性理论研究的学术性系科,如数学系、心理系、哲学系等;一类是职业针对性比较强的职业性系科。从层次来看,学术性系科应在本科以上,职业性系科应有专科、本科以及研究生科(硕士、博士)。大部分在专科和本科。

3. 高等职业教育的特点

①具有明确或比较明确的职业定向或职业的针对性。

②生源上招收有 1～2 年工作经历的高中毕业生和中等职业学校对口升学的学生,学术性系科一般不招收职校应届毕业生。

③操作技能等级不是衡量高等、中等等职业教育的标准,技师(助理工程师)在高等职业教育培养的任务之内,高级技工培训不属高等职业教育。

④科研能力、解决实际问题的能力、专业所需要的实践能力、动手能力,是高等学校任何系科都要培养的,不是高职的特点;但高职应注重发明、开发能力的培养,学术系科则侧重发现、积累能力的培养。

二、怎样发展我国的高等职业教育

①发展高职不是靠多办新的高等职业院校,主要应立足于现有高校系科调整,先调整专科,成为高职,改变本科压缩型的专科教育,同时调整本科,使高等学校具有二类系科。有条件的中职校可以办成少数 5 年制的专修科。

②改革高校招生制度,对职校对口升学的学生另定考试标准。

③在成人教育中发展一部分成人业余高中,使就业的或未就业的中等职校(包括初职二年制职高等)毕业生可以得到机会补习其必需的高中课程,以便可以投考大学的学术性系或职业系科。

这样做有以下几点好处。

①充分利用现有高校的潜力,不要太大投入可使高职发展起来,将有限的资金投入应大量发展的中等职业教育中,使中、高级人才比例不合理的情况得到改善,不致形成新的更不合理的状况。

②有利于推动高等教育的改革。高校目前系科老化,不适应社会与经济发展需要,比较脱离实际的状况急需改变。

③有利于高、职、成三教的衔接与沟通,不能衔接与沟通的各种"绝路"学校,不是教育发展的方向,不利于人才的培养和继续提高。

④有利于转变鄙视职业教育的观念。现在有个怪现象,人们都需要通过教育获得就业的能力,但又鄙视职业教育,似乎加上"职业"二字就低一等似的,其实不

管从事什么工作,填表都得填"职业"一栏,否则这项叫什么呢?

三、一点说明

在谈到职业教育的特点时,往往把培养应用型人才,动手能力、操作能力强作为特点。事实上高等教育所培养的人绝大多数应该是应用型的,如医师、工程师、会计师不是应用型的是什么呢? 从事基础科研的是少数。他们也要具有动手能力,外科大夫不会做手术行吗? 从事基础科学研究的也要有其专业的动手能力。新中国成立前的南开大学就是以应用系科为特色,燕京大学的新闻系、制革专业、家政系也都以应用系科著称。至于操作能力要看学习的是哪种职业。如导游、外语、历史、地理等文化修养要求多,至于动手操作能力就没有太多,所以,不宜太强调这仅是职业教育的特点。

以能力为基础的综合能力培养是职教的特点,不同行业不同层次的职业对能力的要求肯定是不同的。

依托城市 服务农村①

农民教育一向为我国教育中的重点和难点,在农村发展职业教育,难度更大,从 20 世纪 80 年代初到现在,我们在发展农村职业教育方面,已经做了大量的工作,形成了一些有效的方式和模式。如在政府统筹下的农科教结合,普、职、成三教统筹;在农村实施以普及农业技术为主旨的燎原计划;在中等发达地区推广河北省建立县级职教中心的经验;在欠发达地区发展初级职业教育;在经济发达地区进行城乡一体化,县、区、乡三级职教办学网络的试点以及在农村推行绿色证书制度,等等,使农村职业教育有了相当大的发展。但就总体而言,农村中基础教育与职业教育之间,职业教育的比例仍大大低于城市,70% 左右的职业学校集中在城市,农村中智力外流的现象严重,城市反而成为农村智力投资的受益者。因此,如何加速对农民的职业教育和培训,仍是一个迫切需要研讨并加以解决的问题。在解决这个问题时,仅着眼于农村,依靠农村自身的力量是不够的,还应该着眼城市,充分发挥城市的优势,依托城市,服务农村。

一、依托城市的必要性和可行性

过去在相当长的时期中,在教育观念上对城与乡是分离的,认为农村与城市不同,把城市的一套教育搬到农村不适用,应建立一种农村的农民教育,对农民进行教育的学校应建在农村。20 世纪 30 年代兴起的乡村教育运动,所建立的各种农村教育实验区大都基于这种观点。50 年代曾有过依靠农村人民公社构建农村教育体系的设想,60 年代曾出现过将农业院校或为农民服务的医护学校等迁往农村的做法,虽然原因不同,但都未能成功。这种建立完全是农村的农民教育的设想,如果说在农村处于封闭的、基本上是自给自足的小农经济或非市场经济的情况下,有其依据,但不能说是促进农村发展的大方向。从根本上说,要发展农村经济,改善农民生活,必须打破其封闭状态,不能就农村范围论农民的职业教育;必须充分发挥城市的优势,带动农村,使城市不仅是农村智力投资的受益者,而要使

① 原载:教育与职业,1996(2):18 – 19.

农民能利用城市教育的优势,服务农村。

这样做的理由和可行性归纳起来主要有以下几点。

1. 从总体上看,农村的经济、文化教育都落后于城市,依靠农村自身的力量,短期内大量发展合格的职业学校很困难,而城市现有的职教机构,许多达不到规模效益,有相当大的可利用的资源和潜力为农村培养人才。

2. 农村的技术水平和技术力量,特别是乡镇企业,除少数有名的企业外,与城市企业差距很大。依靠农村自己的力量,培训足够的技术人才和发展高新产业很困难。城市企业应该发挥其技术辐射的功能,帮助农村培养人才,更新技术。

3. 农村生活社会化、现代化程度低于城市,特别是贫困山区。随着农民脱贫和经济发展,农村城镇化和改善农民生活质量所需的、过去农村很少或没有的人才如医疗保健、外贸金融、计算机软件开发、社会服务等许多方面的人才,也要依靠城市来解决。

4. 现在随着产业结构的调整,农村大量富余劳动力向城市流动,每年约在2000万人左右。他们中少数定居城市。大部分属流动人口,不断返回农村这部分人中有些在城市除务工之外,还谋求教育,其中已不乏在城市接受职业教育,返乡创业的人。湖南省有个统计,湖南每年南下东征的农民在200万以上,其中95%以上是中青年,大都有一定的文化基础,都想在城市中学点技术。据调查。他们想学电脑、文秘、高级厨师、美容、装潢装饰、电器修理等。他们还调查了100名高中毕业生回乡后想干什么,其中想从事保安5人,电脑22人,美容3人,文秘3人,厨师14人,调酒师2人,建筑11人,驾驶16人,机电修理7人,律师2人,养殖3人,种植4人,会计3人。可见他们对职业教育和培训的需求和过去也很不一样了。农村中也有一部分较富裕的家庭,有条件送子女入城就学。

所以,依托城市、服务农村,加速对农民的职业教育与培训是必要的,也是可能的。

二、依托的力量与形式

1. 首先是依托城市的工矿企业。这是农民工最集中的地方。有的行业如建设、纺织、采矿等绝大部分是农民工。做好对农民工的文化、技术培训对企业的发展和对农民是互利的。现在有的城市和行业已经开始注意对农民工的培训,如上海市成立了民工学校,专门培训进城的农民工,北京的建筑行业有对农民工培训的基地,煤炭部、建设部等行业主管部门对农民轮换工的培训也提上了日程。这是最大的一支可以依托的城市职业培训力量。

2. 依托城市职业学校,特别是处于大城市边缘地区和城乡接合部的职业学校。目前已经有办在城市,依托城市的技术设备,专门招收农村地区学生的职业学校,如安徽省合肥市的中华职业教育社办的安徽中华职业学校、庐阳中华职业学校,就是从农村招生,依托合肥医学院和合肥市其他医院的专业人才和设备,为农村培养国家承认学历的医士、牙医士,他们毕业后回乡工作,很受欢迎。城市职业学校应创造条件,招收一定数量的农村学生。

3. 劳动部门的就业培训。城市劳动部门举办的就业培训,不仅应面向城市待业、失业人员,而且应面向入城务工求职的农民。这种培训不仅提高了入城务工人员的素质,而且还起到了引导就业的作用,减少盲目流动或自发流动中产生的种种问题。

4. 城市中各种层次、类型的业余职业学校或职业培训班。这些教育机构可大量吸收在城市务工的散在人员,如个体经营者、家庭保姆、零散的临时工等等,使他们在打工的同时受到不同程度的职业培训。在城市中打工同时继续接受职业教育而成才的已不乏人。1995 年《教育与职业》杂志刊登的《从"小保姆"到自修大学校长》一文所介绍的包头市青松成人自修大学校长冯文宜的事迹,就是一例。

在培训方式上现在有招工培训、招生培训、委托培训和合作培训等形式。前三种方式不多说了。合作培训是农村职业学校与城市职业学校合作进行培训的方式。形式多样,有的是农村职业学校招生,送到城市由农村职校出管理人员,城市学校出师资、设备共同培训,所谓"借地借师",如福建顺昌洋口职校与上海中医学院合作培养医务人员就是这种形式。有的是农村职校或地方职校将自己不能培养的专业整班学生送到城市职校学习,山西平朔职中与北京海淀艺师是这种合作形式,这是一种很有发展前途的职业教育形式。

三、政策导向问题

要使依托城市、服务农村这种对农民进行职业教育的措施能够形成规模,必须有政府的政策导向。

1. 制定有关企业对农民工培训的责任和农民工必须接受相应的培训才能上岗的有关法规,使对农民工的培训成为一种制度。

2. 对城市职业学校面向农村招生,或城乡合作培训的学校制定招生办法、收费标准、奖励补助办法等有关法规,给予扶植。

3. 对农村学生在城市学习的有关待遇等都需要有规定。现在有的地区对农村学生在城市学习不仅不予照顾,还要额外加收费用,如派出所要向学校收外住人员管理费等就是不合理的。

总之,依托城市的力量,尽可能扩大对农民职业教育的规模,是一件城乡互利、利国利民的事,应该提倡,给予各方面的支持,使农村和城市都能得到更快的发展。

江恒源的职业教育思想①

江恒源先生是我国现代知名的教育家、社会活动家和职教社老一辈领导人。在中华职业学校渝校的教员办公室里曾挂着当时职教社办事部主任江恒源手书的座右铭:"身教则从,言教则讼"。这不仅是教育上的至理名言,也反映了江恒源先生的为人为师之道。江恒源的学术造诣很深,这里仅就江恒源在职业教育方面的一些主张,谈谈个人的体会。

一、全面的职业教育观

江恒源的全面的职业教育观包括两个方面,即他所说的"三大主干"和"两大台柱"。江恒源在《职业教育的意义》一文中提出:"我们认定职业教育的全部,是以职业学校教育、职业补习教育、职业指导三件来构成,可以说这三件是职业教育的三大主干,如鼎有三足,缺一不可。"他认为必须把三方联合起来,三方并重。

他又说:"再说办职业教育的目的吧!有一技以谋生,可以解决个人生计问题,这一句话固然是不错,但本社所主张的职业教育,绝不是这样狭义的谋生主义。""要青年训练好生产知能,同时也要青年训练好公民品格,服务道德,民族精神。""可以说中华职业教育社对于全部职业教育,皆是以生产技能的训练和品行道德的修养为两大台柱,认为这两大台柱,恰如乌之两翼,车之两轮,缺一不可。无论职业学校、职业补习学校、职业指导,任何种类;无论学校教育、社会教育,任何方式;无论都市、乡村,任何方面;无论青年男女老幼,任何对象,皆是一致如此。"他提出"自养养群,自治治人,自卫卫国"的口号。1936 年在抗日战争前夕,他指出:"现在中国国难如此严重,这一层认为格外重要。"

江恒源的全面的职业教育观,正确、全面地反映了职业教育的社会功能,对我们今天正确认识职业教育仍然具有现实意义。

---

① 原载:教育与职业,1996(4):38 – 39.注:荒原是高奇的笔名.

二、"富教合一"和生产教育观点

江恒源提倡在职业教育中要"富教合一","一面教他致富的方法,同时使他得着了许多人生实用知识和道德行为的最好训练"。他认为:办教育"万万不能不顾社会,万万不能不顾社会背景中最重要的国民经济力。""办教育要顾到本国的社会的经济。"

江恒源正确地认识到要社会进步经济是基础。他说:"社会组织,则精神与物质均有关系的","改变思想,可以用教育感化的力量,这是无问题的。改变社会组织,便不是空言所能奏效了"。如"要乡村自治能完成,非待农民经济能力和公民知能达到相当的程度不可"。"欲得优良的社会组织,一方固要民众有知力。同时一方也要民众有富力"。如果"富力未增,穷困到几几不能自存的地步",大唱改革高调是不能成功的,也是危险的。何况办教育,没有经济做基础也是不行的。所以,他主张教育一要"平民主义",要使大多数人都能受到,所有设学施教,应一依全民为标的;二要"生产主义","使人人能生产,能享用"。他说:"职业是占人类生活中最重要部分,他是能横亘于物质精神两方面。"职业教育的真正意义"一方面独立谋生,一方面社会服务,绝不是单调的做工得钱,便算尽了职业的本分"。"教育是为预备职业,那么,职业与教育的关系也就可想而知了。"把职业教育作为解决人民生计、发展社会经济一个组成部分,同时办好教育也要依赖于国民经济的发展,这个思想与我们今天提出的科教兴国的战略措施和走依靠科教使群众脱贫致富的道路,应该说是一脉相通的。

三、"四教"交融的职业补习教育观点

江恒源将职业补习教育视为职业教育的三大主干之一,所以很重视职业补习教育。

他认为补习教育可以分为四类:公民教育、生计教育、康乐教育和文字教育。四类教育各有其目的,但他认为:"依中国实际情形,为急其所急起见,似应以生计教育为中心。先要教他们得着生计方法的改良,把衣食住问题完全解决。最好在实施生计教育时兼为公民道德的训练,各种有用常识的灌输,都不必一定拘迂于读书识字。""一字不识也可以生计教育,教时附带使之识字。"所以,他主张当时办成年人的补习教育最经济的办法是以生计教育为中心使"四教"交融。如文字教育,教农民认识"棉"字,同时就可以给他们讲解棉花种类、植棉方法、棉纱、棉布知识,使农民"可以得着棉业的知识,足以供给他改良生计之用,这是以文字教育交融于生计教育方法"。如康乐教育,可以通过运动会、展览会等活动,训练公共集

会的习惯、指示互助互让的法则，激起爱国家爱民族的精神，了解人类利用自然征服自然和爱护自然的各种方法。同样通过公民教育，可以培养工作神圣思想和服务道德，通过生计教育在教授生产技术的同时可以结合文字教育和进行思想道德的培养。

此外，江恒源还对职业补习教育的组织、师资、经费、科学研究等都提出中肯的意见。他的这些观点，特别是在农民的补习教育方面，仍具有现实的借鉴意义。

四、关于职业指导的理论与实践

江恒源在与黄炎培先生等人写的《中华职业教育社创设比乐中学意旨书》中说："据世界心理学专家的测验统计，大多数青年不论男女，到了 14 岁或 15 岁，天然地会想到将来生活的寄托，就是择业问题。教育在这个时候，就应该用种种方法明示或暗示各种职业的意义价值和从业的准备等，使得每个青年不要走向和他天性或天才不相近的道路。这就是职业指导。"他在有关职业指导的演说中指出：职业指导的效用一是不湮没人才，使有特长或天才的人能得到充分的发展；二是个人的成功，使社会也受到莫大利益；三是从业之后还要研究怎样才能使事业进步、社会进化。所以，职业指导，是负有改良职业的责任。更进一层说："用职业指导来改良职业，间接就是使社会进化。"江恒源提出，职业指导应包括升学指导、择业指导、职业介绍、服务访问、职业补习诸方面。可见江恒源对职业指导的认识是很全面深刻的。江恒源对于如何办理职业指导机构，如何具体进行指导都有论述。特别是他对办理职业指导的人员素质，提出了很有意义的要求。他说："办理职业指导的人，一方面固然要具有相当的学识，能够努力地去做，而一方面对于他自己的人格和品性方面，也应当有下列几种特殊的修养：

（一）有高尚纯洁的人格 这话说来似乎未免太抽象，而实际上则是很具体的。试问土豪劣绅，可否去办理职业指导事业呢？

（二）有诚恳谦和的态度 与民众接近，这种态度是很重要的。否则他们怎肯来听你的话，受你的指导呢？

（三）有虚心客观的态度 凡百事业，要求其成功，则处处应当抱着这种态度，要站在第三者的地位上，丢掉成见去做。

（四）有互助合作的精神 这便是要有同情心，要把人家的困难看作自己的困难一样，人家的痛苦，看作自己的痛苦一样，这样事业才有成功。

（五）有敏捷果断的才能 遇有疑难的事情，要能够很敏捷迅快的决断。

（六）不要厌烦 遇事厌烦，是做事失败的主因。办理职业指导的人，尤宜切戒，否则永无成功之日！"

为了实验学校职业指导,江恒源与黄炎培、扬卫玉、何清濡、孙起孟诸先生共同发起创办上海比乐中学,江恒源任比乐中学董事会董事长,1947 年 11 月又兼任校长。比乐中学采取在课程中加强实用知识,在课外组织音乐、化工、电工、木工等小组进行职业指导教育,为普通中学实施职业指导积累了经验。

五、重视职教人才的培养

从前面讲到的江恒源手书的座右铭中可以看出江恒源很重视职教师资和人才的质量。他不仅对职业指导人员提出要求,他认为从事职业补习教育的教师也"绝不是人人皆可以做的,学识如何姑且不论,至少限度也要有一些不厌不倦热心教育的兴趣,和随机应变,善于观察社会心理的才能"。所以,他十分关心职业教育人才的培养,认为"职教事业,不能尽量发展,原因固有多端,此实为重要原因之一"。为此,他在 1948 年专门拟了一个"培养职业教育人才计划草案",对职教人才的种类、培养方法、解决职教人才出路问题并完成本计划的进行步骤都提出了具体的意见。职教社在他任办事部主任期间在培养职教人才方面也做了许多工作。

江恒源先生一生情系职教,1948 年他曾说:"依照目前社会经济情势,即大胆主张全部学制,应以职业教育为中心(亦可云以发展经济为中心),似乎亦未为过。"他对职业教育的许多论述,今天仍有现实意义。认真学习,继承这份珍贵的遗产,是我们对江恒源先生最好的纪念。

探索"科教兴村"之路[①]

为了深入贯彻科教兴国的战略,认真落实《中共中央国务院关于加速科学技术进步的决定》和《中共中央国务院关于加强科学技术普及工作的若干意见》的精神,针对农业、农村、农民的实际,中国农学会经过一年多的调查研究和专家论证,于1995年11月在江苏省江阴市华西村召开了全国"科教兴村计划"学术研讨会,建议国家实施"科教兴村计划",探索"科教兴村"之路。现将与会来自全国40多位专家的意见综述如下。

一、"科教兴村计划"的宗旨

"科教兴村计划"旨在建立一种新的良性社会机制,从村级切入,因地制宜,选准突破口,在党和各级政府的领导与支持下,综合科技、教育、农民的力量,帮助村级建立主导性、支柱性经济开发项目,以加快农村致富奔小康步伐,促进村级两个文明建设。中国农学会秘书长孙翔同志说:"科教兴村计划"是"一、二、五计划"。即一个目标:建设中国特色社会主义小康村。两个转变:从传统的计划经济体制向社会主义市场经济体制转变,从粗放型向集约型转变。五条思路:依靠科技工作者指导;依靠科技第一生产力作用;依靠教育对劳动者素质的提高;依靠支柱产业,走产业化道路;依靠各级政府,组织各方面的力量,倡导实施这一计划。

二、"村"富则民富国强

要实现到2000年全国人民生活达到小康水平的目标,重点和难点在农村。1990年,国家统计局、国家计委相继提出了农村小康线,即按1990年不变价计算(下同),到2000年农民人均纯收入必须达到1200元的最低限值。可是1994年全国农民人均纯收入仅803元(1994年东部地区农民人均纯收入1002元,中部地区为762元,西部地区为616元),差距还很大。要达到这个最低限值,今后几年

---

① 原载:中国职业技术教育,1996(5):9.注:荒原是高奇的笔名.

全国农民人均纯收入年实际增长速度必须达到 6.92%,中、西部地区需要达到
9.6%。但 1990～1994 年农民人均纯收入年均递增率只有 4%,中西部地区这两
个时段农民人均纯收入的递增率还低于这个水平。不解决农村经济发展的这个
难点,没有农民的小康,到 2000 年就不可能有全国人民的小康。

从我国现实的社会结构来看,"村"是农村的社区集体,是农村最基本的经济
细胞和最稳定的社会单元;既是我国的政民结合部,又是目前最适度的农业和农
村经济规模经营单元。因其在自然资源、人文、地理、经济等方面的独特性,而一
直是我国发展农业和农村经济改革的最基层单位;特别是在农村实行家庭联产承
包制以后,村级是双层经营的结合部,是完善农村社会化服务体系的重要层次。
由于村级组织广泛的合作性、管理明显的区域性、村民利益普遍的联系性,而成为
连接上级政府和农民的重要纽带;成为农村资金、技术、生产、供销的组织枢纽;成
为农村千家万户联系商品经济大市场的桥梁。因此,充分发挥农民在兴村中的主
体作用,通过科技指导、教育培训,选择好主导产业,走贸工农、产供销、农科教一
体化的农业产业化道路,在 20 世纪建设一批达标的小康示范村是可以做到的。

三、可借鉴的经验

事实上在我国已经有依靠科教发展村级经济的成功经验。如这次研讨会召
开地江苏省江阴市华西村就是全国闻名的新村典型。这个 350 户人家,1479 人的
小村,就是靠一个窑洞创业发展起来的。

山西省临汾市乔李村,1991 年从山西省农科院陆续请来 5 位科技人员进村搞
科技开发试点。经过 5 年的努力,使这个 4200 多口人、8200 亩土地的纯农业村庄
面貌发生了深刻的变化。现在粮棉产量稳步增长,蔬菜、养鸡形成规模,养牛、养
猪开始起步,林果、工副业逐步发展;粮棉产量大幅度提高,小麦亩产由 300 公斤
提高到 425 公斤,棉花亩产由 40 公斤皮棉提高到 75 公斤,大棚和日光温室蔬菜从
无发展到 100 多亩,笼养鸡从无发展到 5 万只;全村工农业总产值由 0.2 亿元增长
到 0.5 亿元,人均纯收入由 850 元提高到 2200 元,并呈现出经济发展和文明进步
同步的可喜局面。辽宁海城市的王家堡村原来是经济不发达的山区穷村,在沈阳
农业大学专家教授的指导下,通过培训,提高农民的技术、文化素质,传播新的科
学技术,帮助发展适用的经济开发项目,农民人均纯收入从 1982 年的 200 多元,至
1987 年提高到 2000 元,1994 年达到 4000 多元,经过 5 年、10 年的努力,经济增长
了 10 倍、20 倍,现在已成为两个文明双丰收的小康示范村。他们为"科教兴村"
积累了宝贵的经验。

从国际上看,如韩国始于 20 世纪 70 年代初,为改变农村贫困面貌,而由政府

发起的自助、互助、自立的"新村运动",在 10 年左右的时间,改变了韩国农村的面貌,这些经验也可借鉴。

四、向中西部进军

我国东部地区农村当然仍需要加速发展,但距离小康水平较近,急需解决的难点在中西部地区。所以,科教兴村计划实施的重点在中西部和欠发达地区。为此,中国农学会确定要先期在其指导下进行试点,有的农业科研机构,如山西农科院提出在已有成就上扩大试点,积极探索"科教兴村计划"这一崭新的宏伟事业。希望通过探索、试点、推广,能够成为一个为全国各界支持的一项战略性、公益性的国家计划。力争通过 3~5 年的努力,能使数万个欠发达的村进入两个文明小康村的行列,再经过若干年的努力,使我国 80.4 万个行政村改变面貌。

当前职教发展的若干问题①

　　近十几年我国职业教育发展迅速。但是从每年新增劳动力人数来看,要使劳动者在就业前或者上岗前都能接受必要的职业教育,现有职业教育和培训的规模仍然很小,从数量上看还需要继续发展。除增加数量之外,当前我国职业教育发展还面临着一些需要着力研究的问题。

一、全面发挥职业教育功能的问题

　　1996 年 5 月 15 日第八届全国人民代表大会常务委员会第十九次会议通过了《中华人民共和国职业教育法》,法的称谓明确规定了这类教育的分类依据和价值取向。亦即职业教育是按照社会分工形成的职业的需求(包括社会的、个人的)而组织进行的教育。职业教育面向全部社会职业,其范围包括各级各类职业学校教育和各种形式的职业培训。

　　职业是由社会分工产生的,职业具有丰富的内涵。如职业的分类反映着社会生产力的水平和社会分工的水平,有什么样的生产力才会产生什么职业,社会的分工水平越高,职业的分类越细。职业的结构反映着社会的组织结构,不同的职业在社会中具有不同的地位、职责、权利和义务。职业与人的社会地位、经济收入相关,反映着社会权益的分配。职业的社会构成,反映了社会产业结构、人力资源的配置、构成关系与比例。职业活动反映了社会运转的运作方式,包括不同职业的专业职责,各行各业间的相互关系与合作形式,为使职业活动顺利进行的职业道德、职业纪律等。职业也反映出不同行业所形成的不同职业群体所特有的社会地位、利益和特征。这一切构成不同职业不同的社会需求和对从职从业者的不同要求。职业对个人而言是谋生的手段。公民最基本的人权是生存权,国家应保障公民有为获得职业而接受职业教育或培训的权利,有接受职业指导的权利,有择业、就业和转业的权利。人们通过职业活动可以发挥自己的特长,展示个性,为社

---

　　① 原载:教育与职业,1996(11):11-13.

会服务,满足人们实现个人社会价值的需求,是使个性得到全面发展的必由之路。由于职业的丰富内涵,所以,以职业需求作为价值取向的职业教育,其社会功能是多重的。职业教育具有政治功能、经济功能、文化功能、福利功能、审美功能等。职业教育应全面发挥其多重功能。

"民以食为天",就业问题解决得好是个人生存和社会稳定的基本条件。我国当前就业问题很突出,由于人口众多,供大于求将长期存在。当然从根本上解决这个问题要依靠人口的控制和生产的发展,但职业教育在充分发挥其稳定社会的政治功能上也有很多工作要做,例如:

1. 扩大数量,增大容量,尽量吸收适龄学生入学,提高就业年龄,降低就业压力。

2. 办好农业职业教育,认真解决滑坡问题,提高从事农业者的科技和管理水平,使农业经营能获得社会平均收益,稳定农业人口。

3. 大力发展农民工培训,解决农村富余劳动力转移的问题;使入城务工的流动民工获得一定的职业培训,以便他们回乡创业,成为农村经济新的增长点。

4. 切实做好城市、工矿富余下岗工人的转业培训。

5. 职业教育要发挥导向作用,综合平衡,防止热门专业一哄而上,形成结构性失业。

6. 加强职业指导工作,特别是进行创业指导和职业生涯指导。使受职业教育的人能够有自主创业的精神和能力,并且在如果面临失业时有调整自己,另谋职业的思想和能力。

7. 调整专业,增强职校学生的职业适应性,等等。

职业教育还对社会起着整合的作用,通过先培训后就业政策的实施和各种职业证书制度的确立,建立以机会平等为原则,以自获条件为录用标准的就业格局。有助于形成社会开放型分层体系,减少社会不平等和摩擦,防止在用人问题上的腐败和不正之风。

职业教育的经济功能是已经谈得很多的问题,这里不多展开,只谈谈当前十分急迫,而在职业教育中尚未引起足够重视的关于可持续发展战略教育的问题。

我们发展生产的目的是为了改善人民生活,满足群众日益增长的精神和物质的需求。如果生产的发展反而导致生存条件的恶化、生存质量的下降,以致子孙后代无立足之地,这种经济的发展就是得不偿失的。职业教育应该把环境、生态、资源保护的教育列入教学计划,开设有关工业污染控制和治理的课程,在农业专业教育中,大力发展生态农业技术,进行有关环保的法制教育,增强全民环保意识,为实现中央提出的"到 20 世纪末,力争环境污染和生态破坏加剧趋势得到基本控制,部分城市和地区环境质量有所改善;2010 年基本改变生态环境恶化的状况,城乡环境有比较明显改善"的目标而奋斗。

职业教育是与物质文明和精神文明都相关的文化富集与传递的活动,也要充分发挥其文化功能。要重视科学文化与人文文化的相辅相成。不能见物不见人,重职业技术轻人文发展。充分发挥职业学校的教育文化功能,如课程的文化传播功能、教育过程中人际交往(师生、同学、其他代际)的教育文化功能、学校的大众传播的教育功能,以及其他文化功能,等等。

对于处于不利状态的社会群体,如妇女、残疾人、失业者、贫困人口等,职业教育具有社会福利的功能。1996 年《职业教育法》第一章总则第七条特别规定:"国家采取措施,发展农村职业教育,扶持少数民族地区、边远贫困地区职业教育的发展。""国家采取措施,帮助妇女接受职业教育,组织失业人员接受各种形式的职业教育,扶持残疾人职业教育的发展。"这个任务也是非常艰巨的。

在人的全面发展上,职业教育具有审美的功能。自由创造是人类最宝贵的天性,职业教育为人的创造性的发挥提供了条件。职业也是人的审美对象,使学生能够和善于欣赏自己的职业,掌握职业的艺术,追求职业的完美也是职业教育的内容。

总之,要进一步推动职业教育的发展,提高职业教育的质量,很需要认真、深入地研究职业教育的功能,按其不同功能,设定办理职业教育的措施,全面发挥职业教育的功能,才能全面推进经济、社会发展和促进人的全面发展。

二、建立、健全职业教育体系的问题

《职业教育法》第十二条规定:"国家根据不同地区的经济发展水平和教育普及程度,实施以初中后为重点的不同阶段的教育分流,建立、健全职业学校教育与职业培训并举,并与其他教育相互沟通、协调发展的职业教育体系。"这是根据我国义务教育年限和国家允许的最小劳动年龄,提出的主要以初中后为起点的职业教育体系。

近来在初中后或高中阶段教育部门要不要办学校职业教育有着不同的意见,引起一些争论。有人认为参照国外,主要是联合国世界银行的调查,在发展中国家举办中等学校职业教育是不成功的,应该交由企业培训;不赞同者认为这样做不符合我国教育的传统和当前的国情,必将引起职教体系的破坏和职教滑坡。同时,有的大城市如上海,初中升学率已达 97% 以上,随着生产向技术密集型转化对高级技术人才需求增加,高中阶段学生升学的比例需要扩大,提出了职教高移的问题。有的行业如电力工业认为由于电网的大功率、高参数和高科技的应用,原

来中专和技校培养的人才都不适合于目前现场操作人员的要求,需要培养有一定理论基础并有较强操作能力的新型中等技术人才。也有人提出现有三类中等职业学校、中专、技校和职业高中应走向趋同,成为基本上相同的中等职业学校,等等。看来在建立、健全职业教育体制中关键是中等阶段的教育怎么办,难点在职业教育如何与高等教育相沟通与衔接的问题。

如何建立、健全职业教育体制,特别是高中阶段的教育怎么办是一个需要以研究和实践来解决的问题,但从实际出发,从国情出发,并考虑到将来的发展应该是一个基本的原则。据此,有以下几点考虑。

1. 由教育部门、行业举办发挥骨干和示范作用的职业学校是必要的。我国大部分小的乡镇企业不具备培训能力,有培训能力的国内大中型企业,目前正处于转轨阶段,将职业教育全部转由企业承担是不现实,不可能做到的。高中阶段的学校职业教育,仍是能够集中人财物力培养中级从职从业人员的有效途径。学校类型应逐渐大体趋同。

2. 中等职业学校培养目标是面向就业,不能办成具有双重(升学和就业)目标的学校。但在教育体制中不能成为不可升学和取得进一步发展的终结型教育。解决这个矛盾可以有两条途径。由中等职业学校升入高等职业学校的采取专科一贯、对口升学的办法,建立起初、中、高三级职教系统。升入普通高校的由与成人教育沟通的补习学校,或专设的中间学校进行补习教育,由普通高校统一考试录取。

3. 在基本普及了高中阶段教育,生产转向以技术密集型为主的少数大城市,试办除原有高中、职业学校外的多元取向的高中教育,如举办专科中学、试办综合中学等。

职业教育应该建立一个学校教育与培训并举,职前教育与职后教育相联系,并与其他教育相沟通的开放的教育体系。开放主要有三点含义:一是方便入学,灵活结业,采取宽进严出;二是结构多样,便于选择,可进可止;三是能与高一级的学校衔接,与同级其他学校沟通。总之,使每一个劳动者在就业前都能受到与自己所从事的职业相应的职业教育,在每一个劳动者需要的时候,能够受到补充、提高或转业的教育,从而不断提高和改善社会劳动人口的职业能力和素养是考虑职业教育体系的原则。

三、职业教育的教学改革问题

教学改革是职业教育发展和改革的核心问题。教学改革的核心是教育思想的改革。因此,要在分析总结传统的教育思想的基础上,研究培养现代人的现代教育思想。

人的现代化是社会现代化的条件和内容,能够培养出现代化的人是教育现代化的标志。什么是现代化的人,现在有很多论述和描述,但从根本上看可以有两点:一是身心都能得到全面发展;二是能充分树立人的主体意识和充分实现人的主体价值。亦即在能动地改造客观世界中,也能懂得改造和发展着自身。有人说20世纪是学会生存的世纪,21世纪是学会发展的世纪,是有道理的。

根据这个设想,职业学校的教学改革有许多内容,如专业设置、课程开发、教学技术、教学管理等,也有不少模式和经验,如何衡量教学改革的绩效与其达到的深度和广度,是个很大的问题,对此,提出以下几点供参考。

1. 教学目标的价值取向及其实现的程度。职业教育的教学目标既不是重知识,也不是重技能,而应该是以能力为基础。对教学改革成就衡量的主要标志要看目标是否明确,用什么办法达到和实现的程度。

2. 企业参与的程度。职校教改如果没有行业和企业的参与,仅在教育或学校内部闭门改革是不会成功的。企业参与的形式可能多种多样,要衡量的是其参与的深度和广度。

3. 教学制度对社会职业(企事业)和学生(求职者)适应的程度。

4. 教学过程中学生主体地位的确立。在教学中教师居于主导地位,学生是学习的主体。一切教学工作都是为了学生学。必须改变过去以教师、教材、单向传授为中心的教学,变为以学生学为主体的双向活动,充分培养学生自我负责、自我学习、自我反馈、自我考核的能力。教会学生学会学习是教学的主要目的,也是衡量教学效果的主要标志。

5. 现代化教学手段的应用。应用现代化教学手段不仅可以节约时间,提高效率,而且是提供学生自学条件,发展学生能力的重要手段。现代化教学手段的应用,并不意味着必须有多么昂贵的设备,许多普通的手段都是很有效的,关键在于用不用和怎样用。

6. 毕业生的反馈信息。实践是检验真理的唯一标准。教学改革的绩效要在毕业生反馈的信息中反映出来。对毕业生主要从三方面衡量:一看毕业生的现代社会意识、工作态度;二看毕业生的职业适应能力;三看毕业生的发展能力。这种反馈信息要具有群体性,而不是个别尖子学生的表现等。

当然,要进行教学改革还需要一系列的保障条件,如教学管理、师资条件、设备等,这里不再详述。

总之,在职业教育已经有了一定基础和规模的今天,面临着社会和经济发展的新的形势,要进一步发展,需要研究一系列的问题,其中包括对职业和职业教育的认识、职业教育的发展前景与趋向,才能全面发挥职业教育功能,在社会和教育系统中调整自己的方位,并且要深入研究和进行教学改革,确定可操作可衡量的目标,才能把改革落于实处。

"职教年"末话职教①

1996 年可以算作是"职教年"了,因为在这一年颁布了我国历史上第一部《中华人民共和国职业教育法》(以下简称《职教法》)。教育法规是国家意志的体现,是国家有效地控制教育,实现国家意志的重要手段;法律又是社会关系的调节器,通过教育立法调整教育外部、内部各方面的关系,使现代复杂的教育活动走向规范化、有序化。用立法来推动教育的发展是现代国家成功的经验,我国也不例外。《职教法》规定和规范了这一类教育的称谓(反映分类依据、价值取向)和适用范围、职业教育的地位和作用、方针原则、办学职责、管理体制、经费和保障条件,解决了职业教育建设的总体导向和促进职教发展的外部环境问题。因而在保障和促进我国职业教育的健康发展上将越来越发挥出其重大的新的里程碑的作用。

但是事物的发展总不是笔直的,1996 年职业教育又碰到了很大的困难,集中的、显现的是生源问题。普通高中升温,中等职业学校招生困难。其极端的例子是有一个省的一个县,初中毕业生千余名,普通高中招了 600 名,而县的示范职中只招到了 5 名学生。

和在面临重大的发展机遇以及在前进中遇到困难时一样,这时思想总是异常活跃,1996 年职教战线也出现了反思与探索。其中在中等教育阶段普通高中与职业学校的比例问题,"分流"问题,教育部门要不要举办职业教育还是交由企业办理的问题,现行三类中等职业学校(中专、技校、职业高中)发展的前景是独立、趋同还是整合成为一种新型的中等职业学校的问题,如何发展高等职业教育的问题,职业学校学生的升学问题,农科类职业学校的滑坡问题,成教职教间的关系问题,社会力量办学问题等都成了关注研讨的热点。

上述问题的许多方面《职教法》已经做了规定和规范,但大家还在讨论,这说明思想活跃,统一观点还需要一个过程;另一方面也说明并不是有了《职教法》问题就会自然解决,现实还存在着许多具体问题,有待实事求是地解决,还有《职教

---

① 原载:教育与职业,1996(12):1.

法》不可能详细规定,或非本法解决的问题,有待进一步的研究。

要解决问题,就要探究一下形成这些问题的原因,原因当然是多方面的、错综复杂的,不能简单地一概而论。但有一个原因值得注意,就是在20世纪70年代末80年代初我们提出改革中等教育结构发展职业教育的时候,在很大程度上是迫于当时普通高中恶性膨胀,中专、技校极度萎缩,职校学生只占同层次在校生的千分之几的严峻形势而急促上马的,缺乏对职业教育的地位和作用在认识上、思想上的准备,以致成了"三流学校办职教,落榜学生上职校"的不正常局面;在改革中等教育结构的同时没有及时地进行基础教育结构改革、高等教育结构改革,以及整个教育体系的配套改革;在职业教育的培养目标、教学上缺乏明确的价值取向和可以操作、可以衡量的指标体系,造成各类职校不易定位(尤其是中专和职业高中),或者错位(这在新办的职业大学中已有发生),等等。

上述情况近年来虽在逐步解决,但没有根本的改善。因此,以整个教育体系的配套改革为核心;打通职业学校学生升学的路径,建立、健全职业学校教育与职业培训并举,并与其他教育相互沟通、协调发展的职业教育体系;同时总结十几年职校教学的经验,深入进行教学改革,建立衡量、评估职教教学的指标体系,理顺各类职校的关系,应是今后若干年我们所面对的一个重大课题。

在前进和实践中出现的问题,也必定会在继续前进和实践中得到解决。

试论城市职业高中发展趋势

——兼论高中阶段教育结构问题①

一、问题的提出

目前中等职业教育的发展出现了一些问题,突出表现在生源和出路方面。近两年生源减少,个别地区甚至出现生源危机;特别是普及了高中阶段教育的城市,高中毕业生升学的比例增大,普通高中升温;经济发达地区和高新技术产业对高层次人才的需求等都使城市职业高中受到了冲击。由此引发了高中阶段教育应如何办等一系列问题。如高中阶段职业学校与普通高中在校生的比例问题,所定7∶3是否太高,特别是普及了高中阶段教育的大城市,是否应降低职业学校的比例,发展普通高中;出现了对分流的再思考:有人提出当前的初三分流、高二分流都是双轨学制,而双轨学制是不符合教育发展趋势和人民需求的,高中阶段的教育应向综合中学方向发展;有人甚至认为综合中学是中等阶段教育的唯一出路;也产生了发展职中还是发展普中孰更具有经济效益的问题,认为普高比职高投资小,普高毕业生经短期职业培训不见得比职高生差;以及三类中等职业学校(中专、技校、职业高中)发展的前景是继续分立、趋同还是整合成为一种新型的中等职业学校的问题;中等职业教育如何与高等职业教育衔接的问题,职业学校学生如何升学问题等,都成为关注研讨的热点。

这个问题应该说具有一定的普遍性。如台湾,从1994年开始展开了要不要广设高中、大学的争论。在德国、瑞士、奥地利这些传统重视多数青年学生接受职业培训的国家,也面临着学徒供求减少,越来越多的青年学生入全日制学校而不是受职业教育的趋势。因此,这是一个需要我们高度重视、认真研讨的问题,也是决定我国城市职业高中今后如何发展的一个重大问题。

---

① 原载:职教通讯,1997(2):10-11.

二、几个理论与实践问题

我国城市职业高中今后如何发展,首先还是要从认识上明确几个相关问题。

1. 双轨学制与单轨学制问题

什么是双轨学制?简言之就是学校制度明显地分为两条轨道,两轨之间不能沟通,其中一轨不可能继续升入高等学校。例如,十月革命以前的俄国,其学制就是实行的双轨学制。

美国建立起来的是单轨学制,除少数职业学校外,在高中阶段主要是采用综合中学制度。即学生入同一个的中学,初中进行一般文化课教育,在高中阶段将课程分为不同的学科组,其中学术科,为升学做准备;职业科,分为农、商、家政等科,为就业做准备;普通科,学习一定的文化知识,毕业后当非熟练工人。据统计,20 世纪 70 年代末美国选读这三科学生的比例分别占高中生总数的 30% ~35%、20% ~25%、40% ~50%。可见单轨学制同样存在着接受旨在升学的学术教育或旨在就业的职业教育的分流。

所以,单轨学制与双轨学制的区别关键在于是否为学生提供选择接受升学课程或职业课程的可能,以及为全体学生提供接受高一级教育,直至升入各类高等学校的可能,并不在于学制上是否存在普通教育和职业教育的两个系统,这一点是应该首先弄清楚的。"分流"在单、双轨学制中都存在。单轨学制如果在实施中造成学生升不了学,那么也会成为事实上的双轨教育。我国职业高中在学制上可以升学,但由于高校统考和政策上的限制,绝大多数职业高中不具备升学的可能,形成了事实上的双轨制。

2. 教育机会均等与"平等"教育

到目前为止全世界没有哪一个国家和地区能够做到真正的全民"平等"教育,亦即每个公民都能受到同样水平的教育。道理很简单,现今的社会和经济发展没有达到这个水平,社会职业结构不需要,个人的承受能力也不可能。据统计,美国高中生升大学的比例为 56% 强,台湾高中毕业生升学的机会率 1994 年达到82.5%,但实际的升学率为 44.35%。也就是说,即使是普及了高中阶段的教育,如台湾 1994 学年度初中毕业生的升学的机会率男女生平均为 106% 和 60%,大学的发展已经可以容纳 80% 以上的高中毕业生,也不会、实际上也没有出现那么高的大学升学率。

所以,普及高中阶段的教育,与职教高移有关,但并不存在着必然的联系。原因已如上所述。德国是经济发达国家,其职业教育的重视仍在初中后,选择升学的学生,其 1/5 的大学新生、1/4 的高专新生在入大专院校之前仍愿意接受职业培训,使自己进可升学,退可就业。像美国、加拿大等在中学阶段职业教育不突出的国家,现在也在考虑原先的做法是否是一种好的决策,主要原因是青年人居高不下的失业率问题和教育投资的效益问题。

就全国范围而言,我国还在努力普及九年义务教育,在经济比较落后的地区尚有40%的初中生不能受到高中阶段的教育。所以,实行多级分流,将职业教育的重点放在中学阶段,是从我国的实际出发,符合我国国情的。

因此,我们要做的是创造一种教育机会均等的条件,使全体公民可以通过不同的途径,如直接升学、业余学习、补习教育等,获得进一步发展和受高一级教育的可能,创造一个均等的机会,而不是要去努力使每一个公民都去受同等的教育。事实上,即使是创造一种教育机会均等的条件,也并非轻而易举。地区经济发展水平的差异,城乡的差异,学校办学条件、水平的差异,不同收入阶层的差异,个人的机遇等都会造成事实上的不均等,否则就不会出现争上名牌学校、择校生高收费等现象了。但我们要朝着这个方向努力。因为实现教育机会均等是民主社会的需要,是每一个公民所应享有的权利,也是职业教育能够得到发展的条件。否则职业教育在高中阶段的比例越高,矛盾就会越突出。因为,不可能强制规定或事实上造成50% ~70%的高中生不许或不能升学,这样必然造成对普通高中需求的增加,职业教育则会钻进死胡同。

3. 自由选择与宏观调控

从一种理想的愿望出发,除义务教育之外,每一个公民都应有自由选择受何种类型和何种水平教育的权利,国家应该予以保证,但事实并不可能做到。这是因为任何人不可能离开社会所能提供的就业可能来获得其职业。国家、政府要根据对人力资源的需求状况进行宏观调控。如现在我们要积极发展高等职业教育,但不是要增加多少高等学校数量,而是主要依靠现有高校(专科、职大、成人高校)进行改制、改革、改组和少量中专举办高职班来达到。依靠高等教育结构的改革来发展高等职教,同时又控制高等学校发展的数量,这是一种宏观调控;对高中阶段的教育提出职业学校在校生与普通高中在校生达到7∶3的比例,这也是宏观调控。并且这些调控是以国家意志(规章、法律等)来推行的。所以,调控是不可避免的,也是必须进行的,必须服从的。自由是对必然的认识,离开客观规律的自由是不存在的。至于国家的调控是否符合实际,那是决策的民主性和科学性的问题了。

发展综合中学的意见,为的是给青少年以更多的选择余地。加宽选择的余地当然是我们努力的方向。但有几点必须考虑。

首先,我们的高等教育在目前的国力下能够有多大的发展。高等教育的发展规模既取决于对高级人才的需求状况,也取决于国民经济的承担能力。如果高中阶段的升学机会率不可能很快大幅度提高,那么办综合中学会加大中学生的盲目尝试,造成有限教育资源的浪费,增加社会教育成本。

其次,在就业结构中,我国对中等水平的人才数量的需求,大大超过对高级专家的需求。那么,是职高毕业生更适应岗位需求,还是普高毕业生更好,这是一个需要实践回答的问题。目前尚无确切的统计。但有一点可以肯定,普高毕业生由于未受职业教育,在上岗前需要进行培训,职业的适应期要比职校毕业生长,职业的流动性可能比职校毕业生大。

再次,我国目前中等职业学校不是太多,还是太少。因为就全国范围而言,距离达到普及高中阶段的教育还很远,扣除小学毕业不能升入初中、初中毕业不能升入高中学生的人数,我们所提的高中阶段职校与普高在校生的比例看来很高,但绝对数量仍很少。对于不能升入高一级学校的中小学生,是给予职业教育,使之能具有现实的谋生能力,然后着眼于终身教育,随着国民经济和继续教育的发展,在以后的岁月里再逐步得到提高;还是无一技之长,将其抛向社会呢?应该说前者对青年更负责。

最后,办职业学校比普通中学费钱,办综合中学的经费投入绝不会少于职业学校,有限的财力是投向加大选择的余地,还是投向更为定向的教育,这是一个值得深入探讨的问题。

三、出路在改革

根据以上思考,城市职业高中今后会如何发展呢?去路仍在改革,改革趋势可能有以下几个方面。

(1)改变思想观念,进行教育系统的整体配套改革,打破实际上双轨制的局面,真正做到上下衔接,相互沟通。职教与高教之间的衔接与沟通应该是用什么学什么,缺什么补什么,而不能在原来的课程体系中寻求出路。成人教育应该成为各级继续教育的机构,不应把力量放在应届初高中毕业生上面,与中职、高职争生源。

(2)深入进行教学改革,特别要重视对模块式教学的研究,采用模块式课程,根据不同的培养目标(职业、岗位、岗位群),采用不同的模块组合,使三类中等职业学校在课程上搞活,在学校类型上趋同;用模块叠加的方式与高教和成教沟通。

(3)在达到普及高中阶段教育和有条件的城市,当高中阶段职业教育发展到一定比例时,可由中等职业学校改办少量试点综合中学,利用职中已有设备及师资开设门类较多的职业科目,同时为普通高中提供实训的场所,或与普通高中联办综合中学,由职业高中办综合中学,比由普通高中改办综合中学更有条件。

(4)职业高中在专业设置、课程开发、学校管理等方面要进一步科学化、规范化,提高质量,办出特色,在今后职业教育的发展中,少数成绩卓著的学校可能发展成为高等职业学校。

加拿大社区学院 CBE 的教学管理①

    1992 年我作为中国国际教育交流协会与加拿大国际开发署合作项目——中加高中后职业技术教育的中方顾问,参加了专门为了解加拿大社区学院如何运用 CBE 原则实施职业教育的"中国 CBE 专家考察组"在赴加拿大考察过程中,作为重点考察对象的荷兰学院在介绍中提到 CBE 实际上是一种教学管理,引起了我的注意。我感到这种认识是有道理的,没有一整套操作性强的教学管理,是不可能实现以能力为基础的职业教育,由此想到应该从教学管理的角度对以能力为基础的教育进行研讨,也应对此做一些介绍,供大家参考。

    "管理"简单说是应用一定的原则和方法,引导大家的力量去完成预定目标的工作。那么,以能力为基础的教育其教学管理所要达到的目标是什么呢?主要有两个:

    (一)在专业确定之后,通过什么样的运作方式(或专业课开发系统)设计课程大纲,以满足产业对培训对象的主要要求;

    (二)在课程大纲确定后,通过什么样的教学过程,达到培养目标。

    下面简介 CBE 是怎样解决这些问题的。

一、CBE 课程大纲的制定

    概括而言,CBE 课程大纲是通过学校邀集企业的代表,组成委员会,按照企业的需要,用层层分解的方式,确定出明确、具体、详细、可操作的培养目标,再由学校组织相关教学人员,按照教学规律,用归纳的方法制定出来的。具体步骤分为两步:第一步制定 DACUM(Developing a Curriculum)表;第二步制定课程大纲。

    (一)DACUM 表的制定

    首先,由校方邀请8~12名企业代表作为职业分析人员,一名课程设计专家任组织协调员,再委派一名秘书组成 DACUM 委员会。职业分析员要求来自该职

① 原载:中国职业技术教育,1997(4):37 - 40.

业有代表性的产业,如所定职业目标为培养机械技术员,职业分析人员主要应来自机床、汽车、机械化工等行业,而不是电子、食品、服装行业。职业分析员的总体业务范围要宽到足以覆盖某一职业的主要范畴,如培养目标为模具技术员,职业分析人员在设计、制造、维修、安装、管理及销售各个主要环节都要有代表;并且还要照顾当地的大、中、小型企业的代表,使职业分析成果尽量反映多方面的要求。组织协调员是课程设计专家,负责组织讨论,协调意见分歧,协助最后明确能力范围,最好不是本职业专家,以免越俎代庖。

其次,由这个委员会通过分析、分解和归纳确定从事这一职业所应具备的综合能力。确定综合能力的原则是:应为从事这一职业(岗位)所涉及的一些明确的主要的活动,每一种活动需为其主要责任之一;在岗位工作的全部时间中占相当部分;在岗位人员的工作周期中定期出现。通常可得到 6~10 项综合能力,将其写在卡片上。对能力的说明要以一个行业动词开始,如编制、提出、设计、确定、控制、组装等,且必须达到一个可以观察到的标准。如培养机械加工车间技术员,其综合能力可归纳为:编制机械加工工艺规程;设计工艺装备(刀具、夹具、量具);提出调试加工设备的报告;控制零件加工质量;参与机加工生产管理。

每一项综合能力后面,要列出其所包括的专项能力。如上机械加工车间技术员的第一项综合能力中可包括能读图,了解毛坯性能,安排工序、工步、选择加工设备,确定工时,确定工装,确定加工余量,计算工序尺寸公差,确定最优加工方案,填写工艺文件等 10 项专项能力。然后再把各专项能力按从简单到复杂,从知识、理解到应用进行排序,列出 DACUM 表。

再次,对每一项专项能力进行分析,写出最终绩效目标和分步能力目标。这一工作可由原班人马进行,也可以另组第二个 DACUM 委员会。这个委员会按综合能力分组,对每一项专项能力写出最终绩效目标,即用文字表述这项专项能力需通过什么,使用什么,达到什么,使其成为可实现的要求。如培养电气技术员,综合能力之一是电气设备安全,其中包括的一项专项能力为检查落实安全措施,这项专项能力的最终绩效目标表述为:能使用欧姆表和其他有关测试仪器,在车间现场某一设备上,用规定时间检查保护接地电阻值。然后,根据所定目标,按步骤、工具、知识、态度、标准等项目,写出分步能力目标如下。步骤——1. 准备工作;2. 检查工具;3. 实地测量接地电阻。工具——兆欧表、万用表、电侨、螺丝刀、防护工具。知识——电路基本定律、测量原理、安全技术、接线工艺。态度、安全——认真、细致、严守工艺规程、注意工作环境整齐卫生。标准——受训者能在十分钟内,根据要求选定工具,并做好仪器较正,达到精度标准。受训者能在十分钟内达到正确使用工具仪器测量绝缘电阻,并判断是否符合安全标准。这些分步能力每一项还可再分解,一个主要的综合能力之下可以分解到 50～100 个分步能力。

最后,委员会对专项能力确定四级评分标准,根据培养目标(一种职业可以包括 2～3 个职业层次),确定需要掌握的专项能力的数目和四级评分中的 1～3 级的入口分值。如烹调专业,有 343 个专项能力,一般厨师只需掌握其中的 280 个就可以了,要做大厨师就需要掌握 343 个,其入口分值也要比一般厨师高一级。入口水平的控制主要取决于当地技术发展的要求。至于各项能力入口分值的不同要求,与其使用频率和难度有关。使用频率低的一般不做过高的要求,否则太不经济;难度较高的也不要求过高,以后还可在工作中继续提高。

至此,DACUM 表的制定工作结束,这一段工作的关键是学校的教学人员不参加,完全由企业确定培训目标,而且达到很具体的,可以操作、可以考核的程度。

(二)课程大纲的编制

编制课程大纲是由学校组织相关的教学人员对 DACUM 委员会编制的表和按顺序排到的各项能力,进行教学分析,确定课程大纲和培训途径。

首先,将所列的知识、技能进行归类,将其中相同的和相近的集中在一起,构成可以在一定时期(一周或几周)内完成的教学单元或称模块。每个教学单元有明确的起点和终点,可以获得一项或一组专项能力,若干教学单元(模块)加起来构成一门课程。在归类中可能许多知识、技能、态度是重复的,重复出现的次数越多,说明这种知识、技术或态度对于这个职业是重要的,即成为教学的重点。

其次,将课程排序,按预备、基础的、专门的,先行、后续,难易和实际工作需要(出现的频率和复杂程度)顺序排列,构成课程大纲。课程大纲中还要加入所需要的非专业课程,如文学、外语、心理学、社会学、公共关系学等,约占总课程的 25～30%。

二、CBE 教学过程的管理

在课程大纲确定后,通过什么样的教学过程达到培养目标,管理工作就复杂得多,因为有更多的因素参与。在诸多的因素中,CBE 教学管理的突出特点是为学生服务,可以说是一种以培训对象为中心的一种管理制度,主要体现在下述四个方面。

(1)在入学资格和学习期限上,经学校考核承认学生入学前已有的知识、技能,同一期可以接收入学水平相差较大的学生。因此,每一个学生可以有不同的学习计划、学习期限和结业时间。有的学校如多伦多汉伯尔学院专设有由电脑安排的完全自我学习的专业,学生可以随时入学,根据自己的条件学习,随时结业。

（2）在学习方式上强调学生自我学习。学生可以根据自己的条件、愿望选择自学、上课、电脑辅助学习、校内实验实习、校外实验实习等不同学习方式。学生可以自定速度去完成课程，可以根据个人情况决定何时开始和结束（退出）一门课。学校在教学设施上、管理上予以保障。

（3）成绩考核，不采取学期或学年考试，而是按学习单元（模块）考核，及格者继续进行下一段学习，不及格重新学习直至掌握，以保证质量。

（4）毕业、结业的标准以 DACUM 表上所列专项能力所获得的分数为准，学生各项能力所达到的水平一目了然，为学生求职提供方便，也作为今后继续提高的入学水平证明。

具体的管理任务如下。

（1）组织由教学人员参加的培训开发专家小组，根据拟定的课程大纲绘出教学计划图，写出每一教学单元（模块）的教学目的。教学计划图包括教学单元的顺序排列，每一单元中所需知识、技能等的教学时间、地点、授课教师。

（2）组织有关教师制定课堂教学计划，编写教材和学习指导手册——学习包。建立学习信息资源室。

学习包是教学人员根据 DACUM 表上所列的各项专项能力，分别编写的学习指导材料，对每一项专项能力的学习给予具体指导。内容包括：理论依据——对为什么要学习和获得本项专项能力的理由进行说明，并指出学习此项专项能力必须预先具备哪些能力；详述——阐明通过学习受训者对掌握此项能力应达到的要求；学习活动——列举可通过那些活动进行学习；指导教师和资金来源——列出应找的教师，应学的资料目录；成绩评估——列出评定的项目、标准；有的还写有如何进行评定的案例。

将上述所编材料放入夹中，按综合能力归类，按专项能力序列排放，置于室内架上，构成学习信息资源室，每一个专业都有专门的学习信息资源室，各专项能力夹中除学习指导手册外，还包括与此项能力有关的资料，如工作的手册、产品目录、期刊摘录、就业信息、新技术信息等。建立一个可以自由出入的课程体系。

编写选择各种学习资料时范围要宽一些，以适应不同水平的学生阅读，并且还要有声像材料目录（录音带、录像带、幻灯片、电影片等）。这些资料要保证学生在无人指导的情况下能看懂。

（3）安排和进行入学水平测验。

（4）安排和进行入学指导。内容包括：介绍 CBE 学习方式；给每个学生 DACUM 表并指导使用；给学生提供学习进展指南；学生与指导教师商量制定学习计划。学校给学生提供一些涉及面较广又切实可行的现成的学习计划供学生选择，使他们能及时起步。

（5）按教学计划图和学生学习计划提供教学场地、（尽量与实际工作环境相符，如幼教职业布置与幼儿园活动室同，文秘专业则如办公室等）实验室、实习车间、学习信息资源室等。建立一套管理系统，制定管理规章、制度、安全条例和使用时间安排等。教学场地的开放时间都很长，利用率高，一般可从早 6 时到晚 10 时。

（6）评估教学和对学生的预警（如果学生不按计划学习、或学习成绩不佳，指导教师要报告学校，由校方向学生提出警告），建立安置学生就业的体系，实施毕业生跟踪。

（7）检查与更新课程大纲，五年重订一次 DACUM 表，每年修订一次。

其他如学校建筑也与这种教学要求相适应，按专业将办公、教学、实验等用房集中在一起，便于教学、辅导、自学和管理。

三、借鉴些什么

（1）行业和企业的参与是职业教育的基本规律，是其生命力之所在。企业充分参与职业教育也是市场经济发达和现代企业成熟的标志。当前各国都在寻求加强企业参与职业教育的途径，有的引进德国的双元制，英国提出实施国家职业资格计划，要求至 1996 年 50% 的劳动者获得国家职业资格，全部资格都要获得与其有关的企业的认可，要求 50% 的中型、大型企业将成为人力的投资者。澳大利亚、新加坡等国积极引进以能力为基础的教育。CBE 课程大纲的开发与制定，为企业参与开辟了一个很好的途径，从微观上体现了要求企业参与的宏观管理目标，避免培养目标脱离实际，学生所获得的能力得到企业的认可，有利于调动企业办学、助学的积极性。我国开始建立现代企业制度，在改革的过程中企业在职业教育方面的行为不可能很快规范到位，甚至在国有大中型企业面临转换经营机制和一定困难的情况下，企业难以主动地参与职业教育。在这种情况下，由学校采取主动的课程设计方法不失为加强企业参与的可行方式之一。

同时用能力分析的方法确定培养目标，也可以克服我国长期以来培养目标失于笼统的弊端。

（2）学校是为学生兴建的，没有学生学校就失去了存在的理由。所以，学校的管理应面对学生，为学生服务，这点在 CBE 的教学管理中非常突出。其教学管理不追求整齐划一，而是尽可能地个别化，适应各种不同入学者的需求。学校的教学管理的实质就是要为学生学，为之创造条件，提供一切方便。在 CBE 教学管理中最重要的一点是重视对学生学习资料的开发与建设和对学生的学习指导。学生一入学就明确自己应达到的目标，和怎样达到，能够大大调动学生学习的积极性和主动性，培养自我学习的能力，独立工作的能力。我们的教学管理抓教师的教远远重于抓学生的学，学生除教科书外极少或者是没有专门为他们编制的学习指导材料，不重视教会学生学会学习是我们教学中的最大缺陷，需要我们借鉴国外经验，切实加以改进。

（3）培养良好的职业道德、职业行为是职业教育的重要职责，把敬业精神置于选择用人的首位，中外都是如此。我们的职业学校在德育管理上积累了许多经验，如分年规划、量化评分、全员负责、优化环境等等。但总体而言怎样使学生的知识、技术与态度同步获得还没有系统的方法，有时相互游离。CBE 的教学过程提供了一种知识、技术、态度、反馈四方面能力同步获得的途径，使知识、技术和良好的职业行为成为一个整体，成为一个综合的、明确具体的、可操作的培训标准。这个途径很值得我们重视、研究和借鉴。

（4）CBE 在考核制度上强调学生的自我评估，重视学生反馈能力的培养，将自我评估列入考核制度。学生要先按照成绩评定标准，进行自我评估，自己认为已达到所列的各项标准，再由教师考核打分。学生要自己对学习负责，这对激励学生学习的自觉性，培养责任心、意志力是很有效的措施，这些能力的培养将在学生今后的职业生涯中发挥深远的作用。

需要注意的是，以能力为基础的教育是一种关于教育的价值取向，如何实现这个要求，可能有多种不同的做法和途径，加拿大以 DACUM 课程设计为特征是一种方式，德国的双元制培训也是以能力为基础，其实现的方式异于加拿大社区学院的方式。之所以可以把加拿大社区学院的 CBE 视为一种教学管理，理由也在此。也就是说，如同"过河"是目标，而如何过则可以有多种方式。一种教育思想，如果没有实现它的恰当的方法和途径，就如同欲过河而没有桥，CBE 的教学管理就是实现这种教育思想的桥。所以，引进一种可资借鉴的教育模式，需要从两个方面来把握，既要研究其主导思想，又要研究其实现的方法。

陈嘉庚与中国现代职业教育①

　　陈嘉庚(1874～1961年)我国杰出的华侨领袖,实业家和教育家。福建省厦门市集美镇人。早年受私塾教育,17岁时赴新加坡经商。在新加坡创办橡胶园、橡胶制品厂、木材厂、皮革厂、熟米厂、饼干厂等多种企业。以企业收入,倾资办学,一生创办和资助过的学校有100多所。1917年,陈嘉庚积极支持建立中华职业教育社,并一直担任理事40多年。陈嘉庚晚年回国定居,继续关心教育事业,亲自主持厦门大学和集美学校的修建与扩建工程。他以实业家和教育事业家的观点,对教育做了多方面的论述,特别在职业教育方面,做出了突出的贡献。

一、教育为立国之本

　　陈嘉庚由于在海外从事工商业,对清末民初中国经济的贫弱,教育的落后感受极深。他说:"当时政府腐败,国弱民贫,教育颓废,不可言状。""教育不振则实业不兴,国民之生计日绌。""吾国今处列强肘腋之下,成败存亡,千钧一发,自非急起力追,难逃天演之淘汰。""而教育为立国之本,兴学乃国民天职。"所以他立志兴学。陈嘉庚在发起创办厦门大学时也一再申明此意。他说:"鄙人久客南洋,志怀祖国,希图报效已非一日。""今日国势危若累卵,所赖以维持者,唯此方兴之教育与未死之人心耳。""诚能抱定宗旨,毅力进行,彼野心家能剁我之肉,而不能伤我之心,能断我之臂,而不能得我之心,民心不死,国脉尚存,以四万万之民族,绝无甘居人下之理,今日不达,尚有子孙,如精卫之填海,愚公之移山,终有贯彻目的之一日。"听者动容。由于陈嘉庚将教育置于关系国家兴亡的重要地位,从1913年他在家乡创立集美两等小学堂起,到1932年间,集美学校的推广部已对福建全省28个县市、73所学校给以经济帮助和业务指导。

---

① 原载:中国职业技术教育,1997(9):32－33.注:荒原是高奇的笔名.

二、兴业必须兴教

作为实业家的陈嘉庚深深懂得教育与工商业之间的相互促进关系。他认为当时我国教育不兴,百业不振,奄奄垂死,不可能与洋商竞争,并驾齐驱。所以,他在教育事业中很重视职业教育。他办职业学校,在工厂进行职业培训,都是有目的、有针对性地为发展祖国的工农商业服务。

陈嘉庚在新加坡办橡胶园时,认为"20世纪为树胶之时代","以我国之广大竟无一相当树胶厂"是不行的。所以,他利用当地有利条件办胶厂,以便"可以训练职员工人,如师范学校之训练学生,俾将来回国可以发展胶业。"他认为我国海岸线长,而水产、航海落后,航海权均被洋人掌握,"其耻辱为何? 故今后我国欲振兴航海,巩固海权,一洗久积之国耻",必须"积极教育青年,培成航海人才"。因此,他在1920年创办了集美水产科,1925年又增设航海科,培养渔业航海人才。陈嘉庚认为,我国沿海经商的人很多,但商业不振,主要原因是不懂得商业原理与知识,缺乏现代经营思想和方式,故1920年集美又开办商科。陈嘉庚看到农村生活、生产和农业教育的落后,他说:"我国素以农立国,然因科学落后,水刊末兴,改良无法,故收获不丰,民生困苦,本省虽临海,农业实占一大部分。尚缺农林学校,以资改良。"所以,他从20世纪20年代初期,就开始在集美附近的天马山择地筹建农林部校舍,开辟农林试验场。1925年农林部开学,重金聘请我国赴德、美、日的留学生来校任教。集美农林学校提出:将农林知识、农林方法、农林心得、农林人才送到民间去。陈嘉庚就是这样有针对性地在集美开办农林、水产、交通运输、轻工、财经、商业等各类职业学校,60多年来为国家培养了许多各类人才,为地方及全国的经济发展做出贡献。

三、办好学校唯"诚"与"毅"

陈嘉庚为集美学校制定的校训是:"诚毅"。"诚"乃忠及实。忠于祖国,诚于事业,实干为人;"毅"乃坚与韧。坚于百折不回,韧于千难不折,毅于万事到底。陈嘉庚说:"世上无难事,唯在毅力与责任耳。"所以,他十分重视学校的爱国主义教育和职业道德教育。要求学生"养成德行,裨益社会"。要能"诚"于事业,培养的人必须有真才实学和实际工作能力。因此,他强调"教授知识技能,以能致实用"。他对水产航海学校的学生说:在海上做事情,不但要有学识,并且要富有经验。要有经验,必须到船上实习,所以说实习为功课中最重要的事情了。为此,他在水产航海学校建立了一支包括四艘轮船、五支练习艇的综合训练和生产的船队和一座停靠码头,作为海上和船上的实习基地。为水产科设立实习的水族馆、渔具工场和三个水产养殖场。集美航海学校规定:学生在三年学习期间,有一学期为航海实习。实习时学生必须逐日填写航海渔涝日记及报告书,按月抄寄学校。学生从水手等实际操作做起,从严要求,进行考核。寒暑假还组织师生成立"渔村调查访问团",前往沿海各县渔村进行社会调查。社会调查的内容包括:渔村的社会组织、经济状况、渔民的教育和生活、渔涝方法、渔具的使用与改进、渔获物的运销等项目。学生逐日写调查日记及报告书,返校时交教务处,作为实习成绩考核。对农林学校,陈嘉庚同样要求要边上课边进行农作物试验。集美学校农林部有农林场、畜牧场和附设工厂为实习之基地。集美商校为使学生增加实习机会,商请集友银行拨款在校内开设一所实习银标,并筹资开办实习商店提供学生实习。

为了能坚忍不拔担当重任,陈嘉庚认为还必须大力发展体育。他说:"目视我国一般民众,体质羸弱,青年学生亦多弯腰驼背,精神萎靡。似此人才,将来虽满腹理论,亦不足负国家重任。"他认为体育虽主旨在训练健康,然对于道德精神关系更为密切。因此,集美学校把体育作为教育的主科之一,规定体育不及格不能升级或毕业。每隔一两年集美各校要举行大型联合运动会。并修建了大操场、体育馆、游泳池等。

陈嘉庚认为办学质量是学校的根本,他说:"学校得失者,率别质量。"要保证学校高质量的教学关键在慎选教师和校长。他说:"千军易得,一将难求。"校长必须品学兼优,还要有管理学校的经验和能力。他重金礼聘许多专家来集美任教,选送优秀毕业生进修或赴国外留学,学成归来任教母校;并且创办高师、中师、幼师培养师资。集美学校形成尊师重教的优良传统,他说:"学生既无尊师重傅之念,安能爱国爱家之行"。集美学校对贡献大的老教师给予优厚奖励,规定:凡在校连续工作满 25 年以上的教师可以休假一年去外地旅游考察,如不休假仍在校工作,这一年可得双薪等,大大调动了教师做好教学工作的积极性。

三、科学建设为建国首要之图

1949 年春天,解放战争即将取得全国性的胜利,新的政治协商会议即将召开,当时中共中央主席毛泽东特致电邀请陈嘉庚回国参加新政协,陈嘉庚非常高兴地应命回国。人民政协筹备会议结束后,陈嘉庚赴东北参观,特别关注新教育的建立和发展。他认为"科学建设为建国首要之图",归来后在中国人民政治协商会议上提出了七项提案,其中六项是关于科学、教育、卫生方面的建议。他建议:在全国各中学普设科学馆,注重数理化各科之讲授,加强科学人才的培养;在沿海各重要地区设立水产航海学校;设立各地华侨教育领导机构;救济华侨失学儿童;等等。会后,陈嘉庚沿津浦路南下考查,12 月 27 日回到集美,看到集美被国民党狂轰滥炸后的状况,在集美学校欢迎会上,表示无比愤怒,但"并不悲伤"。随后他就拟订了"重建集美学村计划",并准备增办华侨师范和工矿学校。

1950年5月,陈嘉庚由新加坡归国定居后,以极大的精力投入到厦大与集美的修复与扩大事业中去。在陈嘉庚的积极倡议下,水产航海学校于1952年增设养殖专业,1954年增设轮机科。1958年水产航海分为两校,水产学校设有渔涝、养殖、轮机等专业和机械工厂、渔轮、渔场等实验、实习场所,学生700余人;航海学校设有海船驾驶,增设轮机管理等专业,学生600余人。1960年前后,集美中、小学、幼儿园和职业学校学生总数一万余人,比新中国成立前夕增加了9.5倍。

陈嘉庚在建设集美的过程中,不断改善各种设施,改善办学条件,提高教学质量。充实科学馆,增购教学仪器,到60年代初教学仪器已增至1500多件,标本模型4500多件,药品1600多种。充实图书设备,使新中国成立前仅有8万册藏书的图书馆,到1961年增至20多万册。并且还扩大医院、建造大礼堂、美化集美学村。1950年在集美半岛南端海滩筑堤建成淡水池、凉亭、堤道,成为学生课余划船游览的场所,每逢端午节,在池中举行龙舟竞赛。陈嘉庚还十分关心归国侨生的职业教育,在他的倡导下武汉、厦门设有专收归国华侨的工业技术学校。

为进行科技普及教育,1953年陈嘉庚决定建立一座被誉为"石刻的博物馆"的"集美解放纪念碑"。全部建筑面积3万多平方米,高出海面8米。碑身高28米,石阶下面8级象征14年抗战,上部3级象征三年解放战争。最有意义的是各层的围栏和围墙到处镶嵌由福建惠安等地著名工匠雕刻的青、白石浮雕。内容有各类工厂生产过程,各类动物、植物、奇禽异兽、人物活动,以及交通、水利、教育、卫生、体育、国防、民族、风俗等方面的图样700余种,供师生及居民、游人参观,极富教育意义,令人叹为观止。

1956年陈嘉庚又建议创办华侨博物院,他认为博物馆对象广泛,展物直观,学校师生参观可由实物而与书本相印证;专门学者参观,可接触书本以外新发现的事物,有助于更深入地研究;一般市民,一入其门,都可由直观获得必要的常识。他的倡议得到政府和海外华侨的广泛支持,博物馆于1956年9月开工,1959年5月正式对外开放。展出华侨历史文物及动植物、矿物标本等共7000余件。

陈嘉庚一生倾资兴学,他办的学校有幼儿园、男女小学、中学、厦门大学、国学专门学校,中等教育中又包括普通中学及师范、幼师和水产、航海、商业、农林等各种职业学校。此外,在集美还有图书馆、科学馆、体育馆、医院等设施。就学的除国内学生外,还有大批侨生。集美是一个庞大的、综合的教育群体。此外,陈嘉庚在南洋还办有各种教育事业。

陈嘉庚在祖国兴学所捐之款,如以当时金价计算,约为一亿美元。但他自己的生活十分俭朴。1961 年陈嘉庚在重病弥留之际,口授遗嘱:"集美学校一定要办下去",并将他国内存款 300 多万全部捐作文教事业费用,未留分文予子孙。毛泽东评价他为"华侨旗帜、民族光辉"。他的教育思想,以及他所创办的教育事业,为后人留下了不朽遗产。

参考文献:

[1]中共厦门市委党史研究室.回忆陈嘉庚文选[M].北京:中央文献出版社,2001.

[2]陈国庆.回忆我的父亲陈嘉庚[M].北京:中央文献出版社,2001.

[3]洪永宏.陈嘉庚的故事[M].厦门:鹭江出版社,2002.

中国职业教育的特点与优点[①]

——为纪念本刊创刊八十周年而作

　　《教育与职业》杂志创刊已 80 周年了,是我国教育期刊中刊龄最长的杂志。作为以"甲、推广职业教育;乙、改良职业教育;丙、改良普通教育,为适于职业之准备"(1917 年《中华职业教育社章程》)为宗旨的中华职业教育社的宣传和研究的阵地,《教育与职业》杂志近一个世纪的经历,可以概括为"改革的号角,历史的见证"十个字。应该说我国 80 年来职业教育的重大改革,都有它在倡导、鼓吹或评述;它的每一期都记载下了我国职教发展的足迹和风风雨雨。因此,用总结当前我国职教已形成的(特别是近年形成的)特点与优点,来纪念创刊 80 周年,还是很有意义的。

　　当前我国职教有哪些特点和优点呢? 概括起来有以下几点。

一、因地制宜,形式多样

　　经常遇到国外友人谈起自己对中国的职教"搞不懂",弄不清中国学校职业教育的层次和关系。如初等职教有初等职业学校、初中 3 + 1, 3 + X,三年制四年制的都有;中等职业教育有中专、技校、职高,还有叫职教中心的学校,收应届初中毕业生的成人中专;职高有叫职业技术学校的,有叫职业中专的,大部分又称职业高中;中专有三年制的、四年制的,四五套办的,还有在校内辅导成人自学高考,毕业时可得中专、大专两个文凭的;高等职教有专科、职业大学、职工大学等实在是很复杂。我们自己也常常抱怨眉目不清,体制不顺,政出多门。不过要是考虑到中国职业教育发展的背景和我国的国情,这种状况实则也是中国职业教育发展中的一个特点和优点。

　　我国是在清末 20 世纪初始建学校职业教育系统,在建立和发展的过程中曾主要借鉴和移植日本(欧洲)的职教形式,以及美国的和苏联的职教形式,在发展

---

　　①　原载:教育与职业,1997(10):6 – 8.

过程中又形成具有自己特色的学校形式,这些在当前的职业教育制度中都有反映;目前我国正经历着从全面计划经济向社会主义市场经济转轨的过程之中,学校制度同样也处在一种转换之中;再加上我国地域辽阔,人口众多,经济支柱产业各地不一,经济水平发展不平衡,出现这种形式多样的职业教育是必然的,由此构成中国职教的特点。这种多样性反映了泱泱大国的包容,也符合教育只能渐变不可突变的规律,唯其多样才能广泛适应,唯其不定才有更大的改革空间,构成中国职业教育的优点。当然这不是说我国的职教就不需要进一步规范,而是说一切事物的发展都有其自身的背景、条件和规律。对此要有一个全面的认识,"船到桥头自然直",有些事是需等待时机成熟才能水到渠成的。

二、教育与生产劳动相结合

教育与生产劳动相结合是我国的教育方针之一。马克思早就提出过:"把有报酬的生产劳动、智育、体育和综合技术教育结合起来,就会把工人阶级提高到比贵族和资产阶级高得多的水平。"[①]20 世纪五六十年代我们开展过"勤工俭学",提倡和实行过工厂(农场)办学校、学校办工厂(农场),但由于指导思想上出现的偏差,没有完全取得预期的效果。这个问题在近十几年职业教育的发展中,通过校办企业、实习基地的建设,在职业教育中却得到了较好的解决。许多办得好的职业学校都实行教学——实习——生产——服务——科研一条龙的教学体制。在农村创造了农科教三结合。使消耗性的实习变成生产性的实习,不仅培养了学生,而且成为职教经费的一个辅助来源。这不仅是中国职业教育一个特点,而且是一个极大的优点。

三、重视职业道德教育,积极推进素质教育

重视思想品德教育是我国社会主义教育的一大特征,职业教育也不例外。各级各类职业学校普遍开设职业道德课程,是中国职业教育的特点。有组织有计划,学校全员参与,分阶段进行思想品德教育、职业道德教育是我国社会主义职业教育的优越性所在。基础教育提出将"应试"教育向"素质"教育转轨之后,职教界立即明确提出目前职教虽不存在"应试"教育问题。但亦必须实行素质教育。提出教育必须面向全体学生,实行德、智、体、美、劳全面教育,要以培养职业能力为基础提高学生的职业素质,等等。尽管在如何实现素质教育方面仍然是见仁见智,观点、认识不完全一致,但从对素质教育的热衷,可以看出不把职业教育视为

---

① 马克思,恩格斯. 马克思恩格斯全集:第 16 卷[M].北京:人民出版社,1964:218.

一种单纯的就业技能训练,而是作为人的全面发展教育的一个组成部分,是我国职教从80年前黄炎培等现代职教先驱那里继承下来的优良传统。

四、努力为地区经济服务

在为地区经济服务方面,职业教育的表现尤为突出。在体制上有河北的县级职教中心,苏南地区通过"职教中心辐射"建立的县、片、乡三级办学网络,东北地区的校企合作、联合办学等。农村地域广大,农业人口众多是我国的特点,农村职业学校采取上挂、横联、下辐射的办学模式已为大家所熟知。许多职校成为当地生产技术的实验示范推广中心、信息传播和科技咨询中心。城市也如此。如张家港市建设的五个开发区,分别以机电、冶金、轻纺、化工、建材等为支柱产业,形成带有鲜明产业特色的工业区域。12所职业学校分布在全市"五区"内,覆盖全市各镇,每校围绕该地区的支柱产业形成1~3个骨干专业,支撑本地区支柱产业和全市经济的发展。这种区域性的职教布局,已成为我国职教建设的一种定势。

五、改革开放,博采众长

在我国近十几年的教育改革中,职业教育总是排头兵和突破口。20世纪70年代末80年代初的中等教育结构改革,就是以大力发展职业教育为内容的。在我国还没有提出建立社会主义市场经济体制的时候,80年代初建立的职业大学、职业中学就率先开依据市场经济规律办学之风气。打破"统招统配",实行自主招生、交费入学、不包分配、择优推荐就业的办学体制。在借鉴国外先进经验改革教学的工作中,职业教育也是位居前列。如引进了国际劳工组织开发的MES——模块式培训;1983年与德国汉斯·赛德尔基金会合作,开始引进"双元制"。"八五"期间在沈阳、苏州、无锡、常州、沙市、芜湖等六个城市及几十所职业学校进行了"双元制"的研究、实验与推广工作。90年代初与加拿大国际开发署合作,引进了加拿大社区学院以能力为基础的职业教育,国家教委职教司组织了试点实验,现在铁道部、石油天然气总公司等已在全行业予以推广。许多职业学校在学习、借鉴国外职教经验中,结合我国实际创造了适合我国实际的教学经验,更新了教育思想,摆脱套用普教的模式。目前,进行职业分析,以能力为基础,采用模块式教学在职业学校的教学中已是相当普遍了。应该说在整个教育体系中,改革开放、博采众长并卓有成效,职业学校是首屈一指的。

六、对毕业生的追踪辅导与扶助

职业指导在我国已有开展,但对普通中学初、高中生的升学与就业指导就全国范围而言尚未普遍进行。职业学校对学生的职业指导则很重视，并且提出了创业指导的问题，不仅给学生以从职从业的能力，还要帮助学生毕业后能够自己创业。农村创业指导被列为"八五"科研规划国家教委重点课题。一些农村职校于在学期间就组织学生进行家庭经营，有的职业学校提出"扶上马，送一程"，帮助毕业生解决贷款、经营等问题，派出教师辅导毕业生解决技术问题，提高技术水平。全心全意为人民服务是共产党的宗旨，关心人民生活，体贴群众疾苦，积极致力于帮助落后贫困地区和人口尽快脱贫致富，是我国职业教育的极大优点和特点，是为有些国家的职业教育所难以做到的。

以上总结并不全面，特别是主要讲的是学校职业教育，没有涉及短期的职业培训、就业后的培训和继续工程教育等方面；分析也未必精当。用意仅在于值此80周年之际，以此向创造这些辉煌成果的老一辈和新一代职教工作者致敬，并借此以曾在本刊工作过的一名士兵的身份，向读者致谢。

黄炎培职业教育思想研究与实验①

中国的新教育始自清末,1903年癸卯学制的颁布结束了延续两千多年的儒学教育体制,但癸卯学制是清王朝的学制,存在着浓厚的封建性,我国教育真正民主化的改革和现代化的进程是从辛亥革命后开始的。在这个进程中我国老一代的教育家阐尽毕生的精力与心血,为了民族复兴,在如何实现教育现代化,如何建立适合中国国情、具有中国特点的新教育两个方面做了大量的探索、研究与实验,他们的努力既为我国教育现代化、民族化进程奠定了基础,也为今后教育进一步的发展提供了启发和借鉴。所以,如何在当前新的历史条件下继承和发扬老一辈教育家的思想遗产,是一个非常重要的问题。黄炎培是我国近现代著名的政治活动家、教育家,是我国近现代教育改革的核心人物之一。"八五"期间《黄炎培职业教育思想研究与实验》被列入中华社会科学基金重点科研课题,由黄炎培在1917年创建的中华职业教育社承担,课题组为完整、准确地掌握黄炎培的教育思想和职业教育思想,编辑出版了《黄炎培教育文集》(四卷),收入了至今能够收集到的黄炎培全部教育著述。在此基础上对黄炎培的教育思想与实践进行了全面系统的研究,为了进行对黄炎培职业教育思想的实验研究,课题组组织了包括从小学、普通中学、中等职业学校、职业大学到职业继续教育和农民、职工培训的8个子课题组,组织北京、上海、河北、安徽、福建、黑龙江、山东等7省市20多所学校参加实验。研究、实验工作自1992年开始,1994年结题,主要取得了以下三个方面的成果。

一、黄炎培全面系统改革教育的思路

通过研究,我们认为黄炎培教育思想的最大贡献是提出了全面系统改革教育的思路,改革的核心是沟通教育与职业,以建立适应中国社会需求,推动社会、经济发展,理论联系实际的现代教育体系。

① 原载:教育研究,1998(5):28-34.

第一，黄炎培倡导的教育改革是以中国社会的实际状况、需求和教育的社会功能为出发点的，他说：要谈中华民族的教育，"必须针对着中华广大民众最迫切的中心要求而出发"。"中国最大、最主要、最困难、最迫切需要解决的是人民的生计问题"，"我们深切地感觉贫穷是我们中国人的一种严重的胁迫，一种根本的苦痛"。黄炎培十分精辟地论述了科学与教育在发展生产力和推进各行各业进步上的先决作用。他说：科学是近代"工业革命"的"先导"，"用科学解决，百业有进步，不用科学解决，便无进步"。"今日之世界，一科学相争之时代也"教育是"扩大科学运动之先声。""以教育之力扶植其生产力之一日千里，宁复可量？"而当时中国的社会和教育的情况是：第一次世界大战期间，中国的民族工商业得到了较快的发展，"舶来品骤然减少，实业界很想推广制造国货来承乏，而苦于缺少技术人员"。教育与生活、生产严重脱节，所学非所用，所供非所求。"无新学识以应用于实际，无新人才以从事改良，教育不与职业相沟通，何怪百业之不进步？"他得出的结论是："盖今世商战、工战，无非学战"。所以，黄炎培说他受了三大刺激："一般社会生计之恐慌为一刺激，百业之不改良为又一刺激，各种学校毕业生失业者之无算为又一刺激。"针对这三大问题，他提出三个奋斗目标："它要改造一般教育；它要使一般学生获得就业机会；它要替国家做一番增加生产力的准备工夫。"如何实现这三大目标，黄炎培提出三项任务："曰推广职业教育，曰改良职业教育，曰改良普通教育，为适于职业之准备。"可见一开始，黄炎培就是从全面改革教育出发，而不仅是倡导狭义上的职业教育。

第二，黄炎培认为并不仅是职业教育需要与职业相沟通，而是各级各类教育都需要与职业相沟通。他说：以广义的职业教育言之，"凡教育皆含职业之意味，盖教育云者，固授人以学识技能而使之能生存于世界也"。这里"广义的职业教育"既不是指教育类型（如基础教育、职业教育），更不是指培养目标和学校层次，而是与社会职业沟通之教意。

黄炎培从其哲学观和教育观出发，从研究社会职业和教育两方面着手，寻找教育与职业之间的结合点。他说："凡有生命者，第一要求也可以说唯一要求，就是它的生存"。所以，"人类一切问题的中心是生活"。"因从事于生活需要之供给，本于分工的自然趋势，养成专门工作，而职业以兴。""职业一名词，包括对己谋生与对群服务，实是一物两面。"职业，"外适于社会分工制度之需要，内应天生人类不齐才性之特征"，不仅要求供求相济而且要求才性相近，才能"使百业效能赖以增进"，并使人"获得职业的乐趣"。他认为教育的本质是传递，是发展。教育的作用既要在发展人的天赋能力和个性特长的基础上传递与发展人类的生产生活知能；又要基于对群的义务培养为群众服务的精神，增进个人的人生修养。职业的载体和主体是人,教育的载体和主体也是人,在对人的素质观上二者的要求是吻合的。所以,以人与职业和人与教育的关系为纽带,就构成了教育与职业相沟通的基点。黄炎培提出职业教育的终极目标是:"使无业者有业,使有业者乐业",使"人人得事,事事得人"。培养的人要与"业"相适应,与"事"相匹配,这不仅是职业教育的目的,也是教育事业的目的。所以他说:"世安有不实无用,而尚得谓教育耶?"他对职教社所办杂志题名为"教育与职业"是有其深刻用意的。

第三,基于以上观点黄炎培提出了具体的改革教育的方案,其要点如下。

各级各类教育都要与职业相沟通,建立一种贯彻于全教育过程和全部职业生涯的教育体系。小学职业陶冶——初中职业指导——高中以上职业准备教育——就业之后还要接受职业指导,多次进行职业补习和再补习的继续教育。他说:"何谓陶冶,范土成器谓之陶,铸金成器谓之冶。以此方法,施之教育,使儿童于不知不觉中,养成为己治生,为群众服务之兴趣与习惯,所谓职业陶冶是也。"如校园种植、手工"乃若养成儿童劳动、情物、储蓄、经济诸良好惯习,其间影响,何在不予生活上、服务上有密切关系,则皆职业陶冶之所有事也"。"人容不受特设之职业训练,而断无不受无形之职业陶冶,职业陶冶则非仅职业学校所有事,而一般小学所有事也"。根据当时我国教育的现实状况和劳动人民的需要,黄炎培提出:小学除进行职业陶冶外,还可根据实际需要设各种职业准备科,或于高小设职业科。"中学不应专以准备升大学为目标","升学准备与就业准备必须合一"。"专科学校的使命在造就实用人才,同时亦须重视人格训练,以免由于实用而流于功利化"。"大学教育的真正使命在培养崇高的人格及深博的学术"。"课程必须专精,不必繁重"。对已就业的人要不断予以相当之教育,以补充知识,增进其职业知能,"这对于改良职业大有关系"。同时,黄炎培还倡导与正式学校教育相并行的职业补习教育。他认为这种补习教育,可以解决许多全日学校或正式学校所不能解决的问题。补习教育所能达到的人数又远远超过受正式学校教育的人数。

在教育制度上,他倡导专科一贯、工读交替、学习互进制。即初中以下为普通基础教育,高中以分科为原则,学生就其天资所近,认修高中阶段某种分科,毕业后可就业或有条件地实习工作一年,按对口专业升入大专院校,毕业后就职一二年,如仍有进一步发展的可能,再入研究院深造。黄炎培认为这种制度有利于做到学用一致;有利于知识和能力的全面培养;有利于做到理论与实际结合;有利于提高思想道德素质;还可以解决穷苦青年的学习费用问题。黄炎培说:"学而习,习而复学,使其所学与社会需要相配合,免蹈一般学非所用的流弊。""学于此,习于此,知能必较普通教育方法所得为切实而熟练。"通过"做学合一、手脑并用""虚实互证"可以激发学生的学习动机,引起学生的求知欲望和学习兴趣。通过工读交替可以"养成尊重劳动之精神","自求知识之能力""巩固之意志""优美之感情"。黄炎培所提出的专科一贯、工读交替、学习互进制事实上是一种普教与职教相沟通,初、中、高级教育相衔接的教育制度;是一种正规学校教育与补习教育、各类培训并行的教育制度;也是一种工读交替的终生教育制度。黄炎培曾亲自以自家子弟实验此种教育方法,效果很好。

在办学体制上,黄炎培提出应由政府统治,双管齐下,统制即统筹之意。他认为"教育以畸形发展为大戒"。各级各类教育都应"各依适当之比例发展"。做到"供求相剂,才能达到事事得人,人人得事的目的,而生产问题,才得到根本解决"。所谓"双管齐下",即"一方推广职业学校,一方于高等小学、中学分设职业科"。他认为这样做有四个好处:"同校多途,以待学者自择,其利一";"一地立一校,而足给种种要求,则需费省,其利二";"有专科较完备之设备,而普通科课业归于切实,其利三";"化除升学者与就业者阶级之见,其利四"。黄炎培认为不仅在学制中要有一个独立的职业教育系统,而且其他各级各类教育也要与职业相沟通,以准备升学为常例,准备就业为例外的传统观念应根本打破,以普通教育学校为正统的教育,以职业学校为偏系的教育,这种陈旧观念应彻底铲除。

黄炎培以沟通教育与职业为主线改革教育的思想,有着重要的理论和实践意义。当代国外有的教育家认为,如果不能从职业的观点看待社会分工,亦即不能以人为本,从人是生产力中最积极最活跃的因素的观点来看待社会分工,就不能理解教育在推进社会和经济发展中的作用。这与80年前黄炎培所提出的观点可以说是异曲同工的。终身教育的倡导者保罗·郎格朗从教育的角度也论述过"个人在发展方面的教育需要的整体性问题"。他说"普通教育","只有在它培养了人们从事职业的能力时才能获得其充分的意义,也才能获得最强大的动力"。"教育在抽象的真空中是不能有效地起作用","必须与对日常生活、职业生涯、政治、社会生活条件的改善产生强烈兴趣联系起来。"这方面是一个关系全局的教育观念问题。

二、黄炎培的职业教育思想与实践

黄炎培在职业教育方面最重要的贡献是建立了职业教育的理论体系,并进行了多方面的实践,使我国从清末的实业教育转向了现代职业教育。这是他最大的历史贡献,也是今天最具有现实意义的。

我国清末,随着近代工业的产生和新学制的颁布,从日本引进了实业教育的概念。实业教育是从欧洲工业革命后的工业技术教育,经日本转化而形成的概念。其重点在进行工农业技术教育,培养工业技术人才,以提高生产率,并不涉及全部的社会职业(清末实业教育仅包括工、农、商三科),不顾及解决人民的生计、就业问题和人的个性发展等问题,思想上重技术轻职业。对这一点我国清末学制的引进处、日本的教育家也是这样认识的。黄炎培曾记述他在1917年赴日考察日本教育时,东京高等工业学校校长老教育家手岛精一对他说的一段话:"你们中国现在提倡职业教育很好,我们日本只知道为资产阶级帮助殖产的实业教育,哪里顾得到为劳动人民解决生计问题的职业教育呀!我老了,你们好好去干,将来大家总有觉悟的一天的。"这所学校的"生徒监"杉田也对黄炎培说:"诸君谈职业教育乎,幸在中国,若在日本,今日开会所标揭之题目曰为实业教育也,教育家席为之满。若曰为职业教育,则中流以上社会绝无往者。"清末引进实业教育的洋务派,也是将实业教育作为技术教育振兴工农商实业而引进的,在他们的思想中没有职业平等的民主思想和解决人民最基本的生存权的人权思想,以及谋个性之发展的教育思想,等等。

黄炎培倡导职业教育从一开始就不同于实业教育观点。作为教育家,他最初是有感于教育之脱离实际,既不能发展人的能力又不能切合实用,因而提倡实用主义教育。以后又针对三大问题,提出三大奋斗目标,进而倡导职业教育。他以社会职业分类作为职业教育的分类依据。据此,将职业教育分为农业教育、工业教育、商业教育、家事教育、公职教育和专业教育六类。他认为前五类是狭义的职业教育,广义的职业教育中包括专门职业教育(专业教育),"凡律师、医生、教师、新闻家、艺术家皆入之"。大大扩展了职业教育的含义和范畴。

黄炎培根据其对职业教育的价值取向,逐渐对职业教育提出一个很完备的概念,即"职业教育之定义,是为用教育方法,使人人依其个性,获得生活的供给和乐趣,同时尽其对群之义务。而其目的:一谋个性之发展;二为个人谋生之准备;三为个人服务社会之准备;四为国家及世界增进生产力之准备"。20世纪40年代以后,更把职业和职业教育问题与公民的基本权利结合起来。他说:"吾人感到过去人民生活是个人问题,今后使人民不处匮乏,乃是民主政府须尽的责任。过去个人获得职业是一种机遇与幸福,今后乃是现代化国家一个公民应享的基本自由权利。"1941年他进一步提出:"我们确信,职业教育,只有在民族解放、民权平等、民生幸福的社会里,才能实现他的造福人群的理想。反过来讲,又赖有职业教育的努力,我们民族解放,民权平等,民生幸福的国家社会,才能加速的出现。"这就说明了黄炎培为什么既是教育家,又是政治活动家的根本原因。

在这个总的思想指导下,黄炎培对职业教育的培养目标、体系结构、实施原则与办法都做了详尽的论述,确立了不同于实业教育的现代职业教育理论体系。由于内容十分丰富,限于篇幅,不可能一一展开论述,这里仅就总的方面谈四个问题。

1. 黄炎培职业教育思想的人民性

黄炎培认为,发展职业教育能为国家社会增进生产力,使物资丰富,从根本上改善人民的生活自不待言。职业教育还要从求职者方面立足,解决人民的生计问题、就业问题。他认为"民为邦本",本固则国安。"大多数民众的生计问题",是"天下治乱之源"。"中国最大、最重要、最困难、最迫切需要解决的是人民的生计问题。"他认为社会如同花瓶一样重心在下,如果重心上移,花瓶就会倾倒。所以,教育的重心在民众,在直接为民众谋利益。他曾提出办职业教育要下三大决心,第一大决心即下决心为大多数平民谋幸福。职业教育"就是一方要用科学来解决职业教育问题,一方要用职业教育来解决平民问题。如果办职业教育而不知着眼在大多数平民身上,他的教育,无有是处,即办职业教育,亦无有是处"。这个基本立场贯彻于他全部职业教育的理论和实践之中。

因此,黄炎培提出职业教育要与平民教育合作,实施平民职业教育;从事农村教育实验,建立农村改进实验区(从 1917—1949 年中华职业教育社共建有农村改进实验区 30 处);把中华职业教育社办学工作重心置于职业补习教育方面。并且特别提倡和介绍办理资本小,学习时间短,需要大,能独立经营,有教育价值的职业培训(如裁缝、小五金、洗衣、电料制造、贩卖、理发、竹器、钟表修理等),以适应一般劳动人民的需要。使他们能在短期训练后,获得一种谋生技能,解决失业和生计问题。黄炎培还特别关注处于社会不利地位人群的职业教育。如灾民、伤兵、残疾人等的职业教育。中华职业教育社多次举办贫儿职业教育。抗日战争胜利后受委托举办了"伤残重建服务处",为在抗日战争中受伤致残的士兵进行职业培训,帮助他们重建生活。黄炎培及中华职业教育社在新中国成立前艰难困苦的环境中,为失学失业青年,在职的一般店员、职员、工人提高文化和业务水平做了大量的工作。

2. 全面职业素质教育问题

黄炎培职业教育思想的核心是要全面提高全民的职业素质。他要达到的目标是:"学校无不用之成材,社会无不学之执业,国无不教之民,民无不乐之生,乃至野无旷土,肆无窳器,市无游民;因之而社会国家秩序于大宁,基础於确立。"他认为,以劳心或劳力为基础的职业是每一个人都必须从事的"天职","未有不能自谋其生而可以谋国家生存、世界幸福者也"。仅受一般文化教育"不能发展谋生之能力",只能是"满地青年学成无用",必"当更授以直接谋生之术",具备社会所需要的、应有的职业素质。黄炎培认为:"仅仅教学生职业,而于精神的陶冶全不注意",是把一种很好的教育变成"器械的教育",只能是改良艺徒培训,不能称之为职业教育。"职业教育,将使受教育者各得一技之长,以从事于社会生产事业,藉获适当之生活;同时更注意于共同大目标,即养成青年自求知识之能力、巩固之意志、优美之感情、不唯以应用于职业,且能进而协助社会、国家,为其健全优良之分子也。"为此,他提出了全面培养的目标:"知识要切实,技能要精熟,人格要完整"。认为"职业教育应'做学合一',理论与实习并行,知识与技能并重。如只重书本知识而不去实地参加工作,是知而不能行,不是真知。职业教育目的乃在养成实际的、有效的生产能力。欲达到此种境地,须手脑并用"。职业教育"不但着重职业知能,而且还要养成他们适于这种生活的习惯"。职业教育还要重视谋职能力和创业精神的培养,重视职业指导工作,黄炎培提出职业指导的作用是选择职业、预备职业、获得职业、改进职业。

1918 年中华职业教育社为实验推广职业教育,在上海创办上海中华职业学校。建校时黄炎培即提出以"劳工神圣""双手万能""手脑并用"作为学校的办学方针,以"敬业乐群"为校训。在学科课程上除专业课外须开设不低于全部课程总量20%的普通学科,包括公民、体育美术等课程。并为学生订立了 13 条修养标准:(1)对职业之性质应有准确之观念;(2)对所欲之职业社会应有相当的了解;(3)对将从事之职业应具有相当之兴趣;(4)养成负责习惯;(5)养成互助合作的精神;(6)养成勤朴的习惯;(7)养成合理的服从习惯;(8)养成有礼貌的习惯;(9)养成守法的习惯;(10)养成公而忘私的德行;(11)养成创造与奋斗的精神;(12)养成应付一切的能力;(13)养成现代公民所应具有的德行与习惯。这是共同的要求,各专业还须订出自己的特殊要求。为了使学生具有切实的职业素养,中华职业学校还实行过学生学习结束后,就业一年取得合格证明始发给毕业证书的制度。

3. 培养职业能力之目标

黄炎培早年就主张教育之本义在发展人的能力,使学生在手脑、智力和体力,知识和劳动技能上得到均衡的发展。他认为职业教育是养成"实际的、有效的生产能力","实际上的服务知能,得了之后,要去实地运用的"。所以职业教育不惟着重"知",尤着重在"能"。20 世纪 40 年代黄炎培还提出了培养通用职业能力的思想,他说:"所谓职业,除开专门技术以外,有通常必须具备的几种能力。如果具备了,怕任何职业环境都容易走得进的。"如中英文的文字能力,语言交流能力,个人和团体生活的能力,对人、财、物、事的管理能力,等等。职业教育应以培养职业能力为基础,现在已成为国际国内的一种共识,而且特别重视"关键能力"的培养。在这方面黄炎培无论从理论上还是从实践上都是先驱者。

4. 发展个性,开发人力资源的问题

黄炎培认为要提高生产力,开发地力、物力、人力,其中"人力是一切力的中心"。因此,必须十分爱护人力,充分开发人力讲求人才经济。他说:"人各有特别之才能,本之天赋,苟一一用之于适当之途,与因学之不当,用非其长,或竟学成不用而一一废弃之,两者一出一入其影响于国家,社会前途,岂可以数量计? 所谓人才经济问题,吾知诸君固不得不认为重要。"要充分开发人力,必须重视两个问题。首先,完全依靠教育是不可能的。所以,黄炎培提出"建教合作"的主张。把教育和实业联为一体。一方安插人才,解决生计;一方即是开发地方产业。他认为:"离社会无教育,欲定所施为何种教育,必察所处为何种社会。""职业学校有最要紧的一点,譬如人身中的灵魂、'得之则生,弗得则在'。是什么东西呢? 从其本质说来,就是社会性;从其作用说,就是社会化。"因此,他认为办职业教育"须绝对的'因地制宜','应时设教'。"在学校设置上不可"物系统而忽供求"。"须向职业社会里边去设施"。"办职业学校的,须同时和一切教育界、职业界努力沟通和联络","须有最高的热诚,参与一切;有最大的度量,容纳一切"。"职业学校程度和年限,是完全根据社会需要和该科修习上的需要。"黄炎培在举办各类职业教育时都是先从调查研究入手,并不断总结经验。中华职业教育社经过 5 次修订,历时18 年,于 1942 年全国职业教育讨论会上修正通过的《职业教育设施纲领》,其中包括职业教育的设施原则,设施之方式,设施标准三个部分,可以认为是黄炎培这方面理论与实践的集中体现。他说一个职业学校的校长"热诚呀,学力呀,德行呀,经验呀,凡别种学校所需要的,当然缺一不可。还要加上一件,就是社会活动力"。"总之,职业学校校长所最不相宜的,怕就是富有孤独性的书呆子。"

其次,要充分开发人力还必须绝对地"因才施教"。重视"谋个性之发展","使每一个人尽量发挥天赋之长,为国家社会效用"。黄炎培提出:"教育专重个人而忽略社会,与仅顾社会而忘却个人,是一样错误。近代心理学对于教育一个最大的贡献,是个性的发现,使教育注意于个性的适应。一个社会人人有职业,有与其个性相适合之职业,则人人得事,事一个人,社会无有不发达者。"所以,"办理职业教育者,必须注意于个性之发展"。

三、实验成果

在对黄炎培职业教育思想研究的基础上,我们进行了以黄炎培教育思想为指导的、从小学职业陶冶直至成人继续教育的实验研究,在继承和发扬黄炎培教育思想方面取得了好的成果。

在小学课题组进行了小学职业陶冶的研究与实验。昆明新中华实验学校提出将"学和做"统一,以由升学教育转变为素质教育为实验目的,制定职业陶冶的六点要求:一是使儿童认识社会的各种职业;二是养成勤劳的习惯;三是观察了解社会的一般现状;四是受到职业道德的熏陶;五是让独生子女克服心中只有"我",树立合群的思想;六是让儿童懂得"爱",爱家、爱学校、爱人民、爱国家等。通过课程和各种活动,实行分级训练。1~2年级为低级训练,3~4年级为中级训练,5~6年级为高级训练,定有明确的目标,收到了良好的效果。据追踪调查,六年级三班的49名学生升入中学后被评为全优生、三好生、优秀班干部和担任班干部的占毕业生总数的50%。这说明职业陶冶不仅培养了能力,而且使学生从小受到为人民服务思想的教育。

普通初中在云南沪西县两个乡和齐齐哈尔金南乡进行引进职教因素,全面开设劳动课和劳技课,四年制职业初级中学和初中后3+1培训等的实验,取得显著的成果。如齐齐哈尔金南中学1995年统计,学额巩固率从1993年的81%提高到99%;升学率由19%提高到30%;毕业合格率由74%提高到91%。实验期间毕业的300多名初中毕业生正在成长为家乡经济建设的生力军。

北京地安门中学以转变教育观念,实现素质教育为中心,试办综合高中,使学生在取得高中毕业证书的同时,掌握二三门实用技术,取得职业技术等级证书。实验结果表明,升学和就业的效果都比较好。1992届毕业生60%考入高等院校,准备就业的学生全部被录用。1993届毕业生准备升学的理科生100%考取了理想的大学,文科生84%升学。还有的学生根据在校时学的计算机专业知识,进入计算软件学院继续深造。

在职业学校教育方面主要进行了职业教育为经济建设服务的研究与实验和职业道德教育的研究与实验。

根据黄炎培职业教育的目的之一是"替中国和世界谋增进生产力的准备"和"办理职业教育,并须注意时代趋势与应走之途径,社会需要某种人才,即办某种学校"的思想。河南子课题组派出40余人,分赴全国13个省,33个地、市、县城乡进行社会调查。安徽子课题组在本省进行了社会经济、社会职业、劳务市场、毕业生跟踪调查。根据调查,河南将职教重点确定为面向河南全省乡镇企业,安徽确定面向农村,面向贫困山区和蓄洪地区,并按此调整了专业。实验期间,河南中华职业学校培养毕业生8145人,其中具备了高等学历者5705人,中专学历的700人。就业率除1992年大专在66%以外,其他都在80%以上。安徽的一些贫困山区、农村地区由于办学条件差,85%的初中毕业生不能升入高中,他们创造了依托城市、服务农村发展职业教育的方式,起到沟通教育与职业、城市与农村的桥梁作用。将学校办在省城或城镇,面向农村定向招生,学生毕业后可回到农村,这为农村培养了医药卫生、电子电器、工民建和建筑装潢等急需的人才。上海中华职业学校则走企业和学校联合办学之路,特别是针对下岗职工的转业需求,设立了"温暖工程"上海培训中心,接受企业委托,开设各种短训班,义务培训下岗人员。经培训后,大部分重新就业。

黑龙江子课题组和上海中华职工中等专业学校进行了职业道德教育实验。他们以黄炎培提出的"敬业乐群"为核心,研讨新形势下的职业道德教育问题。黑龙江在实验校中将"敬业乐群"教育分为三个阶段进行。高一为"安业"教育,使学生了解专业、热爱专业立志成才;高二为职业前途和发展前途教育,通过"乐业"教育,使学生树立高瞻远瞩又切合实际的职业理想;高三阶段以"敬业"为重点,主要通过生产实习的实践活动,促进职业道德品质的发展,树立全心全意为人民服务的"乐群"思想和行为。增大教育的密度,把职业道德教育渗透到各科教学、各项活动中,并且举办校园敬业节。实验结果使学生热爱专业、努力学习、团结助人、勤苦耐劳、乐于奉献、讲文明懂礼貌,思想道德面貌大为改观。

上海市中华职工中等专业学校,是一所业余成人中专,教育对象在职职工占76%,下岗位人员占14.7%,待业青年占9.3%,在理想信仰、职业道德、学习目的、遵纪守法等方面都存在着不同程度的复杂认识。如一项不记名问卷中回答认为雷锋精神"崇高但不实用"的调查对象占29.4%,"太傻"的占19%;选答"市场经济条件下只要会赚钱就行,个人品德和职业道德是无关紧要的"占36.8%。针对这个状况,他们通过政治课、各科教学、常规活动、专题教育、班主任工作、班集体工作,推动自我修养,评选"敬业乐群"的先进优秀学员等十种途径,大力开展职业道德教育,使学员得到正确的导向,实验班级中涌现一批优秀学员,其中市级优秀3名,校级17人,班级积极分子28人。

通过对黄炎培教育思想的实验研究,我们深深体会黄炎培教育思想至今仍具有强大的生命力,在继承的基础上开拓创新、丰富发扬,对于我国当前职业教育的改革与建设具有重要意义。课题研究不仅是在研究之后,而且是在研究之中就收到实际的成效,是进行课题研究的一个好的方向。

我们课题组还深深地感到,研究黄炎培教育思想,还要学习他忠诚于职业教育事业、无私奉献、不媚世俗偏见、不畏艰难挫折、不断进取、勇于实践的精神,这甚至比学习他的教育理论与实践经验更为重要。通过研究与实验,课题组成员的思想认识得到了很大的提高和净化,这也是我们课题研究的一项收获。

总之,黄炎培职业教育思想的重大意义就在于,他抓住了人与职业和人与教育关系的这个纲,以这个关系为纽带沟通教育与职业,因而对教育做出了比较完整、系统的具有规律性的认识,奠定了我国现代职业教育的理论基础。由于这些论点的规律性具有普遍意义,所以他所涉及的问题依然是我们今天所需要认识和解决的,所以,黄炎培的职业教育思想至今仍有现实的指导意义。当然,今天情况已经发生了巨大的变化,黄炎培的教育思想不可避免地具有他那个时代的特征,他没有也不可能提出 21 世纪的中国教育如何发展的问题;但重要的是黄炎培为我们提供了研究和改革教育的一种思路,提供了职业教育的理论与实践,也可以说是开门的钥匙。以此为基础,在新的形势下,发扬和发展黄炎培的教育思想,创造出新的业绩,是我们今后仍需努力的目标。

参考文献:

[1]保尔·朗格朗. 终身教育引论[M]. 北京:中国对外翻译出版公司,1985.

[2]黄炎培. 黄炎培教育文集:1—4 卷[M]. 北京:中国文史出版社,1994.

路易·艾黎与山丹培黎工艺学校[①]

一个外国人把希望的种子播撒在中华大地上,这就是《农民的希望》一书的作者——路易·艾黎。在他 18 岁寿辰的时候,邓小平同志说:"为中国的革命事业尽力地国际朋友有千千万万。但是像艾黎同志这样 50 年如一日,不管在艰难困苦的时候,在我们创业的时期,或者在我们革命胜利以后的日子里,始终如一地、一贯地为我们的革命事业做出了大量的努力,这是很不容易的。因此,他受到中国人民理所当然的尊敬。"

一、从"工合"运动到山丹培黎工艺学校

路易·艾黎(1897—1987)出生于新西兰坎伯雷地区斯普林菲尔德镇。祖父是爱尔兰移民。曾赴欧参加过第一次世界大战,荣获军功章,归国后与人合作办牧场。1926 年底取道澳大利亚来华,1927 年 4 月抵上海,从此留居中国。

1927 ~ 1938 年,艾黎在上海公共租界工部局消防处任职期间,目睹了许多不平等的社会现象和中国工人遭受剥削和压迫的苦难,促使他决心投入中国人民变革社会的斗争。1934 年他与中国共产党建立了联系,为中国共产党做了许多工作。抗日战争爆发后,艾黎完全理解并支持毛泽东同志长期抗战的思想,为了能坚持长期抗战,他认为建立工业合作社是个好办法。因为,这种小型合作社可以随着抗战形势的变化随时转移,能解决一部分难民就业和支援游击队缺乏的武器,培养技术工人。所以,在 1938 年与埃德加·斯诺等中外友人发起"工合"运动,制定在非敌占区建立工业合作社的计划。这项计划得到毛泽东、宋庆龄和中国共产党的支持。1938 年 8 月,中国工业合作协会正式成立。1939 年 1 月中国工业合作社国际促进委员会在香港成立,艾黎为委员,并担任执行秘书。从这时起,他奔走于川康、滇黔、湘桂、赣闽粤、浙皖、晋豫等抗战后方的城镇农村,组织和发展当地的工业合作社。并先后去菲律宾、缅甸、新加坡等地为"工合"筹募资金。

---

① 原载:中国职业技术教育,1998(4):49 – 51. 注:荒原是高奇的笔名.

截至 1942 年,"工合"在整个非敌占区共建立了大约三千多个大小不同的合作社和作坊,生产数十种民用消费品和部分军需品。如组织从沦陷区来的陶瓷工人,利用本地优质材料,生产市面极为短缺的瓷器;组织难民或轻伤员,纺织抗日部队需要的毛毯;在有矿石的地方炼铁,为机械厂提供原科;等等。在中国共产党的支持下,在延安和八路军、新四军作战地区也建立了"工合"组织,在西北、西南和东南等后方地区普遍建立了"工合"的办事机构。"工合运动"得到许多外国援华组织和爱国侨胞的支持和捐助,"工合"成为国际上支援中国抗战的一面旗帜。

在开展"工合"运动中,艾黎深感旧教育的弊病。他说:"当时中国有逃难的工程师,也有大专院校的毕业生,按理他们应当具有丰富的技术理论知识,能够在贫困的环境中创造财富。可是,这样的人才,在我们开展工合工作的地区几乎难以找到。"一是"他们之中相当一些人缺乏对劳动人民的感情"。"这样的青年贪恋大城市的舒适生活,甚至梦想升官发财;谈到实际生产,便成了门外汉,在日常生活中,如何同普通老百姓共同生活,共同工作,更是格格不入。"二是缺乏实践经验和动手能力。"开始工作时往往表现得束手无策。经过很长时间,他们才能改变那种不太切合实际的思想,才能使自己原来仅有的那点书本知识和实践结合起来。"所以,他说:"人才的困难,使我深深地感到,创办培养人才的学校,才是开展工合事业的基础。"

"工合"组织在成都、在洛阳等地都办过学校,但是由于国民党的政治迫害,国民党政府参与工会组织官员的腐败和旧教育的影响都失败了。于是艾黎决心亲自参与教育实践,亲自培养人才。艾黎深深感到中国的农民迫切需要教育。他说:"旧中国的农民,长期以来从事个体劳动,没有文化,没有科学知识,缺乏集体生活中那种有纪律的锻炼和习性,甚至可以说,工厂里做工的知识他们一点也没有。""中国面临的问题,就是地域广,农业人口多,因而要求教育必须面向农村,以适应发展农村生产为目的,发展壮大教育事业。"因而他设想:"办学校,通过实践性的技术教育,使学员掌握多种生产技能,以便在面临的生产建设中,遇到新问题时,能够具有大无畏的创造精神,去了解和探索现状,解决问题。他们应该熟悉纺织生产,因为在当时的历史条件下,有关编织、纺织、裁剪、印花、织毯等工艺技术,到处都需;他们应该懂得交通运输问题;他们还必须掌握有关陶瓷、石灰、采煤、皮革、电器的安装和使用、机械制造和维修、磨面、榨油、玻璃制造等工艺;他们应该学会刊用当地原料来搞造纸、印刷;他们还必须掌握冬季如何贮藏食物以及耕种、改良土壤、使用拖拉机、科学喂养牲畜等。"他认为,从长远来看,"发展小型工业企业将会成为农民和工人生活中小可缺少的部门",就应该有受过这种教育的,有创造能力的技术人才,去改善人民的生活条件。这就是艾黎创办学校的宗旨和其"创造教育"的基本思想。

学校命名培黎工艺学校,最初校址在陕西秦岭山区凤县境内一个镇子——双石铺。1941年创建。由于日军的可能进犯和国民党驻军的迫害,艾黎考虑,今后必须避开国民党中央的直接干涉,选择新中国诞生后能派上用场的地方,最终决定设在甘肃省山丹县。1943年迁校,1945年7月完成建校工作。成立了"中国工业合作协会山丹培黎工艺学校"。

二、创造教育

艾黎在《农民的希望》一书"新西兰版1959年前言"中说:"自然界进化的途径总是有规律的,问题是如何去探索它,发现它。作为教育,如果它没有给人民的创造性活动提供奋勇前进的思想和方法,而是成为扑灭富有创造性的智慧火花的教条,那么,这种教育就是失败的教育。"学校校长(英国人)牛津大学毕业的乔治·艾温·何克说:"我们现阶段可以作的最大事情,莫过于去发现一条适合于中国的自然状况和社会状况的教育规律。""要是我们不能给农村带来一些幸福,我们就一钱不值了。"探索一条适合中国(特别是农村)实际情况,能够培养创造性技术人士之路,并培养出这样的人才,是他们办教育的目的。所以,培黎学校的校训定为"创造分析"。对学生的要求是"学习、工作、奋斗、创造"八个大字。

创造性的人才应该是什么样的呢? 艾黎说:"我们的任务,就是探索培育出一批能适应任何艰苦环境的人才。他们应当具有广泛而实际的工业基础知识,具有在实践中解决各种问题的能力和实际操作技能。他们应当具备为农村服务的技术干部所应当具备的良好的素质和广泛的才能,他们应当渐渐地适应当地的风土人情,他们应当信心百倍地去克服困难,他们不应当在自己做出成绩后沾沾自喜止步不前。"

怎样培养创造性的人才呢? 那就是通过灵活的、不是枯燥的教育方法,"趁着孩子们心灵单纯、天真无邪、无忧无虑之际,把他们非常好学的进取心,以及他们的聪明智慧和创造能力,引向工业生产的方向"。这就需要理论联系实际。"事实证明,如果受教育的青年在学习过程中脱离社会生活实际,那么,他们即使遇到很小的困难,也只能用最笨拙的力法去对待,而且收效甚微。""我们认为,劳动和学习必须同时并进,这叫作手脑并用。通过自己的劳动生产出成果来,每件东西都和使用价值联系起来思考,这是一种效果良好的教学方法。"要通过培养和锻炼使学生身心健康。艾黎说:"所有这些,如果忽视了青少年的健康状况,一切便会落空。我所说的健康,是指思想上的健康和体质上的健康,二者缺一不可。对受教育的青少年,在性格上不能按照一种固定的格式约束他们,应该给他们提供各种各样的条件,让他们有创造有分析地进行工作,让他们有主人翁的思想,从而相信他们自己,增强他们的自信心。""在生产协作与互相学习的教育结构中,还应保持青少年自然发展的余地。"

可以想见,在当时严酷的战争年代,极端贫困落后的西北边地,要实现上述目标,得克服多少困难!

学生最初十几个大多数来自河南,"尽是贫苦农民的孩子和难童,他们很小就在社会上颠沛流离,饱尝过战争创伤和失去亲人的不幸"。"满身疥疮,面黄肌瘦"。学校经费靠国际友人捐助,十分困难,"往往一天吃不饱一顿饭"。校长乔治"不得不到街上的饭馆赊些玉米杂粮来充饥"。艾黎后来回忆说:"不要忘记,在灾荒战争年月,赊欠粮食是多么不容易啊!"

山丹,县城仅有 5000 人,"马步芳统治期间,兵荒马乱,赤地千里,租税累累,穷苦人简直没有活路"。山丹城郊"零星几户人家,象棋盘上快下完的几个棋子。一片旷野,没有鸡鸣,没有狗叫,望到天的尽头,也看不到一个人影"。就在这凄惨荒凉之地,两三年的工夫,学校迅速发展起来。设置的专业门类有纺织、皮革、缝纫、机械、电器、陶瓷、玻璃、造纸、煤矿、农牧业、水利工程、运输、建筑、会计、测绘、医药等 20 多个专业,兴办起 20 座小型工厂。逐步建设形成了农村需要的一套工业生产和生活体系。学校的教学实验基地,占据了山丹县城里、城郊三分之一的地方。此外,还有两万多亩地的农场。到 1945 年,学校的学生已有 400 多人,教职工(包括农场、煤窑雇用的工人)200 多人。

学校教学采用半工半读的形式。艾黎认为:"教育要遵循人的思维的发展规律。劳动创造了人,人的大脑和手的劳动,创造着世界。因此教育要按照这个原理,做到教育与劳动相结合,做到手脑并用,协调发展,不可偏废。""发展半工半读的教育,还可以缩短智力投资转化为经济效益的周期,在总的智力投资上也是节约的。"半工半读也"是在少年时期就要给他们创造条件,使他们在持续不断的创造性工作环境中成长"。如果长时间只让学生在课堂学习,死啃书本,与生产劳动脱离,只动脑,不动手,将来参加生产劳动,无论在思想上和体力上,一时都不会适应的。"教育如果把理论和实践分离开来,也不能成为完整的教育体制。"艾黎提出还有一个"我们起码要考虑到的一个重要原因":世界上很多人都生活在贫困线上,他们不可能让他们的孩子不去劳动,不去找工作谋生存,他们负担不起他们的孩子的生活。因而,要求孩子们有一技之长。

学校的课程有英语(包括基础技术英语)、中文、数学、工业常识、合作经济、世界工业发展状况、历史、经济地理、理化基础、电机、体育、生理卫生,还有机械制图等,机械、陶瓷、医药、地质测绘等专业课学生年纪最小的十二三岁,大的十八九岁。新生入校,首先要在农场劳动,当半年练习生,学习成绩及格后转为正式生。还要考察练习生在劳动中能不能吃苦,是不是勤劳,能不能同别人合作。学校开始没有女生,1946年宝鸡战时孤儿院来的难童中有女孩子,学校成立了女生班。学校有女学生,成了山丹的头条新闻。"山丹街上的小丫头们看红了眼",央求父母允许她们进学堂。"大人一想,这学校教学生念书,还教学生学本领,学校又有女教员,不付学费,就答应了"。从此,山丹穷人家的女孩子也得以上学了。

文化课按学生的实际水平编班。在时间安排上一般上午学文化课,下午实习劳动,有时一周内学三天文化课,劳动三天。根据"对不同年龄不同性别的同学,要尽可能给他们多样化的有兴趣的学习内容和生产实习,以形成完整的培训体制"的要求,尽可能使学生轮流在各种生产部门实习。艾黎认为:"学生是学校的主人,要从小给学生委以'重任',锻炼学生的工作能力和管理才能。要让学生在学校唱主角,轮流担任学校的各种干部,锻炼学生未来对社会的责任感和应当承担的义务。"所以,高年级的一些优秀学生要帮助低年级学生学文化课,改作业。生产组和实习工厂是以学生为核心建立的。全校各班组和实习工厂的负责人全由学生担任。每个生产组设有管委会,成员由该组同学推选,主要负责人由校长指定,生产组统一由校生产科领导。正式生每月发五角硬币津贴,组长、工厂负责人发一块大洋。给孩子们少许的零用钱,是为了使他们在经济上有小小的独立性。学生组织了学生自治会,管理自己的学习、文体、卫生、纪律、生活等方面的事。

教学方法力求生动活泼,学用结合。如新生入学后,往往第一课是组织他们参观老煤窑,看看煤矿童工的苦难生活,对学生很有教育意义。英语则用国际间交往的常用语教语言课,要求学生用英文记日记,用外文唱民歌。胡·埃利奥特是加拿大籍一位能干的电讯工程师,为使学生理论联系实际,在院子里,架起了错综复杂的电线网,要同学寻找和排除障碍。艾黎认为:"对待一个孩子的成长,最大的残忍,莫过于放纵、娇惯,莫过于拒绝给孩子以进取和奋斗的精神。"学校强调组织纪律、强调精确的现代化工业工人的意识。多方面培养发展学生的才能。所以,山丹学校的学生不仅有知识有技术还会游泳、滑冰、开汽车。

山丹培黎工艺学校的教育是成功的,山丹的学生有的当了会计、司机、医务工作者、教师,有的成为工程师、测绘员、技术员,成为新中国西北工业特别是石油工业战线上的骨干力量。

新中国成立后,1951年"工合国际委员会"在北京宣告结束,学校由重工业部接管,成为培养石油工业技术人才的技工学校。

三、友谊之树常青

在山丹培黎学校任教的除中国教师外,还有许多外国教师和技师。他们大都是支援反法西斯战争由"工合"订合同派来的。新西兰、美国、英国、加拿大、奥地利、葡萄牙、日本、德国等国家先后派来近20位教师。他们带来了各国人民的友谊,做出了无私的奉献,甚至付出了生命。校长乔治曾用中文写过一首歌:"在山丹,我获得新生,我要坚持在这里,直到生命的最后一息。"他由于生活艰苦,穿麻鞋脚趾外露碰伤了脚,得了破伤风。当地缺医少药,在与死神做斗争时他表示:"我从来没有考虑过有一天要重返英国。""我会熬过来的,可是我想人总会自不测……我只有几件衣服,一个照相机,你把它卖了,作为学校的经费吧。"永别他所热爱的学生们时,年仅30岁。

美国"工合"组织派来的毛纺专家兰瓦·叶丽华夫人不仅传授毛纺工艺技术,而且根据毛纺厂的需要自己出钱在加拿大购买设备和染料,自己出钱托运,横渡太平洋,把设备运到山丹,改变了煮染毛线的旧方法。

在华西大学任教的地质专家英国人韩博能教授,来到山丹任教后带上几条黄瓜、几个饼子领着孩子们上山测量、勘探,找到了赤铁矿苗和质量好、藏量丰富的石英砂、石灰石。他利用两个暑假的时间,每天跋涉上百里路,踏遍了山丹的山川戈壁,完成了山丹县境内的资源分析和测绘,画出了《山月经济分析图》。

新西兰派来的外科医生斯宾赛夫妇,带着足够一个手术室用的全套医疗手术器械来到山丹,在学校办起医院,也为当地群众出诊治疗。三年内他们自编教材,从学生中培养出一批医务人员,后来这批医务人员都成为各医院的骨干力量。

艾黎坚信:"师傅不高,徒弟弯腰。"他说:"如果教师本身没有远大的理想,高尚的品质,强烈的事业心,较高的教学本领以及战胜困难的顽强毅力,这样的学校便不会蓬勃发展而会半途而废的。"艾黎和来山丹培黎工艺学校任教的教师、外国专家在教育思想、教育实践和人格品质上都为我们留下了宝贵的财富。

1983年在艾黎不懈的努力下"中国工业合作协会"恢复,他被推选为名誉顾问。1987年中断工作35年的"工合"国际委员会重新组建,艾黎任主席,亲自领导了该会的日常工作。1987年4月,他长期努力重建的山丹培黎农林牧学校正式开学,他任名誉校长。

艾黎终生未婚,他把两个落难孤儿当作自己的儿子抚养,还收养了革命干部的四个孩子和邓中夏烈士的侄子,在极端困难的条件下,把他们抚育成人。1987年12月27日,九十岁高龄的艾黎与世长辞。骨灰遵其遗嘱撒在他热爱的第二故乡——山丹。邓小平同志为他题字:"伟大的国际主义战士永垂不朽!"

学习邓小平教育理论①

　　邓小平同志一贯重视新中国成立后职业教育的发展问题。早在1951年他在西南局第一次宣传工作会议的讲话中就指出:"学校教育工作搞不好,关系重大。"因为,"新中国成立后需要有本事,能为国家建设做事的人"。1954年在政务院会议讨论教育工作时,邓小平说:"政务院许多部门的领导人,他们注意抓生产,抓基本建设,这是对的,但是对培养干部重视不够,这主要表现在对自己所管的学校注意很差。殊不知办好学校,培养干部,才是最基本的建设。""我们的中等专业学校普遍办得不好,真正办得好的很少,要设法解决这个问题。我们有些业务部门的领导人,认为让他管生产是重视他,让他管学校是把他降格了。这是一种很不好的倾向,是办好学校的主要障碍,应该纠正。"1958年,邓小平在中共中央书记处会议上又提出:"任何时候都不要忽略职业中学的教学质量问题。职业中学的一部分毕业生应该能够升入高等专科学校学习。职业中学如果只有现在这几门课,是不可能提高的。"并且提出:"城市中还应该发展一批职业中学。""一般学校要给学生参加劳动的机会。""学校要把劳动定到每周课程中,每周规定半天,主要是使娃娃们养成劳动习惯,加强集体观念。"20世纪70年代以后,邓小平对我国职业教育事业给予了极大的关注,为我国新时期职业教育的发展开辟了道路,确立了方向。

一、职业教育的地位

　　邓小平从马克思主义经济是基础这样一个基本的唯物史观出发,多次反复强调发展经济的重大意义。他说:"抓住时机,发展自己,关键是发展经济。""世界上一些国家发生问题,从根本上说,都是因为经济上不去,没有饭吃,没有衣穿,工资增长被通货膨胀抵销,生活水平下降,长期过紧日子。""人民现在为什么拥护我们就是这十年有发展,发展明显。"假如我们有五年不发展,或者是低速度发展,"会

---

　　①　原载:中国职业技术教育,1998(10):5-6.注:荒原是高奇的笔名。

产生什么影响。这不只是经济问题,实际上是个政治问题"。

发展经济靠什么? 靠解放生产力和发展生产力。他说:"革命是解放生产力,改革也是解放生产力。""社会主义基本制度确立以后,还要从根本上改变束缚生产力发展的经济体制,建立起充满生机和活力的社会主义经济体制,促进生产力的发展,这是改革,所以改革也是解放生产力。""应该把解放生产力和发展生产力两个讲全了。"在解放和发展生产力问题上,邓小平提出了著名的论断:科学技术是第一生产力。因此,把教育摆在了极端重要的位置。他说:"从长远看,要注意教育和科学技术。否则,我们已经耽误了二十年,还要再耽误二十年,后果不堪设想。最近,我见胡萨克时谈到,马克思讲过科学技术是生产力,这是非常正确的,现在看来这样说可能不够,恐怕是第一生产力。"20 世纪 90 年代,他再次肯定地说:"经济发展得快一点,必须依靠科技和教育。我说科学技术是第一生产力。"为此,邓小平要求:"国家计委、教育部和各部门,要共同努力,使教育事业的计划成为国民经济计划的一个重要组成部分。这个计划,应该考虑各级各类学校发展的比例,特别是扩大农业中学、各种中等专业学校、技工学校的比例。"这里,邓小平特别提出要扩大职业学校的比例,既是针对"文革"之后职业学校与普通中学比例严重失调的问题;更是因为经济的建设和发展固然要有高级的科技人才,还必须要有千百万在生产第一线的劳动大军。他曾教导青年说:"为了创造社会主义的幸福生活,没有极艰苦的劳动,是不可能的。我们要参加劳动,特别要积极参加工农业生产的体力劳动,因为体力劳动是社会存在和发展的基础,是最大多数人民都要担负的光荣义务。"

可以这样认识,邓小平对教育和职业教育的地位和作用的观点,用他自己的一句名言来表述就是:"不抓科学、教育,四个现代化就没有希望,就成为一句空话。"

二、发展职业教育的前提、方向与目标

1980 年,邓小平在中央召集的干部会议上提出实现四个现代化必须具备的四个前提。"第一,要有一条坚定不移的,贯彻始终的政治路线。"即:"团结全国各族人民,调动一切积极因素,同心同德,鼓足干劲,力争上游,多快好省地建设现代化的社会主义强国。""现在要横下心来,除了爆发大规模战争外,就要始终如一地、贯彻始终地搞这件事,一切围绕着这件事,不受任何干扰。就是爆发大规模战争,打仗以后也要继续干,或者重新干。""第二,要有一个安定团结的政治局面。""没有一个安定团结的政治局面,就不能安下心来搞建设。""在我国目前的情况下,可以说,没有安定团结,就没有一切。""第三,要有一股艰苦奋斗的创业精神。""我

们是个穷国、大国,一定要艰苦创业。""我们只能在发展生产的基础上逐步改善生活。""我们要经常记住,我们国家大,人口多,底子薄,只有长期奋斗才能赶上发达国家的水平。""第四,要有一支坚持社会主义道路的、具有专业知识和能力的干部队伍。"要改变"干部缺少专业知识、专业能力的状态",因为"只靠坚持社会主义道路,没有真才实学,还是不能实现四个现代化"。无疑,这四个实现四个现代化必须具备的前提,也是发展职业教育必须具备的前提。随之,1983年邓小平在为北京景山学校的题词中写道:"教育要面向现代化,面向世界,面向未来。"为教育提出了发展的战略方向。

邓小平说:"教育方面有好多问题,归根到底是要出人才、出成果。""培养人才有没有质量标准呢?有的。这就是毛泽东同志说的,应该使受教育者在德育、智育、体育几方面都得到发展,成为有社会主义觉悟的有文化的劳动者。"他指出,这不仅是各级各类学校教育的培养目标,而且要在招生、培养直至就业的整个过程中贯彻这个方针。在1978年召开的全国教育工作会议上邓小平提出:"今后,不仅大中学校招生要德智体全面考核,择优录取,而且各部门招工用人也要逐步实行德智体全面考核的办法,择优尽先录用。这也就是把毛泽东同志提出的培养德智体全面发展、有社会主义觉悟的有文化的劳动者的方针贯彻到底,贯彻到整个社会的各个方面。这样做,对于提高整个职工队伍的政治质量和科学文化素养,对于满足不同工种、职业的特殊要求,对于在青少年中以至在整个社会上造成人人向上、奋发有为、不甘落后的革命风气,都将发挥巨大的促进作用。"

邓小平认为:"毫无疑问,学校应该永远把坚定正确的政治方向放在第一位。"他说:"恩格斯在评价马克思的时候说,现代无产阶级只是依赖马克思才第一次意识到本身的地位和要求,意识到本身解放的条件。""只有社会主义才能救中国,这是中国人民从"五四"运动到现在六十年来的切身体验中得出的不可动摇的历史结论。"他明确提出:"我们要在建设高度物质文明的同时,提高全民族的科学文化水平,发展高尚的丰富多彩的文化生活,建设高度的社会主义精神文明。"他说:"所谓精神文明,不但是指教育、科学、文化这是完全必要的,而且是指共产主义的思想、信念、道德、纪律,革命的立场和原则,人与人的同志关系,等等。""要加强各级学校的政治教育、形势教育、思想教育,包括人生观教育、道德教育。"基于这个思想,邓小平在1985年再次强调:"有一点要提醒大家,就是我们在建设具有中国特色的社会主义社会时,一定要坚持发展物质文明和精神文明,坚持五讲四美三热爱,教育全国人民做到有理想、有道德、有文化、有纪律。这四条里面,理想和纪律特别重要。"这就为各级各类学校在精神文明建设中应起的作用,规定了具体的目标和内容。

三、发展职业教育的条件

邓小平认为,谈发展有两条基本原则:一是"实事求是","否则非犯错误小可"。"毛泽东同志在延安为中央党校题词,就是'实事求是'四个大字,这是毛泽东哲学思想的精髓。"二是看"对实现四个现代化是有利还是有害,应当成为衡量一切工作的最根本的是非标准"。不能离开我国的社会现实去侈谈或空谈人和人的发展。他说:"我们的人民生活水平和文化水平还不高,这也不能靠谈论人的价值和人道主义来解决,主要地只能靠积极建设物质文明和精神文明来解决。离开了这些具体情况和具体任务而谈人,这就不是谈现实的人而是谈抽象的人,就不是马克思主义的态度,就会把青年引入歧途。"

从我国的国情和现状出发,怎样发展职业教育,邓小平着重论述了以下几点。

第一,各级政府要重视,切实负起责任,领导要亲自抓。早在解放初期邓小平就说过,教育办不好"主要是我们的同志不闻不问,如果管一下就不会这样"。所以,他在"文革"之后,百废待兴之时,肩负"总设计师"重任之下,毅然提出:"我知道科学、教育是难搞的,但是我自告奋勇来抓。不抓科学、教育,四个现代化就没有希望,就成为一句空话。"他说:"一个地区,一个部门,如果只抓经济,不抓教育,那里的工作重点就是没有转移好,或者转移得不完全。忽视教育的领导者,是缺乏远见的、不成熟的领导者,就领导不了现代化建设。"并一再强调:"抓,要有具体政策、具体措施,解决具体的思想问题和实际问题。""各级党委和政府,对教育工作不仅要抓,并且要抓紧、抓好,严格要求,少讲空话,多干实事。"同时,"教育事业,绝不只是教育部门的事,各级党委要认真地作为大事来抓,各行各业都要来支持教育事业,大力兴办教育事业"。

第二,发展教育和职业教育"必须与国民经济发展的要求相适应。""不然,学生学的和将来要从事的职业不相适应,学非所用,用非所学,岂不是从根本上破坏了教育与生产劳动相结合的方针?那又怎么可能调动学生学习和劳动的积极性,怎么可能满足新的历史时期向教育工作提出的艰巨要求?"他指出,"我们培养训练专门家和劳动后备军",应有与国民经济发展计划相适应的周密的计划,依据需要考虑各级各类学校发展的比例。"我们不但要看到近期的需要,而且必须见到远期的需要;不但要依据生产建设发展的要求,而且必须充分估计到现代科学技术的发展趋势。"对"生产劳动、科学试验和科学研究在学校教育中怎样组织得更有计划,使之更符合于经济计划和教育计划的需要,应该加以深入的研究。"

第三,发展职业教育必须与国家的劳动计划、与就业联系起来。邓小平提出:"今后国家将努力开辟新的途径,增加新的行业,以便更有效地为四个现代化服务。我们制订教育规划应该与国家的劳动计划结合起来,切实考虑劳动就业发展的需要。"他说:"思想文化教育卫生部门,都要以社会效益为一切活动的唯一准则,它们所属的企业也要以社会效益为最高准则。"

邓小平认为,今后实现劳动就业和选择干部必须要求具备所需的专业知识和专业能力。他指出:"无论在什么岗位上,都要有一定的专业知识和专业能力,没有的要学,有的要继续学,实在不能学、不愿学的要调整。""没有别的办法,你耽误事业嘛。"因此,专业培训不仅要在就业前进行,对在职人员也要进行继续教育。通过"一个是办学校,办训练班进行教学,一个是自学"。"建立一支坚持社会主义道路的、具有专业知识和能力的干部队伍,而且是一支宏大的队伍。"

第四,发展职业教育要有经费、师资等保障条件。邓小平指出:"为了建设现代化的社会主义强国,任务很多,需要做的事情很多,各种任务之间又有相互依存的关系,如像经济与教育、科学,经济与政治、法律等等,都有相互依存的关系,不能顾此失彼。""我们过去长期搞计划,有一个很大的缺点,就是没有安排好各种比例关系。"在没有安排好的各种比例关系中"还有一个重要的比例,就是经济发展和教育、科学、文化、卫生发展的比例失调,教科文卫的费用太少,不成比例"。"总之,我们非要大力增加教科文卫的费用不可。""否则现代化就化不了。"

邓小平说:"一个学校能不能为社会主义建设培养合格的人才,培养德智体全面发展、有社会主义觉悟有文化的劳动者,关键在教师。"所以,他特别关怀提高教师的地位。他说:"我们要提高人民教师的政治地位和社会地位。不但学生应该尊重教师,整个社会都应该尊重教师。"在教师中又特别重视和关怀小学和中等学校的教师。他提出:"要研究教师首先是中小学教师的工资制度。要采取适当的措施,鼓励人们终身从事教育事业。特别优秀的教师,可以定为特级教师。""要把师资培训列入规划,列入任务。"并指出:"教育战线任务愈来愈重,各级教育部门不能不努力提高现有教师队伍的教学能力和教学质量。教育部和各地教育行政部门,要采取切实有效的措施,比如充分利用广播、电视,举办各种训练班、进修班,编印教学参考资料等,大力培训师资。""要请一些好的教师当教师的教师,大学教师要帮助中学教师提高水平。"

邓小平还积极倡导:"要制订加速发展电视、广播等现代化教育手段的措施,这是多快好省发展教育事业的重要途径,必须引起充分的重视。"发展职业教育当然也要在这方面做出努力。

邓小平教育思想是马克思主义、毛泽东思想在中国、在当代的继承和发展,这里写的仅是个人对邓小平教育思想中有关职业教育方面的一些体会,但在学习中深切感到全面、系统、准确、深入地学习邓小平思想和教育思想的极端重要性,因为这是我们国家和民族兴旺发达的希望所在。正如邓小平同志所说："我们国家，国力的强弱，经济发展后劲的大小，越来越取决于劳动者的素质，取决于知识分子的数量和质量。一个十亿人口的大国，教育搞上去了，人才资源的巨大优势是任何国家比不了的。有了人才优势，再加上先进的社会主义制度，我们的目标就有把握达到。"只要我们遵循邓小平同志的教导努力奋斗，我们的目标就一定能够达到。

参考文献：

［1］中共中央文献研究室.邓小平文集［M］.北京：人民出版社，1993.

［2］中共中央文献研究室.邓小平同志论教育［M］.北京：人民教育出版社，1990.

关于建立综合中学的思考①

一、历史的回顾

我国正式建立综合中学是在 1922 年新学制颁布之后。当时的历史背景是，1911 年中国民族资产阶级领导的辛亥革命，使我国出现了一股发展民族工商业的热潮，民族工商业有一定程度的发展。为了振兴实业，一些教育家大力提倡职业教育。1912 年，教育总长蔡元培将实利主义教育列入教育方针。在第一次世界大战期间，中国的民族工商业得到较快的发展，急需人才。黄炎培当时说："基于民国成立，各省大力推广教育，中学校骤增，但它的毕业生大都没有出路。中学毕业生升学者仅占 25% 左右，求事而不得者，占到半数，甚至半数以上。同时却因为世界大战发生，舶来品骤然减少，实业界很想以推广制造国货来承乏，但苦于缺少技术人员。"因此，在"五四"新文化运动酝酿的教育改革中，加强职业教育是其中的重要内容。这时美国教育对我国教育的影响增强，1922 年学制改革主要是仿效移植美国 6—3—3 学制。为加强职业教育，学制中规定：初级中学施行普通教育，但得视地方需要兼设各种职业科；高级中学分普通、农、工、商、师范、家事等科，但得酌量地方情形，单设一科，或兼设数科；中等教育得用选科制。所以，高中阶段为综合中学制。

当时在综合中学制的实施中遇到许多问题，主要是生源缺乏、办学困难。其原因一是教育不发达，没有基础教育的支持。1922 年学制规定义务教育为 4 年，初小毕业后即开始分流。就是这 4 年义务教育实际上也没有实现。义务教育之上隔高小和初中两级教育，能够升入高中的学生已经为数不多，读到高中的学生绝大多数想升学，所以选择入职业科的很少，改变高中主要作为升学准备教育性质的愿望，只能是一个缺乏基础的空中楼阁。二是经济落后，中学设职业科所需的经费、师资、设备、教材均无法解决。结果是初中设职业科的已不多，高中兼设

---

① 原载：职教通讯，1999(5)：11 - 12.

的更少,高中职业科大都有名无实。而由于一些职业科可以并入高中,引起职业学校数量下降。1922 年中学校 547 所,职业学校 164 所,职业学校占全部中学校数的 30% ;到 1928 年中学发展到 954 所,职业学校数则下降至 149 所,仅占全部中学校数的 16%。职业学校在校生也从 1922 年占中学生总数的 17%,下降到 9%。建立综合中学以加强职业教育的目的未能达到。在这种情况下,1932 年,当时的教育部以综合制中学谋生、任教与求学三者均不能达到的理由取消了综合中学制度,在高中阶段分设高中、师范和职业三类学校。这种学制一直沿用至今。

二、综合中学的定位

建立一种学校必然有其产生的背景,有其独特的作用和功能。综合中学已有 100 多年的历史了,美国可以说是综合中学的故乡。最初美国的教育是按宗主国英国的模式建立的,但除拉丁文法学校外,文实学校、私立中学已开始重视职业的训练。南北战争之后,各州普遍重视开设公立中学,公立中学的主要职责也被认为是为学生作职业准备。这是美国公立中学的特点,与欧洲中等学校以向高等学校输送新生为主要职能并存在着鄙视职业教育的保守传统迥然不同。这就是美国最初的综合中学。1892 年,美国组织了一个全国性的“中等学校教学委员会”,该委员会主要致力于制定中等教育目标和中学的标准课程计划。经过 20 多年的研究,于 1918 年为全国中等教育提出了著名的七大目标:保持身心健康、掌握基本知识技能、成为家庭有效成员、养成就业知能、胜任公民职责、善于利用闲暇的时间和具有良好的道德品质。这七条构成美国中等教育的基本准则。1959 年,曾任过哈佛大学校长的詹姆斯·B·康南特对美国中等教育改革提出了 20 条建议,其中提出要大力发展综合中学,要求高中阶段的综合中学完成多项教育任务:给所有学生以奠定文化科学基础的中等普通教育;为不再升学的学生开设良好的、培养其具有谋生技能的职业课程;为少数禀赋优异的学生升学做准备而教授系统的科学知识,并发展其理智。这些要求形成以后美国中学课程改革的基础,对其他国家建立综合中学也有一定影响。美国的综合中学除公共必修课外开设三类课程:学术科,为升学做准备;职业科,又分工、农、商、家政等科;普通科,学习一定的文化知识,毕业后当非熟练工人。在中等教育阶段还有职业学校和专门学校如艺术学校、自动化中学等。所以,美国的中等教育阶段学生选择的空间比较大,综合中学给学生提供了多种选择,是其特点和优点。其他一些国家建立综合中学也都是着眼于避免中等教育的单一化,特别是存在大量的普通中学却不重视为就业做准备。如日本由于 20 世纪 60 年代普通高中的发展,出现了中级技术人员和专业人员匮乏的局面,一些中学生学习目的不明确,校内暴力事件增加等。在 70 年代初提出创办社区综合高中的设想。1991 年,日本中央教育审议会《关于高中改革的咨询报告》中又提出;开设具有普通高中课程与职业高中课程的综合学科高中,开设学校间可以相互选修的学分制高中等意见,开始建立综合中学。近年来日本的综合高中发展较快。所以,要发展综合中学首先必须定好位置,各国的综合中学不一定也不可能是一种模式,但目的应是给学生以更大的选择空间,以有利于学生的发展,有利于学生对职业的准备,而不能抱着鄙视职业教育的思想,迎合某些追求升学的愿望,去开通另一条普高热线。这是我们必须注意的。

三、如何发展综合中学

近 20 年来我国的教育发展很快,到 2000 年将完成普及九年义务教育的任务,经济发达地区和一些大中城市已经开始普及高中阶段的教育,为满足受教育者的多种需要,发展部分综合中学是适时的、必要的,也是可能的。但历史的经验告诉我们,办综合中学必须具备一定的条件,决不可一哄而起,要采取十分慎重的态度。仍以日本为例,在举办初期只有 7 所,到 1995 年增至 16 所,1998 年达到 107 所,我国台湾地区目前也在着手建立综合中学,选择 19 所学校进行试办。我们当然也是要办综合中学就要办成、办好,绝不可办滥。

什么地区可以办综合中学,这当然不是绝对的,但有两类地区更需要一些。一是经济发达已基本普及高中阶段教育的地区,这些地区生源充足,普通高校和高等职业教育都比较发达,升学和就业的选择余地大,可以推迟分流。二是经济欠发达的十分贫困的地区,这些地区初中升学率低,高中阶段生源少,普、职一分,各校形不成规模效益,又分散办学经费,结果是哪类学校也办不好。已经有贫困县提出要将县高中和县职中合并,再加上成人学校,集中人力、物力,办成综合性的中等学校,不失为一种选择。另外,有条件的农村高中,如广西贵港市大好高中根据本校有 100 亩实验园地的优势,开设园艺、养殖、机电等选修课和职业分流班,使学校走上综合化,也很受学生的欢迎。

由哪类学校来办综合中学,普高、职高当然都可以改办,也可以协作办学,但应以学校原设的科为基础;普通高中以设文、法、财经等科类为宜,工农科职业学校以设工农类专业为宜,这样可以较好地解决师资、设备、实习条件等问题。特别是要在加强基础文化知识教育的基础上,开设一些目前比较稀缺的科目,如环保工程、社区服务、社会福利事业、食品卫生等。

总之,建立综合中学已势在必行,只要我们慎重从事,这项工作是一定可以顺利进行的。

中学生职业指导效用分析①

　　职业指导系指为使人职业化(包括认识职业、选择职业、为职业做准备、从职从业直至职业生涯结束)所进行的(提供的)、连续性的专业辅导工作。中学阶段是职业指导的起始时期,因此,具有特殊的重要意义。教育部"九五"重点课题"中学生职业指导研究与实验"从 1997 学年度开始在 200 多所初中和职业高中 4 万多名学生中进行职业指导试点工作,收到了良好效果。以下就实验所反馈的信息对职业指导的效用做初步分析。

一、职业指导效用的诸方面

　　职业指导对个人而言是帮助个人进行生涯设计。任何人都非常关心如何度过自己的一生,这是学生学习的最大的内因动力。中学职业指导从总体而言,其作用就是调动学生的这种内因动力。使学生明白要自己对自己的一生负责、对自己的行为负责、对自己的学习负责、对社会负责。从实验的效果看,以下四方面对学生思想、行为变化的作用比较明显。

　　1. 自觉

　　社会分工产生了职业,职业一经产生,即成为不以人们主观意志为转移的客观存在,成为人们认识的对象、选择的对象和从事与发展的对象。中学生不可能对社会职业有全面、系统的了解和认识,其人生目标和学习目的往往并不清晰、明确。职业指导通过对职业的意义、产生与发展,对产业、行业、职业分类的介绍等,为学生展示了一幅广阔、明晰、具体的社会职业图式和可供学生选择的人生坐标。由此激发学生自我成长的积极性,树立明确人生目标的自觉性,从而可以具体地认识学习的目的性。

　　2. 自省

　　人贵有自知之明。职业指导的另一个重要内容就是帮助学生了解自我。虽

---

　　① 原载:天津在职业教育,1999(12):11－12.

然心理测试和职业性向测试只能作为一种参考,但学生了解了兴趣、能力、性格、气质等对职业的意义,人职匹配的原理,就会努力去研究自己的心理特质,发现自己的长处和潜能,树立自己的职业目标,并愿意为追求自己的职业目标,和为将来取得职业上的成就而塑造自己,弥补缺陷。职业指导为学生开通了一条自审、自知、自省、自我完善的科学通道。

3. 自决

帮助学生学会选择职业是职业指导的目的之一。我国中学生的自主意识和选择能力一般都比较差,在升学、就业和专业的选择方面具有相当的盲目性和随意性。职业指导从树立正确的就业、择业观念,了解升学、就业形势和选择升学、就业的途径,培养择业、择校的决策能力等方面对学生进行了教育与指导,使学生树立自主选择的意识和自我选择的信心,获得选择职业的能力。能够将理想和现实结合起来,正确处理社会、国家和个人的关系,并能为实现自己的选择而奋斗。

4. 自立

职业指导帮助学生了解什么是职业资格、什么是双向选择、什么是职业竞争和职业风险,要想自立于职业之林并成为成功者应具备什么条件和能力;促进学生的自我约束、自我激励的意识,不再为父母读书,不再靠老师督促。家长反映上了职业指导课,孩子一下子就长大了。

由于职业指导的上述效用,实验学校普遍反映,通过职业指导,实验班的学习成绩、思想品德、班风班纪均有提高。有的校长开始不甚重视职业指导工作的,看到上述实效,改变了态度。职业指导课受到了学生的欢迎,他们说:"职业指导是架在今天与明天之间的桥,是我心中一盏明亮的灯。""职业指导使我看到路就在脚下,为了将来,我要把握今天。"有的学校"流生"不再出现,"差生"开始转变,学生不再偏科。并且出现了学生帮助家长认识自己的特长,使家长满意转岗和正确对待失业。

二、职业指导工作的特点

职业指导能够取得上述成效,与其工作的特点分不开。因为,中学职业指导是学校教育的一部分,是一门课程,但又区别于其他课程,具有以下特点。

(1)教学的实用性。职业指导工作直接针对学生的升学就业问题,面对每一个具体学生,与学生的学习、生活、前途直接相关,所以学了就能用。这就与和学生生活不那么直接相关的学科课程所显现的效果不同。

(2)学生学习的主体性。在职业指导过程中,学生是主体,教师处于辅导地位。职业指导是帮助学生了解自己、学会选择,而不是代替学生下决心。这种主体地位促进了学生思想行为的变化。

（3）教学的生动性。从实验来看，各校的教学方式多种多样，有讲授、测试、咨询、参观、主题班会、角色扮演、社会调查、请家长和有关人士做报告、收集展览相关资料、社会服务、各科教学渗透，等等。学校各行政部门、班主任、各科教师都能参与，并与学校劳技课和第二课堂活动相结合，因此，教学十分生动，学生喜闻乐见，易于接受。

总之，调动学生的自主意识和内在动力是教学成功的关键。而职业指导在调动学生内在驱动力和主观能力性方面，以及在启发学生自觉、自主、自决、自立方面的效用，是所有参与实验学校的师生所公认的。

职业指导的基本理论(一)①

一、职业指导的基本理念

职业指导的逻辑起点是生涯规划,而不仅仅是学生升学或就业的指导什么是生涯规划?《钢铁是怎样炼成的》的作者奥斯托洛夫斯基有一段名言:"人最宝贵的是生命,生命属于人只有一次,一个人的生命是应当这样度过的:当他回首往事的时候,不因虚度年华而悔恨,也不因碌碌无为而羞愧。这样在他临终的时候,他就能够说我整个的生命和全部的精力都贡献给世界上最壮丽的事业——为人类的解放而做的斗争。"一个人的一生是怎样度过的这就是生涯规划。每个人都在走自己的人生之路,只不过有的人自觉,有的人不自觉或不完全自觉,而自觉和不自觉之间差别是很大的。

一个人不可能离开社会去走自己的人生之路,总要受到社会的规范和指导,职业指导是社会指导的一部分。职业指导是为使人职业化(包括认识职业、准备职业、从职从业、职业发展直至职业生涯结束)所进行的连续性的专业辅导工作、社会服务工作。人的职业生涯是一生中最重要、延续时间最长的经历。所以,职业指导是生涯规划的主要组成部分。

中学生职业指导是全程、全体、全面的教育过程,是学校教育的一个有机组成部分,而不仅是面对少数或不升学的学生中学生职业指导是职业指导的起始部分,包括认识自我、认识社会、认识职业、学会发展、学会选择。在职业学校还包括学习从学校向职业社会过渡。所以,对中学生的职业指导重在教育工作、成长过程和学生发展,要全体、全程、全面进行指导工作。这与就业后接受某种单一目的的指导,如想转业需要咨询、失业后寻求帮助或为了职业上的发展接受指导不同。它是学校教育工作的一个组成部分,是素质教育的重要内容。

职业指导要列入教学计划,进行课程开发、课程建设,有专门的教师负责。由

---

① 原载:中国职业技术教育,2000(9):47-49.

于指导的对象是在校学生,它与社会上的职业指导不同,其目的和内容不同,所以工作的方式、方法也不同。学校职业指导要求有计划、有系统地进行,形成一门课程,通过课程开发与设计,采取各种不同的教学形式,使职业指导更为科学、有效。学校是教育群体参与指导,除职业指导教师外,主要还包括班主任、任课教师、德育处(室)等。要形成一个系统,启发、渗透、渐进、养成是其特点。

职业指导是对学生的辅导、给予咨询和帮助,而不是代替学生下决心、做决定。学生是主体,中学职业指导要考虑学生的年龄特征,建立学生的个人档案,要与家长工作相结合,这也是与社会职业指导相异之处。

二、职业指导的价值(效用)

职业指导对社会而言,是社会对其成员在职业问题方面所进行的连续性的和专业性的辅导工作;对学校而言是教育工作的一部分;对个人而言是实现其生涯设计的一种指导和帮助。

1. 社会价值

通过对社会劳动力需求的预测和就业现状调查,给予学生引导、指导、疏导,实现对社会劳动力的宏观调控。合理开发利用人力资源,调节供求关系;促进就业,保持社会稳定;使事得人、使人得事,增进职业效益。

2. 教育价值

(1)实现三级分流的途径,促进教育制度向多样化发展。我国义务教育是9年,主要是从初中后开始分流,在少数地区一段时期仍存在着小学后分流。在经济发达的城市地区,已开始走向高中后分流。职业指导帮助学生选择升学或就业的方向,确定今后个人发展的途径,可以通过多种途径实现升学、就业和不断提高,避免千军万马挤独木桥,实现合理分流,促进教育向多样化和终身化发展。

(2)实现素质教育的手段。职业指导是转变应试教育的重要措施,使学生从应付考试的书本知识学习转向为获得今后从职从业能力的基本素质的养成。

(3)改革学校教育的动力。学校进行职业指导必然要了解社会、了解职业、了解社会对人才培养的要求;有助于更新教育思想,促使教育目标、内容、方法、手段的现代化,增进教育效益。

3. 个人价值

通过职业指导使学生达到:

(1)学习的目的性。认识社会、认识职业;树立正确的职业观;树立明确的人生目标和树立全心全意为人民服务的思想。中学生不可能对社会职业有全面、系统的认识和了解,其人生目标和学习目的往往并不清晰明确。职业指导通过对职业的意义、产生与发展,对产业、行业、职业分类的介绍等为学生展示了一幅广阔、明晰、具体的社会职业图式和可供学生选择的人生坐标,激发学生自我成长的自觉性。

(2)了解自己,探讨从事各种职业的可能性。职业指导帮助学生了解自我,发现自己的长处和潜能,了解成功的条件、能力的补偿和迁移及发展的机会和前途等。职业指导为学生开通了一条自审、自省、自我完善的科学通道,使学生能扬长避短、顺势成才。

(3)获得日趋成熟的职业意识。了解升学与就业的形势和途径,获得择业、择校的能力,学会选择,做出升学、就业的抉择。

(4)学会从学校到工作世界的转变。

(5)顺利地从事职业。能够适应和正确处理职业中的问题,取得职业上的成功。

(6)使个人的兴趣、特长、才能得到发挥,获得优良的生活质量。

三、进行职业指导的教育思想和原则

1. 职业指导的教育思想

职业指导要遵循素质教育思想、终身教育思想和个性化教育思想,即职业指导是全面素质教育的一个组成部分,而不是在学生毕业时的临时之举。职业指导的立足点是终身教育,无论升学或就业都不是学习的终结,要教育学生学会学习、终身成长。在职业问题上每一个人都是不同的,必须采取个别化的教育,防止追热门、随大流的从众心理。

2. 职业指导的原则

(1)科学性与导向性。职业指导必须以马克思主义辩证唯物主义和历史唯物主义及邓小平建设有中国特色的社会主义理论为指导思想,坚持实事求是,不能搞形而上学和主观主义。以社会需求为基本导向,教育学生正确处理国家需要和个人志愿的关系;认识自己在职业上的可塑性和可迁移性;正确处理爱好、兴趣与现实选择职业的可能性的关系。

(2)客观的咨询性。选择升学与就业的主体是学生,要由学生自己做出决定。职业指导提供的建议与咨询要客观,切忌主观和代替学生下决心。

(3)循序渐进的养成性。职业指导是一个教育和培养的过程,不仅要使学生从理论上了解职业,更重要的是要在学校教育的全过程中培养学生适应职业的能力。

(4)因材施教。职业指导的某些部分可以通过班级等集体形式进行,但每一

个学生的学习、身体、心理、家庭、社会关系,以及升学或就业意向都是不同的,必须积累个人资料,因材施教。

(5)专业性与规范性。职业指导是一项专业性很强的工作,有自己的理论和方法体系,需要专门人才按规范进行。

四、职业指导的主要内容

1. 了解社会、认识职业

(1)树立正确的职业观。在不同的历史时期、不同的社会制度中,职业观会有所不同。在我国应有如下认识:职业是社会分工,没有贵贱之分,无论从事任何职业都是社会的平等成员,都会受到社会的尊重。由于社会分工和分工中职责的不同,职业有层次之分,有复杂劳动和简单劳动之分,但就个人的发展和成就而言不存在高下之分,仅是发展方向的不同。因此,三百六十行,行行出状元。成功不在于从事哪种职业,而在于是否去争取。职业是以承担社会劳动中某一种社会职责为主要内容的,职业给予你生存于社会的权利,即与他人交换劳动产品的可能,你也必须尽对社会的义务,为他人服务,尽职尽责。全心全意为人民服务是我们最高的职业准则。职业是谋生的手段,职业也是服务社会使个人得到发展、得到精神及各方面满足的条件。仅从职业所能得到的物质利益考虑,不是一个有独立人格的人对待职业的态度。职业的三要素——为己谋生、为社会服务、为个性发展,三者缺一不可。

(2)了解什么是职业资格,了解职业证书制度及职业证书的种类和获得的途径。

(3)了解职业分类,知道什么是产业、行业、工种、岗位及学校的专业。

2. 认识自我主要是了解兴趣、性格、能力、个性与职业的关系

(1)有的研究认为,兴趣可以分为户外型、机械型、计算型、科研型、说服型、艺术型、文学型、音乐型、服务型等类型。职业指导帮助学生了解兴趣对职业的重要性,了解自己的兴趣倾向,指导学生培养良好的兴趣品质。

(2)人的性格类型大致可分为内向型、外向型和中间型三类。性格与职业的适应具有一定的相关性。

(3)人的能力的差别性和倾向性。人们能力存在着个别差异。能力的类型有:操作型、研究型、艺术型、社会型、管理型、常规型。要使学生了解能力形成的要素:遗传、环境与教育和个人的主观努力。其中教育和个人的努力起着重要的,在某种程度上是起着决定性的作用。使学生了解什么是一般能力、职业和特殊才能。了解自己的能力倾向,认识和挖掘自己的潜能,了解现代职业对能力的要求,

多方面发展自己的能力,以适应未来职业的需要。

3. 信息的收集与利用

(1)如何快速、准确收集所需信息。

(2)如何确定升学或就业目标,确定至少两个以上的备择方案。

(3)如何比较与选优。了解确定型决策、非确定型决策和风险型决策。

(4)方案的实施与修订。

4. 创业指导

(1)培养创业精神,如解放思想、实事求是,积极探索、勇于创新,艰苦奋斗、知难而进,学习外国、自强不息,谦虚谨慎、不骄不躁,同心同德、顾全大局,勤俭节约、清正廉洁,励精图治、无私奉献等江泽民同志提出的应该大加倡导和发扬的创业精神。

(2)转变就业观念,树立个人创业的意识和意志。

(3)选择适合社会需要和个人条件的创业目标或方向,并了解实现创业目标的途径和方法。

(4)进行法制教育、环境保护与生态教育,指导学生遵纪守法、文明经营。

五、职业指导的途径与方法

(1)职业指导课、各科教学和课外活动,如讲授、参观、看录像片、主题班会、角色扮演、社会调查、社会服务、收集展览相关资料等。

(2)心理测试与咨询辅导。

(3)职业能力测试与咨询辅导。

(4)利用社会提供职业指导,如请家长或有关人士做报告,利用劳动部门、人才中介机构等进行职业指导。

(5)建立职业指导档案,进行职业指导工作成效的追踪与评估。可参照目标管理和系统工程的方法,设置目标、工作程序设计、工作程度结构、工程程序控制、反馈系统、绩效分析。

(6)建立学生个人职业指导档案。

(7)建立地区经济和就业趋势档案。

(8)建立职业辅导室或心理咨询室,进行经常性的、阶段性的和集中的指导。

职业指导的基本理论(二)①

一、职业指导的理论基础

(一)基于职业的本质与作用

职业是社会分工形成的。社会最基本的活动是生产劳动。生产的三次大分工,第一次是农业与畜牧业的分工;第二次是手工业从农牧业中分离;第三次是商业的兴起,出现了农工商等各行各业。分工是产生社会职业的基础,而职业的载体是人,没有人也就无所谓职业。人类社会生活的长河是无限的,作为个体的人只能在其有限的生命的时间之中和在其活动的有限空间之内,在社会分工中占一席地位,这就是他的职业。所以,职业的本质含义是人对社会的关系。职业从分工的角度而言,指在业人口(从事社会劳动并取得劳动报酬或经营收入的人口)从事工作的各类;或劳动者从事相对稳定的有报酬的工作。对个人而言,指人们在社会生活中所从事的、作为自己主要生活来源的、在社会分工中具有专门职能的工作。不同的职业把劳动者区分在不同的职业岗位上,相互合作,职业成了人与社会联系的纽带。所以,从其功能(价值取向)而言,正如黄炎培所概括的,职业是为己谋生,为群众服务,是不可分割的两面。

人类是使用工具从事社会性生产以维持生存、发展和繁衍的。社会性生产导致社会分工,分工产生职业。职业一旦产生就成为社会中的独立存在,成为人们认识、选择、从事和发展的对象。职业具有重大的社会意义,其意义和作用在于以下几个方面。

(1)复杂的社会分工构成了现代人类文明社会的复杂结构,是现代社会组织的基本构架。随着生产力的发展,社会分工越来越细,越来越复杂。现代文明社会结构不仅有政治、经济、文化、教育、军事、外交等各方面,而且每个领域中又有各种不同的层次和结构,构成了极其细致的社会分工和千差万别的职业。按我国

---

① 原载:中国职业技术教育,2000(9):45－47.

现行的职业分类,共分大类 8 个、中类 64 个、小类 301 个,具体的岗位上万,形成现代社会组织的基本架构。

(2)职业的种类、类别是社会生产力的水平和社会分工水平的具体表现。生产力决定社会职业的产生和消失,有什么样的生产力就会产生什么样的职业。在蒸汽机产生之前不会有火车司机这个职业,在电脑问世之前,当然也不会有电脑操作、程序设计这类职业。社会分工的水平越高,则职业的分类越细。职业分工直接影响教育体系、职业学校专业设置和培养目标。

(3)职业的层次结构反映着社会基本的生产关系。在阶级社会中职业与阶级、等级相关联。不同的职业在社会中有不同的职责、权力、义务。职业与人的社会地位、经济收入相关,反映着社会权益的分配,构成不同职业不同的社会需求和对从职从业者的不同要求。

(4)职业的社会构成,及其从事哪种职业的人数和比例反映了社会的经济结构、产业结构、人力资源的配置与其构成关系及比例,反映社会所能提供的职业的各类和数量。

(5)职业活动反映了社会运转的运作方式。包括不同职业的专门职责,各行各业间的相互关系与合作形式,以及为使职业活动顺利进行的职业道德、职业纪律等。

(6)职业也反映出不同行业所形成的不同职业群体所特有的社会地位、利益和特征。职业所反映出的这些特质是不以人们意志为转移的客观存在,认识职业是选择职业的前提。

(二)基于教育的本质与价值

在一些动物中存在着某些学习现象,但有目的、有计划、有组织的教育是人类社会特有的活动。因为,动物主要是依靠本能生活,一般动物自出生就具有相当精确严密的本能活动图式,规定了在每一种场合中的行为。动物只是按照它们所属的那个物种的尺度来进行活动和塑造,如鸟巢、蛛网、蚁穴、蜂房等。而人类的器官则并不片面地指向某种行为,而是原初就非专门化的。人的这种生理构造的未特定化,反应机制上的未确定性和生存功能上的不完备性,给人的发展提供了非常宝贵的有利条件,使实践中的自由创造成为人类最珍贵的特性。人懂得按照任何一种物种的尺度来进行生产,并且懂得怎样把内在的尺度运用到对象上去,以弥补自身在本能上的缺陷和匮乏。人类的这种特性,就使得教育活动成为其必不可少的生存方式之一。所以,教育的本质是人类的主要的生存方式之一。

基于教育的本质,教育的价值是使人社会化。这是因为:

(1)作为人类,其自身的生理构造不能自然地保证自身能够成长为一个具有正常的人类智慧的人。人的大脑是人类智慧发展的物质基础,由于人类反应机制的未确定性,大脑必须受到外界相应的刺激和对刺激做出反应才能形成和发展成人类的智慧。人的智力大约50%是在出生到4岁时获得的,30%是在4~8岁时获得的,20%是在8~17岁时获得的。所以,婴幼儿时期是智力发展的关键时期。一个人如果出生后受不到最广泛意义上的教育,甚至在智力发展上受到压抑或挫折,其智力缺陷将是难以弥补的,将不能顺利成长为一个正常的人。

(2)人类是依靠使用工具进行社会性生产而生存、繁衍和发展的。人类是依靠生产知识技术的积累和传递来延续社会的生存和发展的,而不是依靠遗传本能。生产的知识和技术是后天获得的,因此要从事生产劳动就必须学习。劳动力的再生产是社会再生产的必要条件,教育和训练又是劳动力再生产的必要条件。

(3)人类有语言、文字可以使所获得的知识经验富集并一代一代地传递下去,形成人类独特的文明社会。人类社会不是简单的重复,作为人在他出生的时候即面对着一个处于一定生产力和生产关系之下的复杂的社会结构。这种社会结构最初是简单的,以后随着分工的发展越来越复杂,即使在原始氏族社会,人们也有一定的生产方式、生产技术、社会组织、生活方式,有语言、宗教信仰、生活习俗等。一个人只有获得这个社会所必需的劳动技能、生活知识、思想意识、习惯、行为准则等,才能融入这个社会,被社会承认,能在一定的社会中生存。这就要通过学习、通过教育。

所以,没有教育人类就不可能生存、繁衍和发展。作为人,接受一定的教育和训练,不论这种教育和训练是以什么方式和怎样进行的,却是使其成为一个社会成员的先决条件。因此,教育的价值就是使人社会化。

社会化是教育的总目标,亦即通过教育使自然人成为特定社会中的社会人,使个体成员成为社会的合格成员。使人社会化的一个核心内容是使人职业化。因为,职业是一个合格的社会成员所必须从事的,是他一生中占主要地位的活动。作为一个合格的国家公民,不仅要受到一定年限的基础文化教育,而且也应当受到基础的职业教育。职业指导是教育的一个组成部分。

职业对于个人的发展也是十分重要的。人作为社会成员其需要是多方面的。对个人来说职业是谋生的手段,个人通过职业实现生存的需要。"民以食为天"解决好就业问题,是个人最大的安全需要。职业使人获得对社会、对行业、对集体、对单位的归属感,提供一个最经常的社交场所,满足人们对归属和爱的需要。个人的价值不通过社会职业是不可能表现出来的,择业的成功和职业上的成就,能够满足人们实现社会价值的需要,成为在社会中有所作为的人。提供成就感,满足受到社会尊重的愿望。世界上没有完全相同的人,这种个体差异有先天的生理和心理上的差异,更主要的是由后天环境、教育、机遇特别是职业所形成的,军人、教师、艺术家各有特质。人们可以通过对职业的选择,发挥自己的特长,满足自己的兴趣,实现自己的理想,满足人们展示个性的需要。人们对职业的关心在一定意义上说是占首要地位的。职业指导在人的成长中的教育价值使之成为全面素质教育的不可缺少的组成部分。

(三)基于经济学、劳动学关于劳动力的本质与价值的学说

在市场经济条件下,劳动力具有使用价值和交换价值,它是一种商品,更是一种特殊的商品。这是因为劳动力或称劳动能力,是在活的人体中存在的,是在人生产某种使用价值时运用的体力和智力的总和。商品交换需要在产权清晰、交换双方都具有独立意志的情况下方能进行。在奴隶制和农奴制情况下,劳动者不具有或不完全具有支配自己劳动能力的自由,劳动者大多被强制从事某种职业,因而不具有或不完全具有商品的特质。在社会主义计划经济条件下,劳动力被纳入强制性的经济计划,国家的统包统配使用人单位和劳动者本人都不具备自由选择、交换的可能,所以劳动力也不具备商品的特质。

在社会主义市场经济条件下,实现就业的含义是:劳动者根据对自己劳动力的所有权,通过与使用这个劳动力的一方共同一致的意志行为,通过签订合同等形式,主动让渡自己的商品(劳动力),占有别人的商品(一般以等价物货币表现)——取得劳动报酬,以维持生计,因而具有商品的性质。但是劳动力又是一种特殊的商品,与一般的商品不同。首先,劳动力这种商品与持有者不可分离,劳动力的持有者——人不是商品,而是具有独立自主意志的个人。因此,这种让渡是有限度的(用人单位购买的是劳动力不是劳动者),选择是双向的(其他商品没有自我选择买主的可能)。表现在用人单位有选择、聘任、解聘的权力和自由;就业者有择业、应聘、辞职、转业的权力和自由,构成双向选择。其次,劳动力的价值仅能在一定含义下表现劳动力的价值。劳动力的以等价物表现的交换价值,仅在以维持劳动力再生产的需要为衡量尺度这样一个特定的意义上存在。事实上劳动力是最积极、最活跃的生产能力,人是无价之宝。所以,劳动力就其实质而言也是无价的。劳动力的交换价值表现在其职业资格,而其价格仅表现在一定意义上的劳动力再生产的价格。一个有着独立意志的人,在选择职业时不仅需要考虑经济的收入,而工作的价值、意义、个人的爱好兴趣亦是起主导作用的因素。

(四)基于人与职业的矛盾关系和心理学有关人职匹配的研究

职业产生于社会分工。职业的产生、变化或消失不以人的意志为转移;而职业的载体是具有独立意志和不同个性特征的人;不同的职业对人的素质又有不同的要求。因此,职业与个人之间存在着一种先天的矛盾关系。

　　因为社会的物质生产决定人们的生活方式,所以到目前为止的各种社会人们都还不能获得任意决定自己生活方式的自由。从总体上看,迄今为止人的个性、意愿从来与社会分工和社会职业存在着矛盾。古代的奴隶之所以为奴隶当然绝不是他们的个性、素质、能力适合当奴隶;封建社会中农民世世代代固着于土地也是被迫的。在现代社会各种职业的存在、变化、新职业的产生和一些职业的消失也不以任何个人的主观愿望为转移。尽管人们选择职业的自由随着生产发展和社会进步越来越大,但都不可能离开一定的社会结构、经济结构所形成的职业需求来获得自己的职业。要实现就业就必须了解社会、了解职业,协调个人与社会的关系;在不能满足自己的愿望时,要能够处理好个人的志趣和现实的矛盾。

　　各种职业之间的差异和各人之间的个性差异是客观存在的,并不是每个人都同样地适应某种职业。在人与职业之间存在着某种匹配关系。所以,在个人与职业之间又存在着一种先天的适应关系。关于这方面的研究比较有代表性的理论有特质—因素论、人格—职业类型论和发展理论等。

　　特质—因素论。由美国职业指导专家弗兰克·帕森斯创立,由威廉士和佩特森发展成型。该理论的核心是追求人与职业的合理匹配。认为所有的人在成长与发展方面都存在着差异,每一个人都有着不同于其他人的特点(特质),这些特点与某种职业所需的特质存在着某种相关性。人的特性是可以用科学手段测量的,职业因素也可以运用一定方法进行分析确定,而职业指导就是研究两者的相关性,通过职业指导达到人与职业两者之间的合理匹配。这个理论在职业指导中一直居于主导地位,对各种职业指导理论的形成都有很大影响。

　　人格—职业类型匹配论。由美国职业指导专家霍兰德创立,1959 年首次提出职业选择的理论,经过多年的研究,形成了一套系统的职业指导模式。它包括人格类型和职业类型的划分、职业分类、类型鉴定表等。人格—职业类型匹配理论将人格类型划分为六种,即现实型、调查型、艺术型、社会型、企业型、传统型,具有某种类型人格的人会对某种相应的职业发生兴趣。

　　发展理论。20 世纪 70 年代,金兹伯格和萨帕倡导发展理论。其重点是研究人的职业意识、职业行为、职业发展和职业成熟的系统理论。认为人的职业发展与成熟是一个连续的、长期的发展过程,进而将人的职业意识的发展划分为几个连续的阶段,每个阶段又有一定的特征和职业意向发展的任务。因此,职业指导也是一个长期的系统的工作,并贯穿于人生的各个阶段。10 岁左右为幻想期,想象将来长大了干什么。11～17 岁为尝试期,认识到将来从事职业要做什么准备,确定职业目标,选择职业。18 岁以后为实现期,又分为三个阶段:探索阶段—试图将自己的职业愿望与社会要求联系起来;成果化阶段——专心从事某种职业并取得成就;特定化阶段——有了特定的职业目标,有了深思熟虑的选择(发展、深造、转业)。萨帕是发展理论的另一代表,1953年形成较为系统的发展理论。他把人一生的活动分为五个阶段:出生到14岁为成长阶段。15～24岁为探索阶段。在这一阶段学生通过学习、参加课外活动与一定的劳动,探索不同职业的要求,多做一些尝试性的职业决策,为职业做好准备,过渡到就业。25～44岁为建立阶段。在这一阶段早期虽然还有某些尝试和职业的变换,但大多数的人已经选定了一个适合的职业领域,并努力在其中建立一个永久的地位。指导的重点是充分发挥其潜能、寻求晋升和发展的途径。45～64岁为维持阶段。这一阶段已经取得了一定的职业成就,重点是保持和发展。65岁以后为衰退阶段。工作活动变化将会停止,并逐渐退出职业生涯。

(五)基于青少年心理成长的特点

心理学的研究说明,15～18岁年龄段的中学生,正处于成人前期。他们的认知能力有了显著发展,情感丰富但不稳定,意志过程的理智性明显提高,个性倾向比较明显,自我意识发展较快,自制力和独创性较强,世界观已初步形成,但他的心理和生理还都处于成长时期。成人不仅是一个年龄上的概念,成人应是一个有独立性的人,他不像儿童或少年那样需要依赖他人才能生活,他本人承担安排生活的责任,承担了独立做出决定的职责。成人能够担负起具有成年特征的社会职位,如劳动者、丈夫、妻子、父母等职责;虽然这一年龄段的青少年尚不能担负起这些职责,但是他们已经开始确实地考虑自己的前途,对未来和职业充满憧憬,有相当的判断和决策能力,因而是进行职业指导的黄金时期。青少年由于心理上的不成熟,涉世不深,信息有限,对未来的设想有些不切实际、主观片面,也容易受到各种误识和偏见的影响,因此需要进行指导和教育。

关于职业资格证书制度和劳动预备
制度的若干思考①

一、职业资格证书制度和劳动预备制度的根本出发点

职业资格证书制度和劳动预备制度都是通过教育来实现的,其原因如下。

1. 保持先进生产力和社会生存与发展,要求教育是一种与人类社会并存的社会现象,是人类社会生存、延续和发展的先决条件

人与其他动物的根本区别就在于本能。一般动物自出生就具有相当精确、严密的本能活动图式,而人的器官原始就是非专门化的,所以,在实践中的自由创造就成为人类最珍贵的特性。大脑是人类智力发展的物质基础,但由于人反应机制的未确定性,大脑必须受到外界相应的刺激和对刺激做出反应才能形成人类的智能。人类生理构造的未特定化和生存功能的不完备性,决定人是依靠生产知识的积累与传递来延续自身的生存与发展,而不是依靠遗传的本能。要从事生产就必须学习,劳动力的再生产是人类社会生产的必要条件,教育和训练又是劳动力再生产的必要条件。一个人只有获得在这个社会中所必需的劳动技能、生活知识、思想意识、行为准则等,才能融入这个社会,被社会承认,能在一定的社会环境中生存下去。而这些都是必须通过社会的传递、教育才能够获得的。教育活动就其本质而言,是人类的一种生存方式。

人类具有思维、语言、文字,所以,可以将自己创造的成果积累起来,传递下去。因此,每一代人的生产、生活都不是简单的重复,而是创新性的前进。不同时代对劳动者的知识、技能、素质有不同的要求,如果一个人的劳动能力,达不到社会职业对他的起码要求,那么社会将不会承认其劳动,他也不能获得赖以谋生的职业。也就是说要从事社会职业,必须具备一定的职业资格。这种对职业资格的要求和认定自古就存在,春秋战国时期的东方法家管子,就提出了士农工商国之

---

① 原载:中国职业技术教育,2001(10):36-37.

石民,及对士农工商在职业上的要求。我国封建社会中的行会,已经对从事本行业的人有许多规定,不合格者不被承认是这一行业内的人,即所谓"外行"。到现代,职业资格的认定已经由社会自发的行为,发展成为国家行为,成为一种国家的职业资格证书制度。

国家之所以要建立职业资格证书制度,是因为这是国家劳动管理的一个重要组成部分。①有了健全的职业资格审定制度,才能使全国人民建立起正确的职业观,了解本职工作应负的社会职责,和对自己思想品德、职业道德、专业知识技能的要求,形成一个全民对劳动质量重要性的认识,全民劳动素质的提高才能有可靠的保证。②对各种职业有了明确的任职条件,人们就可以根据自己的个性、爱好、特长、条件选择职业,用人单位也有切实的标准录用人才,使人得事,使事得人,能够最大限度地开发人力资源。同时只有在劳动力的所有权和水准明晰的情况下,劳动力市场的交换行为才能有效进行。③只有使合格的人才进入工作岗位,才能保证社会生产和各项工作在应有的水平上进行,充分发挥科学技术和设备的效益,提高劳动生产率和工作效率,避免生产事故。④对从职从业者的资格有了明确的规定,就为职业教育与培训提供了依据,使职业教育与培训规范化,同时,必将大大推动教育和职业教育的发展,从而推动经济与社会的发展。

所以,建立职业资格证书制度,实行就业准入,并实施这方面的教育,是中国共产党代表先进生产力的要求。

2.人民群众生活、生存与发展的需要——生存权是人民最基本的人权

职业是现阶段人们谋生的手段。国家实行劳动预备制度、职业证书制度和就业准入控制;那么,公民为了自身的生存和发展,在就业前就有接受基础的职业教育或培训的权利和义务。联合国教科文组织1999年在首尔召开的"第二届国际技术和职业教育大会"的主要工作文件中提出:经济全球化提高了一些国家的经济增长速度,同时也要求他们提高竞争能力。"因此,全球化经济提出的基本挑战是需要有在迅速变化的环境里的调整适应和竞争能力。培养一支生产效率高和灵活的劳动力队伍乃是在21世纪进行竞争的最核心的一着。因为,工作现场的要求很可能使没有技能的人陷于失业或没法使用,每个国家都必须使其公民获得生存和改善生活质量所必需的技能。""虽然职业教育不会创造工作机会,但是它可以使人们掌握改善就业机会所需的技能。"

所以,建立劳动预备制度,并积极推进劳动预备教育,是中国共产党代表广大人民群众的根本利益的要求。

二、面临的问题

从 20 世纪 90 年代以来，国家在建立和推进职业资格证书和劳动预备制度等方面已经做了大量的工作。1993 年，劳动部颁发了《职业技术鉴定规定》；1994 年，劳动部与人事部联合颁发了《职业资格证书规定》；1994 年和 1996 年颁布实施的《劳动法》和《职业教育法》对实行职业资格证书制度做出了明确的规定。2000 年 3 月，劳动和社会保障部发布了《招用技术工种从业人员规定》，其中确定 90 个工种（职业）须持职业资格证书就业。2000 年 4 月，《劳动预备制培训实施办法》出台，同时，还开展了特有工种职业技能鉴定、专业技术执业（职业）资格考核和专项能力的考核等。到目前为止，全国累计共有 2500 多万人取得了不同等级的职业资格证书。但这项工作仍面临着不少问题。

1. 制度不完备

一是职业资格证书制度不完备。社会职业既种类繁多，又有不同层次，我国尚没有一个涵盖全部职业，按初、中、高层次等级分类，具有权威性的职业证书标准，其中学历、技能等级如何构成职业资格，关系并不都是清楚的。表现在以下几个方面①学历是教育水平的衡量标准，是构成职业资格的一个组成部分，但不等于职业资格。目前，我国学历教育与职业资格证书存在着脱节现象，特别是在初等和高等职业教育中。如我国的学位制度中明确将学位分为学术性学位和专业性学位两大类，专业学位的最大特点是获得这种学位的人，主要不是从事学术研究，而是有明显的某种特定的职业背景，如医生、律师、建筑师等。1990 年，国务院学位委员会批准在我国设置和试办法律硕士、教育硕士、建筑学学士和硕士、工商管理硕士及临床医学硕士和博士等六种专业学位。对此，国务院学位办负责人曾做过解释：一些发达国家把这种学位叫职业学位，作为从事某种职业的必备条件。由于我国学位制度实施时间不长，学位的主要作用是对学位获得者学术水平的认可，在人事制度方面还没有规定某种学位是从事某种职业的必备条件。因此，把这种学位叫专业学位更切合我国国情。学位办是从我国的现实考虑的，关键是我们的劳动、人事、教育部门从未将高等教育、学位制度和职业资格与证书联系起来，去改变这个应该改变的现实。学历教育中的中初等职业学校的双证制和执业资格的考核制也都尚未全面展开。②技能等级也是职业资格的组成部分，但同样不等于职业资格。有的职业需要学历高，技能等级要求可能不高，有的职业则反之；同时，按单一工种进行的技能鉴定，不能核定复合型岗位人员的职业资格。③目前实施的职业技能鉴定标准和职业证书，未能包括社会的全部职业。

二是教育制度不完备。我国的学制是 1951 年颁布的，距今已半个世纪，已经不适应当前教育发展的需要。如职业教育应是正规教育与短期培训并重,有多种学校类型、不同学习年限、高中初层次具备的教育体系,现行教育制度对此没有完整的反映。职业培训是牵涉面最广、受教育人次最多的教育,随着劳动预备制度的施行和终身教育的开展,培训将成为教育的另一重要系统,现行学制对此也没有相应的规定,初中后和高中后的培训没有进入学制。联合国教科文 1997 年第29 届大会批准的《国际教育标准分类法》,专门在学制中增加一级(4A)为高中后教育,分 A、B 两型,4B 是主要为进入劳动市场而设计的教学计划,学习期限 6 个月至 2 年。在学制中增加一级高中后教育,承上启下是有道理的。

2. 供需错位

这是一个更为复杂的问题,从总体来看可分为两个方面。①从社会需求而言,我国的经济尚未进入可持续发展的良性循环阶段,存在着大量的低技术、掠夺性的生产和经营,降低了对职业教育与培训的需求,使用未经教育和培训的人员代替受过职业培训人员以降低成本,在农村由于土地问题使受过职业教育与培训的青年不能替代未经培训农民的现象不是个别的;同时,也存在着人才高消费的不良管理行为,同样降低了对培训的需求;而社会需要的人才又供给不足,在国企改革中有相当一部分下岗人员或社会上就业难的人群属于结构性失业。②从受教育者个人的需求而言,由于前一段在职业教育的建设与发展上产生的不重视、少投资、低层次、厌专业、终结型和重学历、轻培训等导向上的失误,使本应是开放的、终身的,初中高体系完备、学校正规教育与培训并行、学历与证书并重的教育,成了不能满足不同个人的不同需要,不符合人们就学、就业和发展愿望的教育类型;在教育体系内处于劣势地位,使受教育者难以认同。这种供需错位降低了个人对职业教育的需求,降低了职业证书的价值,是近几年职业教育生源困难、呈下滑趋势的一个重要原因。

三、几点建议

1. 政府干预

要推进劳动预备制度、职业资格证书制度和就业准入控制,没有政府的干预是不可能的。如上所述有关制度上的问题,必须由政府统筹制定,以法律法规执行,这是国际上已被证明了的行之有效的方法。职业教育的发展需要政府经费等各方面的保障更不待言。

2. 行业保障

职业资格的认定,必须以行业为主体,政府的劳动、教育、人事部门都不可能代替行业去认定某一行业中的某种职业资格。目前,一些行业部委的撤销和各类行业学会、协会的不完备、不成熟,造成工作上的难度;企业与职业培训的剥离又加剧了这个问题;但这是一个必须解决的先决条件。现在有些做法如建立行业指导委员会等,可以作为一种过渡的方式。

3. 教育保证

实施劳动预备制度、职业资格证书制度和就业准入控制,必须有教育作保证。为此,要进行职业教育的改革,改变上述状况;要认真贯彻职教法,以各种形式解决企业参与职业教育的问题;要树立服务的管理观念,使职业教育从"供给驱动型"转变为"需求驱动型",进而向"发展需求驱动型"转化。

从《21世纪的管理挑战》看职教教育与教学①

美国著名管理学家,被称为现代管理学理论的奠基人,彼得·德鲁克(Peter F Drucker)于1999年,以90岁的高龄写了一本名为《21世纪的管理挑战》的著作,其中第五章是"知识工作者的生产率"。他是从管理方面谈这个问题,但他的许多论点对职业教育教学有很大的启示。

彼得·德鲁克认为:"21世纪,最宝贵的资产(不论是商业或非商业机构)将是它们的知识工作者和知识工作者的生产率。""提高知识工作者的生产率,是21世纪管理学最大的挑战。在发达国家,它是存活的必要条件。除此以外,发达国家无法保全自己,更别奢望保持它们的领导地位及生活水准。"因为,知识工作者已经成为在每个发达国家中最大的族群,他们已占美国职业群体中的2/5,其他发达国家也是如此。因此,对知识工作者的培养与教育就成为一个重大的问题。

一、知识工作者生产率的提高与体力工作者生产率提高的差异及关联

彼得·德鲁克认为,在提高体力工作者生产率方面,贡献最大的是泰勒。泰勒花了20年的时间实验整理出一套方法。首先,观察体力劳动所要执行的工作,然后按部就班地分析连续动作;其次,将每一个动作所需的体力和时间记录下来,把不需要的步骤淘汰(事实上可以找到很多实际上完全不需要,却被认为不可或缺的程序);再次,对于真正对完成产品有所贡献的步骤加以研究,以便用最单纯、最简单、最快、体力和心力负担最低的方法来完成,再将这些动作按逻辑次序排列,就构成一件"工作";最后,再重新设计完成这些工作所属的工具。对此,泰勒称之为"工作分析"或"工作管理"。以后,无论被称作什么——"工业工程""理性化",或有哪些发展——"工作丰富化""工作轮调",等等,都是应用泰勒的方法来减少工作者的疲劳,并由此增加他们的生产率。

知识工作和体力工作的不同点在于,体力工作需要做的事是显而易见的,不

---

① 原载:中国职业技术教育,2003(7):5-7.

需要问"应该做什么"，主要的问题是"这个工作如何做"，以及"把这件事做到最好的方法是什么"。而知识工作的"任务"则不是按部就班的操作，他在完成任务时，需要解决许多问题，或者做许多不同的事。一名护士，要完成护理工作任务，他要自行做出许多决定来安排自己的工作，如怎样对个别病人的不同护理、什么情况下需要去找医生、何时做文书工作填写文件、安排开会、给家属打电话或接家属的电话、照顾病人、执行医嘱，等等。因此，要提高生产率，需要找出任务是什么，使知识工作者能够专注在这个任务上，尽一切可能排除影响他执行这项任务的因素；如减少不必要的会议，接病人家属的电话或有些文书工作及其他琐事可以改由工资较低的非护理人员来做等。如以用在病人身上的时间计算生产率的话，那么生产率就可以大大提高，病人的不满和抱怨就会大大减少，而满意度增加，则说明服务的品质得到提高。

现在，简单的体力工作越来越减少，而相当多的知识工作者不仅做知识工作，同时也做体力工作，这不仅是指一般操作人员，包括应用最深知识的一些人也是如此。如神经外科医生要做一次脑瘤手术，他做出诊断、设计手术方案、解决不可预知的突发问题等，需要高深的专业知识和丰富的经验，但手术本身是一种体力工作，一种强调速度、准确、一致的重复动作。这些动作可以被研究、整理、学习和操练，就像任何体力工作，像泰勒分析工厂里的工作一样。

所以，知识工作和体力工作在一个工作者的身上，在大多数情况下，是完成任务不可分割的统一体，不可产生知识工作者不需要从事体力工作的错觉；同样，现代的体力工作者，在很多情况下要自己决定应该做什么，因而需要足够的知识。

二、"技术人员"的属性及在经济发展中的重要地位

彼得·德鲁克将不仅做知识工作，同时也做体力工作的人员称为"技术人员"。这群人包括大多数医疗护理工作人员、牙医、实验室的化验师、技师和各种修理、安装机器的人员等。这些技术人员需要知识，同时也需要工作技能。他认为："技术人员可能是知识工作者中最大的一群，同时可能也是成长最快的一群。""技术人员也是发达国家所能拥有的，最实际、最能带给他们最长远竞争优势的一群。""至少在未来的三四十年内，发达国家唯一的竞争优势，只有依靠许多训练有素、受过教育的人做知识方面的工作。"因为，每个国家都可以培养出具有高深学问的人才，也可以利用"科学管理"在极短时间内训练出与先进国家一样的体力工作者，发达国家在技术人员的培养上仍然可以拥有一段相当长时间的竞争优势，新兴国家或第三世界，在培养技术人员方面可能会继续落后数十年。"一方面因为教育技术人员所费不赀，一方面是因为这些国家的知识分子，仍然看轻体力工

作。"他认为美国是唯一真正充分利用了这个优势的国家。日本的学校制度"只培养专门从事体力工作，或专门从事知识工作的人。一直到 2003 年，日本才将开始设立专门训练技术人员的学校"。德国的学徒制度，"是使德国成为世界领先制造重镇的主要原因之一。但是它一向，并且仍然着重于操作技巧，而轻忽了理论方面的知识，因此，它很有可能很快就会过时"。而始于 20 世纪 20 年代的美国社区大学的目的就是培养技术人员。他说："我深深相信，这就是今天美国经济能有强大生产力，拥有独特能力，能迅速创造新的、不同的产业的真正秘诀。"总之，"从今天起，未来的 50 年(也许不需要这么久)，世界舞台的经济领导地位，将会转移到那些最能有系统地、成功地提高知识工作生产率的国家"。

这里我们不去评论杜拉克对各国培养技术人员的看法及前景的估计，但可以使我们更明确地认识到技术人员和技术人员的培养对一个国家的经济发展和国际竞争力的重要意义，我们不能"自甘落后"，大力培养技术人员也应该成为我们国家树立长远竞争优势的一项战略措施，而培养杜拉克所说的"技术人员"则是职业教育(无论中职或高职)的任务。

三、对职业教育与教学的启示

从以上的论述，我们可以看出一些在职业教育教学中，如何培养体力工作能力和知识工作能力的路径。

培养目标杜拉克在人力资源方面，没有使用"体力劳动""脑力劳动""操作型"人才、"技术型"人才这样的概念，而使用了"体力工作者"和"知识工作者"这样的概念，笔者认为是有一定道理的。因为，在实际的劳动过程中只存在无意识的体力活动而与大脑的活动毫无关系可能是不会有的；使体力劳动能够提高生产率的是知识，也就是如何有效地组织技能动作，尽管泰勒的方法是为了制造业的体力工作者所设计的，而且一开始也只是应用于这个方面，但杜拉克认为"事实上泰勒是把知识应用到工作上的先驱"。应该说一个工作者只有知识而不能操作(包括体力操作技能和智力操作技能)是不可能完成工作任务的。因此，将人才区分为技术型和操作型缺乏现实的根据。从职业学校教育而言，无论是中等的或高等的，其培养的人才应是既从事体力工作又从事知识工作的"技术人员"。杜拉克认为："技术人员需要以知识工作者来对待。不论这个工作里的体力部分有多么重要，也可能占他们最多的工作时间，但重点仍然是要让技术人员有知识、能负责、有生产率，一如知识工作者。"

具体可通过如下方式来培养。

(1)泰勒方式。前面已经介绍了泰勒方式。杜拉克认为："第二次世界大战时,德国和美国的成就,绝对都是因为在训练上应用泰勒的原则。德国的参谋本部在第一次世界大战战败后,将泰勒的科学管理用在士兵的工作和军事训练上,这使得希特勒在他掌握政权后的短短 6 年内,就能够训练出一支精锐非凡的作战部队。美国也将同样的原则,应用在训练工厂的工作方面。""使得美国民用经济部门的劳动者的生产率,超过希特勒的德国和希特勒统治的欧洲 2 倍,甚至 3 倍。"今天,泰勒方式并没有过时,在制造业和相当多的知识性工作——包括许多需要先进技术和理论基础的工作,仍然有人工操作部门,这些人的生产率仍然需要工业工程。

按照泰勒的原则,从职业教育对体力工作技能的培训上看,如果我们从学生学习的条件与特点出发,研究确定什么是最单纯、最简单、最快、体力和心力负担最低的方法,明确地排除学生最容易产生的无效动作,再将获得的这些有效动作按逻辑次序排列,构成学习单元或模块,那么将可能大大提高技能训练的效率。

引申来说,操作技能是包括体力操作技能和心智操作技能的。心智技能操作的逻辑过程、程序也是可以被研究、整理、学习和操练的。如高级技工对故障判断的思维过程,法官的逻辑推理程序,等等。对这方面的研究、整理与训练也会大大提高学生的心智和操作技能训练的效能。

(2)知识工作能力的培养。提高知识工作的生产率要从以下几方面着手。①能够了解任务是什么,对自己的责任和贡献负责。因为知识工作者更了解他们的工作。正如维修飞机的技师在技术人上要比他的上司——机械经理懂得更多;空军基地里的气象学家,除非他在气象方面比基地司令懂得更多,否则他就没有什么作用。②能够自己管理自己的生产率,追求最佳品质,而不是起码的品质。对大多数知识工作者来说,品质是产出的要点和精华所在。我们评价一位教师的表现,并不问他班上可以有多少学生,而是要问学生学会了多少东西,这是质的问题,要从质上而不是从量上来看待知识工作生产率的提高。③要能不断地创新。要维持高品质就需要不断创新。不要把创新看得高不可攀,创新首先要有一个不断变革的意识;其次,创新不是电光火石刹那间的灵感,它是辛苦的工作,创新就是要对已无生命力的旧思想、旧事物有计划地放弃,发掘自己的成功,不断地改进;最后,这些小小的脚步,到某一个程度,就会带来一个巨大的、根本的变革,也就是带来一个全新的东西。④持续的学习和教导,必须是工作里的一部分。这样,我们就大体知道知识工作者的能力应该是什么和怎样培养了。

体力工作没有工具是无法实现其价值的,而知识工作的工具是他们的头脑,他们需要有能够完成任务的足够的知识,但"任务"的内涵却不是知识加技术组成的。书中有一个例子,说美国一家有名的电话电报公司,早期派到客户处工作的技术人员,是顾客不满和抱怨的主要对象。他们花了5年左右的时间,才体会到这些技术人员的"任务"不是安装、维修、更换电话和电话线,整个任务的本身是要使"顾客满意"。技术人员要自己决定如何把一部分电话安装到整个系统上;对某一特定的家庭或办公室,什么样的电话和什么样的服务是最合适的;能够诊断没有预期到的问题,并能当场应付。同时,除了技术工作之外,他们还需要被训练成营销人员。技术人员在外独立工作,无法被监督,事实上只有特别不满意的顾客才会投诉,公司又花了好几年的时间,才认识到品质的定义应是"顾客的满意程度"。而要做到这一点,只有服务人员自己控制品质,在如何控制品质上形成一套标准,并且不断提高这些标准。所以,职业教育在制定培养标准时,必须有本行业的知识工作者参加;培养知识工作者最重要的是要培养其独立自主的能力、创新能力、合作能力(许多任务是必须多方合作,甚至"多兵种"作战才能完成的)和责任心。目标是让每一个人的长处和知识得到发挥,以达到提高知识工作者的生产率的目的。

正如彼得·德鲁克所说,现代科学技术的发展不仅依赖许多与自身不同的技术,而且往往是由别的科学部门推动的。如基因学不是药物学家所研究的范畴,他们对此是陌生的,但基因学正迅速地改变整个制药产业。因而,从其他学科的角度来研讨教育问题是有益的,这就是笔者写这篇短文,将彼得·德鲁克的一些观点和个人的学习心得介绍给职教工作者的初衷。彼得·德鲁克的许多观点,值得我们深思和进一步研究。

参考文献:

[1]彼得·德鲁克.21世纪的管理挑战[M].刘毓玲,译.北京:生活·读书·新知三联书店,2000.

创业教育三议①

职业学校要进行创业教育,这已经是大家的共识,但对于创业教育的意义、范畴、内容在认识上还不见得完全一致,有些问题仍需一议。

一、不要把创业教育想得太窄

"创业"这个概念实际上包括多种含义,可以是指开创一种前所未有的事业、工作领域,或在工作中做出前人所未有的业绩;也可以是指在事业或职业成长中的某一阶段,如创业阶段、立业阶段,在职业学校的职业指导中应包括对这方面的指导。但目前我国在职业教育中专门提出的"创业教育"中所谓的"创业",则有一个特定的含义,即专指自己创造就业机会、自营职业、自主经营。因此,这个"创业"的含义,也可以认为是一种"非工资就业";即依靠个人劳动、经营、创作、服务获得职业收入,而不是依靠哪一个"单位"发工资,属于既不是国家公务员,也不是雇员、"打工仔"的个体劳动者、独立经营者和自由职业者。

这样,所谓创业教育的面就非常广泛,不仅仅是面向农村的农户经营或城市中的小企业创业,从街头修理自行车到开业医师、从马路画师到独立制片人都应包括在内。从行业上看,除某些特殊行业不允许个人经营,如金融业的银行、信托投资公司、保险业,工业中的国家贵重稀缺和特优矿藏开采、化学危险品业,军队、警察等外,可以囊括各行各业;从职业门类上看,就更多了,特别是自由职业者,是近年来逐渐形成的越来越大的职业群体。所以,不要把创业教育的范围想得太窄,不要把学生的企事业单位就业率看成是职业学校唯一的,或者是主要的成就指标。现在很多学校仍然是这样看,其实只要我们的学生有一业,可以立足于社会,能够自我谋生并为社会做出贡献,就达到了如黄炎培先生所说的职业教育的目的:"使无业者有业,使有业者乐业。"

---

① 原载:中国职业技术教育,2003(6):39-40.

二、不要低估创业教育的重大意义

对创业教育的意义,目前存在着估计不足的问题,有的尚停留在缓和就业难的问题上,但事实上其意义远不止于此。

1. 非工资就业存在是社会经济不可缺少的组成部分

新中国成立后,在全面计划经济条件下,形成了一种"单位"就业的制度。即在经济成分上不允许私营经济和个体经济的存在,因而人人都必须在一个国有或集体的"单位"中就业拿工资(农民在合作社、人民公社中挣工分)。一旦成为"单位"中的一员,"单位"就为之提供终身就业(铁饭碗)、社会保障和社会福利。特别是城市就业人员,其住房、医疗、养老、教育、儿童福利,等等,全部由单位承担。个人的工作要完全靠"单位"分配决定,离开了单位,就丧失了一切。但即使在这种情况下,也没有能够完全取消(消灭)了个体经营,个体手工劳动者、小商小贩、小型服务业如城市中的小杂货店、街头理发、补锅、磨刀、修鞋等仍大量存在;农村中有集市上的家庭副业产品。因为社会生产和生活的需求是多种多样的,不可能由"单位"全部包揽;个人的情况也是各式各样的,全部由国家或集体经济组织解决全国人口的就业问题,事实上做不到。改革开放以来,特别是社会主义市场经济的建立与发展,对私有经济的承认,非工资就业在国民经济中的巨大活力日益显著。江泽民在党的十五大报告中说:"非公有制经济是我国市场经济的重要组成部分,对个体、私营等非公有制经济要继续鼓励、引导使之健康发展,这对满足人们多样化的需要,增加就业,促进国民经济的发展有重要作用。"在市场经济的国家中,中小企业所占的比例是很大的。据经济合作组织提供的材料,中小企业占美国私人企业的50%,占欧盟的65%,占拉丁美洲加工业的90%。何况我国这样一个经济不够发达,人口众多,发展又很不平衡的国家,自营职业、自主经营在社会经济中的地位就更为重要。

2. 非工资就业是社会大规模就业的一种形式

如前所述,非工资就业范围十分宽广,从开业律师到街头烤白薯小贩,从自由撰稿人到私营企业主,从歌厅流动歌手到从事自由职业的教师、工程师、会计师、演员、校对、摄影师,等等;不仅在工商业、服务业,我国从事土地承包的农民也在其列。因此,其是社会大规模就业的一种主要形式,可以认为是占我国就业人口的大多数,具有巨大的就业市场,忽略了这个市场,职业教育难免陷入困境。

3. 非工资就业是社会劳动力的蓄水池

自营职业、自主经营,在调节社会劳动力的供求关系、缓解失业方面有着重要的作用。当企事业需求人才量大时,一部分人会向正规部门谋求职业,当这些部门用人减少时，一部分人就会转向自营职业。这种人才的流动，可以减轻社会的失业压力，改善群众的生活处境。同时，为了谋求更多的收入，个人还可以在正式工作之外，从事某些个人的经营。所以，在一定意义上来说，自营职业的能力，是一个人职业能力的重要组成部分，也是个人就业的一种较为可靠的保障。

4. 自营职业是社会经济的一个新的增长点

自营职业不仅可以解决个人的就业问题，往往还可以为别人创造就业机会，我们已经有了不少下岗职工自谋职业，同时也为其他下岗职工创造了就业机会的范例。有的自营职业者，补社会所缺，或别出心裁创造出新的职业，成为社会经济的新的增长点。

5. 自营职业可以充分发挥个人的特长、爱好，使职业充满乐趣

自营职业、自主经营往往能够更好地发挥个人的特长、积极性和创造性，满足个人的兴趣和爱好。法国一家周刊《星期四事件》的一篇文章中说："如今，越来越多的人开始自谋生路：爱狗的人养狗；喜欢喝啤酒的人开一个小酒吧；喜欢读书的人当了校对。"阿根廷《民族报》2003 年 1 月 22 日一篇题为"从消遣到工作"的文章中说：丹尼尔·雷蒙在大学攻读的是广告专业，从业 20 年，已在一家公司里做到经理职位，但他厌倦了这个没完没了出差的工作，辞职从事他喜爱的木制工艺品和家具制作，已经组建了自己的小公司；安德烈娅·基奥卡是一名绘图员，她对能书写的东西都有兴趣，后被手工艺造纸迷住了，在家里开办了自己的手工造纸小作坊。还有一位教师，喜欢自创一些平日吃不到的新食品，而放弃教职去卖自制的蛋糕。文章还说，很少有人像他们那样对自己的工作津津乐道，充满热情，因为他们现在所从事的工作都源于他们的爱好。我国现在也有一批从个人的实际或爱好、特长出发，而自营职业的群体，他们虽辛苦但快乐。

三、不要认为创业教育只是"指导"问题

现在对创业教育往往将其划入职业指导的范围，事实上创业教育不仅仅是职业指导的任务，也不只是专门开设一两门创业教育的课程，如"小企业创业指南"课等所能完成的。创业所需要的职业能力，是通过职业学校的全部工作培养的。为此，学校要有一个根本上的转变。如果一个学校把创业教育摆在应有的地位，那么就要重新研究学校的培养对象、招生对象和途径，对不同的对象和学习要求采取不同的培养方式。要重新考虑专业设置和课程设置，改革学校的教学制度和教学管理以适应新的要求。要给学生以足够的从业知识和能力，通过各种教学方式、方法，如目标教学、模拟公司、三边教学等，强化学生的创业能力。

当然还要进行职业指导，树立学生的创业意识和意志。要帮助学生认识非工

资就业的意义、前景和广阔天地,转变就业观念;树立创业意识,培养敢于自立、勇于创新的精神;树立以创业为荣的思想和创业的志向。同时,还要锻炼艰苦奋斗、勤俭节约、知难而进、自强不息的创业精神;具有风险意识,培养创业的意志。

要为学生提供创业的咨询服务,使学生了解社会职业的状况,特别是个人创业的状况,以及从事个体经营一般的途径和方法。如申请程序、取得营业执照或执业资格的条件和手续、贷款方式、税务登记、卫生许可证的办理,等等。

要对学生进行法制教育、职业道德教育、环境保护与生态教育,了解相关的法律知识,指导学生遵纪守法、文明经营。

有条件的学校,要对学生进行跟踪服务,"扶上马,送一程"。也可以利用学校的地区优势、资源优势、组织优势和技术优势为学生创业提供有利的条件和帮助。

总之,现阶段职业学校从为企事业单位培养人才,转向既面向企事业又面向个体从业;从主要不面向升学转向既可升学又可就业;从考试入学转向可以注册入学;从主要进行学历教育转向学历教育与短期培训并重,正在经历着一个具有关键性的、历史性的转折,如何应对,我们还缺乏经验,以上看法仅供研讨。

高教改革与职教发展[①]

改革开放以来,我国的高等教育经历了两次重大改革,这两次改革都与职业教育的发展有重要关系,从发展趋势来看高教改革与职教发展密不可分。因此,了解这两次改革的背景、内容及趋势对研讨职业教育发展问题十分必要。

一、第一次改革——20世纪80年代对"干部"教育观念的突破

新中国成立后,长期困扰我国高等教育发展的一个很主要的问题,就是形成于革命战争时期的"干部"教育观念。虽然在20世纪50年代大学已成为高等学历教育,但由于计划经济体制,对毕业生是实行"统包统分"和"包当干部"的就业制度,没有对职业资格认定的制度,既不面向社会,也不面向职业,更不面向市场,这种仅以国家任务为导向的高等干部教育,始终是高等教育决策中占主导地位的思想。其主要表现为:一是对高等教育的职能限定于为政府和国家企事业培养"干部",使高等教育在体制上缺乏完整的学术层次和类型结构;二是高等教育应是非义务教育,但延续"干部"教育的成规,造成我国特有的现象,即小学(义务教育阶段)要收学费而高等学校却不收或收象征性的培养费,从政策上制约了高等教育的发展规模;三是高等学校的学生由国家统招、统包、统分,用人单位和受教育者无选择的自由和权利,高等学校既无办学的自主权,也可以不考虑受教育者的需要和社会的需求问题,造成高等学校以基础学术学科教育为主,脱离生产、脱离实际,更没有职业教育的观念和地位,不能满足社会和人民群众日益多样化的教育需求。随着我国社会主义市场经济体制的建立与发展,上述问题日益突出,对高等教育职能的认识也在逐渐发生变化,从20世纪80年代开始,这种格局逐渐发生了变化,表现在以下几方面。

1. 开始建立完整的高等教育的类型与体系

(1)20世纪50年代以来,由于学习苏联经验,技术员的培养在中专,没有专

---

① 原载:中国职业技术教育,2003(8):9-11.

科层次,所以,大批专科停办。院系调整之前,专科学生占高校学生总人数的比重为 31.3%,到 1963 年下降到 5% 以下,其中 87% 以上是师范专科;对本科以上的高校没有实行学位制度,没有设置博士研究生课程。这使高等教育在层次上不完整,在培养人才类型比例上不合理。

(2)1982 年 12 月 10 日,全国五届人大批准的"六五"计划中首次提出调整高等教育的科类结构,试办一批花钱少、见效快的专科学校和短期职业大学的问题。1983 年 4 月 28 日,国务院批转教育部和国家计委《关于加速发展高等教育的报告的通知》提出:高等教育要采取多层次、多规格和多种形式加快高等教育发展。要在发展中逐步调整好高等教育内部的比例关系,多办一些专科。1985 年《中共中央关于教育体制改革的决定》中进一步提出,要"改变专科、本科比例不合理的状况,着重加快高等专科教育的发展"。因此,1985 年以后,专科教育有了较快的发展,至 1990 年专科学生已占大学生总数的 36.1%,初步改变了本专科学生比例不合理的状况。但这时在高等教育中仍缺乏面对职业的观念,所办专科不具备高等职业教育的特点,其课程设置实际上是大学学科的"压缩饼干"。

(3)1980 年 2 月 12 日,第五届全国人民代表大会常务委员会第十三次会议通过并公布《中华人民共和国学位条例》,1981 年 1 月 1 日起施行,是我国在高级专业人才中建立学术水平评价之始,为职业资格的审定和高校人才走向市场奠下基础。1982 年,我国开始招收首批博士学位研究生;到 1991 年,已有博士点 2116个。1983 年,著名美籍华裔科学家李政道向有关方面建议设立"科学流动站",以解决留学回国的博士做进一步工作的需要,以后他又提出建立和完善博士后科技流动站制度。根据他的建议,1985 年 7 月 5 日,国务院批转了国家科委、国家教委和中国科学院提出的《关于试办博士后科研流动站的报告》,博士后管委会正式成立。在 20 世纪 80 年代到 90 年代,我国兴办了 100 多所职业大学。1985 年 7 月 4日,国家教委发出《关于同意试办三所五年制技术专科学校的通知》,同意在西安航空工业学校、国家地震局地震学校、上海电机制造学校等三所学校试办"四、五套办"的技术专科学校。

这样,在 20 世纪 80 年代后期到 90 年代,我国的高等教育突破了单一干部教育的观念,基本上建立起了以专科、本科、研究生(硕士学位、博士学位)及博士后研究为序列的,学术、工程、职业类型兼备的教育体系。

2. 逐步实行高校招生与就业制度的改革

(1)从 1983 年起,高等学校开始进行招生制度的改革,形成了多种招生形式。主要有国家任务招生、定向招生、委托培养招生、招收自费生,还有保送生、少年大学生等。同时,在就业制度方面也进行了改革。

(2)1993 年 2 月 13 日,中共中央、国务院下发的《中国教育改革和发展纲要》提出:要改革全部按国家统一计划招生的体制,实行国家任务计划和调节性计划相结合,逐步扩大招收委托培养和自费生的比重。改革学生上大学由国家包下来的做法,逐步实行收费制度。高等教育是非义务教育,学生上大学原则上均应交费。改革高等学校毕业生"统包统分"和"包当干部"的就业制度,实行少数毕业生由国家安排就业,多数由学生自主择业的就业制度,并逐步推行毕业生与用人单位双向选择的办法。

高等学校招生与就业制度的改革,是高等教育从国家任务型走向社会服务型的开端。

3. 高校科研重心的转移与科技园区的建立

(1)1978 年 10 月,教育部修订的《全国重点高等学校暂行工作条例(试行草案)》规定:"高等学校开展科学研究的目的是提高教学质量和学术水平,完成一定的科学研究任务,促进学科的发展,为赶超世界先进水平,实现四个现代化做出贡献。"

(2)1987 年 5 月 27 日,国家教委下发的《关于改革高等学校科学技术工作的意见》中提出:"高等学校肩负着培养高级专门人才和发展科学技术、文化两项重大任务。"在科研任务中,提出了工、农、医类学科原则上要多搞应用研究和技术开发,也要开展一些基础研究。继在高校建立国家重点实验室之后,1989 年大连理工大学、西安交通大学、成都科技大学和浙江大学开始试办面向生产的铸造、压缩机、磷复肥和电子技术及应用等工程研究中心。

(3)1990 年 12 月 17 日,国家教委和国家科委召开了全国高校科技工作会议,制定了《关于加强高等学校科学技术工作的意见》,在高等学校科技工作的任务和目标中提出:要大力开展科技成果推广应用工作,使之转化为现实生产力,取得明显效益,并为长远发展做好储备。"要面向生产应用第一线进行研究开发,为经济发展贡献力量。各高等学校都要为振兴本地区经济建设服务,积极承担本地区经济发展中亟待解决的科技任务。"要继续办好杭嘉湖科技开发试验区,在条件适合和科研力量雄厚的高校周围,与地方政府联办以科技成果转化、为生产应用、促进经济社会发展为主要目的的开发区和园区。高等学校的重要科研成果要积极争取纳入各级政府的成果推广计划;并指出以推动科技成果商品化和产业化为基本宗旨的技术推广、成果转让、科技咨询设计与试制、中间试验等科技开发服务工作,是高校研究与发展工作的延伸,是科技工作的重要组成部分,是当前要着力加强的一部分工作。

高校科研重心的转移和高新企业科技园区的兴办,是高校转向培养大量应用型人才并走向产业化的开端。高等学校的办学思想开始从经济边缘向中心转移。

4. 三级分流教育、大力发展职业教育和高校办学多元化的确立

（1）1984 年 7 月 3 日，国务院关于《中国教育改革和发展纲要》的实施意见中提出："有计划地实行小学后、初中后、高中后三级分流，大力发展职业教育，逐步形成初等、中等、高等职业教育和普通教育共同发展、相互衔接、比例合理的教育系列。"并提出高校在培养基础学科人才的同时，要重视培养社会主义建设急需的高层次应用型和复合型人才，要大力组织科技攻关，开展技术开发，推广应用和咨询服务，有计划、有重点地发展科技产业，使科技成果尽快转化为现实生产力。

（2）1998 年 8 月 29 日，《中华人民共和国高等教育法》颁布，将这一阶段的改革思路和改革成果以法律条文确定下来，对高等教育的性质、任务、基本制度、组织和活动、高等学校的学生等做出规定。该法还规定："本法所称高等学校是指大学、独立设置的学院和高等专科学校，其中包括高等职业学校和成人高等学校。""高等教育包括学历教育和非学历教育。""高等教育采用全日制和非全日制教育形式。""国家支持采用广播、电视、函授及其他远程教育方式实施高等教育。"

二、第二次改革——20 世纪末我国教育的转型与高等教育的改革

1999 年 1 月 13 日，国务院批转的教育部《面向 21 世纪教育振兴行动计划》提出："在即将到来的 21 世纪，以高新技术为核心的知识经济将占主导地位，国家的综合国力和国际竞争能力将越来越取决于教育发展、科学技术和知识创新的水平，教育将始终处于优先发展的战略地位，现代信息技术在教育中广泛应用并导致教育系统发生深刻的变化，终身教育将是教育发展与社会进步的共同要求。当前，许多国家政府都把振兴教育作为面向新世纪的基本国策，这些动向预示未来教育将发生深刻的变革，我们应当及早准备，迎接新的挑战。"这里提出的"深刻变革"从实际的工作看，首先和主要表现在我国教育所面临的转型问题，即从几千年传统的选拔式的精英教育向现代普及的、大众化和终身的教育转化。

同年 6 月，第三次全国教育工作会议提出：必须切实把教育作为先导性、全局性、基础性的工作摆到优先发展的战略地位。必须把增强民族创新能力提到关系中华民族兴衰存亡的高度来认识。"终身学习是当今社会发展的必然趋势，要逐步建立和完善有利于终身学习的教育制度。""要根据需要和可能，采取多种形式积极发展高等教育，特别是社区性的高等职业教育，扩大现有普通高校和成人高校的招生规模，尽可能满足人民群众接受高等教育的要求。"

1. 教育的转型

随着我国社会和经济的发展、社会主义市场经济的建立和完善，从 20 世纪 90

年代后期,我国的教育也正在经历着一场大的变革,即从几千年传统的选拔式的精英教育向现代普及的、大众化和终身的教育转化。这个转型的几个重要标志如下。

(1)基本完成九年义务教育和高校扩招。自古以来,我国的学校教育都是选拔式的精英教育,虽然从近代开始许多教育家力图改变这种状况,新中国成立以来,也做了不少努力,但都未能从根本上得到改变。直至《义务教育法》的颁布与实施,才开始加速了这个转变的进程,即首先从基础教育实现普及的、大众化的教育。这个目标至2000年已基本实现,大中城市和经济发达地区,已经或正在普及高中阶段教育。在此基础上,高校开始扩大招生。1999年,国务院决定秋季进一步扩大高等学校招生规模,当年全国各类高等教育毛入学率达到10.5%,2000年达到11.5%,计划到2005年达到15%,即大众化低线的目标。经济发达地区和大城市将提前达到,如浙江省在2000年召开的全省教育工作会议上提出的高教发展目标是:到2002年,全省高教毛入学率达到15%,2005年达到20%,2010年达到25%。高校的扩招引发了"普高热",对中等职业教育在一定时期产生了负面影响。但从长远看,又必然要拉动高中后教育和中等职业教育的发展,这种拉动作用,目前已经开始显现。

(2)以人为本的素质教育的提出。1999年6月13日,中共中央国务院颁布的《关于深化教育改革全面推进素质教育的决定》中提出:"高等学校和中等职业学校要创造条件实行弹性的学习制度,放宽招生和入学的年龄限制,允许分阶段完成学业。大力发展现代远程教育、职业资格证书教育和其他继续教育。完善自学考试制度,形成社会化、开放式的教育网络,为适应多层次、多形式的教育需求开辟更为广阔的途径,逐渐完善终身学习体系。"这种以提高全民族素质为目标的教育,要满足社会和受教育者双方的需要,要求树立消费者主权社会的思想观念,改变了传统的以选拔为导向的应试教育和终结型的高等学校教育。

(3)多种教育类型和教育途径的建立和发展。目前,自学考试、各种证书考试、各类培训和继续教育的发展,远程教育和网络教育的建设与发展,已经为我国教育由终结型向终身型教育转化提供了可能,像北京这样的大城市,已经提出争取在8~10年内使全市各区县全部进入学习化社区的目标。

2. 高等教育的改革

目前我国教育的转型仍处于初始阶段,教育转型对高教改革的要求和已经产生的影响大体表现在以下几方面:

(1)高等教育的职能是为全社会服务的观念的确立。由于教育转型,高等学校不再是居于群众之上的"象牙之塔",也不是只培养学术精英的殿堂,大部分教学要转向面向社会、面向生产的应用性人才的培养和职业资格证书的教育。普通高校正向更为开放化、职业化、产业化发展,以满足不同的和多样的社会需求,并成为国家的重要产业之一。

(2)高等职业教育已开始建立自身完整的体系,并与普通高教并列构成高等教育系统。高职教育发展较快,到2002年年底,全国已有各类高职院校1374所,占全国高校总数的68.8%,不仅数量增加,而且开始向上延伸,与普通高教并列构成一个完整的高等教育系统。现在少数高校已设立了职业教育的本科学历教育,1996年4月,国务院学位委员会第十四次会议审议并通过了《专业学位设置审批暂行办法》。专业学位就是一种具有特定职业背景的学位,有的国家称之为职业学位。我国最初在工商管理设置硕士专业学位课程(MBA),到1996年MBA试点学校达到52所。以后又设立教育、法律、工程等硕士专业学位。1998年,国务院学位委员会确定在中国协和医科大学等20所高校开展培养和授予临床医学博士和硕士专业学位。这样,职业教育将逐渐成为初、中、高层次齐备,与普通初、中、高等教育并列的教育系统。

(3)"高等教育是继续教育和终身教育中的一环"的思想的建立。高等教育已不再是终结型教育,正在逐渐改变传统的教育思想和体制,使学历教育和非学历教育并行,继续教育和各种高级职业培训将成为高等教育中的另一主体。

(4)发展高中后教育。关于高中后教育,在联合国教科文组织1997年《国际教育基本分类》中被列入学制中的第四层次,为预科性质的基础课程或短期职业性课程,这种课程内容比中等教育高端更专精、更明细,应用更复杂,但不一定讨论其是否符合学院所设课程。高中后教育从课程定向上看,分为普通教育、前职业技术教育、职业和技术教育三类。这类教育目前尚未列入我国正式学制,但从发展来看,高中后教育必将成为我国学制中的一个层次,计入高等教育。

从我国高等教育改革的历程来看,无论是高等教育从国家任务型走向社会服务型、办学思想从经济边缘向中心转移、教育体制从终结型向终身教育转化都与发展职业教育紧密联系在一起。从某种意义而言,也可以认为改革开放以来对高等教育的改革,就是高等教育走向应用化、职业化的一个过程。历史是一面镜子,鉴古可以知今。随着经济和社会的发展、人民生活水平的提高、教育资源的不断丰富和国际竞争的加剧,那种建立在教育资源极度稀缺或贫乏基础上的精英教育必然被大众化、普及化、终身化的教育所替代。不论我们现在认识到什么程度,自觉到什么程度,在这个过程中高教改革与职教发展必将同步进行,这是不依人们主观愿望为转移的客观存在。

应用伦理与职业道德①

　　20世纪后半叶,随着科技、经济、社会的发展,许多新的道德难题产生了,传统伦理学中,元伦理学、规范伦理学一直占统治地位,已不能满足解决实践中重大道德问题的要求,应用伦理学开始显现。1982年美国伦理学家里查德·T. 诺兰等四位学者所著《伦理学中的现实问题》、1997年中日学者实践伦理讨论会的论文集《应用伦理学的发轫》都是研讨这个问题的。目前,应用伦理主要涉及的范畴有社会伦理、经济伦理、科技伦理、生态伦理、政治伦理、婚姻家庭伦理、宗教伦理等。在社会伦理中包括法治伦理、管理伦理、职业伦理、组织(团体)伦理等。据我国研究应用伦理学的专家介绍,国外有一些学者认为,从功能上看,应用伦理学可以称之为"教育伦理学"或"伦理教育学",是伦理学和教育学相结合的产物,比一般伦理学理论具有更突出的应用性质;也有学者认为,在一定意义上可以说应用伦理就是一种职业伦理;还有专家提出应用伦理学是专门研究某些特殊社会生活领域中的特色道德问题的,可见应用伦理与职业道德有密切关系。笔者认为,应用伦理所涉及的范围比职业伦理宽广,应用伦理中有些内容如婚姻家庭伦理、宗教伦理等与职业道德相关性不大。所以,职业道德是应用伦理的重要组成但不能完全涵盖应用伦理,职业伦理中的行业道德及其规范应是应用伦理研究的重要内容。从对学生进行职业道德教育而言,其内容除包括一般伦理范畴的教育、行业职业道德规范的教育外,还应该包括应用伦理。职业道德所研究的相关问题,其范围比应用伦理更为广泛。目前,在我国的职业道德教育中,一方面对伦理范畴的理性教育重视不够,甚至较少进行;另一方面对应用伦理鲜有涉及,下面主要从应用伦理的角度谈谈在当前职业道德教育中特别需要重视的若干问题。

一、经济伦理方面

　　经济伦理学是研究社会经济中的道德现象和道德关系,并对经济进行道德评

---

　　① 原载:中国职业技术教育,2003(9):39 - 42.

价的学科,经济伦理涉及的问题很多,这里只谈与职业道德相关较多的两个问题,即公平与效率问题和企业伦理问题。

1. 公平与效率问题

在经济伦理中有一个重要的问题就是公平和效率的问题。公平是指普遍存在的一种人与人、人与社会之间合理地享有社会的基本价值,如自由、机会、财富、尊严、荣誉等的一种要求而形成的道德意识。经济上的公平内容包括:每个公民都应有同等的机会支配社会稀缺资源;应有同等的机会参与社会的经济活动;竞争应是平等的,竞赛规则对所有的人都是同等和同样有效的;所有人的劳动都是平等的、有效的,等等。效率是指消耗的劳动量与获得的劳动效果的比率。在经济学领域效率要求用尽可能低的成本,生产出尽可能多的产品。在实际的经济生活中,两者虽然并非彼此消长的关系,高效率不是一定会失去公平,但是事实上也会产生为公平而失去效率的问题。如过去我国实行的“大锅饭”的分配制度,“低工资广就业”的劳动就业制度,结果导致经济活力的丧失和经济效率的低下。同时,也会出现因追求效率而失去公平的问题,在资本主义社会严重的社会不公与市场经济的高效率形成强烈的对比。在社会上对老、弱、病、残人群也会存在着社会公平与效率矛盾的问题。对此,应该认识两者之间的既矛盾又统一的关系。它们的关系是:公平对效率起着推动的作用,公平会激励人们的工作热情、人与人之间的和谐关系,促进经济增长。严重的社会不公,必然导致社会动荡,经济停滞不前,甚至引起采取暴力革命的手段,打破旧秩序,建立新的社会公平。效率是实现和推动社会公平的物质基础,牺牲效率的公平,只能是一种没有激励性的平均主义,结果是对谁都不公平。在一个物质十分匮乏的社会中,公平只能是一种空想,公平也只能建立在经济不断发展的历史进程中。因此,可以说效率是实现公平的前提,公平是实现效率的保障。我们提出,要坚持注重效率与维护社会公平相协调,要把效率与公平的统一作为社会主义道德建设的重要目标,在全社会形成注重效率、维护公平的价值观念。把效率与公平结合起来,使每个公民既有平等参与的机会,又能充分发挥自己的潜力,促进经济发展,保持社会稳定。

2. 企业伦理问题

企业无论大小,其生产经营的目的都是为了赢利,所追求的是利润的最大化。企业是经济组织,所遵循的是经济规律。但这不等于企业就没有遵守道德规范的义务,就应是“没心肝”的、唯利是图的。

(1)任何企业都是存在于一定的社会和自然环境之中。企业的经济活动要依赖社会各方面,如国家政策、人力资源、文化资源、安全保障、法律保障、社会秩序等的支持与协调方得以进行。所以,企业必须处理好个体与社会之间的关系,具有社会责任,要承担社会义务。美国有人提出"公司公民"(Corporate Citizens)的概念是有道理的。企业要处理好企业与社会各方面之间的关系:处理好企业与企业之间的关系、企业与顾客之间的关系、企业内部雇主与员工之间的关系和员工之间的关系,等等。企业承担社会责任和义务,与其追求利润最大化的根本目标和长远目标是一致的,是为自身创造良好形象、创造生存空间。如果一个企业唯利是图、损人利己、巧取豪夺、坑蒙诈骗、欺行霸市,那么它也不可能长久地生存下去。

(2)企业的经济活动也是在一定的自然环境中进行的,生产会消耗资源、能源,会对周围的环境造成一定的影响等。企业在生产中所产生的各种污染、噪音、烟尘、有毒有害物质等,如不恰当处理即会破坏生态污染环境,危害他人和社会,危及子孙后代。因此,企业要处理好企业与环境,即现实生产与人类生存环境与子孙后代的问题。以牺牲环境为代价进行掠夺性生产,不仅为法律所禁止,也要受到道义的谴责。企业要遵守正义、公益、节约、平等诸原则进行组织和进行生产、参与竞争。

近年来,国际上提出21世纪是保护环境和满足消费者各种需求的世纪,提出企业要做到6S,即CS——顾客满意(一切满足消费者的要求);ES——企业职工满意(员工有向心力,有发达的企业文化);MS——经营者满意(同行业、关联企业满意);SS——社会满意(地区、国家满意);IS——世界满意(相关的国家满意);SNS——地球满意(不对地球造成环境污染)。

因此,诚实守信、诚意待客、货真价实、恪守信义、尊重信誉、公平竞争、团结合作、勤俭节约、关心自然、维护生态、急公好义、勇于公益等,就成为企业应该遵守的道德规范。职业学校所培养的学生,无论在企业中工作,或自己创业,都必须了解、认识和遵守企业道德。所以,企业道德是对学生进行职业道德教育的重要的内容之一。

二、科技伦理方面

科学技术是第一生产力,是第一性的社会存在;道德是上层建筑,是第二性的社会存在;从这个意义而言,科学技术是社会与道德进步的推动力和最终的决定力量。但科学技术在现实社会生活中却是一把"双刃剑",科学技术成果能够造福于人类,也会给人类造成灾难,所以存在着对科学技术的"善"用与"恶"用的问题,关键在于社会和人们对科学技术如何使用和控制。因此,关于伦理的思考就成为科学技术发展的一个组成部分。人们一般认为在科学研究的选题上要解决三个问题:一是技术问题"做什么",二是理论问题"能不能做",三是伦理问题"应不应该做",而第三个问题是最根本的。当前,人们关心的、与学校职业道德教育相关的科技伦理问题如下。

1. 网络道德

信息技术和网络技术的发展,给人们带来一个新的时代,但互联网的开放性也给不法分子的犯罪和不道德行为提供了新的工具。近年来,利用网络进行诈骗、盗窃、破坏、制造与传播病毒、侵犯知识产权等活动不断增多,引起了人们对网络道德的重视。美国20世纪90年代已有开设网络伦理课程的学校,有的国家已制定了具体的网络道德规范。如美国计算机伦理协会制定的"计算机十戒",其内容是:你不应该用计算机去伤害别人;你不应该去影响他人的计算机工作;你不应该到他人的计算机文件里去窥探;你不应该用计算机去盗窃;你不应该用计算机去做假证;你不应该拷贝你没有购买的软件;你不应该使用他人的计算机资源,除非你得到了准许或者做出了补偿;你不应该剽窃他人的精神产品;你应该注意你正在写入的程序和你正在设计的系统的社会效应;你应该始终注意,你使用计算机时是在进一步加强你对你的人类同胞的理解和尊敬。美国计算机协会作为全国性的组织,要求协会成员遵循以下道德规范:为社会和人类做出贡献;避免伤害他人;要诚实可靠;要公正并且不采取歧视性行为;尊重包括版权和专利在内的财产权;尊重知识产权;尊重他人的隐私;保守秘密。法国、德国等欧洲国家也制定了大同小异的规范与准则。

网络伦理问题随着计算机应用的普及和网络信息技术的发展,越来越重要。现在,职业学校大都开设计算机课程,学生从业之后,很多人要使用计算机。因此,对学生进行网络道德教育,是职业道德教育的又一重要内容。

2. 生命伦理问题

生命伦理所要解决的问题是,在生物医学领域,在关系人的生命(出生、死亡、人性)等重大问题上做出合乎道德的选择。其中包括生殖技术、基因工程、安乐死、器官移植、胚胎干细胞研究等产生的伦理问题。1997年5月在世界卫生组织年会上,191个成员国一致通过反对克隆人的决议,一致认为克隆人是有悖于人类的完整性和道德观,是违背人类尊严和有损于保护人类遗传物质的。基因工程包括动植物基因工程和人类基因工程。基因工程也是一把"双刃剑",既给人类带来巨大的福音,也会造成(有的尚不知晓的)灾难。2001年10月联合国教科文组织科技部部长"生物伦理:国际挑战"圆桌会议公报中提出:人类基因组成果应该是人类共有的成果,任何试图将人类基因组成果专利化的做法都会阻碍这一研究的发展和应用。基因作物和基因食品的安全问题,目前也尚无定论。了解这些,对于相关专业如医药、农业等的学生也是重要的。

美国学者哈代说:"由于我们生活在一种技术化的环境中,因此不免要遇到这样一些问题:人类是新技术的主人还是奴隶? 技术使人类的选择和自由得到了发展,还是受到了限制? 到目前为止,从表面看来,人类有能力驾驭和引导技术向需要的方向发展。然而人类现在掌握的知识,已经赋予人类几乎能摆布自然的本领,因此必须谨慎小心地衡量各种技术是否合乎需要。这种强大的力量必须用于高尚的目的。"即技术造福人类而不是危害人类。这就是科技伦理。

三、生态伦理方面

马克思指出:"人们在生产中不仅仅同自然发生关系。他们如果不以一定方式结合起来共同活动和相互交换其活动,便不能进行生产。为了进行生产,人们便发生一定的联系和关系;只有在这些社会联系和社会关系的范围内,才会有他们对自然的联系,才会有生产。"①人与自然物发生关系,一切自然物都是作为人的生存条件、生活条件、生产条件和社会关系而存在的。如所说的"环境"是与人相对的外部存在;"资源"是人的生存、生产、生活的物资来源。所以,生态伦理主要是研究人与自然关系背后的人与人之间的伦理关系及其行为规范。严重的生态危机、环境污染、资源短缺,迫使人们重新认识自然的资源价值、科研价值、审美价值,从认为"人定胜天",自然是取之不尽、用之不绝的资源的观念,进一步认识到自然的生态价值,人不是可以为所欲为的,必须而且只能在自然生态系统的限度之内(生态平衡)从事改造自然的活动。有的研究者还提出,人并不是唯一和最高的主体,自然才是最高、绝对的主体,非人存在物也有自己的内在价值和权利。

从伦理学的角度看,在人与自然的背后,隐藏着的是人与人之间的关系。当代生态伦理中的主要问题是发达国家与发展中国家在自然资源的分配、消费方面的不平等问题(发达国家只占世界人口总数的 25% 却占有和消耗世界能源的 75%、木材的 85%、钢材的 72%。美国人口不足世界人口的 5%,却消费了全球 25% 的商业资源,排放了 25% 的温室气体),当代人与后代人在自然资源的分配、消费上的不平等问题和人类合理节制自己的需求欲望问题,如果不加以解决,长此下去,必然产生严重的社会问题,人类后代赖以生存和发展的自然资源和生态环境将不复存在。

因此,保护生态环境是每一个人义不容辞的道德责任,向学生进行生态道德教育,培养学生自觉地规范自己的职业行为,不掠夺性地开发自然资源,不以破坏生态环境为代价进行生产,节制无理性的奢侈浪费,有节制地开发和消费自然资

---

① 马克思,恩格斯. 马克思恩格斯全集:第 6 卷[M]. 北京:人民出版社,1961:486.

源,并能积极投身于改善已恶化了的生存环境和营造生态平衡的社会实践,创造绿色家园,是学校职业道德教育的又一重要内容。

四、我国当前经济伦理、政治伦理和社会伦理中面临的问题

作为意识形态的职业道德教育,在不同的历史时期、不同的社会形态、不同的国家和民族,所面对的主要问题不同。在进行常规的职业道德教育中还必须把握住一个历史时期,职业道德所面临的主要问题,才能抓住重点,纲举目张。当前,在我国的职业道德的经济伦理、政治伦理、社会伦理教育中,至少有三个方面的问题需要注意。

1. 两个文明一齐抓的问题

两个文明一齐抓,即我们要在建设高度物质文明的同时,建设高度的社会主义精神文明。这是一个是否坚持社会主义道路的问题。我们发展生产的目的是为了摆脱落后、摆脱贫困,实现共同富裕;绝不是让剥削制度卷土重来,造成一个弱肉强食、损人利己的,伴随着各种极端严重的犯罪、堕落、绝望的社会。邓小平指出:"社会主义的目的就是要全国人民共同富裕,不是两极分化。如果我们的政策导致两极分化,我们就失败了;如果产生了什么新的资产阶级,那我们就真是走了邪路了。"①所以,作为建设精神文明的重要内容的职业道德的核心应是反映我们生产的目的——最大限度地满足广大人民在物质和精神上的需求,从职业道德而言,也就是全心全意为人民服务。

现在,有一种颇为流行的说法,即"顾客是上帝""用户是上帝",等等。用上帝来比拟服务对象自然是至高无上之意,有其合理的一面,但其内涵很不清晰。因为,将顾客视为上帝可以有各种心态,可能是为民为公,也可能是为己为私。我们职业道德教育的核心思想应是清楚、明确的,即是全心全意为人民服务而不是半心半意;是为广大人民的利益服务,而不是为什么别的利益服务。这种社会主义的职业道德观念,不能动摇、不容含混。因为在建设高度物质文明的同时,如不建设高度社会主义的精神文明,在市场经济条件下,存在着利益驱动的扩张性和逐利行为的无限性,就会产生自由竞争中的没良心,导致道德失范,造成如美国安然公司、安达信公司这样的欺诈行为的产生,及许多严重的犯罪和社会问题。

乔治·绍罗什是绍罗什基金会会长、开放社会研究所所长,世界闻名的货币投机商。他在一篇题为《市场唯上论的幻想——为何不断出现失败》的文章中说:"在美国对企业的违法行为和金融犯罪的批判之声不绝于耳。但在愤怒中也不乏

---

① 邓小平.邓小平文选:第3卷[M].北京:人民出版社,2001:111.

感到惊讶的声音,不少人对为什么会发生这种事,感到困惑不解。"他认为:"要是仔细分析 20 世纪 90 年代有什么不正常,那么可以指出两个具体的因素。这就是道德水平的下降和利害冲突的戏剧性增大。实际上,这两者只不过是更加广泛的单一问题的征兆的表现。这个问题就是'不问手段只赞美金钱利润'的倾向。""在这种对金钱盲目追求的背后,存在着这样一种信念,即'人们追求狭隘的私利,是实现共同利益的最好手段',这种观点被称为'自由放任主义'。不过,现在信奉这种观点的人给它赋予了一个更富现代色彩的名字——'市场唯上论'。"这是"市场唯上论通过同等看待个人利益和公共利益,给追求私利赋予了道德性"。他认为"为了避免利益冲突,人们光认识到自己的利益是不行的,还必须要认识到共同的利益。如果没有这种'内心'的变化,即使制定新的规定和法律,可能最终只能以促使逃避而告终"。所以,他告诫美国国民:"现在有必要重新认识追求个人利益的个人集团和以公共利益为指针的'社会'的不同。美国国民能在多大程度上认识这种不同,将决定美国和世界在今后数月和数年内是否能够恢复经济的稳定和繁荣。"从一个大资本家的反思,可以看出我们这个"以公共利益为指针的社会",所遵循的以全心全意为人民服务为职业道德核心的合理性、正确性和先进性。

在为人民服务的问题上,只讲服务不承认个人正当的物质利益是不对的,不符合社会公正的原则。道德要求也不能超出现实的经济关系和利益,如不能把合理地考虑劳动报酬,愿意到条件较优的地区、单位工作视为不道德;但道德观念中具有人类的、国家的、全民的利益的一面,因此,其思想境界则远不止于此。自古以来人们都在追求一种最高的道德理想,没有这个理想,就失去社会前进的动力,人们就不可能献身事业,赴汤蹈火,万死不辞。一个国家、一个民族或个人,绝不可没有理想、没有精神。作为职业道德,我们提倡无私奉献、不计回报得失,全心全意为人类的幸福、人民的利益、国家的繁荣富强而服务的品德。如果物欲横流、一切向钱看,无论社会或个人都会走向堕落,走向没落。孟子说的"生于忧患而死于安乐"是实践中总结而得的至理名言。

为人民服务还要摆正个人与社会、个人与集体的关系。所谓个人价值,只有在为社会做出贡献中才能实现。从各行各业的职业道德规范中可以发现,"团结协作"是每个行业的职业道德中都有的。古往今来,一个人离开社会、离开集体,不要说成就,连生存都不可能。所以,必须反对一切以我为核心的极端个人主义;更要使只顾个人、不顾公益,不择手段,牟取私利,坑害群众、为害集体等恶行,在学生心中成为"过街老鼠",人人喊打。

建设高度的社会主义精神文明也包括弘扬民族文化的内涵。中华民族创造了独特、源远流长、博大精深的东方文化。我们提出的实现小康的奋斗目标,"小康"二字即源于《礼记》,《礼记》中所追求的理想是从小康达到大同。就是孙中山先生赞赏并后来手书的"天下为公"。以公为重,以民为重、讲求气节,是中华民族优秀的文化传统。大丈夫"富贵不能淫,贫贱不能移,威武不能屈",在生与义二者不可兼得之时,能舍生而取义,已成为中华民族道德气节的典范思想。古代儒家提出的修身、齐家、治国、平天下,可以说是一种从我做起、志在天下的道德修养理论。我们要建设具有中国特色的社会主义,这是前所未有的事业,我们也要在这个过程中建设前所未有的社会主义精神文明,这是摆在学校面前的责无旁贷的任务。

2. 改革与安定的问题

改革与安定从国家而言,改革是大局,安定也是大局。不改革不能发展,不能自立于世界竞争之林;不安定就谈不上改革,更谈不上发展。但任何改革都意味着变动,要打破旧有的格局,旧有的平衡,出现不稳定、不平衡。在社会改革中必然产生权力的再分配,利益的再分配,会触及一部分人的既得利益,甚至一部分人要做出某种牺牲,产生变革时期特有的惶惑、不平、摩擦。因而,从个人来说这是一个大局与小局、局部与整体的问题。学生在其今后的职业生涯中,可能会趁改革的良机得到发展的机遇,但也可能有多种职业的变换、工作的动荡、失业、甚至处于某种困境。改革中必然会泥沙俱下,有挫折,有坏人,有坏事。道德的核心是如何理解和认识利益问题。因此,要对学生进行伦理范畴的理性教育,使学生具有正确的义利观、公私观、得失观、苦乐观,有良心和鲜明的爱与憎的道德情感;教育学生能正确认识和对待改革中的问题、前进中的困难,进行强调社会责任感、顾全大局的教育;使学生提高分辨善恶、美丑的能力,抵制不正之风,敢于向丑恶现象做斗争;提倡艰苦奋斗、淡泊名利、知难而进的精神;增强学生心理的承受能力;创造一种和谐、祥和的职业氛围和社会风气。

3. 正确处理人民内部矛盾问题

在当前改革开放和各种经济形式并存的情况下,人际关系日趋复杂,出现了许多新的情况与问题。如,随着政府职能的转变和管理制度、管理方法的改革,人际关系随之发生变化;在双向选择的劳动人事制度下,如何处理个人与企事业单位的关系;在外资、合资、私营企业中产生了劳资关系;在市场竞争的条件下,如何建立新的协作关系、合作关系、和谐共事关系;等等。在上述关系中所产生的矛盾绝大部分是人民内部矛盾,但如果不能正确处理,矛盾就会激化,甚至改变性质。现在,一些道德失范的行为如私营业主欺凌雇工的事已有发生;职工因不满而寻衅报复的事件也有发生;为了竞争不择手段,甚至要阴谋诡计的事也是存在的。

因此,应结合法制教育加强这方面的职业道德教育。

要教育学生,无论从事什么职业,无论处于什么职位,都要遵守社会主义的职业道德原则,要勤政为民,不得欺压百姓;不允许以强凌弱,也不屈于暴力,卑躬屈节。要秉公办事,不可勾结营私。要学会平等待人,公平竞争。要己立立人,己达达人,己所不欲,勿施于人,讲求社会主义的人道主义。更重要的是,要教育学生懂得在特定的职业环境中人与人的关系是如何结合起来的,如果产生了矛盾和冲突,应如何判断冲突的原因寻求解决矛盾的正确途径,获得在社会主义初级阶段处理人民内部矛盾的能力。

参考文献:

[1]宋昌惠.应用伦理学[M].北京:中共中央党校出版社,2001.

职业资格证书制度与教育发展趋势①

一、我国实行职业资格证书制度的背景

1985 年,中共中央关《关于教育体制改革的决定》提出了先培训、后就业的问题。该决定指出:职业技术教育问题已强调多年,局面没有真正打开,重要的原因在于长期以来对就业者的政治、文化、技术准备缺乏应有的要求,在于历史遗留的鄙薄职业技术教育的陈腐观念根深蒂固。因此,要在全党和全社会进行教育,树立"行行光荣,行行出状元"的观念,树立"劳动就业必须有一定的政治、文化和技术准备"的观念,并且在改革教育体制的同时改革有关的人事制度,实行"先培训,后就业"的原则。今后各单位招工,必须首先从各种职业技术学校毕业生中择优录取。一切从业人员,首先是专业性、技术性较强行业的从业人员,都要像汽车司机经过考试合格取得驾驶证才许开车那样,必须取得考试合格证才能走上工作岗位。有关部门应该制定法规,逐步实行这种制度。首次提出在我国建立职业证书制度的问题。

提出这个问题的历史背景是,新中国成立以来我国的劳动人事制度存在矛盾。如在农村,农民由于土地政策,是以身份(户籍)固着于土地从事农业,并非为现代职业;城市则分为工、干两大类,实际上也是"身份",上了中专、大学就可获得"干部"身份,工人即使在"干部"工作岗位,如转不了干,也只能是"以工代干",不是以职业岗位管理劳动人事;同时,沿袭革命战争时期的观念,将就业作为"参加革命工作",对从业者的政治、文化、技术准备缺乏应有的要求;在"左"的路线下,甚至对于当时具有职业资格认定性质的"职称"也视为资产阶级法权,有的单位一度予以取消;"文革"期间,教授、工程师等更成为"资产阶级反动学术权威"的代名词,更谈不上什么职业资格认定了。福利性的广就业政策和一度实行过的子女顶替政策更加重了这个问题。子女顶替政策原是一种劳动保险政策。1953 年 1

---

① 原载:职教通讯,2003(11):13 - 16.

月,劳动部在《中华人民共和国劳动保险条例实施细则修正草案》中规定:职工的直系亲属具有工作能力,而该企业需人工时,行政方面或资方应尽先录用。20世纪60年代扩大到某些特殊职业。如规定森林采伐、盐场、矿山井下、野外勘探等行业增加工人时可由退休职工子女顶替。1978年以后,为减轻就业压力,更扩大到面对所有退休工人。开始是适用于工人退休后生活困难或多子女上山下乡、子女就业少的职工,后来演变成为只要父母退休子女就可顶替。使一大批没有受过职业培训的人员上了技术岗位,造成1981年以后,在青工中进行大规模的双补(补文化、补技术)。了解这个背景,就可以知道上述决定的重大的、划时代的意义。

1985年以后,个别行业开始考证工作,如1986年确定律师考试等,但还没有形成国家制度。为贯彻"先培训、后就业"的原则,1990年7月,经国务院批准劳动部颁布了《工人考核条例》。《条例》规定:"企业、事业单位和国家机关从社会招收录用新工人,包括录用技工学校、职业学校、职业高中的毕业生,以及就业训练中心和其他各种就业训练班结业的学生,须经工人考核组织的录用考核,方能择优录用。"学徒(培训生)学习期满和工人见习、试用期满时,须经转正定级考核。经考核合格发给相应的《技术等级证书》《岗位合格证书》《特种作业人员操作证》之后,方能上生产工作岗位独立操作。1996年12月,劳动部下发了《关于进行劳动预备制度试点工作的通知》,并制定了《劳动预备制度实施方案》。《方案》提出了"实行就业准入制度,要求适合参加劳动预备制度的人员,应当掌握必备的学识和技术、能力,在取得相应的培训证书和职业资格证书后,方可就业"。1999年6月,劳动保障部、教育部、人事部、国家计委、国家经贸委、国家工商总局联合下发《关于积极推进劳动预备制度加快提高劳动者素质的意见》(简称《意见》)提出从1999年起,在全国城镇普遍推行劳动预备制度,严格实行就业准入控制。

《意见》提出:"劳动预备制人员培训或学习期满,取得相应证书后,方可就业。从事一般职业(工种)的,必须取得相应的职业学校毕业证书或职业培训合格证书。从事国家和地方政府以及行业有特殊规定职业(工种)的,在取得职业学校毕业证书或职业培训合格证书的同时,还必须取得相应的职业资格证书。从事工商经营的,也应接受必要的职业培训,其中从事国家规定实行准入控制职业(工种)的,必须在取得职业资格证书后方可办理开业手续。"这可为我国实行职业资格证书制度的起始。

2000年3月,劳动和社会保障部发布了《招用技术工种从业人员规定》,规定用人单位招用从事技术工种(职业)的劳动者,必须从取得相应职业资格证书的人员中录用。其《须持职业资格证书就业工种(职业)目录》中共列出生产、运输设备操作人员、农林牧渔水利业生产人员、商业服务业人员及办事人员和有关人员等 90 个工种(职业)须持职业资格证书就业。同年 4 月,劳动和社会保障部制定了《劳动预备制度培训实施办法》。在此同时,人事部门和一些行业也开展了特有工种职业技能鉴定、专业技术执业(职业)资格考核和专项能力的考核等。全国累计共有近 3000 万人取得了不同等级的职业资格证书。

二、我国职业资格证书制度存在的问题

从以上情况可以看出,我国的职业资格证书制度有了一个好的开始,但还存在着不少困难和问题。

1. 起步晚,覆盖率低

我国的职业资格证书制度在 20 世纪末才算形成,认真说来没有几年。目前,证书的覆盖面小,执业资格证书中只有十几个专业证书,和人事部要求“从 2002 年起争取用五年的时间,使执业资格制度实施的专业范围达到 50 个左右,基本形成比较完整的执业资格体系”,有相当大的距离。劳动和社会保障部提出的持证上岗工种目录中只有 90 个工种,与其提出的在“十五”期间“国家资格证书要覆盖国民经济的主要职业(工种)”和“对劳动力市场中覆盖 70% 以上的从业人员的 300 个职业(工种)进行技能鉴定工作”的要求相距也很大;其中缺口甚多,如农林牧渔水利业占所有从业人员的比例最高,但只有动物疫病防治员、动物检疫检验员和沼气生产工三种证书。有的证书含金量不算高,没有国际认可的品牌证书。

2. 缺乏统筹管理,各自为政

我国目前可以作为证明其从业资格的文件有以下一些:学历证书、从业资格证书、执业资格证书、职称(人事部有关负责人称,今后将淡化职称,强化执业资格),以及与就业有关的技能等级证书、绿色证书,还有一些进入我国的各种洋证书,如美国微软公司认证(MCPS、MCDBA、MCSD、MCSE)、加拿大注册会计师认证(CGA)、英国特许公认会计师认证(ACCA)、SOA 精算师认证、PMP 项目管理专业资格认证、HIAA 医疗保险资格认证、WBSA 商务策划师认证,国际会计师专业资格认证(AIA),等等。这些证书的考试与颁发,分属教育、人事、劳动、行业组织、某些学校与外方合作或认证组织等,没有全国统筹管理机构,表现为各自为政。

在职业资格的等级划分上,劳动和社会保障部 1999 年在《关于在职业培训工作中贯彻落实“中共中央国务院关于深化教育改革全面推进素质教育的决定”的若干意见》中曾做过一个职业资格证书等级划分,具体内容如下。

(1)国家职业资格一级(高级技师):能够熟练运用专门技能和特殊技能在本职的各个领域完成复杂的、非常规性的工作;熟练掌握本职的关键技能技术,能够

独立处理和解决高难度的技术问题或工艺难题;在技术攻关和工艺革新方而有创新;能组织开展技术改造、技术革新活动;能组织开展系统的专业技术培训;具有技术管理能力。

(2)国家职业资格二级(技师):能够熟练运用专门技能和特殊技能完成复杂的、非常规性的工作;掌握本职业的关键技术技能,能够独立处理和解决技术或工艺难题;在技能技术方面有创新;能指导和培训初、中、高级人员,具有一定的技术管理能力。

(3)国家职业资格三级(高级工):能熟练运用基本技能和专门技能完成较为复杂的工作,包括完成部分非常规性工作;能够独立处理工作中出现的问题;能指导和培训初、中级人员。

(4)国家职业资格四级(中级):能够熟练运用基本技能独立完成本职业的常规工作;在特定情况下,能运用专门技能完成技术较为复杂的工作;能够与他人合作。

(5)国家职业资格五级(初级):能够运用基本技能独立完成本职的常规工作。

很明显,这个等级的划分,是以技能等级考核为基础制定的,因此,是以初中高级工、技师、高级技师作为划分基础的,因而,不能涵盖全部职业,虽称为国家职业资格等级,但尚不具有国家认证的权威性,为所有认证单位认可。一些行业自己规定考试等级,如新闻从业人员资格考试,分初、中、高三级,秘书职业考试也分三级,商业美术设计师则分助理设计师、设计师、高级设计师、特级设计师四级,至于执业证书多未列入哪一级;同时,这个等级的划分也没有与之相对应的教育水平(学历)的规定。

3. 存在一定的无序现象

除了标准不一外,由于分散管理和市场经济下的利益驱动,各单位都要做大自己的蛋糕,争夺考证权。如职业院校或普通高等学校毕业生应该认为具有所学专业的初始入岗资格,学历毕业证书和高等院校专业学历毕业证书应与相应职业证书具有同等效力,但往往关系不清,学历不被劳动或行业部门承认,学生还需再参加证书考试,造成人力与资源的浪费,甚至相互摩擦产生混乱。职业证书与学历相互衔接与沟通上缺乏应有的机制,职业技能与职业经历往往又难为教育部门主管的学历证书所认可。1998 年,劳动与社会保障部颁发了《关于对引进国外职业资格证书加强管理的通知》,开始对国外职业资格证书的法律效力进行审核和注册工作。洋证书中,有的是认证机构自行在我国一些城市设置考试中心、考试点,有的与我国学校、培训机构合作进行培训与认证,多为分散行为,各国之间的竞争和我国证书培训市场的竞争日趋激烈。

三、职业资格证书制度下的教育发展趋势

职业资格证书制度是国家劳动管理的重要组成部分。教育是证书的基础,没有教育与培训也就谈不上获得什么职业资格证书。所以,教育是发展职业证书制度的支柱,证书覆盖面的扩大和含金量的提高都要依靠教育;另一方面,职业资格证书是经政府有关部门、劳动部门或行业部门认定颁发的,证明其从业资格的文件,也是经过规范的考核对社会劳动力供给者拥有的劳动力产权和质量的认定,一个人无论他受到什么教育,取得什么学历,最终都要在社会上就业,从这个意义上来说,教育的发展要受到职业证书制度的制约。在这两方面的作用下,教育的发展将出现下列趋势。

1. 各级各类学校教育都要以能力为基础,以此理顺学历证书与职业资格证书之间的关系

下面以最先实行国家职业资格证书标准的英国之职业资格证书标准为例作为研讨的参考。英国国家职业资格证书共分五级,见下表:

NVQ	标准	相应职务	相当于的学历
5级	具有在广泛的、通常是不可预见的条件下独立运用基本原理和复杂技术的能力。负有极大的个人自主权,经常对他人的工作和主要资源分配负有重大责任,并具有个人独立分析、决断、设计、规划、实施和评估工作结果的能力	高级工程师和工程师,中、高级管理人员	与职业相关的研究生毕业资格,硕士文凭
4级	具有在广泛领域从事技术复杂、专业性强、条件多变工作活动的能力,负有很大的个人责任和自主权,通常需要对他人的工作和资源的分配负荷	工程师,高级技术员,高级技工,中级管理人员	与职业相关的大学专、本科毕业资格,学士文凭
3级	具有在广泛领域从事各种复杂多变的、非常规的工作活动的能力。负有相当的责任和自主权,经常需要对他人的工作进行监督和指导	技术员,技工,初级管理人员	普通教育 A 级,即获大学入学资格水平

续表

NVQ	标准	相应职务	相当于的学历
2级	具有在较大范围和变化条件下从事一些复杂的、非常规的工作活动的能力。负有一定的责任和自主权,并能与工作群体中其他成员进行合作	熟练工	普通教育0级,即获中学毕业资格水平
1级	具有在一定范围内从事常规的、可预测的工作活动的能力	半熟练工	中学在学水平

从上表可以看出,英国的国家职业资格证书等级划分的标准是能力,以能力确定相应职务和相当的学历。这种划分标准的优点是,可以避免以学历划分会忽视能力与经历、以技能划分会忽视基础学力的问题。上述我国劳动部门对国家职业资格的等级划分也是倾向以能力为标准。这样,学校的学历教育要能与职业资格接轨,就必须以能力为本位,重视基础能力、专业能力和综合能力的培养,重视和承认职业实践经历,使专业学历教育能达到从业资格的能力水平。获得非学历职业资格证书的,可以通过学习模块垒加的方式取得学历,以此来理顺职业证书与学历证书的关系。

2. 教育向多样化发展以满足实现多样化职业资格证书的需要

社会职业繁多,职业证书的种类也会越来越多,不仅有高中低的层次,而且有学历的、非学历的,单一工种的、复合工种的,与职业相关的如 TOEIC"托业"考试等级证书(除 ETS 授予的 TOEIC 成绩证书外,还能获得中国政府承认的中国职业英语等级证书),也有与职业不相关的,如计算机等级证书、英语等级证书、汽车驾驶证,等等。要加大职业资格证书的覆盖面,实现职业证书的多样化,首要的条件是发展作为职业资格证书考试、考核支撑的教育与培训。除大力发展各种证书培训机构外,职业学校应面向社会提供各种课程,包括学历的、非学历的,文化的、专业的,理论的、实践的,系统的、单科的,全日制的、半日制的、业余的,等等。使更多的人,各种条件和需求的人,不同年龄和职业发展阶段的人,在职前、职后,在职、转业、失业各种不同情况下,能够通过各种不同的教育与培训途径获得各种不同的职业资格证书。通过教育的多样化,促进职业资格证书制度的发展,促进职业教育的发展和改革,促进劳动就业,促进经济发展和社会稳定。

3. 教育趋向扁平化

传统教育是直线上升的,从小学、中学到大学,这种直线式的受教育方式,已经不适应当代职业对复合职业能力和多种职业能力的要求;职业的流动性、一生中职业的变换,也要求人们具有更多种的职业能力;同时,具有多种职业能力也为个人的个性发展提供了条件。因此,在证书制度下的教育将趋于扁平化。现在已经有大学毕业生到技工学校学习以取得某种职业技能证书增加就业的砝码的例子。今后高学历的人为了需要可能通过教育或培训考非本专业的低等级的证书;同样,一个学历不高的人,在某方面具有优势,通过培训考试可以获得某种高等级的职业证书。我国现在有的证书考试如秘书职业资格证书,就不一定与学历挂钩,其初级证书考试的资格是:从事秘书职业一年以上,职业学校秘书专业毕业和经过本职业正规培训,具有其中之一就可以应试。秘书的中高级证书考试同样不一定需要高学历。今后一个人可能具有多种不同类型或等级的职业资格证书,也可能从事多种不同层次的职业。同样,一个人所受的教育与培训也可能高低交错,向扁平化发展。

理顺学历证书与职业资格证书的关系,发展包括学历与非学历的、多样化的职业资格证书,扁平化的教育,将会把我们带入终身教育和学习化的社会。

职业资格证书的社会功能及其实现[①]

一、职业资格与职业资格认定

人类学家认为,人与其他动物的根本区别就在于本能。一般动物自出生就具有相当精确、严密的本能活动图式,而人的器官原始就是非专门化的。所以,在实践中的自由创造就成为人类最珍贵的特性。大脑是人类智力发展的物质基础,但由于人反应机制的未确定性,大脑必须受到外界相应的刺激和对刺激做出反应,才能形成人类的智能。人类生理构造的未特定化和生存功能的不完备性,决定人是依靠生产知识的积累与传递来延续自身的生存与发展,而不是依靠遗传的本能。要从事生产就必须学习,劳动力的再生产是人类社会生产的必要条件,教育和训练又是劳动力再生产的必要条件。一个人只有获得这个社会所必需的劳动技能、生活知识、思想意识、行为准则等。才能融入这个社会,被社会承认,才能在一定的社会环境中生存下去。

人类具有思维、语言、文字,所以可以将自己创造的成果积累起来,传递下去。马克思在《德意志意识形态》中说:"历史不外是各个世代的依次交替。每一代都利用以前各代遗留下来的材料、资金和生产力。由于这个缘故,每一代一方面在完全改变了的条件下继续从事先辈的活动;另一方面又通过完全改变了的活动来改变旧的条件。"即人类的社会生产和社会生活不是简单的重复,而是在世代的传递过程中,每一代都将自己在实践中获得的新知识、新技能收集、整理加入传递的内容中去,使文化不断富集,构成社会的进步与发展。因此,不同时代对劳动者的知识、技能、素质有不同的要求,如果一个人的劳动能力,达不到社会职业对他的起码要求,那么社会将不会承认其劳动,他也不能获得赖以谋生的职业。也就是说在一定的社会中,每一个从职从业者,都必须达到一定社会的职业道德水准和劳动熟练程度,才能使自己的劳动为社会所认可,成为社会所需要的有效劳动,亦即必须具备一定的职业资格。社会对职业资格的要求与认定,从古至今都存在

[①]　原载:中国职业技术教育,2004(21):44-47.

着,最初是自发的,随着社会的发展越来越趋于自觉。我国古代的"行会"已对从事本行业的人有许多严格的规定,达不到要求的不被承认是这一行中的人,即所谓"外行"。在当代对职业资格的认定已经成为劳动和人事管理的一部分,职业资格是经政府有关部门、劳动部门或行业认定的,从事某种职业所必须具备的基本条件。职业资格的认定已经由社会自发的行为,发展成为国家行为,成为一种国家的职业资格证书制度。

二、职业资格证书的属性与社会功能

1. 职业资格证书的属性

职业资格证书是经政府有关部门、劳动部门或行业部门认定颁发的,证明其从业资格的证件。也是经过规范的考核对社会劳动力供给者拥有的劳动力产权和质量的认定。1994 年,劳动人事部颁发《职业资格证书规定》,《规定》提出:"职业资格包括从业资格和执业资格。从业资格是指从事某一专业(工种)学识、技能和能力的起点标准。执业资格是指政府对某些责任较大,社会通用性强,关系公共利益的专业(工种)实行准入控制,是依法独立开业或从事某一特定专业(工种)学识、技能和能力的必备标准。"职业资格证书制度的基本内容是:按照国家制定的职业技能标准或任职资格条件,通过政府认定的考核鉴定机构,对劳动者的技能水平或职业资格进行客观公正、科学规范的评价和鉴定,对合格者授予相应的国家资格证书。如,会计岗位证书是从业资格证书,注册会计师证书就是执业资格证书。所以,职业资格证书的基本属性是证明个人具备从事某种职业资格的有效证件。

2. 职业资格证书制度的社会功能

国家之所以要建立职业资格证书制度,是因为这是国家劳动管理的一个重要组成部分,也是个人就业的保障。是出自保持社会先进生产力和社会生存与发展的需要,是人民群众生存和发展的需要。其社会功能表现在以下五个方面。

(1)保持社会生产力水平,发展社会经济。只有使合格的人才进入工作岗位,才能保证社会生产和各项工作在应有的水平上进行,充分发挥科学技术和设备的效益,提高劳动生产率和工作绩效,提高产品或服务的国际竞争力,避免各种事故,保障公众利益。

(2)开发人力资源,实现劳动力市场就业。对各种职业有了明确的任职条件,人们就可以根据自己的个性、爱好、特长、条件选择职业;用人单位也有切实的标准录用人才,使人得事,使事得人,能够最大限度地开发人力资源。只有在劳动力的所有权和水准明晰的情况下,劳动力市场的交换行为才能有效进行。

(3)促进教育发展,培养合格人才。对从职从业者的资格有了明确的规定,就为职业教育与培训提供了依据,使职业教育与培训规范化。同时,必将大大推动教育、职业教育和培训的发展,从而推动经济与社会的发展。

(4)提高国民职业素质,扩大劳动就业。有了健全的职业资格审定制度,才能使全国人民建立起正确的职业观,了解本职工作应负的社会职责和对自己思想品德、职业道德、专业知识技能、实践经历、身体素质等的要求,形成一个全民对劳动质量重要性的认识,对全民劳动素质的提高才能有可靠的保证。同时,有利于个人储备技能。了解职业资格及职业资格证书,可以有计划地去获取各种所需的证书,在就业竞争中占据优势。如,从事秘书工作,外语水平测试和计算机文字录入员等级证书是必不可少的,如果再有驾驶证就更具优势。多一个证书等于多一个就业的门路。

(5)有利于人才流动和国际交流。职业资格证书犹如职业(就业)"护照",加大了人们对就业单位和就业形式选择的自由度。随着我国加入世贸组织,人力资源要素也在走向全球化,许多职业的就业标准开始国际化,一些国外的培训机构进入我国。如,美国微软认证(MCPS,MCTBA,MCSD,MCSE),CGA 加拿大注册会计师认证、ACCA 英国特许公认会计师认证、SOA 北美精算师认证、PMP 项目管理专业资格认证、HIAA 医疗保险资格认证、WBSA 商务策划师认证以及 ECC 企业家创业职业资格证书、IBL 国际商务职业资格证书、MSSC 营销战略职业资格证书、SEBP 电子商务职业资格证书等证书课程,都开始进入我国,我国的一些证书也将寻求与国际接轨,取得国际上的认可。国际的职业证书认证,对于劳动就业和劳务输出起着积极的推动作用。

三、我国职业资格证书的实施

1985 年,中共中央《关于教育体制改革的决定》提出了先培训、后就业的问题。《决定》指出:"职业技术教育问题已强调多年,局面没有真正打开,重要的原因在于长期以来对就业者的政治、文化、技术准备缺乏应有的要求,在于历史遗留的鄙薄职业技术教育的陈腐观念根深蒂固。因此,要在全党和全社会进行教育,树立行行光荣,行行出状元的观念,树立劳动就业必须有一定的政治、文化和技术准备的观念,并且在改革教育体制的同时,改革有关的人事制度,实行'先培训、后就业'的原则。今后各单位招工,必须首先从各种职业技术学校毕业生中择优录取。一切从业人员,首先是专业性、技术性较强行业的从业人员,都要像汽车司机经过考试合格取得驾驶证才许开车那样,必须取得考试合格证才能走上工作岗位。有关部门应该制定法规,逐步实行这种制度。"《决定》首次提出了在我国建立职业证书制度的问题。

提出这个问题的历史背景是,新中国成立以来,我国的劳动人事制度存在矛盾。如,对于农村,农民由于土地政策,是以身份(户籍)固着于土地,从事农业,并不是现代就业的含义;城市则分为工、干两大类,实际上也是"身份",上了中专、大学就可获得"干部"身份,工人即使在"干部"工作岗位,如转不了干,也只能是"以工代干",也不是以职业岗位管理劳动人事;同时,沿袭革命战争时期的观念,将就业作为"参加革命工作",对从业者的政治、文化、技术准备缺乏应有的要求;在"左"的路线下,甚至对于当时具有职业资格认定性质的"职称"也视为资产阶级法权,有的单位一度予以取消;"文革"期间,教授、工程师等,更成为"资产阶级反动学术权威"的代名词,更谈不上什么职业资格认定了。福利性的广就业政策和一度实行过的子女顶替政策更加重了这个问题。

1985年以后,个别行业开始考证工作,如1986年确定律师考试等,但还没有形成国家制度。为实行"先培训、后就业"的原则,1990年7月,经国务院批准,劳动部颁布了《工人考核条例》,《条例》规定:"企业、事业单位和国家机关从社会招收录用新工人,包括录用技工学校、职业学校、职业高中的毕业生,以及就业训练中心和其他各种就业训练班结业的学生,须经工人考核组织的录用考核,方能择优录用。""学徒(培训生)学习期满和工人见习、试用期满时,须经转正定级考核。经考核合格发给相应的《技术等级证书》或者《岗位合格证书》《特种作业人员操作证》之后,方能上生产工作岗位独立操作。"1996年12月,劳动部下发了《关于进行劳动预备制度试点工作的通知》,并制定了《劳动预备制度实施方案》。《方案》提出:实行就业准入制度,"要求适合参加劳动预备制度的人员,应当掌握必备的学识和技术、能力,在取得相应的培训证书和职业资格证书后,方可就业"。1999年6月,劳动和社会保障部、教育部、人事部、国家计委、国家经贸委、国家工商总局联合下发《关于积极推进劳动预备制度加快提高劳动者素质的意见》,提出从1999年起,在全国城镇普遍推行劳动预备制度,严格实行就业准入控制。《意见》提出:"劳动预备制人员培训或学习期满,取得相应证书后,方可就业。从事一般职业(工种)的,必须取得相应的职业学校毕业证书或职业培训合格证书。从事国家和地方政府以及行业有特殊规定职业(工种)的,在取得职业学校毕业证书或职业培训合格证书的同时,还必须取得相应的职业资格证书。从事工商经营的,也应接受必要的职业培训,其中从事国家规定实行准入控制职业(工种)的,必须在取得职业资格证书后方可办理开业手续。"这可为我国实行职业资格证书制度的起始。

2000年3月,劳动和社会保障部发布了《招用技术工种从业人员规定》,规定用人单位招用从事技术工种(职业)的劳动者,必须从取得相应职业资格证书的人员中录用。其《须持职业资格证书就业工种(职业)目录》中共列出生产、运输设备操作人员、农林牧渔水利业生产人员、商业服务业人员及办事人员和有关人员等90个工种(职业)须持职业资格证书就业。同年4月,劳动和社会保障部制定了《劳动预备制度培训实施办法》。在此同时,人事部门和一些行业也开展了特有工种职业技能鉴定、专业技术执业(职业)资格考核和专项能力的考核等。

从以上情况可以看出,我国的职业证书制度有了一个好的开始,但由于实施时间短、制度不完备仍存在着不少困难和问题。

1. 起步晚,覆盖率低

我国的职业证书制度在20世纪末才算形成,认真说来没有几年。目前,证书的覆盖面小,执业资格证书中只有十几个专业证书,和人事部要求"从2002年起争取用5年的时间,使执业资格制度实施的专业范围达到50个左右,基本形成比较完整的执业资格体系",有相当大的距离。劳动和社会保障部提出的持证上岗工种目录中只有90个工种,与其提出的在"十五"期间"国家资格证书要覆盖国民经济的主要职业(工种)"和对劳动力市场中"覆盖70%以上的从业人员的300个职业(工种)进行技能鉴定工作"的要求相距也很大;其中缺口甚多,如农林牧渔水利业占所有从业人员的比例最高,但只有动物疫病防治员、动物检疫检验员和沼气生产工三种证书。有的证书含金量不算高,没有国际认可的品牌证书。

2. 缺乏统筹管理,各自为政

我国目前可以作为证明其从业资格的文件有以下这些:学历证书、从业资格证书、执业资格证书、职称(人事部有关负责人称,今后将淡化职称,强化执业资格),以及与就业有关的技能等级证书、绿色证书,还有一些准许进入我国的各种洋证书。这些证书的考试与颁发,分属教育、人事、劳动、相关部委、行业组织、某些学校与外方合作认证或认证机构等,缺乏全国统筹管理,表现为各自为政。如,在职业资格的等级划分上,劳动和社会保障部1999年在《关于在职业培训工作中贯彻落实"中共中央国务院关于深化教育改革全面推进素质教育的决定"的若干意见》中曾做过一个职业资格证书等级划分,将职业资格的等级划为五等:(1)国家职业资格一级(高级技师);(2)国家职业资格二级(技师);(3)国家职业资格三级(高级工);(4)国家职业资格四级(中级);(5)国家职业资格五级(初级)。很明显这个等级的划分,是以技能等级考核为基础制定的,因此,是以初中高级工、技师、高级技师作为划分的基础,因而,不能涵盖全部职业。虽称为国家职业资格等级,但尚不具有国家认证的权威性,为所有认证单位认可。一些行业自己规定考试等级,如新闻从业人员资格考试,分初级、中级、高级;秘书职业考试也分三级;商业美术设计师则分助理设计师、设计师、高级设计师、特级设计师四级;至于执业证书多未列入哪一级。同时,这个等级的划分也没有与之相对应的教育水平

(学历)的规定。

3. 存在一定的无序现象

除了标准不一外,由于分散管理和市场经济下的利益驱动,各相关单位都要做大自己的蛋糕,争夺考证权。如,职业院校或普通高等学校毕业生应该认为具有所学专业的初始入岗资格,学历毕业证书和高等院校专业学历毕业证书应与相应职业证书具有同等效力,但却往往关系不清。如,学历不被劳动或行业部门承认,学生还需再参加证书考试,造成人力与资源的浪费,甚至相互摩擦产生混乱;职业证书与学历相互衔接与沟通上缺乏应有的机制,有的教学大纲与考证内容不一致,有的职业技能与职业经历往往又难为教育部门主管的学历证书所认可,等等。1998 年,劳动与社会保障部颁发了《关于对引进国外职业资格证书加强管理的通知》,开始对国外职业资格证书的法律效力进行审核和注册工作。洋证书有的是认证机构自行在我国一些城市设置考试中心、考试点,有的与我国学校、培训机构合作进行培训与认证,多为分散行为,各国之间的竞争和与我国证书培训市场的竞争日趋激烈。

四、充分实现职业资格证书的社会功能问题

根据职业资格证书的属性和社会功能,职业资格证书制度是使社会、国家、企事业、个人的利益都得到保障的一项社会制度,但从目前我国实施的现状看,其作用远未能得到充分发挥。这是一个比较复杂的问题,究其原因主要可以从两方面分析。

从社会对职业证书的认识和需求而言,我国的经济尚未完全进入可持续发展的良性循环阶段,存在着大量的低技术、掠夺性的生产和经营,降低了对职业教育与培训的需求,相当多的企业、工种不要求(或逃避)持证上岗,在企业中使用未经教育与培训的人员代替受过职业教育与培训的人员以降低成本,在农村由于土地承包等问题使受过职业教育与培训的青年不能代替未经培训的农民的现象也不是个别的。与之相对,由于管理行为的不成熟又存在着人才高消费的现象,只看高学历,不看高技能。再加上社会偏见,媒体对 MBA 等高级证书、英语考证等炒作得轰轰烈烈,对一般职业证书则难得一顾,也降低了社会对职业资格证书的认识与需求,造成目前生产、服务质量不高,生产事故居高不下,高级工缺乏、断档的严重局面。

从受教育者个人的认识和需求而言,由于新中国成立以来在 30 多年的时间里,对于从职从业人员的职业资格没有必要的要求,造成群众的职业资格意识淡薄;也由于此前一段在职业教育的建设与发展上产生的:不重视、少投资、低层次、窄专业、终结型和重学历、轻培训等导向上的失误,使本应是开放的、终身的,初中

高体系完备、职业教育与培训并行、学历与证书并重的教育,成了不能满足不同人的需要,不符合人们就学、就业和发展愿望的教育类型。职业教育在教育体系中的这种劣势地位,降低了职业证书的价值和人们对其的认同。使人们为了就业和发展依然更多的追求学历,而忽视职业资格证书在未来从职从业中的重要性。

要改变这种状况,当然非一日之功,也不是某一个方面能解决的。因此,要强化职业资格证书作用、实现其应有的社会功能,以下措施应为必要的。

1. 寻求职业资格证书制度的社会认同

由于职业资格证书制度涉及国家、行业、企事业、个人诸多方面的利益,不能将其仅仅视为政府行为,不能仅作为劳动、人事部门对劳动力的管理工作,只靠政府以行政或立法的力量推进是不够的。要采取有效措施调动行业和企事业的积极性,根据实际情况推进劳动预备制度和就业准入控制,否则限于条件或为眼前私利会产生"上有政策、下有对策"的问题。要加大宣传力度,媒体不要只忙于报道质量检查、质量投诉,在对事故(如多发的矿山事故、火灾、车祸、海难等)原因的报道上要加强对当事人的职业资格、职业资质的分析;在追究责任时,当事人是否具备职业资格应是一个重要的方面,以形成全民的职业资格意识和舆论监督机制。

2. 实行社会化职业证书评定机制

将职业资格证书的审定权从政府部门向行业组织,如工商联、各行业协会、具备资质的中介机构转移,或建立若干专业鉴定机构,以打破权力垄断,提高鉴定效率与质量。将职业资格审定从单位向社会转移,以避免单位工作岗位的局限和人事关系的干预,有利于人才的成长和人才的流动。这方面有的地区已经开始了,如北京市已经将四类职称评定转由社会组织评审,将教师资格认证改为社会考试等。

3. 实行开放式职业资格证书评定

职业资格的形成当然要借助于教育与培训,但职业资格证书的评审重在结果,而不在其获得这种能力、资格的过程与途径。因此,在参与评审的资格上应是开放式的,即无论个人采取什么方法途径:学校教育、正式培训、业余学习、自学、实践中学习,只要具备条件都可参加。当然更不能有什么身份之类的限制,鼓励人们多方成才,调动个人获取职业资格证书的积极性,避免某些部门以权包揽培训,再将培训与考证挂钩所产生的弊端和滋生的腐败,实现社会公平。

如果我们树立起全民的职业资格意识,建立起具有开放、公正、高效、灵活的职业资格证书评审机制,有适合我国目前国情的职业证书品种,并且在教育与培训上能够满足需要,那么,职业证书制度就能够发挥出其巨大的社会功能。

职校生源辨析[①]

近些年职业院校一直被招收应届毕业生的生源所困扰,大体而言在两个方面:一是生源紧缺,于是乎生源大战"烽烟四起";二是生源滑坡,提到教育教学问题,大都要诉说学生情况"一二三四五"、造成的原因"六七八九十",肚子里颇有些"腹诽",但行动上是积极的,想了许多办法——分班教学、分层次教学、微格教学等,来解决这个问题。这是职业学校对社会、对后代高度的责任感,是他们的良知、良能、良心;但却极少有人起来抗争、抗辩,更多的是无奈,似乎"认命"了,可见传统势力的强大、可畏。

职业教育是相对于基础教育的一种教育类型,是面向就业的教育。广义而言,职业教育是使受教育者达到职业资格的准备与获得、保持或转变以及职业生涯质量的获得与改进的教育;狭义的职业教育指为获得某种职业资格而进行的教育或培训;从教学特点看,着重操作能力(包括心智操作技能和肢体操作技能)的养成,要求学生具有"现场"工作能力;从学习年限看可以缩短 1~4 年。从这个认识出发,哪些学生群体应该是职业院校的生源呢?

生源一:有志工学交替的学生群体。实践出真知,一个人从小学读到中学、大学直到博士,博士后研究生从未离开校门,并非是成长的最佳之路。现在许多行业技术发展很快,缩短在校时间,尽快参与生产实际,然后工学交替,终身学习、终身成长,是一应对之法,在一些发达国家的学生群体中选择这种学习方式已不鲜见。因为,最初学历只是基础,说明不了其他问题。毛泽东同志中师毕业,改革开放总设计师邓小平留法勤工俭学时上的法国公学也不是高校就是例证。在我国高等教育仍然是稀缺资源的情况下、在我国教育改革还很不到位的情况下,社会、国家、学校、家庭更应该鼓励优秀学生立志工学交替,高效成才,决不要在应试上浪费大好时光,弄不好把天才读"呆"了。

生源二:需要尽快就业的学生群体。目前,我国家庭能够负担子女接受义务

---

① 原载:中国职业技术教育,2005(6):1.

教育后教育费用的年限，未见到权威统计，但有些统计表明，相当大的一部分家庭供子女上大学仍是一个沉重的负担。家长节衣缩食，负债供子女上学很平常，极端地卖空所有以致卖血供子女上大学，媒体也报道过为筹不到学费而自杀的家长。虽然"可怜天下父母心"是值得同情的，但是以牺牲上一代人起码的生存条件、健康甚至生命就为了走那条独木桥，是一个成熟的、公正的、人性的社会应该倡导的吗？是子女应该心安理得的享受的吗？在我国目前还不能完全消灭贫困和社会低收入群体的情况下，在应该要求年轻一代具有自立、自强的时代精神下，入职业学校应该是理性的选择，是有志气的表现。当然，现在职业学校的收费也不低，但学习期限短，可以早就业，相对而言经济压力小得多。更重要的是，国家应该从政策上资助这部分学生，而不是只重点资助大学生。同时，凡在职业学校进入市场经营的校办企业、实习基地、技术服务等方面劳动实习的学生，校方都应给予相应的经济报酬。

生源三：升入大学应用系科的学生群体。高校工农等系科，要求学生必须具备较强的操作能力或实践经验，有的国家在教育制度上已规定，报考工科的学生必须具有相应的职业培训证书。我国也出现了大学毕业生回头上技校的事，为解决在追求升学率下造成的高分低能问题，为培养合格的应用型人才，我国也应该在教育制度上对此做出规定并提倡相关职校为高校培养合格新生。

生源四：具有某种特长或准备进入某些特殊行业的学生群体。有些职业和行业是需要从小培养的，如杂技、戏曲、音乐、绘画以及某些传统手工艺，等等。职业学校是他们的摇篮。

生源五：基础教育缺失的学生群体。由于经济发展的不平衡，学校办学水平的差异，学生家庭的原因或学生本人情况的不同，造成一部分学生在知识上达不到初中或高中毕业水平，或思想品德人格上达不到要求。他们不可能进入升学竞争的行列。而长善救失是职业学校的特长，由于职业教育高度的灵活性，可以从每个学生的实际出发，给予不同的教育或培训，高者可以深造，低者可获一技之长，得以安身立命，他们当然是职业学校的生源。

如果上述五类初高中毕业生都能进入职业学校，职业院校的应届生源问题即会迎刃而解。当然，要实现这个目标，会遭遇来自各方的巨大阻力，包括来自教育内部；但是，如果对把职业学校或职业教育视为"落榜生"的收容所、是二流教育的社会偏见保持沉默，那就不仅是贻误职教，而且是误民、误国。

职业教育功能①

"功",《辞源》称:事也。"事有成效曰功。""能",能量。"功能"指事功和能力或功效与作用。英语 Function 具有职责、任务、机能、功能等含义,所以,职业教育的功能,是指职业教育的功用和效能。

职业教育是相对于基础教育的一种教育类型,是面向就业的教育。广义的职业教育包括职业陶冶、职业准备教育、职业教育和职业培训。如联合国教科文组织 1974 年第 18 届大会通过的《关于技术和职业教育的建议》中所提出的职业和技术教育"是作为一个涉及教育过程方面的综合术语来使用的,所包括的除了普通教育外,还包括技术和相关科学的学习,以及与经济和社会生活各部门的职业有关的实际技能、态度、理解力和知识,职业和技术教育进一步被理解为:①普通教育的一个组成部分;②为某一职业领域做准备的一种手段;③继续教育的一个方面。"狭义的职业教育指为获得某种职业资格而进行的教育或培训。联合国教科文组织 1997 年第 29 届大会批准的《国际教育标准分类法》中提出:职业教育教学计划"主要为引导学生掌握在某一特定的职业或行业、某类职业或行业中从业所需要的实用技能、知识和认识而设计的。完成这类课程之后可以获得所在国的主管当局(如教育部、雇主协会等)认可的在劳务市场上从业的资格"。这里所指的是狭义的职业教育。本文关于职业教育功能的概述是以广义职业教育即使受教育者达到职业资格的准备与获得、保持或转变以及职业生涯质量的获得与改进的教育为出发点。

职业教育是教育体系中的一个组成部分,因此,职业教育功能与教育所具有的一般功能如文化传递功能、政治功能、经济功能、发展科学技术功能、培养人才的功能等是一致的,但职业教育作为一个特定的教育类型,在共性中又有其自身特有的功能,这里着重论述职业教育的特有功能。从总体而言,职业教育具有以下六方面主要的功能。

---

① 原载:中国职业技术教育,2005(5):17-20.

一、对人类社会的生存功能

1. 职业教育是劳动力再生产的必要条件

教育是人类的生存方式之一,职业教育是人类社会生存与繁衍的必要条件。在一些动物中也存在着某些学习现象,但有目的、有计划、有组织的教育是人类社会特有的活动。因为,动物主要是依靠本能生活,一般动物自出生就具有相当精确严密的本能活动图式,规定了动物在每一种场合中的行为。动物只是按照它们所属的那个物种的尺度来进行活动和塑造,如鸟巢、蛛网、蚁穴、蜂房。而人类的生存方式则完全不同。作为人类,除了其自身的生理构造不能自然地保证自身能够成长为一个具有正常的人类智慧的人之外,更重要的是人类是依靠使用工具进行社会性生产而生存、繁衍和发展的。因而,人是依靠生产知识技术的积累和传递来延续社会的生存和发展的,而不是依靠遗传本能。生产的知识和技术是后天获得的,因此,要从事生产劳动就必须学习。劳动力的再生产是社会再生产的必要条件,与生产劳动直接相关的职业教育和训练又是劳动力再生产的必要条件。

2. 职业教育是保持现代文明的复杂结构以及经济和社会发展的先决条件

人类的社会性生产导致社会分工,分工产生了职业。复杂的社会分工构成了现代人类文明社会的复杂结构,职业成为现代社会组织的基本构架。随着生产力的发展,社会的分工越来越细,越来越复杂。现代文明社会不仅有政治、经济、文化、教育、军事、外交等各方面,而且每个领域中又有各种不同的层次和结构,构成极其细致的社会分工和千差万别的职业。职业活动、各行各业间的相互关系与合作形式反映了社会运转的运作方式。职业的载体是人,没有职业教育对各行各业所需人才的培养,现代社会就不能维持和运转,更谈不上发展。所以,职业教育是保障社会生存、保持现代文明的复杂结构及经济和社会发展的先决条件。

3. 职业教育是解决个人生计的保障

在当代社会,职业是个人谋生的手段,个人通过职业获得生存于社会的各种需求。"民以食为天",就业是个人能够立足和生存于社会最大的安全需要,解决好就业问题也是社会安定的基本保障。1999 年,联合国教科文组织召开的第二届国际技术与职业教育大会的主要工作文件中提出:"直接为大多数制造业和服务业职工所需的知识和技能的是教育体系中的技术和职业教育。虽然技术和职业教育不会创造工作机会,但是他可以使人们掌握改善就业机会所需的技能。"因而,从个体而言,职业教育是满足个人生存需要的教育。

二、对人力资源的开发功能

1. 职业教育是人力资本开发的重要途径

人力资源指人口在经济上可供利用的最高人口数量,或指具有劳动能力的人口。人力资本指凝聚在劳动者身上的知识、技能及其所表现出来的能力。马克思在《资本论》中指出:"要改变一般人的本性,使它获得一定劳动部门的技能和技巧,成为发达的和专门的劳动力,就要有一定的教育或训练,而这就得花费或多或少的商品等价物。"人力资本是对人进行投资而形成的资本存量,体现于知识和技能,而正是这种知识和技术的进步推动了经济的增长和发展。职业教育是使劳动者成为发达的、专门的劳动力的教育,因而,是人力资本开发的重要途径。

2. 职业教育是使人力资本开发系统化、规范化的手段

一个社会的人才结构从根本上是由社会生产力水平和经济结构决定的,但由于社会职业十分庞杂,不可能也不需要一一对应进行培养,这就需要通过职业教育体系所划分的层次、专业的设置、课程的开发,使千差万别的职业,形成一个合理的人才结构层次和培养人才的科学系统;形成可以通过教育与培训达到的职业资格标准;为人力资源的开发,提供准绳,为企事业单位提供用人的依据,使人力资本开发做到系统化和规范化。

3. 职业教育是形成社会合理的人才结构的基础

职业教育对人力资本开发的贡献主要是对应用性和技术型人才的培养。职业教育要培养大批高素质劳动者和初、中、高级技术人才。各级各类职业教育的发展规划和职业教育的发展规模,可以使国家研究型、工程型、技术型人才和高级专业人才、中级专业人才、初级专业人才保持一个合理的比例,使国家的人力资源能够构成一个知识技术结构合理、高效率的智力群体。

三、对人的个性的发展功能

1. 职业教育是人的全面发展教育的一个组成部分

教育是培养人的社会活动,关于人的发展是教育的永恒主题。马克思对于人的发展前景曾做过这样概括性的论述,即在生产力高度发达的共产主义社会,人们将消灭"旧式分工",以及由此而造成的人的片面发展和职业性的痴呆,使人的"体力和智力获得充分自由的发展和运用"。教育的功能就是要通过教育活动,使人的智力和体力得到全面发展,这是教育所追求的理想。但马克思同时又指出:"人们是现实的,从事活动的人们,他们受着自己的生产力的一定发展以及与这种发展相适应的交往(直到它的最遥远的形式)的制约。""人的本质并不是单个人

所固有的抽象物。在其现实性上,它是一切社会关系的总和。"所以,任何个体都不能离开现实社会所提供的可能去谈个性的发展。在现实条件下,人们是通过全面发展教育,即通过具体的德、智、体、美、劳动教育,使受教育者在德智体诸方面都能达到一个基本的要求,达到现存社会所能够给予的全面发展。这是各级各类教育的共同任务,在这点上职业教育与其他教育的功能是一致的。

2. 职业教育在人的个性发展上的特殊的功能

由于各种职业之间的差异和各人之间的个性差异是客观存在,并不是每个人都同样的适应某种职业。因此,在个人与职业之间存在着某种匹配关系。职业教育是专业的定向教育,不同的个性对于不同的职业有着不同的意义。职业教育可以通过定向教育与培训,开发个人潜能,发展学生的特殊兴趣与才能,促进和发展学生与所选专业(职业)有关的才能,充分发挥人的个性特长,使之顺势成才;同时,由于人的可塑性很大,兴趣、能力、性格是可以培养的,职业教育还能够通过有目的、有计划的系统训练,弥补学生在某种职业上才能的不足,有助于人的多方面发展和职业的流动与转换,这是职业教育在人的个性发展方面的特殊功能。

3. 职业教育对人的生涯发展的促进功能

职业教育,特别是职业指导可以帮助人们职业生涯的发展。个人的价值不通过社会职业是不可能表现出来的,通过职业教育(职业指导)所提供的服务,达到择业的成功和职业上的成就,能够满足人们实现社会价值的需要,提供成就感,满足受到社会尊重的愿望。人们可以通过对职业的选择,发挥自己的特长,发展自己的兴趣,实现自己的理想,满足人们展示个性的需要。

四、对两个文明建设的促进功能

(一)对于物质文明建设,职业教育具有直接的促进功能

1. 职业教育为经济建设提供技术人才

任何科学研究成果或工程方案,如果没有技术层面的开发、转化,不可能成为现实的生产力;没有一线操作的技术人员、熟练工人也生产不出产品。所以,职业教育是国民经济发展的重要基础。

2. 职业教育是提高生产率的有效手段

受职业教育者,所获得的能力,在生产活动中具有增值效应,即教育水平的提高能够提高人们在经济活动中的生产力水平。世界银行的一项研究表明,一个受过四年初等教育的农民比未受过教育的农民,其生产的粮食产量高 8.7%。据闵维方对我国汽车工厂的实证研究表明,受过职业教育的工人的生产率要比仅受过一般教育的工人高 6% ~11%。所以,发展职业教育是实施科教兴国战略、促进经

济和社会可持续发展、提高国际竞争力的重要途径。

3. 职业教育是应对知识经济和经济全球化的重要措施

全球经济一体化及信息技术的迅速发展,是人类社会进入知识经济时代的两大重要标志。知识将成为长远的和可持续的竞争优势的唯一源泉。高技术产业固然需要技术创新,即使作为一个工人,在知识经济时代,也必须是会思考能提出合理化建议的工人。联合国教科文组织第二届技术与职业教育大会主要工作文件中提出:"全球化经济提出的基本挑战是需要有在迅速变化的环境里的调整适应和竞争能力。培养一支生产效率高和灵活的劳动力队伍乃是在 21 世纪进行竞争的最核心的一着。"职业教育可以使受教育者能面对技术变革和全球商业融合的挑战,通过为劳动者提供技能使之能有效参与劳动市场,因此,发展职业教育对一个国家或社会,应对知识经济和经济全球化、实现经济结构调整至关重要。

4. 职业教育是国民经济的支柱产业之一

教育是第三产业。职业教育的设施、教师的劳动和某些对教学过程或系统起支持作用的相关服务所提供的有形和无形的有价服务所构成的教育产品,可以进入市场,是目前我国正在兴起的新兴产业。教育服务包括职业教育与培训,在有些国家已经成为国民经济的支柱产业之一。

(二)职业教育促进精神文明建设

1. 对文化的传承与发展

职业教育通过其教学活动(内容、课程、教材、教法)对人类已经创造的文化具有选择、整合、传递、积累与保存的功能,具有吸收、融合、传播本国和世界先进文化的功能;同时,通过职业学校的科研成果、教育实践也具有创新文化的功能。

2. 对社会文明的促进

职业教育通过其全部教育与教学活动对学生进行政治思想教育、公民道德和职业道德教育、心理素质和心理健康教育、环境和生态教育等,培养学生成为有理想、有道德、有文化、有纪律的"四有"新人,是社会精神文明建设的一个有机的组成部分。所以,联合国教科文在第二届职业技术与培训大会《技术与职业教育和培训:21 世纪的展望》中认为:"我们讨论了 21 世纪———个知识、信息和通信时代的新挑战。全球化和信息与通信技术的革命预示了需要一种新的以人为本的发展模式。我们得出结论:职业与技术教育(TVE)作为终身学习的组成部分,在此新时代应发挥至关重要的作用。因为,它是实现和平文化、有益于环境的可持续发展、实现社会和谐和国际公民意识的有效手段。"

3. 培养从事精神文明建设的人才

职业教育通过所设置的专业,培养从事信息、教育、文艺、文化、新闻、出版等各行业的人才,直接为促进社会主义精神文明建设服务。

五、对劳动力市场(就业)的调节功能

1. 调节供求关系

职业教育的生命力就在于主动适应劳动力市场的需求。所以,职业教育可以从学校布局、发展速度、专业设置、招生规模等方面对劳动力市场的总需求起到平衡供需的调节作用。职业教育也是社会劳动力的蓄水池,当劳动力总体上供大于求时,职业学校可以通过扩大招生、提高层次,以推迟新增劳动力和求职者的就业时间、减轻就业压力,蓄积人才;当某方面人才缺乏时,职业学校也能够开设短线专业、提供急需培训,迅速补充所需人才。

2. 提高就业能力,减少失业率

我国现代职业教育家黄炎培提出:职业教育的目的是"使无业者有业,使有业者乐业"。职业教育不仅要使受教育者获得从事某种职业的能力和资格,同时还要通过"核心能力"(关键能力)的培养,获得开发寻求就业、保持就业和变更就业的能力。职业教育可以通过对失业人员的转业、转岗培训,帮助他们重新就业。通过专业设置与各种培训,调节与解决社会结构性失业问题,促进就业。

3. 培养自营职业(创业)能力

培养自营职业(创业)能力,是职业教育(职业指导)的一个重要功能。自营职业、自主经营,不仅是社会大规模就业的一种主要形式,而且在调节社会劳动力的供求关系、缓解失业方面有着重要的作用。当企事业需求人才量大时,一部分人会向正规部门谋求职业;当这些部门用人减少时,一部分人就会转向自营职业。这种人才的流动,可以减轻社会失业的压力,改善群众的生活处境。同时,为了谋求更多的收入,个人还可以在正式工作之外,从事某些个人的经营。所以,获得自营职业的能力,是人们一种较为可靠的就业保障。

六、对教育结构与作用的完善功能

1. 改变精英式教育,使教育向大众化转化

我国自古以来的学校教育都是选拔式的精英教育,职业教育处于低下的位置。随着社会与经济的发展,职业教育逐渐改变了其在教育体系中的地位。现在职业教育已从注重狭窄的职业技能训练,转向宽基础的、使学生具有继续学习和发展能力的教育;从早期终结型的教育发展为就业与升学并重的教育;从中低层次的教育向形成高、中、低完整的教育系统发展;从与普通教育隔绝,发展到与普通教育相沟通、相渗透的教育。事实上应用型人才是社会的最大需求,只有职业

教育的发展及与普通教育(包括初、中、高)的沟通、渗透和职业教育与普通教育的均衡发展,才可能改变选拔式的教育结构,实现教育的大众化,实现教育为提高全民素质服务的职能。

2. 完善教育体系,构建开放、灵活的教育体制

以人为本、以职业为本的教育观念是当代的教育理念。因为,现代社会民主,确立人人都有受教育的权利的原则,确认人人都有发展的可能。教育的功能应是培养而不是淘汰;人人都有就业的权利,人人都有可从事的职业,人人都可以获得成功。职业教育具有两种主要形式——学校式、学历式的职业教育和非学校式、非学历式的职业教育与培训;具有两种证书——学历证书和职业资格证书。所以,职业教育是一种极为灵活开放的教育类型,职业教育可以做到使任何人在任何地点、任何时候、通过不同方式学习其所需要的任何内容。普职教育的共同发展,将会逐渐形成一个可以使受教育者实现多种选择的教育制度,一个可以通过各种不同教育途径得到不断发展的教育制度。

3. 实现终身教育,构建学习化社会

职业教育从本质上是一种终身性的教育,一般一个人在受完基础教育(或义务教育)之后,不会再去接受基础教育。而职业教育则不同,在现代,一个人一生要接受多次职业的培训和再培训,是延续终身的教育。所以,继续教育的主体是职业教育。由于知识经济的到来,实践经验成为知识的重要组成部分,职业证书必然要与学历证书并重,甚至胜于学历证书。教育将从初、中、高直线上升,而变得"扁平化"。人们将寻求掌握多种不同层次的职业能力,为提高就业能力而终身学习,到那时我国也就步入了学习化社会。所以,职业教育是构建学习化社会不可或缺的推动力。

以上所述,是职业教育的主要功能。当然这些功能并不是孤立存在的,而是互相交错、相互促进、互为因果的。由于职业教育具有这些特定的功能,使职业教育成为我国教育体系的重要组成部分,国民经济和社会发展的重要基础。"推进职业教育的改革与发展是实施科教兴国战略、促进经济和社会可持续发展、提高国际竞争力的重要途径,是调整经济结构、提高劳动者素质、加快人力资源开发的必然要求,是拓宽就业渠道、促进劳动就业和再就业的重要举措。"

参考文献:

[1]刘来泉. 世界技术与职业教育纵览[M]. 北京:高等教育出版社,2002.

[2]马克思. 资本论:第1卷[M]. 北京:人民出版社,1975.

[3]马克思,恩格斯. 马克思恩格斯选集:第3卷[M]. 北京:人民出版

社,1972.

　　[4]马克思.关于费尔巴哈的提纲[M]//马克思恩格斯选集:第1卷[M].北京:人民出版社,1972.

　　[5]蔡昉,都阳.2001年:中国人口问题报告[M].北京:社会科学文献出版社,2001:68.

　　[6]国务院.国务院关于大力推进职业教育改革与发展的决定:国发〔2002〕16号[A/OL].中国政府网,2002-08-24.

就业指导的属性与当代就业指导①

职业指导的本质属性是对个人职业行为的导向和规范。职业指导就社会而言是对其成员在职业上的指导与服务;对个人而言,是通过指导和帮助使其进行职业化(包括认识职业、准备职业、从职从业、职业发展直至职业生涯结束)的过程;对学校而言是教育工作的一个组成部分。

一、就业指导的属性

就业指导之所以是一种中介活动以及这种中介活动的必要性,主要源于市场经济和职业的以人为本,即个人在职业生涯中的决定地位。

(一)两个市场与双向选择

1. 两个市场——顾客市场与劳务市场

教育作为第三产业,学校要面对市场办学,学校的产品是由教育设施、教师的劳动和某些对教学过程或系统起支持作用的相关服务(如教育测试服务、学生交流项目服务、留学生便利服务等)所提供的有形和无形的有价服务。学校面对的是购买教育服务的学生(学生家长),学生是顾客。学校的顾客也可包括政府和用人的企事业单位,他们购买的同样是教育服务。教育也是公益性事业,职业教育中还有具有福利性或援助性的教育与培训。因此,学校必须了解学生和用人单位的需求和愿望,为顾客提供优质服务。学生、政府、企事业单位等需要根据学校所能提供的教育服务能够具备的就业前景来决定取舍。劳务市场和人才市场是另一个市场,其中用人单位(企事业)购买的是劳动力。用人单位在这里所关注的是工作岗位的需要,而不是人才是怎样培养的。学校是培养和输送人才的机构,当然必须了解人才市场的需求和就业动向,劳务市场和学校双方都必然受供求关系所左右。因此,在两个市场之间和学校、学生、用人单位之间就需要有沟通的桥梁,就业指导就是起着这方面中介作用的活动。

---

① 原载:中国职业技术教育,2005(6):19-22.

2. 双向选择

在市场经济条件下,劳动力具有使用价值和交换价值,劳动力是一种商品,而且是一种极为特殊的商品。这是因为劳动力或称劳动能力,是在活的人体中存在的、每当人生产某种使用价值时运用的体力和智力的总和,劳动力和劳动力的持有者是密不可分的统一体。商品交换需要一定的条件,必须在产权清晰、交换双方都具有独立意志的情况下方能进行。在社会主义市场经济条件下,实现就业的含义是:劳动者根据对自己劳动力的所有权,通过与使用这个劳动力的一方共同一致的意志行为,通过签订合同等形式,主动让出自己的商品(劳动力),占有别人的商品(一般以等价物货币表现)——取得劳动报酬,以维持生计,因而具有商品的性质。但是劳动力又是一种特殊的商品,与一般的商品不同。

首先,劳动力这种商品与持有者不可分离,劳动力的持有者——"人"不是商品,而是具有独立自主意志的个人。因此,这种让出是有限度的(用人单位购买的是劳动力不是劳动者),选择是双向的(其他商品没有自我选择买主的可能)。表现在用人单位有选择、聘任、解聘的权力和自由;就业者有择业、应聘、辞职、转业的权力和自由,构成一种双向选择的契约关系。

其次,劳动力的价格仅能在一定含义下表现劳动力的价值。劳动力的以等价物表现的交换价格,仅在以维持劳动力(包括其后代)再生产的需要(必要劳动时间)为衡量尺度这样一个特定的意义上存在;并不能真正地、确切地、量化地反映出劳动力的劳动价值,也不是其创造出的社会价值。事实上劳动力是最积极、最活跃的生产能力,人是无价之宝。所以,劳动力就其实质而言也是无价的。劳动力的交换价值(使用价值)表现在其职业资格上,而其价格仅表现在一定意义上的劳动力再生产的价格。因此,一个有着独立意志的人,有着成熟职业观的人,在选择职业时当然就绝不可能仅是考虑经济的收入,工作的价值、意义,个人的爱好、兴趣、志向,职业的前景、个人在职业上发展的可能性,以及在就业上的审时度势,都是起主导作用的因素。无论是择业者还是用人单位,都需要对上述情况具有明确的认识,了解据此而制定的各类法规,如劳动法、合同法、劳动保护和职业病防治法、未成年人保护法,等等,才能在保证和保护双方利益的条件下实现劳动就业。

(二)人与职业的矛盾关系和人职匹配的问题

1. 人与职业的依存与矛盾关系

职业产生于社会分工,虽然职业的载体是人,但职业的产生、变化或消失不依人的意志为转移;职业的载体是具有独立意志和不同个性特征的人;不同的职业对人的素质又有不同的要求,因此,职业与个人之间存在着一种既依存又矛盾的关系。因为,社会的物质生产决定人们的生活方式,到目前为止的各种社会人都还不能获得任意决定自己生活方式的自由。从总体上看,迄今为止,人的个性、意愿从来与社会分工和社会职业存在着矛盾。古代的奴隶之所以为奴隶当然绝不是他们的个性、素质、能力适合当奴隶;封建社会中农民世世代代固着于土地也是被迫的。在现代社会各种职业的存在、变化、新职业的产生和一些职业的消失也不依任何个人的主观愿望为转移。尽管人们选择职业的自由随着生产发展和社会进步越来越大,但都不可能离开一定生产力条件下的社会结构、经济结构所形成的职业需求来获得自己的职业。要实现就业就必须了解社会、了解职业,协调个人与社会的关系;在不能满足自己的愿望时,能够处理好个人的志趣和现实的矛盾。

2. 人职匹配关系

各种职业之间的差异和各人之间的个性差异是客观存在,并不是每个人都同样地适应某种职业,在人与职业之间存在着某种匹配关系。因此,在个人与职业之间除了矛盾关系之外,又存在着一种先天的适应关系。关于这方面的研究比较有代表性的理论有特质—因素论、人格—职业类型论和发展理论、多元智能论等。所以,个人需要借助职业指导进一步了解自己的个性与特长,具有人职匹配的一般知识,更好地挖掘自己的潜能,达到人与职业两者之间的合理匹配,实现"使人得事,使事得人"增加对职业的满意度,增进工作效率。

(三)信息的不对称

2001年10月11日,一年一度的诺贝尔经济学奖授予了美国加州大学的乔治·阿克罗夫教授、斯坦福大学的马歇尔·斯本斯教授和哥伦比亚大学的约瑟夫·斯蒂格里茨教授,以表彰他们在不对称信息市场的研究所做出的杰出贡献。传统经济学认为,市场是万能的,通过自由竞争可以实现市场资源的自由配置。福利经济学的定理:阿罗－德布勒定理认为,社会上有两种人,生产者和消费者,只要消费者的偏好和生产者的技术具有某些合情合理的特性(边际效益递减、边际报酬递减),那么,在消费者追求自己效用和生产者追求自己利润的前提下,一定有一套价格体系,使社会上的资源达到最有效的使用状态。但这是在假设信息是完整的,生产者和消费者都拥有充分的信息,知道自己的利益所在。而在现实的世界里,这种情况是不存在的,信息往往是不完整的。斯蒂格里茨提出了"搜寻理论",如你要买一件东西,往往要逛好几个商场,搜寻比较,然后再做最后的决定。信息往往也是不对称的,如一方拥有更多的信息,而另一方却没有,从信息的角度看他们的地位是不对称的。如果卖方具有信息优势,买方就处于"劣势选择"地位。自由竞争的市场未必能带来最高的效率。因为信息不完整和信息不对称,所以,信息经济学家认为,第一,即使市场里有人想买、有人想卖,但是交易不一定会发生;第二,即使交易发生,可能具有非常特殊的性质;第三,当市场机制不能发挥作用时,"非市场"的机制可能应运而生;不过这些非市场机制可能会造成更为不良的后果。这些信息经济学的理论,不仅在经济领域适用,在其他方面也有价值,如对于人们的升学与就业同样具有重要的意义。对职业、就业形势、学校等信息的不完整和不对称,使个人升学和就业往往处于"劣势选择"地位,产生选择上的困难,可能选择不当,甚至上当受骗。又如不规则的人才市场,买者如无法观察到作为劳动力商品的内在质量,那么卖者就会以次充好,造成劳动力市场上假文凭、假学历泛滥成灾。因此,人们就要设法减轻信息不完整所造成的问题,产生各种类型的中介活动和中介组织,职业指导及职业指导组织就是其中之一。就业指导的主要功能之一就是为就业者提供有利于其选择的信息,改善其劣势选择的地位。

(四)就业指导的价值

人是职业的载体,职业活动归根到底是为了人的生存、繁衍与发展,是为了人的利益,使人生活得更美好,更幸福;由于现代社会个人在自己的职业生涯中的决定性地位,就业指导的性质是沟通人与职业之间的桥梁,主要进行信息咨询、辅导帮助、介绍疏导等中介服务,社会设置的职业指导机构属于中介组织,归属第三产业。但由于服务的对象不同,学校就业指导对学生具有教育培养的性质,是学校教育工作的一部分。对于社会中的边缘人和弱势群体,如残疾人、失业者、农民工、流浪者等,社会就业指导则具有援助的性质。

就业指导的价值主要表现在:

(1)通过对社会劳动力需求的预测和就业现状调查,给予被指导者以引导、指导、疏导,达到合理开发利用人力资源,调节供求关系,有利于实现对社会劳动力的宏观调控;

(2)对择业者及用人单位进行双向指导,促进创业与就业,有利于减少失业,保持社会稳定;

(3)帮助被指导者树立正确的职业观,促进人职匹配,使事得人,使人得事,增进职业效益。

二、当代(20 世纪末到 21 世纪初)就业指导的特征

从英国工业革命之后,西方近代的传统工业文明,通过全新的科技手段开发了更多的矿产资源,集约地利用了更多的土地和森林,带来了人类财富和人口总量的膨胀,形成了一个以扩大物质消费为根本导向的社会。这种大量开发、大量

生产、大量消费、大量排污的生产和生活方式无限扩散,终于导致了全球性的生态危机,出现了其不可持续性。20 世纪计算机的问世,人类社会开始进入寻求可持续发展的知识经济时代,产生科学发展观和我国新型工业化道路。知识经济和信息时代的经济全球化构成了当代职业指导的经济社会背景,使职业指导从古代、现代职业指导进入了第三阶段——当代职业指导。

(一)面对知识工作者的就业指导

知识经济的到来与经济的全球化,信息社会与建立在可持续发展基础上的科学发展观都要求当代和未来的从职从业者是一种知识工作者。知识工作和体力工作的不同点在于:体力工作需要做的事是显而易见的,不需要问"应该做什么",主要的问题是"这个工作如何做"和"把这件事做得最好的方法是什么"。而知识工作的"任务"则不是按部就班地操作,在完成他的任务时,他需要解决许多问题,或者做许多不同的事。现在,简单的体力工作,越来越减少,而相当多的知识工作者不仅做知识工作,同时也做体力工作,这不仅是一般操作人员,包括应用最高深知识的一些人也是如此。所以,知识工作和体力工作在一个工作者的身上,在大多数情况下,是完成任务不可分割的统一体。同样,现代的体力工作者,在很多情况下,要自己决定应该做什么,因而也需要足够的知识。

当代企业管理的理念也发生了变化,企业以顾客的满意"度"为经营的目标;生产流程的改变使企业管理趋向扁平化;知识工作与体力工作之间的界线变得更加模糊不清;经济全球化使竞争更为激烈,职业的不稳定性、流动性和变动成为常态。教育的扁平化也促进职业的转换和流动。

知识工作的劳动工具是他的头脑,满意度是一种自觉控制质量的意识,职业的变化和流动性要求人具有柔性就业能力;正规部门就业机会不足,要求加强自主就业能力;这些都要求人的自觉性、积极性、独立性和独创性。

因此,当代就业指导的特征是从社会本位转向以人为本。越来越多在工作职场上的人,需要学习"经营、管理自己",他要懂得将自己放在最能有所贡献的地方,并学习发挥自己所长。彼得·德鲁克说:"知道自己的长处、做事的方式、价值观,才能理解自己,也才能有把握地承诺一个机会,担任某项任务。同时,也正因为了解自己,我们才能够说:"是的,我愿意做这件事,但是我认为这件事应该这样做……我与同事之间的关系应该是……你能够期望我达成的是……我需要的时间是……"因为,"我就是这样的人"。

(二)以人为本的就业指导原则

以人为本的就业指导要做到以下几方面。

1. 以人的本质——人的固有的尊严和人性为基础

要解决怎样以人为本,首先必须解决的是人的本质是什么。1948年12月,联合国大会通过的《世界人权宣言》提出:人皆生而自由,在尊严以及权利上均各平等,人各富有理性良知,诚应和睦相处,情同手足。1993年,维也纳人权大会宣言中说:"承认并肯定一切人权都源于人类固有的尊严和价值,人是人权和基本自由的中心主体。"这里提出了这样一个观念:人之所以为人,具有人权,是由于人具有固有的尊严和价值,亦即人与其他动物的根本区别。这种区别主要表现在以下三个方面。

第一,人与其他动物的本质区别就在于人是具有意识和意志的。马克思在《1884年经济学哲学手稿》中指出:"动物和它的生命活动是直接同一的。动物不把自己同自己的生命活动区别开来。它就是这种生命活动。人则使自己生命活动本身变成自己的意志和意识的对象。他的生命活动是有意识的。""有意识的生命活动把人同动物的生命活动直接区别开来,正是由于这一点,人才是类存在物。"也就是说人是有意识的生命,是有意志的生命,人是理性的动物。

第二,人不是依靠遗传本能,而是使用工具进行社会性生产以维持自身的生存、发展和繁衍的。自由创造是人类最可宝贵的天性。人具有思维、语言和文字,不仅能将积累的经验传递下去,而且能够加以发展。人是具有劳动能力、创造能力和创新能力的动物。

第三,人是有意志的。作为动物人也存在着动物的本能,和基于本能的各种欲望,如"食色性也"。本能没有什么好坏之分,但在天生具有的、保存自己和满足自身需要的利己心这种本能所引起的欲望、冲动、追求的驱动下,人便会产生从个人的意愿出发,违背他人或群体利益的、为害社会生存与秩序的"越轨"行为,产生"恶"行。因此,人必须(也能够)超越动物本能的利己冲动,用理性来约束自己的行为,使自己具有"人性";使个人的行为合乎社会所要求的规范,具有"德性"。人是有道德的动物。

正是在理性、创造性和德行这三个方面,人和其他动物才分道扬镳了。因此,以人为本指导职业行为,最基本的要求就是要以这三方面为基础:①强调和加强人对职业的理性认识,了解职业的本质和人与职业的关系、人与社会的关系,树立正确的职业观;②要提高人对自身劳动能力的认识,学习能力的认识,认识劳动的价值,创造的价值,自觉提高学习能力、创造能力,由"他学"转向"自学";③加强对职业道德的指导,树立对德性与德行的自觉,由"他律"转向"自律"。提高人对自然和生命的认识,由对自然的无限的开发掠夺,对生态平衡的破坏,转向维护与共存。

2. 以培养在迅速变化的环境里开发寻求就业、保持就业和变更就业的调整适

应和竞争能力为导向——人的社会适应能力和人的全面发展

马克思指出："人的本质并不是单个人所固有的抽象物。在其现实性上，它是一切社会关系的总和。"因此，不同历史时期以人为本的内涵和所要解决的问题是不同的。中国古代统治者从国家兴亡、政权更替的角度总结经验，重在"民本"，认为"民为邦本，本固邦宁"。指导和干预社会生产和职业，是以解决民的衣食为主，所谓"仓廪实则知礼节，衣食足则知荣辱"。生活以稳定为主，职业以少变为主。欧洲文艺复兴时期提出的天赋人权自由、平等、博爱，则是为大工业生产、自由贸易和市场经济开路的。人被作为一种人力"资本"、经济的工具、生产的手段来教育和指导的。当前，在知识经济的条件下，经济社会的发展主要不是依靠资源、资金、工具和原料，而是依靠头脑。所以，人的发展就成为根本。因此，联合国《教育——财富蕴藏其中》提出：当代的"教育不仅仅是为了给经济界提供人才，它不是把人作为经济工具而是作为发展的目的加以对待的"。"使人作为人而不是作为生产手段得到充分的发展。"要使人在职业上处于主体和主动地位，就需要指导人们在科技迅速发展、职业不断更新、生产过程与组织巨变的情况下，具有应对这种环境的能力。而这种能力的获得，最根本的是人性的自觉和人的全面发展。从人的本质是一切社会关系的总和出发，职业指导要重视地域、民族、家庭、教育、生活环境等的差异，做到有的放矢。

3. 以自主就业、创新能力和学习能力的指导为重点——发展人的主观能动性和持续发展能力

在这个急剧变化的时代，一个人一生不会只有一个工作、不会只有一种任务、不会只有一个职业。在今天任何人都必须学会自我管理。不需要了解也不允许考虑个人长处的子承父业的时代已成历史。大多数人不需要也不必考虑"我的贡献是什么，要做什么事"；职业本身已有要求，做别人告诉你的事，由"组织""单位"设计你的生涯的时代，也正在逐渐退去。当然这绝不意味着个人想做什么，就可以做什么，爱做什么就做什么；而是要求能够更自觉地认识自己的社会责任和义务，认识自己的职务职责，明确自己应做出的贡献。同时，不仅能寻求就业，而且能自主创业，自己创造工作岗位。按被称为现代管理学的奠基人——美国著名管理学家彼得·德鲁克所说，一个知识工作者、技术人员需要做到以下几点：

（1）能够了解任务是什么，对自己的责任和贡献负责。"任务"的内涵不是知识加技术。"质量"是一组固有特性满足要求的程度。

（2）能够自己管理自己的生产率，追求最佳品质，而不是起码品质。要从质上而不是从量上看待生产率的提高，品质的定义是"顾客的满意程度"。要能不断地创新，要维持高品质就需要不断创新。要有一个不断变革的意识，创新不是刹那

间的灵感,而是辛苦的工作,创新就是要对已无生命力的旧思想、旧事物有计划地放弃,发掘自己的成功,不断改进;最后这些小小的脚步,到某一个阶段,就会带来一个巨大的、根本的变革,也就是带来一个全新的东西。

(3)持续的学习和教导,必须是工作里的一部分。持续学习、终身学习,能获得在职业上持续发展的能力。在学习态度上从"他学"转向"自学",在学习化的社会里,学习将成为一种生活方式。

4. 以确立人在职业中的主体地位为工作方式——个别化和人性化

职业指导的现代化,也就是指导的个别化和人性化的过程。现代信息技术为职业指导的个别化和人性化提供了条件和可能。现代信息技术已经可以做到零时差、零距离的交互传递,人们所能获得信息的丰富和便捷是以往任何传播手段无可比拟的,这就极大地扩展了人们的视野和就业的空间。

就业指导已经开始实现网络化。通过网络,特别是人事、劳动、教育等部门的网站,求职者能够获得大量的培训与就业信息,学校网可以设置劳务市场就业信息栏目,帮助学生择业与就业;通过网络可以实现异地求职甚至异域求职,可以寻求创业信息和合作伙伴,有利于个人职业目标的实现,也大大提高了就业指导的实效和时效。通过网络还可以了解企事业的情况,用人单位也可以了解个人的有关信息,降低双向选择中由于信息不对称所导致的问题,降低就业成本,提高职业指导的服务质量。

职业指导机构通过进行各种现代化手段,进行心理测试、能力测验、素质评估,帮助被指导者更全面地认识自己,增强自觉性减少盲目性,使就业指导达到更个别化和更人性化,凸显在职业中人的主体地位。

5. 加强对弱势群体的就业指导——体现人性关怀

就业指导中所谓的弱势群体系在就业问题上处于劣势地位的人群,如残疾人、文化水平低缺乏劳动技能、年龄偏高、失业者、进城的农村流动人口,在一些地区、部门或行业中也包括妇女。除学校进行的就业指导外,社会上最需要就业指导帮助的是这部分人群,而他们往往又是不了解或不善于寻求就业指导帮助的群体。为此,政府和社会应加强这方面的宣传工作,劳动部门的职业指导机构要负责组织和进行这方面的工作;同时,加强职业培训机构的就业指导工作,在劳务市场中加强中介组织的指导功能,一方面正确引导用人单位的用工观念,消除性别、地域、年龄等歧视;另一方面提高弱势群体的自我发展能力,加强就业、转业培训和农村劳动力转移培训,为他们提供改善社会经济地位的机会,以实现社会公平,体现对人的关怀。

参考文献:

[1]〔美〕彼得·杜拉克. 21 世纪的管理与挑战[M]. 刘毓玲,译. 北京:生活·读书·新知三联书店,2000.

[2]联合国教科文组织. 教育财富蕴藏在其中[M]. 北京:教育科学出版社,1996.

[3]马克思. 关于费尔巴哈的提纲[M]//马克思恩格斯选集:第 1 卷. 北京:人民出版社,1972.

论行业道德教育①

在职业道德教育中,行业道德教育是其中主要的和重要的部分。因为,一般的、共同的职业道德规范源于行业道德,没有行业道德的支撑,在职业道德教育中,不结合行业特点重点进行道德教育,职业道德教育就会流于空泛而缺乏实效。

一、职业道德规范与行业道德

1. 职业道德的产生

职业道德产生于分工的发展和社会职业的出现。这主要有以下几个原因。

(1)分工和职业构成了人与社会和人与人之间多层次的关系,如职业与社会的关系、从业者与服务对象的关系、不同职业之间的关系、从业人员之间的关系、从业人员与职业团体如行会等之间的关系,等等。为了使社会的职业活动正常有序地进行,调节职业活动中各式各样的人与人之间的关系,产生了对职业道德的需要。

(2)每一种职业都有各自不同的责、权、利,即职业的社会责任——职责、义务;社会权利——职权和与职业相关的各种不同的社会利益关系,职业道德是以现实职业的责、权、利为基础而产生的。同时,不同的职业(行业)有自己特定的工作和活动方式、特定的职业训练、特定的职业环境,乃至特定的生活方式,这就造成了各自不同的道德观念、行为规范,形成具有独特职业印记的道德,即职业道德。所以,恩格斯说:"实际上,每一个阶级,甚至每一个行业,都各有各的道德。"

(3)人们在长期的职业实践活动中,不断加深对自己职业的社会意义的认识,逐渐认识到为了履行本职业(行业)的职责,维护本职业(行业)的信誉和尊严,什么行为是对的、善的可以做的,什么行为是错的、恶的不应该做的,总结出了本职业(行业)所应具有的行为准则,进而形成了职业道德观念、职业道德理想,并概括形成一系列的在职业范围内所应遵守的行为规范。

---

① 原载:中国职业技术教育,2005(6):31-33.

（4）从职业道德产生的依据中可以得出：职业道德是在履行本职工作中，所应遵循的、具有自身职业特征的道德原则和行为规范，以及与之相适应的道德观念、道德理想、品质和情操；是人们在职业活动中调整同一职业内部的关系和从业人员与服务对象之间、个人与国家、社会之间等关系的道德准则和规范的总和。虽然不同职业有着不同的道德，但是无论哪一个行业的道德，都要保证行业自身的利益与社会的整体利益相一致，否则就不能顺利完成其行业社会职责，行业也不可能生存发展。因此，在各行业道德之间，必然存在着一些共同的准则，将这些准则概括起来，就形成了各行各业都必须遵守的共同职业道德规范。所以，共同的职业道德规范的基础是行业道德。我国在《公民道德实施纲要》中提出：职业道德是所有从业人员在职业活动中应该遵循的行为准则，涵盖了从业人员与服务对象、职业与职工、职业与职业之间的关系。具体的表述为：以"爱岗敬业（乐业、勤业、精业），诚实守信（诚实无欺、讲究质量、信守合同），办事公道（客观公正、照章办事），服务群众（热情周到、满足需要），奉献社会（把公众利益、社会效益摆在第一位）"为主要内容的职业道德。

2. 行业道德教育的不可替代性

职业院校当然要进行共同职业道德规范的教育，但是不能以此来代替行业道德教育。共同的职业道德与行业道德之间是共性与个性的关系，如同国民公德与职业道德一样。国民公德是人们必须具备的，但国民公德不能代替职业道德。因为，两者面对的对象和规范的内容不同。更重要的是，共同的职业道德规范是在具体的职业活动中形成和实现的，是建筑在人们对本职工作客观规律认识的基础上而形成的精神立法。因此，职业道德与行业意识分不开，与本行业的专业知识分不开。只有深刻认识行业的社会职责，才能有行业行为的善恶标准；只有精通专业知识，才能正确认识、理解、确定信仰自己的行为规范。所以，职业道德最主要的特点就是其专业性。如作为医生，由于他所具有的专业知识，他最清楚伤病对人的危害，正确诊断或误诊，及时得到治疗或治疗不及时的不同后果，某些微小的变化可能是严重预后不良的疾病，哪些感觉虽不好但是轻微疾病不需要过度紧张，等等。而这些患者往往是不了解或根本不懂的。因此，"救死扶伤"对医务工作者来说，就不是一般公共道德上的含义，而是专业性的医德。亦即是医生在对人的生理、病理、心理等客观规律认识的基础上，在处理医生与患者两者之间的关系时所应有的态度和行为，这种认识升华成为道义上的责任感，构成了"救死扶伤"的医德。不同行业有不同的社会职责，也就具有各自特有的道德规范。如师德就不会是"救死扶伤"而是"诲人不倦"了。由于职业道德的专业性，职业院校在职业道德教育中必须进行与学生将要从事的职业相关的行业道德教育，否则职业道德教育就可能陷入空洞的说教。

二、行业道德的功能

作为总体道德的一部分,职业道德同样具有道德的一般功能,但职业道德还具有其特殊的功能。在职业道德中特别是行业道德中主要有三方面的功能。

1. 对职业职责的认识功能

行业道德来自本行业的职业职能,但一经形成,就成了独立于人们意识之外的认识对象。行业道德是以道德行为表现出来的,因而,行业道德规范往往能形象地反映或表述职业职责,是使人认识职业职责的重要手段。如"救死扶伤"就很形象地表述了医务工作者在维护人们健康、珍重生命的人道主义的社会责任。"刚正不阿""不徇私情"则形象地表现出法律工作者执法公正的职业职责。师德是最古老的职业道德之一。两千多年前孔子提出的为师之道,如要热爱学生,忠于职守:"爱之,能勿劳乎? 忠焉,能勿诲乎?"要有渊博的知识,不断提高自己:"学而不厌、诲人不倦";要以身作则:"其身正,不令而行,其身不正,虽令不行","不能正其身,如正人何";对学生要一视同仁:有教无类、无私无隐;要宽以待人,严于律己,教学相长;应具有温、威、恭、安的教容教态:"子温而厉,威而不猛,恭而安",不怨天、不尤人,不迁怒、不贰过;等等。孔子提出的为师之道,形象地勾画出"学为人师,行为世范"的教师职业特征,不仅是当时为师的一代风范,今天仍不失为师德规范。所以,进行行业道德教育是深化对职业职责认识的重要途径。

2. 对行业发展的促进功能

良好的行业道德所形成的责任感、义务感,会促使从职从业者积极掌握专业的知识技能,精通和发展本专业。如东汉末年张机(仲景)见到流行性热病对人民健康危害很大,撰写了《伤寒论》,创立了祖国医学辨证论治的基本原则。南宋偏安,金元混战时期,李东垣看到人民饮食失节,劳役过度,饥饿、寒暑、劳累、忧恐、流离失所是造成疾病的主要原因。因此,其致力于"内伤"的研究,著《内伤外感辨惑论》《脾胃论》成为祖国医学的重要流派之一。生于明末清初的吴有性见到江南一带瘟疫流行,"一巷百余家,无一家仅免;一门数十口,无一口仅存者";20 年间共发生大瘟疫 19 次之多。因而研究著述《温疫论》对传染病学的发展做出贡献。我国的原子弹、航天事业都是在极其艰苦的情况下,在新老科学家的锐意创新、艰苦奋斗、无私奉献、严谨治学、真诚协作中发展起来的。我国的石油工业,如大庆油田也是在"铁人"王进喜这样的英雄们艰苦卓绝、奋不顾身的拼搏中建立起来的。所以行业道德对行业的发展起着积极的促进作用。当然,过时陈旧的行业道德观念,也会对行业的发展起阻碍作用。如对于优生、器官移植、安乐死等问题,也还有旧观念的影响。

3. 激励和警示功能

道德是区分善行与恶行的,因而,行业道德在人们执行职业职务时起着激励和警示的作用。如"救死扶伤"的医德可以激励起医务工作者的职业责任感和荣誉感,像在"非典"时期那样,不顾个人安危,竭尽全力挽救患者的生命;同时,也警示某些不尊重生命、对患者不负责任"见死不救"的恶行。"为政清廉"可以激励为官者保持操守,而警示"贪污受贿""贪赃枉法""以权谋私"的恶行。"诲人不倦"可以激励教师全心全意为学生的进步而想方设法,而决不"误人子弟"。"忠于职守"可以激励仓库保管员,认真维护管理国家财产,而警示"贪污盗窃"的恶行。这种激励和警示功能是职业活动中不可或缺的,其作用是巨大的。

三、行业道德教育的特点与原则

1. 专业性与针对性

行业道德的特点表现在调节范围上,主要是用以约束本行业的从职从业人员,调整同一职业与社会及行业内部人与人之间的关系和他们与所服务的对象之间的关系,对其他行业不具有约束力。行业职业道德规范是各行业形成或制定的职业道德规范,作为一种规范其内容要鲜明地表达本行业的职业义务、职业职责和职业行为上的道德准则。从其一般构成来看,主要由三个方面组成。一是反映职业观的,即对本职业价值的认识,如全心全意为人民服务,热爱本职工作,具体到教师职业上就是要献身教育事业,甘为人梯,热爱学生等。二是反映职业职责和职业义务的,如教师要教书育人,以身作则,为人师表;公务员要勤政为民,依法行政等。三是处理和调节职业活动中人与人之间的行为准则,如团结协作、不嫉贤妒能、品行端正等。行业道德既是一般道德范畴如义务、良心、公正等在具体行业中的体现,不同的行业又有自己特定的职业道德内容和规范。因此,在进行行业道德教育时要注意其针对性,要在专业教育的基础上进行行业道德教育,不精通专业也不会具有良好的行业道德。

2. 实践性与养成性

行业道德,是在从事某种具体职业活动时在行为上表现出来的。行为,在心理学上认为是人在客观因素影响之下而产生的外部活动,既包括有意识的也包括无意识的,在正常情况下,人的行为,一般都是有意识的。人通过行为表现出其与自然的关系、与社会的关系和人与人之间的关系。因此,一种行为表现是多方面因素构成的,依一定的外部环境、内部的心理活动而有不同的行为表现。所以,研究行为科学的人,都在寻找如何在实践中预测和控制人的行为规律。研究在一系列类似环境中会重复出现的规则行为,构筑某一种行为模式,使人的行为朝着社会发展所需要的方向发展。因此,对在一定的职业道德认识、情感、信念支配下的职业道德活动,必须按职业道德规范要求进行有意识的训练和培养。

因为,如果只进行行业道德规范的教育,而不研究如何实现这些道德规范,研究怎样才能在行动上表现,那么,这种教育也就流于形式。如果只注重对行业道德的认知,而忽略心理素质和行为习惯的培养,讲道理多,培养具体解决问题的能力少,学生缺乏锻炼,在工作中遇到各种情况,就会难以应付自如或正确处理,心理易于失衡。一旦心理失去平衡,在职业行为上就会出现偏差。

行业道德的养成是多方面的,包括认知、情感、意志诸方面。如"诲人不倦"是师德,"百拿不厌"是商业道德。要能够做到这点首先要解决认识问题,在认识上也会有不同的层次,如这样做可能出自生存的需要,怕被"炒鱿鱼",或出自职务的自觉;也可能是一种对事业由衷的追求;或者兼而有之,要不断提高对职业职责的认识水平。但仅有认识上的要求还不够,在职业活动中,主客观的情况经常会发生变化,如个人有了不如意的事,情绪已经不好,学生又表现执拗不听教诲;已经感到疲劳了,还碰上一个挑剔的顾客,等等。在这种情况下,怎么能克服心理上的烦躁,而做到情感上的"不厌""不倦"呢? 仅知道应该如何做是不够的,还要训练学生如何能够做到这样。如提高冷静分析事物的能力;改善自己不适宜的性格(如缺乏耐心、好冲动、暴躁等);学会自我平衡的方法;增强对挫折的心理承受能力;形成习惯性的行为模式;等等。

习惯性的职业行为,在长期的职业实践中有的已形成规则化的行为模式,甚至礼仪化了。如交警纠正违章要先敬礼,以示对对方人格的尊重;火车开行时铁路站台工作人员要肃立目送,既是为了安全,也是敬业和对旅客的尊敬。这种规则化、礼仪化的行为模式,也是行业道德在行为上的外部表现。

3. 自觉性和自律性

职业道德是一种依靠内心信念、社会舆论、行业传统等维系的内心立法。所以,要形成稳定的职业道德的人格品质,必须建立在自觉的基础上,必须启发学生进行职业道德修养的自觉性。道德是对人行为的约束,对恶念的抑制。要不产生道德失范的行为,必须要求做到自律、自省。

修养是一种自我反馈、反省与约束。人贵有自知之明,一个人无自知之明,绝不会有正确适度的言行举止;一个人不能自我反省、自我约束就不可能形成高尚的道德情操;如果不事修养放纵情欲,就会走上邪路。在自我修养方面我们有着丰富的经验积累。如,①自省。《论语·学而》:"曾子曰:吾日三省吾身,为人谋而不忠乎？与朋友交而不信乎？传不习乎?"②学习榜样。"三人行必有我师。"③迁善改过。闻过则喜，不迁怒、不贰过，遇事先"自省"，"不怨天、不尤人"。④注重积与渐。"积土成山""积水成渊""不积跬步，无以至千里；不积小流，无以成江海。"⑤注重意志的锻炼。"锲而舍之，朽木不折；锲而不舍，金石可镂。"⑥重视实践。"道虽迩，不行不至；事虽小，不为不成。"这都是道德修养的良好方法。

在行业道德教育上，"宣誓"是启发自觉和自律的一种很好的教育方式，可以增强职业的荣誉感、神圣感和责任感。如2002年教师节前，北京丰台区万余名教师同时宣誓："履行教师神圣职责，依法执教，敬业爱生。为人师表，弘扬正气、传承文明，启智求真。严谨治学，勇于创新。为祖国培养合格人才努力奋斗!"宣誓后，教师们认为感受到了自己从事的事业的崇高和责任的重大。

4. 多样性和生动性

在表现形式上，行业职业道德的表现形式多种多样，有规范、公约、誓词、守则、准则、律、训、风等诸多表现形式。如我国的师德，以《中小学教师职业道德规范》表现，美国则以《教育者誓言》来表现；我国制定了《国家公务员行为规范》《中华人民共和国医务人员医德规范》，而对法官职业道德的规定则称《法官职业道德基本准则》，等等。行业道德规范一般均以简明扼要、形象生动、富有韵律的语言叙述，使之易被人接受，易懂、易记。如金融系统提出10字行风：严格、规范、谨慎、诚信、创新。中央电视台新闻评论部在《中国新闻工作者职业道德准则》出台前曾制定过自己的"部律""部训""部风"，等等。

行业道德是以职业行为表现出来的，因而是看得见摸得着的，而且经过世代积累，可进行职业道德教育的信息资源非常丰富。医德是另一个最古老的职业道德之一。生活在公元前5到前4世纪的希腊名医、被尊为"医学之父"的希波克拉特斯，以誓言的形式提出的医生应遵守的道德规范，对后世医德产生了巨大影响。1948年世界医师协会大会通过的日内瓦宣言，就是以此为蓝本加以现代化起草的。1949年世界医师协会大会又通过决议，把日内瓦宣言作为国际医务道德的规则。美国的医学院决定取得博士学位的毕业生必须向古希腊希波克拉特斯的誓言宣誓，以保证克尽医生天职。美国许多医务界人士主张学生进入医学院之始，就应该学习希波克拉特斯誓言和起誓，并将其作为研究医学和伦理学历史的出发点。

我国古代也积累了丰富的医德规范，并很重视对医学生的医德教育。唐朝名医孙思邈在《备急千金要方》中专门写了《大医精诚》篇和《大医习业》篇，提出人命至重，贵于千金，医家要立誓普救含灵，是为我国后世医德之典范。商业道德也是如此，我国历史上记载的第一位著名商人，春秋时期越国的范蠡人称"陶朱公"，流传后世的经商理财十八法中包含着大量的职业道德规范,其内容有:生意要勤快,切勿懒惰,懒惰则百事废;价格要定明,切勿含糊,含糊则争执起;用度要节俭,切勿奢华,奢华则钱财竭;赊欠要识人,切勿滥出,滥出则血本亏;货物要验明,切勿滥入,滥入则质价减;出入要谨慎,切勿潦草,潦草则错误多;用人要方正,切勿歪斜,歪斜则托付难;优劣要细分,切勿混淆,混淆则耗用大;货物要修整,切勿散漫,散漫则检点难;限期要约定,切勿马虎,马虎则失信用;买卖要随时,切勿拖延,拖延则失良机;钱财要明慎,切勿糊涂,糊涂则弊窦生;临事要尽责,切勿妄托,妄托则受害大;账目要稽查,切勿懈怠,懈怠则资本滞;接纳要谦和,切勿暴躁,暴躁则交易少;主心要安静,切勿妄动,妄动则误事多;制作要精细,切勿粗糙,粗糙则劣品生;说话要规矩,切勿浮躁,浮躁则失事繁。这十八法对后世江南商人产生了深远的影响,成为"商谚"。过去徽商、浙商与晋商并驾齐驱,以经营规模大、信誉高、行风好闻名于世。

在漫长的职业活动中,各行各业都积累了丰富的职业道德规范,如商业中的"买卖公平、童叟无欺",制造业的"货真价实""诚实守信",执法人员的"清正廉明、刚正不阿",军人的"精忠报国、勇敢坚毅",等等,代代相传。至于实例更是数不胜数。有人蔑视职业道德,说"良心值多少钱一斤?"。我们就有从古至今良心无价的许多例证,如同仁堂就是靠无人能见到之处的诚信,而成为至今仍闻名遐迩的三百年药业老号;海尔集团,把自己不合格的产品毁掉,以建立信誉,从一个乡镇小厂发展成为我国的跨国公司;而像全球最大的能源交易商美国安然公司、全球第五大会计事务所安达信事务所由于欺诈而一夜之间崩溃;1982 年,东北铁路局由于一名铁道工工作不负责任,又擅离职守,造成火车出轨,三名旅客丧生,十节车厢报废,119 万经济损失。我国一些造假酒、做黑心棉者,坑、蒙、拐、骗,为害社会者,最终得到什么下场? 对比是很鲜明的。

在教学方法、方式上,应采取课堂讲授、案例教学、角色扮演、参观讨论、社会调查、模范人物事迹报告等多种形式生动活泼地进行教育。生产实习接近工作实际,能够使学生更深入地理解行业道德的道理和重要性,在实际履行行业道德规范中加深认识,培养良好的职业道德习惯,实训教学计划中必须包括行业道德教育目标,并要求学生在实践中做到,列入实习成绩考核。在现场生产实践中老职工的传、帮、带非常重要,是学习行业优良道德传统的一条重要途径。

总之,进行行业道德教育要遵循多样性和生动性的原则,不要把非常丰富生动的教育,变得苍白无力,干瘪无味。

参考文献:

[1]恩格斯. 路德维希·费尔巴哈和德国古典哲学的终结[M]//马克思恩格斯选集:第4卷. 北京:人民出版社,1972.

[2]杨伯峻,译注. 论语译注[M]. 北京:中华书局,1980.

[3]章诗同. 荀子简注[M]. 上海:上海人民出版社,1974.

[4]郭振东. 北京夜话[N]. 北京晚报,2002-02-09.

从伦理学道德范畴谈道德教育①

《辞海》解释道德的含义是:"社会意识形态之一。它通过一定阶级的社会舆论、传统力量和思想信念对人们起约束作用。"《礼记》称:"道者通物之名,德者得理之称。""道"是路的意思,指万物自身存在的规律。人所共由之路谓之道。引申为规范、规矩。"德"是理的意思,对规律的认识与遵守即为德。《老子》称:"是以万物莫不尊道而贵德。"德是行道,在遵守规范、规矩中"有得于心,谓之德"。所以,道德所强调的是,人对自身和客观世界的认识,从而达到对自身行为的自觉的自我规范、自我监控,以符合人类生存和发展的需要。因此,道德是由一定的社会关系决定的,依靠社会舆论、传统习俗和人的内心信念来维持的,表现为善恶对立的社会意识和行为规范的总和。道德既是调整人们之间以及个人与社会之间的行为规范的总和,又是评价人们行为的标准,存在于人类活动的各个领域。

道德不是与生俱来的,而是后天形成的。形成道德观念与行为的途径很多,可以说一个人从出生就生活在人类的行为规范之中,受到各方面、各种形式的教育和影响。但学校中的有目的、有计划、有组织、有步骤、有方法的道德教育在培养人的道德品质上,具有特殊的不可替代的地位。

道德的核心是如何理解和认识利益的问题,因此,在元伦理学中都着重研究一系列与利益相关的命题,对这些问题的理性认识是构成道德(包括职业道德)观念的基点,对这些问题的正确理解和认识是道德教育(包括职业道德教育)的基础。其中主要涉及的有以下一些道德范畴。

一、道德范畴的理性教育

1. 义与利

这是道德观念中一个最基本的范畴。义利之辨是一个人道德观念的基础。"义"的含义为"宜",就是应该、适合的意思。不同历史时期、不同的阶级对什么

---

① 原载:中国职业技术教育,2006(7):43 - 45.

是应该、什么是不应该的观点是不同的,但从人类发展的长河来看,善恶观念最终,或者说最本质的客观标准,就是是否有益于人类社会的发展和进步。所以,有利于社会发展和进步的就是"义",反之就是"不义"。"义务"就是为了社会的生存和发展所应该做的各种事。"利"在道德范畴中主要是指个人的功利、名利、权利、物质利益等。我们是唯物主义者,不反对个人的权益,主张尊重个人合法权益与承担社会责任(义务)相统一。能够使个人利益与社会整体利益相一致,通过合法手段、诚实劳动以获得个人的利,就是取之以"义",就是善;在个人利益与社会整体利益发生矛盾冲突时,能服从总体利益就是善;当需要牺牲个人利益以维护整体利益时,能"舍利取义"就是善。因此,在职业活动中"见利思义"为善,"见利忘义"为恶;"急公好义"为善,"自私自利"为恶;"深明大义"为善,"急功近利"为恶。要进一步提倡"淡泊名利""无私奉献"的精神;反对拜金主义、极端个人主义、损人利己、损公肥私、以权谋私等恶行。毛泽东曾说过:"我们是无产阶级的革命的功利主义者,我们是以占全人口百分之九十以上最广大人民群众的目前利益和将来利益的统一为出发点的,所以我们是最广和最远的革命的功利主义者,而不是只看到局部和目前的狭隘的功利主义者。"①道德教育就是要教育学生分清义利,树立把国家和人民利益放在首位而又充分尊重公民个人合法利益的社会主义的义利观。

2. 公与私

这是道德认识中的另一个重要范畴,也是道德修养的核心,一个人出现道德上的失范,大多与私心、私欲的恶性膨胀有关。要教育学生认识:既然个人只有在社会中才能生存、发展,既然正确理解利益是整个道德的基础,既然自由是对必然的认识,那就必须使个别人的利益符合于社会的整体利益。个人的利益从根本而言是与社会的最终利益相一致的,特别是作为社会分工的职业活动,更属于"人人为我,我为人人"的道德范畴。所以,在职业活动中以"大公无私"为善,"损公肥私"为恶;"公平待人"为善,"损人利己"为恶;"廉洁奉公""公正廉明"为善,"贪图私利""贪赃枉法"为恶。要教育学生正确认识和处理国家、集体、个人的利益关系,提倡个人利益服从集体利益、局部利益服从整体利益、当前利益服从长远利益;反对极端个人主义、小团体主义、本位主义。只有把个人的职业理想与奋斗融入广大人民的共同理想和奋斗之中,才能获得社会的认可和个人事业的成功。

---

① 毛泽东.毛泽东选集:第 3 卷[M].北京:人民出版社,1991:870.

3. 得与失

人对社会的奉献与索取是不可分离的两个方面。一个人要生存必然要索取，不讲索取只讲奉献是荒谬的；但只索取而不奉献则为社会所不容。因为，如果人人都只坐享其成，整个社会将不能为继，个人也必然失去生存的基础。《钢铁是怎样炼成的》作者奥斯托洛夫斯基有一段著名的话："人最宝贵的是生命，生命属于人只有一次，一个人的生命是应当这样度过的：当他回首往事的时候，不因虚度年华而悔恨，也不因碌碌无为而羞愧。这样在他临终的时候，他就能够说我整个的生命和全部的精力都贡献给世界上最壮丽的事业——为人类的解放而做的斗争。"一个人最大的"得"应该是为国家、民族、人类和环境的可持续发展所做的贡献。毛泽东在《纪念白求恩》中说："我们大家要学习他毫无自私自利之心的精神。从这点出发，就可以变为大有利于人民的人。一个人能力有大小，但只要有这点精神，就是一个高尚的人，一个纯粹的人，一个有道德的人，一个脱离了低级趣味的人，一个有益于人民的人。"[①]因此，在职业活动中要提倡勤奋工作、无私奉献、艰苦创业，以坐享其成、好逸恶劳为恶。同时，在得失之间，还需要做到是非分明。孔子曾说："富与贵，是人之所欲也；不以其道得之，不处也。贫与贱，是人之所恶也；不以其道得之，不去也。"要有"志士仁人，无求生以害仁，有杀身以成仁"的道德品质才能更坚实地立足于社会。

4. 苦与乐

对苦与乐的认识和感受，与个人的人生观、世界观、道德信念有直接的关系。一个心系群众、心怀大志的人可以做到"先天下之忧而忧，后天下之乐而乐"，可以做到"责在人先，利居众后"。"苦"可以催人上进，引人奋发；"乐"可以引发激情、"乐此不疲"，忠于追求、"朝闻道夕死可矣"。但溺于享乐，则会玩物丧志。孟子认为："生于忧患而死于安乐"，"故天将降大任于斯人也，必劳其筋骨，饿其体肤，空乏其身，行拂乱其所为，所以动心忍性，增益其所不能。"因此，一个有道德的人，应以奋斗为乐、以成功为乐、以贡献为乐、以助人为乐；以碌碌无为、虚度年华为苦；以贪图享乐、花天酒地、醉生梦死为恶。

5. 爱与憎

世界上没有无缘无故的爱与憎，作为一种特定的、具体的道德情感，总是与个人的道德认识与判断相一致。所以，要培养学生道德的判断能力，做到"爱憎分明""嫉恶如仇"，不可"同流合污"；要能够"抑恶扬善""大义灭亲"，决不可"包庇纵容""助纣为虐"。我国社会主义的道德规范，是以爱祖国、爱人民、爱劳动、爱科

---

① 毛泽东. 毛泽东选集：第 2 卷［M］. 北京：人民出版社，1991.

学、爱社会主义作为公民道德建设的基本要求。要教育学生具有人类最基本的爱心，"推己及人，推己及物"，"已立立人，已达达人"，"已所不欲，勿施于人"。提倡尊重人、理解人、关心人，发扬社会主义的人道主义精神。

我国公民道德是爱国守法、明礼诚信、团结友善、勤俭自强、敬业奉献。职业道德是以爱岗敬业、诚实守信、办事公道、服务群众、奉献社会作为基本的道德规范的。可以说，对上述这些道德范畴的理性认识是形成我国社会主义的基本道德规范的基础。

二、道德观念与道德行为的形成

1. 真、善、美的统一

人类的行为总是在不断地追求真、善、美。在道德的范畴中："真"是对世界、自然界、人类社会现实存在的真实反映和认识。所以，求真是明是非，所要解决的是什么是对的、什么是错的。"善"是人们对合乎客观规律的价值的选择和行为。所以，求善是别善恶，所要解决的是什么是必须提倡的、可以做的善行，什么是必须坚决反对的、不可以做的恶行。

"美"是真和善的直观的、升华的、具有精神上感染力的感受和形象。所以，求美是辨美丑，所要解决的是什么是使人愉悦、欣赏、赞美的善行，什么是丑恶的、卑鄙的、为人所不齿的陋行。

真，是善和美的基础，没有对道德的正确认识，就不可能有道德的行为；不真实地反映现实、虚假欺骗，也就根本无善美可言。所以，道德教育首先要进行相关科学知识的教育，通过学习科学知识、科学思想、科学精神、科学方法，使学生具有分辨是非的能力。美，是道德的审美意识、对美丑的分辨能力和对道德完善的追求。真是善和美的基础，善行是美的显现，完美是道德所追求的境界。三者是相互作用、相互渗透、互为因果的。在道德教育中应将三者统一起来，缺一不可。

2. 知、情、意的和谐发展

（1）"知"是道德结构中的认知因素，亦即对道德的本质、道德规范的客观必然性和道德价值的认识。认识是行为的基础，道德不是与生俱来的，而是后天形成的。因此，在一个人道德品质的形成中，对道德的认知教育是道德教育的核心。

在对道德的认识中，"义务"是一个重要的道德范畴。义务是人类社会生活中普遍存在的道德关系和道德要求，用以调节人们之间的关系，把人们的生活引导到一定的社会秩序中去。马克思和恩格斯在《德意志意识形态》说："作为确定的人，现实的人，你就有规定，就有使命，就有义务，至于你是否意识到这一点，那都是无所谓的。"也就是说，前面所讲到的道"义"（宜）是客观存在的，一定的社会或阶级用特定的概念形式将这种使命、职责和任务确定下来就是义务。应该如何或不应该如何的社会行为规范是不依个人的意志或认识水平为转移的。因为，人们处于一定的社会物质生活条件下，生活于一定的社会关系中，作为社会成员，总是要对社会、对他人承担一定的职责和任务。任何人在与他人、与社会交往中，不管自己是否意识到，都包含着要尽某些义务，被认识或被意识到了的道德责任就构成了一个人的义务的观念。义务感是社会道德关系及社会道德规范在个人内心中的认识和反映，是推动人们道德行为的重要动力，如认识到子女有抚养父母的义务，那么他就会善待双亲，而决不会去虐待老人；认识到公民有保卫祖国的义务，当外敌入侵时，就会挺身而出。

（2）"情"是道德结构中的情感因素，是建立在道德认识上的感情的体验和表现。道德情感的具体形式很多，如正义感、义务感、荣誉感、幸福感，等等。其中，"良心（感）"是在道德评价中人们最普遍提到和最熟悉的一个道德范畴。"良心"是与义务密切联系的道德范畴，"良心"是人们在履行义务过程中形成的一种自觉的、内心的道德意识。良心是人们意识中一种强烈的道德责任感；是人们意识中对自己行为进行自我评价的能力；是客观的道德关系和准则，转化为个人内心的道德理想、道德信念、道德情感、道德意志的各种因素相互作用，有机结合的结果；良心是由人的知识和全部生活方式决定的。因此，良心在道德情感中是最强烈而持久的，是人们道德行为的内在动力。在职业活动中、在为人处事中，凭良心、问心无愧，则心安，可以体验到荣誉、幸福、快乐、满足。如果作恶而良心尚未完全泯灭，或以后提高了认识"良心发现"，所感到的不安、羞耻、内疚和悔恨可以是终生的。道德教育最终是要培养学生的良知、良心、良能。

（3）"意"是道德结构中的意志因素。人的一切行为都是受其自主意志支配的，意志是人的意识能动性的集中表现。人所具有的自由意志，能在道德选择中存在着几种可能性之时，抑制其他的几种考虑，选择最合理、最符合道德规范的行为，因此，道德意志是一个人的道德选择、道德行为和在道德上自我调控的保障。道德意志可以使自己的道德认识贯彻始终，即如孔子所说的："三军可以夺帅，匹夫不可夺志也。"道德意志可以使人"惩忿窒欲，迁善改过"，而不会自暴自弃。孟子说："言非礼义，谓之自暴也；吾身不能居仁由义，谓之自弃也。"在道德意志中"操守"是一个重要的品德，具有把持、驾驭、所守之意，所以是立身之道。只有具有坚定的操守才能做到"慎独"、诚信，不苟取者谓之"操守可信"；才能达到中华民族道德的经典典范：大丈夫"富贵不能淫，贫贱不能移，威武不能屈"的境地。

知、情、意三者在人的道德意识的结构中，是一个相互依存的统一体，道德教育就是要使这三者得到和谐的发展。

3. 自发、自觉、自律的发展过程

德行的形成都要经过自发、自觉到自律的过程,这是因为:思想的成长有一个发展的过程,道德水平的修养与提高也要有一个过程,两者有重合之处,但不相等。

从思想认识的发展过程来看,一个人出生之后就有许多欲望、需要,在与成年人交往的过程中,幼儿开始知道有些行为是可以的、被允许的、受到赞扬和鼓励的,有些是不可以的、不被允许的,会受到责罚。但由于幼儿思维发展的不成熟和社会经验的缺乏,还不可能形成明确的善恶观念,也还不能理解可以或不可以的行为后面的道理,这时他的自我约束,处于一种基于经验和直观的自发的阶段。随着年龄的增长,到少年时期,就已经能够在道德的认识的基础上,初步建立起自己的道德观念,但尚不够深刻和稳定,这是进行道德教育、形成一生品德基础的黄金时期。成年之后道德观念趋于成熟,就从自觉走向自律。

从道德水平的发展来看,也有一个从自发到自觉再到自律的过程。除儿童之外,个人的道德认识并非处于同一水平,有的人由于对道德规范的无知,在道德选择上会犯幼稚的错误;或缺乏独立判断的能力,人云亦云,处于不自由的自发状态。在道德修养上也会有高有低,如有的人不自觉进行道德修养,勉力而行,以致不能克服自己不合乎道德的欲望,甚至想摆脱道德的约束,道德意志薄弱,做不到自律,而陷入泥潭。所以,在道德意识的形成上也有一个从不认识到认识,从将道德规范作为一种外部的约束、异己的力量,一种理论、道理,到内心认同,自觉遵守、严以自律的过程。

学校道德教育的目的就是要启发学生在道德上的自觉,认识道德行为的必要性和必然性,使之具有分辨是非、善恶、美丑的能力,帮助学生进行道德实践,了解进行道德修养的途径和方法,以完善学生的道德人格。

参考文献:

[1]马克思,恩格斯. 马克思恩格斯全集:第3卷[M]. 北京:人民出版社,1958.

[2]毛泽东. 毛泽东选集:第2卷[M]. 北京:人民出版社,1991.

[3]朱熹,集注.论语:里仁,子罕[M]//四书章句集注. 北京:中华书局,1983.

[4]孟子:公孙丑上,离娄下,告子下[M].上海:上海古籍出版社,1987.

职业教育是什么①

　　什么是职业教育？国外职业教育发展已有 200 多年,中国也有 100 多年。要从职业教育的起源来看,恐怕有劳动分工以后就有了职业教育,不管那时的是什么形式、是以什么样的方式来进行的,但毕竟还是有的,不过不是现在的学校职业教育。已经搞了这么多年了,按说应该不是问题了,而且从现代教育的三大块来说,基础教育、高等教育和职业教育,任何国家任何时代都有,也不是什么很大的问题。但我觉得奇怪的是,我们翻来覆去地研究职业教育,为什么就弄不明白什么是职业教育。从我们国家来看,恐怕还是基于大家不那么重视职业教育,不重视的人就不研究他,可重视的人又想突出它,想要说出职业教育的一个特别的东西才能显示这才是职业教育,以示重视。

　　我们研究职业教育,不能就职业教育研究职业教育,那样的话就研究不清什么是职业教育。因为没有比较就没有鉴别,没有特质就不可能有分类,因此主要要在"类别"上进行划分,因此,我想从比较上、从类别上来谈职业教育,可能会理得清楚一些。

　　如果要研究什么是职业教育,就应该根据教育发展的过程和教育类别分支的情况,从根本上看它们是怎么分别出来的。人类的教育应该说自从人成为人的那个时候就开始有了,不管这个教育是以什么样方式和怎样来进行的。教育作为一种活动是人类的生存方式之一。因为,人不是靠遗传的本能生活的,人是靠使用工具进行社会性的生产来生存、繁衍和发展的。人类作为一个物种还有其他的特征。比如说人不受到一定教育并在人类社会中生活就不可能成长为一个正常的人。第一,从人类开始的时候就有教育,教育是一个人成为社会成员必备的条件,最初的教育是全民的、没有差别的,这种教育后来逐渐发展演变,成了近代的普及义务教育、基础教育。第二,出现了分工。生产出现了分工,就产生了职业,从事某种职业就要求有一定的技术。因为人类社会不是下一代简单重复上一代的生活,人类有思维、有语言、有文字,所以,可以将获得的经验积累起来,传递下去,而

---

　　① 原载:中国职业技术教育,2006(14):12.

348

且是每一代都加以发展,加以更新。人类社会是一个发展的过程,所以从事一种职业,就必须得有一定的职业资格,没有这种资格,社会就不能保持它的水平。一代人必须符合一代生产所要求的知识能力,然后下一代又如此,既然要有职业资格,就出现了职业教育。第三,在学校产生之后,不是所有的人都能受到学校教育。因为,从那时的生产力来看不可能有那么多的人脱离劳动专门接受教育。所以,学校教育在古代是一种稀缺的资源。而任何社会都必须有高精尖的东西,高精尖的东西总是掌握在少数人的手里。因此,就会出现另外一种教育,高等教育。高等教育一方面从政治上来说,从它开始出现就掌握在统治阶级和贵族的手里;另外从文化上看,高精尖的东西不可能由基础教育来完成,它必然掌握在少数人的手里,像最初的天文学、医学。

我想,到现在为止,从教育类型上来看还是三种教育,原来的这种全民的、没有差别的、使得个人成为社会成员的先决条件的教育,发展到现在就成了普及义务教育、基础教育。从职业教育来看,就是针对获得某种职业资格、职业能力的教育。说得复杂一点,我认为就是使受教育者达到职业资格的准备、获得、保持、转变以及职业生涯质量的获得和改变的教育。在联合国教科文组织教育分类标准里,B类标准教育,是为掌握特定的职业或行业,或某类职业、行业中从业所需的实用技能知识而设计的。所以,我认为职业教育就是针对获得某种职业资格或者是职业能力的教育。职业教育有两种:一种是职业教育,一种是职业培训。培训就是为了获得某种职业能力。

现在有些说法我不太明白,比如说培养第一线的应用型人才,叫职业教育。一线二线不是什么本质特征。我划不清楚什么是一线、什么是二线。比如说一个医院里,给病人治病的医生应该是工作在一线,那么那些化验员护士应该是二线吧!但是医生并不是由职业教育来培养的,二线的化验员倒是职业教育培养的,那一线和二线到底怎么分呢?所以,我认为这不是职业教育的本质特征。另外,应用型人才也不是本质特征。因为人才就两种,一种是学术型的,一种是应用型的。应用型人才不仅仅是由职业教育来培养的,高等教育也培养应用型人才。我认为,职业教育的本质特征就是职业针对性的问题。职业教育跟基础教育比较好区别。不好区别的是职业教育与高等教育,它们应该都是专业教育。说职业教育是面向就业的教育,我也不敢苟同。不仅仅是职业教育要面向就业,高等教育也要面向就业,作为专业教育来说,它总要面向就业。所以,我认为面向就业也不是职业教育的本质特征,它的本质属于只能是针对取得某种职业资格。

我认为高等教育主要有三个方面的功能。

第一,高等教育中有一部分是属于职业教育。高等教育也具有职业性,不仅仅专科层次针对某种职业，本科层次的也有。比如说新中国成立前的燕京大学，它的家政系就是职业系科，主要培养医院的营养师、幼儿园的教师等。燕大原来还开过制革系，这个专业就是职业教育。即其职业的针对性很强，就是培养某种职业所需的人才。所以，我认为高等教育中有一部分专业是具有职业性的。

第二，高等教育很大一部分是一种通才教育。就业面宽，但是职业针对性不强。比如说，北大中文系毕业的学生就业面宽，可以做新闻记者、自由撰稿人、作家、教师、编辑，甚至还可以当文秘，就业面很宽，但职业针对性不强。但职业学校文秘专业毕业的就不一样，非常明确就业面向哪个工作岗位。高等教育中相当大一部分都是这样。

高等学校还有一个相当特殊的任务，就是它起着一种保存、鉴别、传授和发展一个国家或者一个社会已有的最高的文化成就的作用。一个国家的高等学校或者它的高等教育，代表一个国家或者一个民族的科学技术文化的水准。现在世界上衡量一个国家的文化水准，衡量两头，即文盲有多少和受高等教育的有多少。为什么从两头看，一是国家不能有文盲，群众得有基础教育和国民基本教育。看国家文化的最高水平，就是看高等教育。对一个国家或者民族的文化成就，高等教育起着哪一些东西吸收、哪一些东西扬弃的鉴别的作用，它传授与发展一个国家和社会的最高文化水平。

第三，高等教育在通才教育中，还需要培养一些特殊人才。这些人才在一个国家中很少。如学印度梵文的，日常用途并不大。但是，作为一个堂堂中华人民共和国，没有人认识梵文，这也绝对不行。这类人才的职业针对性也可能比较窄，但是，他是特殊人才，高等学校必须不仅在本民族、本国家内部保持文化的最高水准，它还包括世界的。一个国家在世界上的文化水准是什么，那要靠他的高等教育。培养不出这种人才，没有这种人才，就没有世界水准。所以高等学校的第二个任务就是它的通才教育。

高等教育的第三个任务是科学研究。高等学校必须搞科学研究，职业院校未必都搞科学研究。即使搞科研，也主要是应用型的，但高等学校的科学研究必须要搞，特别是基础研究。所以，我觉得高等教育与职业教育的区别也就在这儿。职业教育是明确指向某种职业资格或某种职业能力，一般来说，属于一种技术型的，属于现成或成熟的知识和技术。它的开发研究是应用性的开发研究。

这里讲的是教育类型的区别，有三种类型的教育，一种是职业教育，一种是基础教育，一种是高等教育，而不是讲的学校类型。在高等学校里有职教系科，普通中小学也有职业教育的因素，但是，他们在功能之间有基本的区别。针对什么是职业教育，我大概是这么想的。

中国古代的农本思想与农业教育①

  我国古代农业源远流长,上古有神农氏之传说。《易·繁辞》载:"古者庖牺氏之王天下也。""作结绳而为罔罟,以佃以渔。""庖牺氏没。神农氏作。斫木为耜,揉木为耒,耒耨之利,以教天下。"《白虎通·卷一》载:"谓之燧人,何? 钻木取火,教民熟食,养人利性,避臭去毒,谓之燧人也。""古之人民皆食禽兽肉,至于神农民众多,禽兽不足,于是神农因天之时,分地之利,制耒耜,教民农耕,神而化之,使民宜之,故谓之神农氏。"到商朝时,农业和手工业已经很发达了,商代农作物见于甲骨文有黍、稷、麦、蚕、桑、丝等字。殷墟发现石器、玉器、骨器、铜器等各种作坊,皮革、酿酒、舟车、土木营造、饲蚕、织锦、缝纫等均见于甲骨文记载。商代已经知道病虫害,甲骨文中的蝗字为证。到西周时期,生产更进一步发展,农作物有稻、麦、粟、梁、菽、桑、麻、瓜、果等很多种类。农业是我国古代主要的产业,所以农业教育在古代的教育中也就占有极为重要的地位。

一、"农本"之教

  我国夏商时期,奴隶制国家的建立,统治阶级内部的争夺和对奴隶的残暴压榨,使社会矛盾、阶级矛盾急剧激化。在阶级斗争和奴隶主国家的兴亡中,统治者也在不断地总结经验教训。《尚书·召诰》中说:"我不可不监于有夏,亦不可不监于有殷。"为什么他们的国家不能长久延续卜去,是因为他们"不敬厥德,乃早坠厥命",所谓"四海困穷,天禄永终"。所以,西周时周公制礼作乐,提出"德治",要求王要"敬天保民,明德慎罚",不要"荒浮失政,失国失民"。德治中最主要的两点,一是"食民",即发展农业生产,保障人民衣食;二是"观德",反对腐败,明德慎刑。《尚书·伊训》中指出,统治者中有三风十衍,卿士有其中一风于身,"家必丧",邦君有一风于国,"国必亡"。这种"德治"和"农本"的思想,经过春秋战国时期诸子百家的发展,成为我国两千多年的治国之道,因而也就成为培养治才的一个重要

---

  ① 原载:中国职业技术教育,2007(2):43-44.

的教育内容。

儒家孔子继承周公之学,提出"仁政"、首创私学,培养治才"士君子"。弟子樊迟请学稼,孔子说:"吾不如老农!"请学为圃,说:"吾不如老圃!"并认为"小人哉,樊须也",不认为君子需要亲自学习农业技术。但他教育弟子必须懂得为政之"所重"在于民(人民)、食(粮食)、丧(丧礼)、祭(祭祀),主张民富之后,才能"教之"。赞扬问"禹稷躬稼而有天下"之治道的南宫适:"君子哉若人!尚德哉若人!"其教导弟子治理国家要"敬事而信,节用而爱人,使民以时(役使、征战都不可误农时)"。孟子对此论述得更为明确,"不违农时,谷不可胜食也;数罟不入洿池,鱼鳖不可胜食也;斧斤以时入山林,材木不可胜用也。谷与鱼鳖不可胜食,材木不可胜用,是使民养生丧死无憾也。养生丧死无憾,王道之始也";"五亩之宅,树之以桑,五十者可以衣帛矣。鸡豚狗彘之畜,无失其时,七十者可以食肉矣。百亩之田,勿夺其时,数十之家可以无饥矣";"黎民不饥不寒,然而不王者,未之有也"。

春秋时期,儒墨并为显学,与命运搏斗的小生产者的代表墨子,不是消极地讲兼爱、非攻,而是主张积极地去争取,强调"强","上强听治则国家治矣,下强从事则财用足矣"。要"为其力,强说人"以增加生产、改善生活,并且认为人人都应参加农业生产。他说,"今有人于此,有子十人,一人耕而九人处,则耕者不可以不益急矣,何故?则食众而耕者寡也"。墨子更加重视农业生产技术的传播,"借设而天下不知耕,教人耕与不教人耕而独耕者,其功孰多"?

道家所谓的"无为"而治,实际上是使民以时、不违农时,反对腐化的与民休息的政策。老子在《道德经》中说,如果"田甚芜,仓甚虚"而治者"服文采、带利剑,厌饮食,财货有余,是谓盗夸(竽)",那他就是天下大盗之首了。

法家重"耕战"之功,相传战国前期法家李悝为魏文侯时作《尽地力之教》。东方法家《管子》一书中农本之说可为法家农本思想之代表。《管子》第一篇《牧民》提出一个著名的论断,"凡有地牧民者,务在四时,守在仓廪。国多财者远者来,地辟举者民留处,仓廪实者知礼节,衣食足者知荣辱"。在治理国家中将农业生产置于首位,而在发展农业生产中最重要的是"招来"和"留住"充足的劳动人口(劳动力),这点在土地广阔,主要(也可以说是完全)靠人力进行生产的时代是十分重要的,而能否达到这点,重要的要看生产技术的高下。因此,提出"行其田野,视其耕耘,计其农事,而饥饱之国可知也。其耕之不深,芸之不谨,地宜不任草田多秽,耕者不必肥,荒者不必荒,以人猥计其野,草田多而辟田少者,虽不水旱,饥国之野也。若是而民寡,则不足以守基地也;若是而民众,则国贫民饥;以此遇水旱,则民散而不收。彼民不足以守者,其城不固,民饥者不可以使战。众散而不收,则国为丘墟。故口:有地君国,而不务耕耘,寄生之君也。故曰:行其田野,视其耕耘,计其农事,而饥饱之国可知也"。又说:"行其山泽,观其桑麻,计其六畜之产,而贫富之国可知也"。

农家许行,据《孟子》记载:"其传徒数十人,皆衣褐,捆屦、织席以食。"他带领学生从事生产劳动,并传授和总结农业知识。农家学派著有《神农》《野老》等书,可惜已佚。从散见于古籍中,据认为是农家之言的片段,有"有石城千初,有汤池百步,带甲百万,而亡粟,弗能守也"为神农之教;"大夫丁壮不耕,天下有受饥者,妇人当年不织,天下有受寒者"为神农之法;"春夏所生,不伤不害(不伤害幼小生物),为神农之禁",可以看出农家的一些思想。

这种将农业视为基础产业,立国之本、兴亡所系的思想,符合中原兴起的中华民族的实际。经、史、子集是古代学校的基本教材,通过教育家的传授,农本思想世代相传,构成为政之教的重要内容。

二、劝课农桑

我国很早就有设置专门的官吏掌管农业、传授农业技术的记载。《尚书·尧典》载帝尧命羲和"钦若昊天,历象日月星辰,教授民时"。即根据日月星辰的运行制定历法,以教人民按季节从事生产活动。《尚书》中还有关于舜命"弃","黎民阻饥,汝后稷,播时百谷"。《尚书·洪范》载夏商时期设"司食"管农业,秦设治粟内史主管农业,汉设大农令、大司农掌管农业,隋、唐、宋代设司农寺,明清归户部管理。而"劝课农桑"成为历代皇帝倡导农业生产的一项重要政治活动,也是地方官吏的职责之一。

历代君主大都有"劝课农桑"之举,如《史纪·周本记》载:"周人始祖后稷,及为成人,遂好耕农,相地之宜、宜谷稼穑焉,民皆法则之。"《汉书·刑法志》载:汉孝文帝"躬修玄默,劝趣农桑"。《后汉书·章帝纪》载东汉章帝元和二年(公元85年)"帝耕于定陶。诏曰:三老尊年也,孝悌淑行也,力田勤劳也,国家甚休之。其赐帛,人一匹,勉率农功"。《旧唐书·宪宗纪下》载唐贞元五年(公元789年)"以二月一日为中和节","宰臣李泌,请中和节日令百官进农书,司农献穜稑选之种","村社祭勾芒以祈年谷,从之"。《宋史·食货上》载宋大中祥符四年(公元1011年),真宗"以江淮、两浙稍旱既水田不登,遣使就福建取占城(今越南中南部。占城,古国名)稻三万斛,分给三路为种,择民田高仰者莳之,盖旱稻也,内出种命转运使揭榜示民"。清《皇朝文献通考·田赋考》载,清乾隆二年上谕称:"朕思为耒耜树艺,皆始于上古圣人,其播种之方,耕种之节,与夫备旱驱蝗之术,散见经籍,至详且备。后世农家者流,其说亦各有可取,所当荟萃成书,颁布中外。庶三农九谷,各得其宜:望杏瞻蒲,无失其候。着南书房翰林,同武英殿翰林编纂。""至六年书成,凡七十五卷,名曰《授时通考》。"该书于乾隆六年(公元1742年)颁行。这部书共分8门:天时、土宜、谷种、劝课、蓄聚、蚕桑等,不仅记载了农业科学技术,而且把倡导农业生产、传播推广农业生产技术的"劝课"专门作为一部分,收录有汇考、诏令、章奏、官司、祈报、赦谕、祈谷、耕播、御制诗文、御制耕织图等,"劝课农桑"是古代政府"教民"的一项重要举措。

官吏负有传授农业生产技术责任的记载始见于《周礼·地官·司徒》上面记载:大司徒教稼穑树艺。其下属分掌各类生产的有司稼、遂人、山虞等官员,负责教民种植、浸种等技术。"遂人掌邦之野","皆有地域沟树之使,各掌其政令刑禁,以岁时稽其人民,而授之田野,简其兵器,教之稼穑"。汉武帝时令赵过任搜粟都尉(主管农业的官吏),赵过通过实验发明"代田法",(轮种),向全国推广。据说他还推广过耧耕技术。北魏贾思勰曾任青州太守,在其所著《齐民要术》一书之序中记载和赞扬了一些推广农业技术教民种植、养殖的地方官员。"茨充为桂阳令,俗不种桑,无蚕织丝麻之利","充教民益种桑、拓,养蚕、织履,复令种苎麻。数年之间,大赖其利,衣履温暖。今江南知桑蚕织履,皆充之教也"。"黄霸为颍川,使邮亭乡官,皆畜鸡豚","及务耕桑,节用、殖财、种树","龚遂为渤海,劝民为农桑"。"杜畿为河东,课民畜牸牛、草马,下逮鸡豚,皆有章程,家家丰实"。宋府、州、军、监各地方官均有岁时劝课农桑之职。北宋科学家沈括所著的《梦溪笔谈》记载,他出使至宿州,见一个石碑,是由于地方官推行"淤田法","民获其利,刻石以颂刺史(知州)"。元代王祯曾任安徽旌德和江西广丰的县官,常到农村视察,著《农书》推广农业技术。清代顺治年间将州县以上官吏之劝垦列入考核。清代陈大受任安徽巡抚时在高阜坡地不宜种粮之地,试种一种福建的旱稻成功,并奏请予以推广。乾隆年间福州知州李拔推广植棉,并著《种棉说》。还有的地方官推广"区田法",等等。历代地方官员对农业技术的传授与推广,对提高和发展农业生产起着相当重要的作用。

三、农书编纂

我国很早就有了农业的专著,西汉时《陶朱公养鱼法》(已佚)是世界上最早的养鱼专著。晋代戴凯之所著的《竹谱》是世界上最早的植物专著,记述了竹的性状和70多个竹的品种。唐代陆羽之《茶经》是世界上第一部关于茶的专著。唐末五代间韩鄂著《四时纂要》是一部农家历,按月叙述应进行的农事活动,对大田和园艺技术有较详细的记载。北宋蔡襄所著之《荔枝谱》为世界上最早的果树栽培技术专著。北宋秦观所著《蚕书》是世界上现存最早的养蚕、缫丝专著,记述了蚕的饲养方法、生活特性,缫丝技术和工具等。南宋韩彦直之《桔录》是世界上第一部柑橘学专著。元末娄之礼编著的《田家五行》是一部气象学著述,记载着500多条"天象",包括短期和中期的天气预报。明代,俞宗本著《种树书》,黄省曾著《养鱼经》,喻本亨兄弟著《元亨疗马集》《疗牛集》《驼经》。清代陈淏子著《花镜》记载300多种花木品种和栽培方法,是现存最早的园艺专著。杨灿著《豳风广义》记述了自己养蚕、缫丝的经验。

大型综合性的农书,有成书于北魏或东魏初期的著名农学家贾思勰著的《齐民要术》,他非常重视对农业技术的传授,认为"天为之时,而我不农,谷亦不可得而取之"。樊迟请学稼,孔子都答以"吾不如老农","圣贤之智,犹有所不达,而况于凡庸者乎"。所以,他"采据经传,爰及歌谣,询之老成,验之行事",传播农业技术并写成专著。全书10卷92篇,包括大田、蔬菜、术本植物、染料、种植、畜牧、养鱼、酿造、食品加工等。明代宋应星所著《天工开物》上卷为农书,不仅记述种植、养殖技术,而且包括农具、水利、农副产品加工,如养蜂、盐产、造糖等。明代科学家徐光启所著《农政全书》包括占候、树艺、种植、牧养、制造、蚕桑、野菜等各个方面,为我国几千年农业文化之集大成之作。据不完全统计,两千多年来,我国的农书有376种,农书的编纂为农业知识技术的传播提供了条件。

四、民间传授

在现代农业学校产生之前,农业知识技术的学习以子继父业、父子相传或向有经验的老农学习为主要方式。在农业知识技术的传授中,各种农谚、歌诀起着很大的作用。如著名的二十四节气歌诀是将一年分为两分(春分、秋分)、两至(夏至、冬至)及嵌在其中的四立(立春、立夏、立秋、立冬)为基点,再插入十六个点,参照气温、降水等自然现象分作二十四个节气,作为辨别时令、安排生产的依据。这二十四个节气在农民中(或在我国各民族中)是家喻户晓的。后来又参照自然界动植物年周期性变化,以及地表、地下水分,雷电雨雪等变化,标定每个月六个物候,共七十二候。如四月有蝼蝈(青蛙)鸣、蚯蚓出、王瓜生、苦菜秀(抽薹开花)、靡草死、麦秋至六个物候,可以更细致地掌握农时。民间相传的农谚口诀也是一种重要的传授。如"一年之计在于春,一日之计在于寅","冬无雪,麦不结","寸麦不怕尺水,尺麦只怕寸水","收麦如救火","东风急,备蓑衣","种地不上粪,等于瞎胡混",等等。我国几千年积累下来的有关农事的歌谣、谚语、口诀等极为丰富,有人统计其包括的内容有天文、节令、气象、物候、土壤、肥料、耕垦、选育、种植、栽培、植保、收获等,集中起来就是传递农业生产知识的百科全书。

我国是农业大国,古代的农业生产技术居世界领先地位,这与以农立国的农本思想,政府劝课农桑对农业生产技术的传授、传播,勤劳智慧的农民对生产知识、技术的积累传递和农学家对农业科技的收集研究是分不开的。在现代学校农业教育产生之前,上述的教育、培训、传递是卓有成效的。今天看来,对我们如何进行农业教育,认识农业在国民经济中的基础地位,政府和地方行政官员在发展农业、推广农业生产技术、改善农民生活上应负的责任,都很有现实意义。古代的农业教育,是我国教育遗产中的一个重要部分,需要认真进行总结、继承和发扬光大。

参考文献:

[1]阮元. 十三经注疏[M]. 北京:中华书局,1979.

[2]邓之诚. 中华两千年史[M]. 北京:中华书局,1983.

[3]贾思勰. 齐民要术[M]. 沈阳:沈阳出版社,1995.

[4]徐光启. 农政全书[M]. 沈阳:沈阳出版社,1995.

[5]宋应星. 天工开物[M]. 沈阳:沈阳出版社,1995.

中国古代的专业学校与专科教育①

我国古代的专科学校始建于南朝宋文帝元嘉十五年(公元438年),置儒学馆学习儒经,史学馆研习历史,玄学馆专研佛老之学,文学馆习研辞章,称为"四馆学"。四馆学之建立,打破了自汉立学馆以来官学专习儒经的格局,开唐代设置律学、医学、算学等专科学校的先河。古代的专科教育大体可分为官学和家传、私授两部分。

一、官学

1. 魏晋南北朝时期的医馆

魏晋南北朝时期老庄玄学盛行,多讲求养生之道,医学受到重视。梁简文帝针对当时的医疗状况著《劝医说》,并指出:"天地之中,唯人最灵,人之所重,莫过于命。虽修短有分,夭寿悬天,然而寒暑反常,嗜欲乖节。故疟寒瘠暑,致毙不同;代性烂肠,摧年匪一。拯斯之要,实在良方。"而医道又很难精深。"况医之为道,九部之诊甚精,百药之品难究。察色辨声,其功甚秘,秋辛夏苦,几微难识。"当时一般医生医术不高、医德不良。"多以少壮之时,涉猎方疏,略知甘草为甜,桂心为辣,便是宴驭自足,经方泯弃","疾者求我,又不能尽意攻治"。究其原因,在于缺乏医科专门教育。"本不素习,卒难改变故也。"于是提出建立医科专门教育。至北魏宣武帝永平三年(公元510年)下《立医馆诏》,令"太常于闲敞之处,别立一馆",使病人"分师疗治,考其能否,而行赏罚"。又"更令有司,集诸医工",对流传甚广的经方,"寻篇推简,务存精要,取三十余卷,以班九服;郡县备写,布下乡邑,使知救患之术耳"。这是为我国最早提倡、建立和推广医学的专科教育。

2. 国子监所设诸学

隋朝文帝时设立既是中央官学又是专门管理教育事业的行政机构——国子寺,炀帝时改为国子监。国子监归尚书省礼部管辖,其下设国子学、太学、四门学、

---

① 原载:中国职业技术教育,2007(20):47-49.

书学、算学，在中央官学中设立书、算专科，是为官学中设立专科之始。

唐代是我国古代专科教育最发达的时期，在国子监中属于专科教育的学科设有律学、书学、算学。医学在中央虽由中书省管辖的太医署设置，但地方之府、州官学均设医学，形成一个垂直的教育系统。

书学：入学资格为八品以下及庶人通其学者。主攻《国语》《说文》《字林》《三苍》《尔雅》等书，兼习《石经》三体，闲时习时务策。

算学：入学资格同书学。学习算学十经（孙子、五曹、九章、海岛三年，张丘建、夏侯阳各一年，周髀、五经算共一年，缀术四年，缉古三年），兼习《纪遗三等数》。

律学：入学资格同书学。唐代法律分律（刑法）、令（国家制度）、格（官府有司所治之事）、式（常守之法）四门分习。

郑虔长于地理，山川险易、方隅物产等，玄宗爱其才，特在国子监下设"广文馆"，以郑虔为博士。

宋明时期，国子监下设有武学，明代设有阴阳学和培养翻译人才的"四译馆"。由于科举制度，宋以后中央和地方官学逐渐成为应科举考试的身份，清代时国子监只设算学和教授俄罗斯语的"俄罗斯馆"了。

3. 官府行政机构的专科教育

"职"指分内应做的事或应负的责任，所谓六卿分职。"业"，原为上古记事之用，要做几件事在木条上刻几个齿，做完一件削去一个齿，称之为"修业"，后泛指事。《尚书·洪范》载夏商时己有司食（农业）、货（商业）、祀（祭祀）、司空（居住、交通）、司徒（民政）、司寇（司法）、宾（外交）、师（军事）八政之职官，他们的专业知识是通过做官，在官府中世袭家传或师传中获得的。《史记·天官书》记载有"昔之传天数者：高辛之前，重、黎；于唐虞，羲、和；有夏，昆吾；殷商，巫咸；周室，史佚、苌弘"等。

西周（公元前11世纪—公元前770年）的教育是以学在官府、官师合一、学宦结合为特征的。由于传播手段的缺乏和奴隶主对知识的垄断，典籍文物均藏于官府，民间无著述文字。所以，不做官就不能接触到这些专业知识，受不到这方面的教育，职官的培养是在官府中进行的，所谓宦学事师。

政府中掌管天文、历算、占卜、音乐、医药等官吏，其职业多为世代相袭，"世为畴官"，"畴人"类似后世的专家。章学诚说："有法斯有书，故宫守其书。有书斯有学，故师传其学。有学斯有业，故弟子司其业，官守学业皆出于一，而天下以同文为治，故私门无著述文字。"就是说政府官员积累和掌握的专业知识、科学技术是他们的家学，通过官职的世袭，子就父学，代代相传，或官师合一，传于弟子。

畴官一般地位低下，《礼记·王制》载："凡执技以事上者，祝（为主人祈福的祭祀之官)、史(掌管文书、典册之官)、射、御、医、卜及百工(管理工匠的官),凡执技以事上者,不贰事,不移官,出乡不与士齿,仕于家者(公侯的家臣)出乡不与士齿。"即他们不能任意改变自己的职业,在地方上不能与"士"(地位低的贵族)平起平坐。

这种通过子就父学或在官府中传授培养职官的形式,对我国后来专科教育影响很大,秦汉以后虽非定制,但在培养史官、太医、天文、历数等专业人员上仍然是一个主要的途径。至隋代在大理寺设律学,才开政府职能部门正式设学之先河。

唐代在中书省管辖的太医署中设医学,有专门的教师(博士)进行教学。医学分为四门:医学、针学、按摩、咒禁。其中医学又分五科:体疗(内科)、疮肿(外科)、少小(儿科)、耳目口齿科和角法科(拔火罐等),分科已相当发达。我国医学专科教育比欧洲意大利9世纪才建立起来的医学校要早200多年。太医署中还设有"药园",设药师,收学生16人。地方府学、州学均设医学。

中书省下秘书省所辖太史局(后改司天台)设天文博士2人,教授天文观生90人,天文生50人;历博士1人,教授历生55人;局中还设漏刻博士6人,教漏刻生360人,学习计时、报时。

太仆寺设兽医博士4人,教授学生100人。

太卜寺设卜正博士2人,卜筮助教2人,教授卜筮生49人。

此外,门下省设有弘文馆和校书郎,校书郎掌校理典籍、刊正错误,其下有拓书手、笔匠、楷书等职员,招收学生30人加以训练。

唐代还有外国留学生来学习科学技术和专门知识,如日本留学生吉备真备唐开元四年(公元716年)来华留学,学习《三史》《四经》,其阴阳历算、天文数术"咸能通晓";大和长冈研习刑法,后对日本法令的制定,贡献很大。唐代可为我国古代政府机构设学进行专业教育的代表。

二、家传和私授

子继父业依靠家传或私人立学授徒传授专业知识,是古代职业教育的又一重要形式。

作为职业世代家传或从师学习的首推医学。如《南史》载南北朝时期徐文伯世传医学,其曾祖父徐熙曾得《扁鹊镜经》,"精心学之,遂名震海内"。其子秋夫"弥工其术";秋夫之子道度、叔向皆能精其业;道度之子文伯"亦精其业","文伯之子雄亦传家业,尤工诊察"。叔向之子伯子也精医术。《北齐书·徐之才传》载"徐之才,父雄","以医术为江左所称"。之才弟之范为尚药典御,徐家六代中有11位名医。明朝名医李时珍也是祖孙三代行医。

许多名医一方面行医，一方面著述并授徒。《魏书·术艺传》载：李亮从师学医"针灸授药，莫不有效"，"集诸学士及工书者百余人，在东宫撰诸药方百余卷，皆行于世"。又载崔彧从师学《素问》九卷及《甲乙脉经》，遂善医术，广教门生。唐代沈应善从师韩隐庵初学《内经》《素问》诸书，进一步学习引导之术和秘藏诸方。清代名医陈念祖广收门徒，并在临床与教学的基础上为初学者编著《时方歌括》《医学三字经》等入门教材。私家传授与官府医学教育不同之处在于，一般在学习《素问》《内经》《甲乙脉经》等基础知识之后，传习教师自己的医术、著述、秘方，有的形成不同的流派，如宋代之医学流派分为"金元四大家"各自立门户，收徒传授。2007年1月29日《北京晚报》刊登了一则消息，称广东省潮安县浮洋镇井里村有一件"镇村之宝"：一本古医书《万氏医贯》。相传明代井里村人柯玉井得当时被流放在此的太医万邦宁所编的此书，成为郎中。柯玉井于1567年创办了"天安堂"。此后，这本古籍在村中传承了13代400多年，造就了全村40多名郎中悬壶济世。至今全村从事医疗、医药者超过40人，足迹遍及潮州、汕头、深圳、海南等地。村中高考生许多首选志愿仍是医药专业，可见传承之力。

天文、算学、舆地等专科知识的传授，家传和私学也是重要的途径。两晋黄泓从父学天文秘术。著名科学家祖冲之的儿子幼年就传习家业，其子皓也传家学，长历算。两晋步熊少好卜数，门徒甚盛。《魏书·高允传》载，"高允，博通天文数术"，"还家教授，受业者千余人"。唐代李淳风，父李播通晓天文舆地，淳风博涉群书，尤明天文、历算、阴阳之学。其子谚、孙仙宗都长于天文、历算，谚与仙宗都做过太史令，可谓家传科技知识，几代人从事同一职业。元代大数学家朱世杰教授数学，"踵门而学者云集"。明代学者陆世仪，明亡之后，以讲学著述为务，精通水利。此外，艺术、书画等也多为世传。

综上所述，我国古代已经建立起了多种形式的专科教育，在学校教育中建立起比较完备的教学、实习、考试、考核、管理制度，稳定的课程结构和教材、教具。如医学系统教材有《黄帝内经》《神农本草经》《伤寒杂病论》《难经》《黄帝明堂经》《针灸甲乙经》《新修本草》《本草纲目》《脉经》《太平圣惠方》等。武学教材有武经七书等。东汉时代已铸造了作为鉴别良马标准的铜马模型和《相马图》，欧洲直到18世纪才出现类似的著述和铜马模型。北宋王惟一于公元1027年主持铸成用于教学的，表明针灸穴位的两具铜人，是世界上最早的医学模型。在考试、考核方面，国子监诸学考试有旬试、岁试和毕业考试。医学考试不仅要考医理，而且要考核临床的成绩；天文生要进行天文观测的考核等。考试不及格要重习，三次不及格或九年不能学成，责令退学，并有操行、学籍管理等规定。

三、几点结论与思考

（1）我国古代的专科教育，除先秦"宦学事师"外，以律学为最早。《史记·秦始皇本纪》载，秦始皇采纳李斯的建议于始皇三十四年（公元前213年）定"挟书令"，下焚书令，查禁私学。"若有欲学法令者，以吏为师"。以医学最为系统，建立起了中央官学和地方官学的体系。可见"法"在政府管理中的首要地位和"医药"在人民生活中的重要地位。

（2）我国是古代科技和专业教育发达最早的国家，但在自给自足的小农经济条件下，生产的发展主要依靠政策的调节，而不是技术的进步；国家所重视的是治人者的政务官的培养，官学中儒学独尊。专业技术人才地位低，导致入学的资格和人数也低于儒学。如唐代学习经学的国子学入学资格为文武官三品以上及国公子孙从二品以上之曾孙，生徒300人。太学为四品、五品，郡县公子孙，从三品之曾孙等，学额500人。四门学学额1300人中500人为文武六品、七品等的子孙。而国子监中专科教育和官府中职业培训入学资格都在八品以下，或无品级的庶民子弟。一方面反映了封建等级制下的官本位，另一方面也为庶民子弟开通了进入中央官学之路，当时国家提供中央官学生徒膳食供给（膏火）甚至路费等用度。

（3）政府机构专业部门设置专门教师（博士、助教）培养专门人才，是我国专科教育的一大特点，学生实际为半工半读，注重实践。这个经验和传统今天仍值得我们研究和继承。2007年3月政协会议上，中国气象局局长秦大河发言时指出，他曾看到一些大学在他熟悉领域的教材中竟然还在用20世纪40年代的资料，如此落后于科学的发展；中国气象局需要一批研究大气象和气候变化的人才，但这些人才在大学里找不到，学校没有这样的专业设置。所以，像天文、水文、动植物生态等这些需要长期观测、积累才能培养的人才，在有条件的专业机构中进行培养仍不失为一种良策。

（4）家传和私授是我国古代专科教育的一个重要组成部分，其特点是专家传授或办学。在官学中专科教育时兴时废，特别是明清时期官学成为科举之附庸之后，除个别教育家如颜元所办之漳南书院设艺能、武备等斋，艺能斋学习水学、火学、工学、象数等科外，专科教育相当大的部分是靠专家私授，专科私学在历史上对我国的科技发展起到支撑作用，做出了杰出贡献。

（5）在欧洲实现了工业革命之后，我国仍处在封建社会自给自足的小农经济之下，没有近代工业，也没有近代的专科教育。"落后就要挨打"，西方列强入侵的目的是妄图灭亡与瓜分中国，成为他们的殖民地。但是他们打错了算盘，中国虽然落后了，但不是蛮荒之地，中华民族是有着深厚文化科技积淀的民族。1840年鸦片战争打破了中国的大门,中国人马上就意识到自己与西方"船坚炮利"的差距。1841年魏源即着手编著《海国图志》,提出叫"师夷之长技以制夷",即学习外国先进的科学技术以抵御外国的侵略。随之,从军工工业开始设立技术学堂起,到分科大学的建立,至1904年癸卯学制的颁布,建立起了我国近代的学校专科教育。"落后就要挨打"这个历史的教训我们必须牢记;而"科教兴国"则是中华民族从复兴和发展中得出的历史结论。

参考文献:

[1]魏晋南北朝教育论文选[M].北京:人民教育出版社,1988.

[2]孟宪承.中国古代教育史资料[M].北京:人民教育出版社,1961.

中国古代的工匠培训与技艺传授^①

我国古代工匠培训和手工业技艺的传授有官府中的工匠培训、家传工艺和师徒相传等形式。

一、官府工匠培训

我国的官府作坊有着悠久的历史,最早记载见于《周礼·考工记》,提出"知者创物,巧者述之,守之世,谓之工"。工匠之事归冬官司空之下的"百工"管理,工种有攻木之工、攻金之工、攻皮之工、设色之工、刮磨之工、搏埴之工、匠人、弓人等,制造兵车、军器、玉器、乐器、陶器和营建宫室、水利工程等。重视工匠培训,各项产品都有具体的规范、规格,讲求天时、地气、材美、工巧,"合此四者,然后可以为良"。

秦代官制中有管理官府工匠主持营造的"将作少府"之设。汉代亦设将作少府。隋代将将作与少府分开,"将作"掌管营造之事,"少府"掌管制作之事。唐宋之后沿隋制加设军器监,专门制造兵器。唐代还在铜、铁、木料的产地设置铸钱监、冶监等各监。这些官府手工作坊规模都很大,如汉代仅织工就常在千人以上,唐少府监工匠 19850 人,将作监工匠 15000 人,主要供应宫廷、官府和军事各种需要及土木建筑工程,因此,工种繁多,技术工人集中。劳动者被称为"百工""伎作""班匠""匠"等。

官府手工业作坊中工匠的来源有官奴婢、官杂户、工匠和刑徒四类。工匠是在全国工匠中挑选"材力强壮,技能工巧者"编为匠籍,轮流入都做工,按不同工种,班期由 1—5 年不等,而且不许他们改变职业。《大唐六典·卷七》载:"工巧作业之子弟,一人工匠,不得别人诸色。"他们只能从父兄学习,继承世业。明朝以后才改为以银代役,如果不愿或不能赴京当班,要向官府交纳一定数量的银钱以代劳役。每年十月刑部官司在官奴婢和官户中挑选一部分人为工户,送到少府监学

① 原载:中国职业技术教育,2008(1):50 - 51.

习细镂、车辂、乐器制作等手艺。刑徒做的是苦重劳动,女子送少府监习缝作。

官府手工业作坊中最初工匠的技术传授是世袭家传,至唐才有世袭以外的师徒传授。其对于各种工艺的培训时限和考核方法都有明确规定。如细镂之工4年,车辂、乐器之工3年,平漫刀鞘之工2年,矢镞、竹漆、屈柳之工半年,冠冕弁帻之工9个月,杂作之工1年到40日不等。学徒学习师傅所传家法,一年中按四季考核四次,由监中令或丞负责考试,年终由监总试。成绩根据刻有学徒姓名的产品评定。

宋朝以后官营作坊在艺徒培训上重视使用"法式"。《宋史·志·卷118》载:将作监"沱其工徒而授以法式",少府监"以法式察其良窳",军器监"凡利器以法式授工徒","旬令其数以考课程","课百工造作"。"法式"是类似工匠手册的一种基础教材。内容包括名例、制度、功限、科例、图样等。宋朝著名的法式有《元祐法式》,李诫编的《营造法式》等。元、明、清各代都有法式,如明代中叶的《营造正式》总结了古代南方民间建筑的丰富经验,曾在江南广为流传。法式使徒工培训更为规范化。

个别工匠由于家传世业工艺精进而成为职官,如隋朝阎昆,以工艺知名,为殿内少监,其子立德、立本早传家业。立德所制冕、大裘、伞等皆为世所称道。唐贞观时立德任匠作少匠,为高祖修山陵,因功升为将作大匠。又因他在征战中为军队填土、造桥及在昭陵、翠微宫、玉华宫及长安城的建造中都起了重要作用,官至工部尚书,被晋封为公,死后追赠吏部尚书。其弟立本也逐步升为将作大匠,后接替其兄任工部尚书。像这样能够晋升为官的官府工匠是极个别的,大多数工匠是被迫服役。

二、民间工匠与手工业者的培训

1. 家传世业

民间工匠和手工业者的培训,家传是一种主要的形式。各种秘方、秘诀是家传技艺的教本,对外人不轻易泄漏,多采用一线单传的方式传习。传子不传女,如果没有儿子,受传的女儿就不得外嫁。元稹《织女词》写道:"东家头白双女儿,为解挑纹嫁不得",就是这种传习方式的写照。因此,在传习和职业上有很大的地区性和家族色彩。如汉王充在《论衡》中写道:"齐部世刺绣,恒女无不能;襄邑俗织锦,钝妇无不巧。"特别是一些绝技更是如此。叶梦得《石林避暑录话》中说:"笔盖出于宣州,自唐惟诸葛一姓,世传其业。治平嘉祐前,有得诸葛笔者,率以为珍玩,云一枝可敌它笔数枝。"陆游《志学庵笔记》中称:"亳州出轻纱,举之若无,裁之为衣,真若烟雾。一州惟两家能织,相与世世为婚姻,惧他人家得其法也。云自唐以来名家,今三百余年矣。"

2. 师徒传习

工匠师傅收徒进行传习是民间手工业者职业培训的主要方式。著名传授纺织技术的黄道婆就是一个典型的范例。棉花种植在西汉中期即已传入我国的边疆地区,但至唐宋在衣着中仍不占重要地位。宋末元初棉花才由西北和东南两路传入长江中游和关陕渭河流域,但纺织工具简陋,技术低下,成品粗糙。黄道婆是宋末元初松江(今上海市松江区)白泥泾镇人,出身贫苦,从小给人当童养媳,备受欺凌虐待,逃出家门,流落到海南岛的崖州(今广东省崖县),在那里居住了三十年,向海南黎族人民学得了纺织技术。大约在公元 1295—1296 年间回归家乡。当时的白泥泾十分穷困,"土地硗瘠,民食不给",棉花加工工艺落后,没有踏车、推弓等棉花加工工具。黄道婆教授当地群众制作并推广杆、弹、纺、织等一整套棉花加工工具,同时传授了"错纱""配色""综线""挈花"等先进纺织技术,使织成的被、褥、带、巾等用品上的花纹,折枝、团凤、棋局、字样,如写如画。乡里竞相从事纺织业,使松江一带棉纺织工业繁荣发展,成为先进的棉纺中心,直到清末。织物远销各地,"转货他郡,家即就殷",发展了当地的商品经济,改善了人民生活。黄道婆逝世后,乡民"感恩泣而葬之"并立祠祭奠。

在民间手工业培训中,行会有着重要的作用。"行",唐代已经产生。至明清城市中每一个独立的手工业都有行会。行有行规约束同行,行会对于本行学徒的招收、培训都有一定的规定,如收受学徒的礼节、数额、条件、出师的年限、业务的标准、师徒之间的权利与义务等。更细分的职业(工种)或称为"作"如"蔑刀作""腰带作""金银作"等,"作坊"既是工作之处也是徒工学习的场所。清代浙江温州的丝织业的行会有如下规定:每一工户只许 1 人学习染丝,每三台织机可以有 2 个学徒;未经正式拜师不得为学徒;学习期限 5 年,2 年学织,3 年帮师傅做织工,出师后应帮师傅工作 2 年,除非师傅不需要他帮忙,否则不能离开;学徒可以中途退学,但此后永不准再入本行业。一般而言,许多行业都对学徒的数额有限制,有的行业只许成员的子弟当学徒。这种对学徒数量的规定可限制本行业的从业人数,免于过度竞争和滥招徒弟,但也在一定程度上阻碍了行业的发展。学徒出师之前不准独自经营或受雇工作,出师之后要为师傅工作一段时间。学习年限依行业不同一般是 3—5 年。师徒之间有师徒如父子之说,"一日为师,终身为父";但在封建社会作坊主、师傅和学徒之间也有着严格的等级划分,欺压、虐待学徒的现象也很普遍。

3. 著述及其他

有的工匠除收徒外还有著述传世。如北宋木工喻皓,总结前人和自己的实践经验写成《木经》三卷,李诫编写的《营造法式》内容包括土木工程技术、建筑设计和规范、估工算料的规定等,是我国建筑史上的珍贵文献。明代漆工黄诚(黄大成)所著《髹饰录》对原料、工具、工艺做了详细的论述,是现存最早的油漆工艺专著。

我国古代综合性的工业技术记载最早见于《周礼·冬官·考工记》,其中记载了金、木、玉、陶、皮革等工种及其所制作的器物,制作的过程、范式,等等。明末宋应星之《天工开物》(公元1637年出版)内容分18门,记载了种植、养殖和各种加工工艺。关于手工业的有纺织、染色、制盐、造纸、造糖、制瓷、金属和合金冶铸、舟车、采矿、榨油、火药、兵器、颜料、造酒、珠玉等,并有大量插图,是一本相当完整的农工业生产技术的百科全书。这些著述为工匠培训提供了技术资料。

手工技艺的传授除以上几种形式外,也有个别地方官为之倡导的。如唐代有记载称:"初越人不工机杼,薛兼训为江东节制,乃募军中未有室者,厚给货币,密令北地娶妇以归,岁得数百人。由是越俗大化,竞添花样,绫纱妙称江左矣。"此举可谓之风流别致。

三、小结

手工技艺的传授源远流长,可以说自农耕与手工艺开始分工之时,就有了原始的工艺的传授,以后随着经济和技术的发展,形成了多种培训方式。

(1)我国古代形成了由官府主持的大规模工匠培训的传统。政府营造、制作等各监集中了大量的能工巧匠,工种比较齐全,培训的制度、管理、考核完善,保证了培训质量。因此,在满足当时之需时,产生了大批传世之作和稀世珍宝,成为中华民族古代光辉灿烂文化的代表,这是分散的小手工作坊所做不到的。

(2)师徒相传是民间培训的主要形式。由于手工劳动的特点,虽然同一工种可以有相对固定的操作规范和技艺,但个人的因素仍然很大;同时,也很少或者说基本上没有成文的教材,全靠言传身教,缄默知识的学习至关重要,因此良好的师徒关系是关键。这方面行会的规定和师徒如父子、同门师承如兄弟等在实践中形成的良好习俗传统,对于学习起着一种保障的作用。

(3)家传技艺是民间手工业传承的另一个重要形式。该技艺往往世代相传,由于不断钻研可达到极为精湛,甚至出神入化,形成著名的家族品牌。但这种传承由于技术上的保密,也容易失传或流于保守。

(4)在近代我国建立了学校职业教育制度之后,培养技术工人的学校很少,绝大多数工人仍是通过学徒培训。20世纪50年代初我国建立了技术工人学校,招收高小以上文化程度,年满16周岁的青年,学习期限2年,1958年开始招收初中毕业生,技工教育有了较大的发展,但工厂中青工徒工培训仍占很大比重。现在虽然中等职业教育有了更大的发展,以满足现代企业的需要,但民间手工业依然保留着学徒工培训方式。可见在手工技艺中,学徒培训是经过长期实践证明的有效方式,徒工培训也是传承中华瑰宝传统手工艺和民间工艺的手段。所以,总结古代工匠培训和手工艺传授经验,研究现代学徒制是当前职业教育的一项重要课题。

(5)俗话说"心灵手巧",实际上"手巧"也会"心灵",手工制作是全面发展人的能力的重要途径,在中小学应设置"手工劳动课",职校生在培养动手能力中应注意培养和考核相关的手工制作能力。

参考文献:

[1]阮元.十三经注疏[M].北京:中华书局,1979.

[2]邓之诚.中华两千年史[M].北京:中华书局,1983.

[3]中国通史参考资料:古代部分第五册[M].北京:中华书局,1982.

[4]宋应星.天工开物[M].沈阳:沈阳出版社,1995.

[5]王充.论衡:程材篇[M].上海:上海人民出版社,1974.

改革开放后教育的标志性改革与成就①

　　胡锦涛在纪念中国共产党十一届三中全会召开30周年大会上的讲话中说："近一个世纪以来,我国先后发生三次伟大的革命。第一次是孙中山先生领导的辛亥革命,推翻了统治中国几千年的君主专制制度,为中国的进步打开了闸门。第二次革命是中国共产党领导的新民主主义革命和社会主义革命,推翻了帝国主义、封建主义、官僚资本主义在中国的统治,建立了新中国,确立了社会主义制度,为当代中国一切发展进步奠定了根本政治前提和制度基础。第三次革命是我们党领导的改革开放这场新的伟大革命,引领中国人民走上了中国特色社会主义广阔道路,迎来中华民族伟大复兴光明前景。"我国现代教育正是在这三次伟大革命的过程中产生、发展、壮大起来的,同时自身也经历了三次伟大的革命。

　　我国虽然在清末已开始建立近代教育体制,但仍然是封建王朝下的产物,在教育方面真正具有民主性的改革和现代化的进程是从辛亥革命后开始的。辛亥革命"为中国的进步打开了闸门",1915年兴起的新文化运动及教育改革,为我国教育现代化开辟了道路。在旧中国半封建、半殖民地社会中,虽然教育的进步与发展受到了极大的阻碍,但到20世纪30年代中期,我国现代教育的模式基本确立,教育的规章制度日臻完备,并在这个过程中成长起一批著名的教育家,形成了中国的各教育流派,对中国现代教育的发展起了积极的、重要的推动作用,构成第一次伟大的转折。

　　从辛亥革命到1949年教育的发展过程,是中国人民反对封建主义和帝国主义奴化教育的斗争史;其中在中国共产党领导下的新民主主义教育,从萌芽到壮大,毛泽东提出的新民主主义教育理论,和民族的、科学的、大众的教育方针,不仅指导了新民主主义革命时期解放区的教育,也为社会主义教育奠定了思想基础。中华人民共和国成立后,我国成功地改造了旧教育,收回了教育主权,建立起社会主义教育体制,各项教育事业得到了前所未有的发展,实现了第二次伟大的转折。

---

　　① 原载:中国职业技术教育,2010(28):60－64.

但前进的道路是曲折的,"文革"使教育受到极大的破坏,在中国共产党十一届三中全会以后,特别是 1985 年《中共中央关于教育体制改革的决定》颁布之后,教育得到了迅速的恢复与发展。最近,教育部发布了 2008 年全国教育事业发展统计公报。公报显示:2008 年我国高等学校 2663 所,在校生 2907 万人;高中(包括职业学校)30806 所,在校生 4576.07 万人。小学在校生 10332 万人。另据统计,1949 年高等学校在校生仅 12 万人,高中在校生 44 万人,初中 83 万人;小学在校生 1949 年为 2439 万人。这些数字所表述的不仅是量的变化,其背后显示的是我国教育重大的变革,在建设具有中国特色的社会主义初级阶段的教育过程中,取得了一些重要的、具有标志性的成果,在改革开放这场新的伟大革命过程中,形成了第三个伟大的转折,具体表现在以下几个方面。

一、全民素质教育的提出与基本完成普及义务教育

1985 年《中共中央关于教育体制改革的决定》中,首次提出"教育体制改革的根本目的是提高民族素质,多出人才,出好人才"。1999 年 6 月 13 日,中共中央国务院颁布《关于深化教育改革全面推进素质教育的决定》,明确提出:"实施素质教育就是全面贯彻党的教育方针,以提高国民素质为根本宗旨,以培养学生的创新能力和实践能力为重点。造就有理想、有道德、有文化、有纪律的,德、智、体、美等全面发展的社会主义事业建设者和接班人。"明确规定素质教育是以提高国民素质为根本宗旨,体现了马克思主义以人为本,人的全面发展和人民是创造历史的根本动力的基本理论,指明了我国教育发展的路径和前景,标志着我国的教育进入一个新的发展阶段。

普及义务教育是提高国民素质的基础工程,也是中国人百年为之奋斗的目标。早在清末,早期的启蒙思想家郑观应等就介绍过外国的义务教育;维新变法时期康有为提出"乡立小学,令民七岁以上皆入学",梁启超主张国家实行义务教育制度,"子弟及岁不遣就学,则罚其父母"。1903 年癸卯学制颁布后,1911 年中央教育会议曾议决小学四年的教育为义务教育。辛亥革命后 1915 年、1919 年和 1922 年都曾提出过实行四年义务教育的问题。1935 年,南京国民政府教育部制定了《实施义务教育暂行办法大纲》,1944 年又公布了《强迫入学条例》,但这些在旧中国,就是四年的义务教育,也只能是一纸空文,未能实施,全国人口中 80% 是文盲。中华人民共和国成立后,《共同纲领》中规定"有计划有步骤地实行普及教育",并采取许多办法普及小学教育,如曾将小学改为五年一贯制,提倡举办耕读小学、牧读小学、民办小学等,大力普及教育,但未提出义务教育问题。这一方面存在着国力问题,实施义务教育需要有一定的国力为支撑;另一方面从观念上也受到来自解放区的"人民教育应以群众的需要和自愿为原则"观念的影响,甚至在"左"的思潮下,把具有强制性的义务教育视为资本主义社会的产物,不符合社会主义国家的原则,这实际上是对义务教育提出的社会根源、经济基础、教育条件缺乏正确的认识与分析的表现。改革开放之后,1985年在《中共中央关于教育体制改革的决定》中始提出有步骤地实行九年制义务教育;1986年4月12日,颁布了《义务教育法》、1998年1月,国务院批转教育部《面向21世纪教育振兴计划》(以下简称《计划》)中提出,到2000年全国基本普及九年义务教育。现在这个目标已经实现,2008年小学净入学率已达到99.5%,初中毛入学率98.5%,青壮年文盲降低到3.58%。目前义务教育的重点在"均衡发展",以巩固成果、提高质量。《义务教育法》颁布后短短二十几年,我们跨越了百年的路程,实现了教育史上一个伟大的历史性转折。

二、职业教育的成功转型与职业证书制度的实行

职业教育在建国之后面临着一系列相当复杂的问题。第一是社会制度,即社会主义制度是"各尽所能、按劳分配",那么是否还存在市场经济条件下的职业问题,如就业、择业、失业等问题。基于此,1949年9月中国人民政治协商会议全体会议上,对于在《共同纲领》中要不要写入发展"职业教育"有不同意见。分歧主要集中在职业教育是否为资本主义国家产物,社会主义是否存在职业问题,苏联有无职业教育,还有中等教育的范畴是否已将职业教育包含在内等;最后《共同纲领》未列入发展职业教育,只规定"加强中等教育和高等教育,注重技术教育,加强劳动者的业余教育和在职干部教育"。第二,经济体制和劳动人事制度的制约。改革开放前,我国实行的是全面计划经济,高校、中专和技工学校,是计划经济的一部分,实行国家统一招生、统一分配的制度,在劳动就业中也没有对职业资格认定的制度。办学者不面向社会,也不面向就业,当然更不会面向市场;受教育者无自主择业的自由和权利,用人单位也缺乏或没有选择聘用的自由和权力,是一种国家主导型的教育和劳动就业制度。在劳动人事管理上,不是划分职业,而是划分"工""干"的一种具有"身份性"的管理制度,两类人员之间一般不能流动。第三,教育制度的划定。基于以上情况,我国在1951年唯一正式颁布实施的学校制度中,在中等教育中列入的是"中等专业学校"(其中分技术学校、师范学校和医药及其他中等专业学校)。20世纪50年代初,由于学习苏联的教育体制,将技术学校分为技工学校和中等专业学校两类,由中等专业学校培养中级技术人才,技工学校培养技术工人,当时占高等学校31%的具有高等职业教育性质的原专科学校,大部分停办,仅保留少数医专、工专、师专,实际上变为"压缩型"的本科。在教

育理论中将资本主义国家中的职业教育列入反映教育不平等的双轨制中，"职业教育"这个概念在很长时间内很少有人提及。教育行政部门除 1964 年短期设置过职业教育司外，直至 1982 年设职业技术教育司之前，均无职业教育司的设置。

上述情况的后果之一是使职业教育在"文化大革命"中，在打破资产阶级双轨制的口号下，遭到了毁灭性的破坏，农业中学被一扫而空，技工学校下马，中专大部分停办，使中等阶段教育严重失调。1965 年普通中学为 18102 所，到 1978 年达到 162345 所，当时中专和技工学校已有一定恢复，但仅占中等学校总数的 0.02%；普通高中在校生占全部高中阶段在校生总数的 94%。同时，这种统招统配制度，也不能适应改革开放之后，发展社会主义市场经济的需要。为改变这种状况，20 世纪 80 年代初期创办的职业高中在教育领域首先打破了这种格局。职业学校招生名额可以自定，学生国家不包分配，毕业后采取劳动部门介绍就业、自愿组织起来就业和自谋职业三种形式就业。随后是当时办起的职业大学，实行收费、走读、毕业不包分配、择优推荐的办法。1988 年中专开始招收不包分配的学生，技工学校亦采取三结合就业方针。到 20 世纪 90 年代以后，职业院校全部实行自主招生，用人单位与毕业生"双向选择"，面向市场的就业制度，实现了从政府全面计划经济主导型向适应社会主义市场经济体制主导型转变。2005 年 10 月，《国务院关于大力发展职业教育的决定》中提出职业教育改革发展的目标："进一步建立和完善适应社会主义市场经济体制，满足人民群众终身学习需要，与市场需求和劳动就业紧密结合，校企合作、工学结合、结构合理、形式多样、灵活开放、自主发展，有中国特色的现代职业教育体系"，明确了转型后进一步发展的路径。

对社会职业的认可和对职业资格的认定，是发展职业教育的关键。1985 年《中共中央关于教育体制改革的决定》中提出："为了发展职业教育，必须改变鄙薄职业教育的陈腐观念，树立劳动就业必须有一定的政治、文化和技能准备的观念，并且在改革教育体制的同时，改革有关的人事制度，实行先培训，后就业原则，逐步实行职业（岗位）合格证书制度。"

20 世纪 90 年代以后，我国开始建立和推进职业资格证书和劳动预备制度。1993 年，劳动部颁发了《职业技术鉴定规定》，1994 年，劳动部与人事部联合颁布了《职业资格证书规定》，1994 和 1996 年颁布的《劳动法》和《职业教育法》对实行职业资格证书制度都做出了明确的规定。2004 年 4 月，《劳动预备制培训实施办法》出台，推行劳动预备制度，实行准入控制和职业证书制度。至 21 世纪初我国已初步建立起就业准入制度框架，基本建立起与国家职业资格相对应的，从初级、中级、高级技工直至高级技师五级的职业资格培训体系、相关职业的执业证书制度和国家考试制度，使教育与就业进入规范化与制度化的管理机制，同时也使职业教育顺利实现了从全面计划经济主导下的办学体制,向适应社会主义市场经济体制需求的办学模式的转变。

三、完整的高等教育体系的建立、高校扩招与教育转轨

新中国成立之后,长期困扰我国高等教育发展的一个很主要的问题,就是形成于革命战争时期的"干部"教育观念。在解放区创办的"大学"不是高等学历教育,也不是从事学术研究的机构,其主要任务是各类"干部"的培训。虽然在20世纪50年代大学已成为高等学历教育,但由于人事制度上的工干分离,计划经济下高校毕业生"统包统配""包当干部"的就业制度,仅以国家任务为导向的高等干部教育思想,始终是一种在高等教育决策中占主导地位的思想。主要表现在以下几方面:一是对高等教育的职能限定于为政府和国家企事业培养"干部",使高等教育在体制上缺乏完整的学术层次和类型结构;二是高等教育应为非义务教育,但延续"干部"教育的成规,造成我国特有的现象,即小学要收学费,而高等学校却不收培养费(学费),从政策上制约了高等教育的发展规模和对人民群众接受高等教育需求的满足;三是高等学校的学生由国家统招、统包、统分,用人单位和受教育者均无自主选择的自由和权力,高等学校既无办学的自主权,也可以不考虑受教育者的需要和社会的需求问题,造成高等学校以基础学科教育为主,脱离生产和社会生活实际,更没有职业教育的观念和地位,不能满足社会日益多样化的需求。这种状况随着我国社会主义市场经济的建立和发展从20世纪80年代开始发生变化。

我国的高等教育体系从20世纪50年代以来一直是不完整的。从低层次而言,由于学习苏联经验,技术员的培养在中专层次,没有专科教育,所以,大批的专科停办。在院系调整之前,专科学生占高等学校学生总人数的比重为31.3%,到1963年下降到5%以下,其中87%是师范专科。从高层次而言,没有实行学位制度,没有设置博士生课程,高等教育层次不完整,主要是本科层次,在培养各类人才上的比例不合理。

1982年12月10日,全国人大批准的"六五"计划中首次提出调整高等教育的科类结构,试办一批花钱少、见效快的专科学校和短期职业大学。1983年4月28日,国务院批转教育部和国家计委《关于加速发展高等教育的报告的通知》。《通知》提出要采取多层次、多规格和多种形式加快高等教育的发展,要在发展中逐步调整好高等教育内部的比例关系,多办一些专科。1985年《中共中央关于教育体制改革的决定》中进一步提出:"要改变专科、本科比例不合理的状况,着重加快高等专科教育的发展。"这样从1980年创办金陵职业大学开始,到现在专科层次的

职业技术教育学院已占高等院校的半壁江山。

1980 年 2 月 12 日,第五届全国人民代表大会常务委员会第十三次会议通过了《中华人民共和国学位条例》,1981 年 1 月 1 日起施行,是为中华人民共和国成立之后在高级专业人才中建立学术水平评价制度之始。1982 年开始招收首批博士研究生。1983 年,著名美籍华裔科学家李政道向有关单位建议设立"科学流动站",以解决留学回国的博士做进一步研究的需要。以后他又提出建立和完善博士后科技流动站制度。根据他的建议,1985 年 7 月 5 日,国务院批转了国家科委、教育部和中国科学院提出的《关于试办博士后科研流动站的报告》,报告认为:设立科研流动站有利于造就适应现代和当代科学发展的高水平科研人才;有利于促进人才流动,使科研与教学队伍保持活力;有利于学术交流,博采众长,避免学术上的近亲繁殖;有利于取得博士学位的人员和用人单位有更多的机会相互挑选。1985 年,博士后管委会正式成立。到 1991 年,全国共有 158 个单位在理、工、农、医、法五个学科门类,设立博士后科研流动站 278 个,累计进站博士后总人数 1260人,其中在国外获得博士学位进站的占 1/4。至此,我国确立了从专科到博士后完整的高等学历教育系统。

我国自古以来的学校教育,主体都是选拔式的精英教育,虽然从近代开始许多教育家力图改变这种状况,新中国成立后也做了不少努力,但都未能从根本上得到改变。直至《义务教育法》的颁布与实施,才开始了这个转变的过程,亦即首先从基础教育实现普及的、大众化的教育。在基本完成普及义务教育之后,大中城市和经济发达地区开始普及高中阶段教育。在此基础上,20 世纪 90 年代,高校开始扩大招生。1999 年国务院决定进一步扩大招生规模,当年全国各类高等教育毛入学率达到 10.5%,2000 年达到 11.5%。同年《面向 21 世纪教育振兴行动计划》中提出到 2010 年在"城市和经济发达地区有步骤地普及高中阶段教育,全国人口受教育年限达到发展中国家先进水平;高等教育规模有较大扩展,入学率接近 15%"。现在我国高等教育的毛入学率已经达到、大城市和经济发达地区已经超过了高等教育大众化底线(15%)的目标,2010 年高校毛入学率为 24.29%。随着高中阶段教育的普及和高等教育招生的扩大,特别是高等职业教育和应用型本科及研究生教育的发展,我国教育已脱离精英式的选拔教育的轨道,进入了现代化、普及的、大众化的阶段。

四、多种形式教育的建构与现代化教育手段的普及

中共中央国务院《关于深化教育改革全面推进素质教育的决定》提出:"构建与社会主义市场经济体制和教育内在规律相适应、不同类型教育相互沟通相互衔

接的教育体制,为学校毕业生提供继续学习深造的机会。""大力发展现代化远程教育、职业资格证书教育和其他继续教育。完善自学考试制度,形成社会化、开放式的教育网络,为适应多层次、多形式的教育需求开辟更为广阔的途径,逐渐完善终身学习体系。"

　　改革开放后,1979 年广播电视大学成立,1984 年 9 月第一所广播电视中专开学,1981 年 7 月,中央农业广播学校成立。1985 年建立中国农村致富大学。1983 年我国第一所老年大学——山东省红十字会老年人大学开学,至上世纪 90 年代全国已有老年大学 2000 余所,在校学员 22 万人。1985 年,中国残疾人福利基金会与民革中央联合创办"北京中山学院"招收残疾人成年学员入学,设电大部、职教部、医学部、联合夜大部等,1989 年 5 月 4 日,国务院办公厅转发国家教委、国家计委、民政部、财政部、人事部、劳动部、卫计委、中国残疾人联合会《关于发展特殊教育的若干意见》,残疾人教育也得到了较快发展。1980 年开始建立全国高等教育自学考试系统,1983 年中等专业教育自学考试开始,再加上独立设校或高校举办的函授大学、夜大、大学后的继续教育和遍及全国的农民文化、技术学校,我国已经建立起了一个多类型、多形式、多层次的教育网络。1986 年,开通了卫星电视教育——《中国教育电视》,1988 年建立了中国教育电视台,建立起由广播、电视、函授组成的教育网络,远程教育发展迅速。现有的中国教育科研网、示范网和卫星传输系统大大加速了远程教育的推广和普及。

　　可以看出,改革开放以来我国教育发生了巨大变化。以上成就,当然不是改革开放以来教育成就的全部,之所以要回顾在这些方面的改革与建设过程,是为了说明没有以上这些具有关键性的改革与发展,就不可能有今天教育的现状;同时,这些具有标志性的成就,标志着我国社会主义初级阶段的、符合我国社会经济需求的教育体制已开始形成,使实现近期公布的《国家中长期教育改革和发展规划纲要》成为可能,为我国建立终身教育体系,建设全民学习、终身学习的学习型社会,进入创新型国家行列,实现全面建设小康社会的奋斗目标,从战略上打下了坚实的基础。

我与职教六十年

一、1953—1979　早年对职业教育的认识

我最早接触职业教育是在 1953～1954 年间。1950 年我考入北京师范大学教育系,1953 年 4 月提前调出工作,分配到教育史教研组,给我的任务是开设公共课"世界教育史",我 1953 年准备教材,1954 年正式上课。1956 年改为研究中国古代教育史,1958 年后讲授中国近现代教育史。在这些课程中,无论中外关于职业教育的产生和发展都是课程内容的一部分。在授课中特别对我国近代从清末的马尾船政学堂开始的中国近代职业教育的产生和发展,我有比较详尽的论述。对中外的职业教育家如张謇、黄炎培、陈嘉庚、斐斯塔罗齐、凯兴斯泰纳、杜威等人都有专章论述。因此,在 20 世纪 80 年代之前,我对职业教育已有一定的了解和认识,虽未做专门系统的研究,但为我此后研究职业教育打下了一定的基础。

二、1979—1988　六个"一"

1. 培养了全国第一位研究职业教育的研究生——郭效仪

1979 年,高校恢复研究生招生工作,我的一名研究生的论文选题是"中华职业教育社社史研究"。我支持他的这个选题,并帮助他联系在京的中华职业教育社总社,进行调查访问,收集相关资料,1981 年郭效仪获得硕士学位。

2. 在全国高校首开职业教育学科课程

1980 年,系里要我为高年级学生开设一门选修课,我提议开职业教育方面的课程,原意想借指导郭效仪之机,做几个专题与学生共同讨论。未想到当年 81 名学生选修,也就是说全体高年级学生都选修了这门课程。在这种情况下,专题讨论已不可行,必须将其作为一门系统的课程。1981 学年度,我不仅开设"中国教育史",还开设全国高校首次列入教学计划的"职业教育概论"这门本科课程。

3. 主编新中国成立后第一本高校职业教育教科书

在开课的同时,我与天津职业技术师范学院职业教育研究室费重阳、张树桂、

张福珍,劳动人事部培训就业局薛连通合作主编《职业教育概论》一书,1984 年由天津职业技术师范学院印行,1988 年修订再印,是为中华人民共和国成立后第一本高校职业教育教科书。

4. 主编出版我国第一部《黄炎培教育文选》

黄炎培的论文著述新中国成立前有不同的文本,但全面的文选,这是第一本。

5. 编辑出版第一本职业教育工具书

1993 年出版了张国庆等编译由我审校的工具书——《职业培训与职业教育英汉词汇》,此工具书为我国最早出版的职业教育工具书。

2003 年我与职教中心研究所吴全全合编的《英汉职业教育专业词汇》出版。

6. 一个郑重的诺言

20 世纪 80 年代初,中央各部委如三机部、轻工业部、冶金部、铁道部、化工部等和各地职业教育主管部门如天津第二教育局、山东教育厅职教处、山西晋中地区行政公署教育局等单位,为恢复"文革"中被严重摧残的职业教育,开始举办所属院校校长和教师培训班。我在这些培训班讲课时,有学员提出这样一个问题:"文革"中教育受到很大冲击,但中小学没有人说不要,"大学还是要办的",为什么唯独职业教育被批为资本主义的"双轨制"而大批下马停办? 我回答说:这与当时国家政治局面有关,但是从我们教育理论工作者而言,也有失职之处,没有做好宣传工作,使国人都了解到职业教育是现代教育体制中重要的组成部分,是一个国家不可缺失的教育类型,是社会发展的需要,是人民生计的需要。作为个人我没有多大的能量,可以做到的是,今后若有可能,我一定为宣传职业教育尽最大的努力。对这个承诺,从 20 世纪 80 年代至今,我坚守了 32 年。

三、1988—2014　退与进的辩证法

1. 后退一步海阔天空

我作为一名教育史专业教师进入职业教育领域,在那时当然不会一帆风顺。同事不理解的认为我不务正业,也有替我惋惜地说:可惜了这个人;我的导师指着评职称时我交的材料中的《职业教育概论》说:"你的那个职业教育算什么?"而那时我的工作负担可以说是"亚历山大",我要教三门不同方向的课程——高教史、中教史和职业教育,指导中外研究生完成科研项目,还要外出讲课;同时我认为职业教育不仅是一门课程,而是教育制度中的一个教育类型,应做专门研究,所以向系主任提出建立一个小组。系主任的回答是:"职业教育你能搞就搞下去,不能搞就让它自生自灭好了。"对此,我当然不能让其自生自灭,考虑的结果是提前退休,搞十年职业教育,老了跑不动再去研究孔夫子也不晚。在我承诺继续完成未了

之教学任务的条件下,我在 1988 年退休,时年 56 岁。

后来的事实证明,以退为进使我变被动为主动,结果做到了双赢。

2. 阵地与窗口杂志社工作的 25 年

1988 年 12 月,中华职业教育社得知我退休之事,力邀我到社办杂志《教育与职业》工作,任副主编(后为主编)。1996 年,我应邀到《中国职业技术教育》杂志社工作至今。我到杂志工作的原因在于,杂志是传播媒体也是信息集中之地,既服务读者,又能提高自己,是实现诺言的有利阵地。工作期间我也积极利用这个阵地在杂志和其他职教刊物上,发表有关职业教育的论文 150 余篇。

3. 研究、实验、推广职业教育

(1)加深研究工作:

1992 年主编《中国职业教育史》,为“六五”教育部重点课题成果;

1998 年主编的《职业技术教育原理》出版,获教育部第二次教育科研优秀成果二等奖。

(2)承担从“六五”到“十五”教育部科研规划重点课题,其中教育史课题一项,五项为理论与实验并重的职教课题。

(3)调研举例:

1984 年 10 月,与职教社共同应福建省委书记项南之邀调研中等教育改革;

1985 年初,为“七五”课题赴云南调查老区、少数民族地区、边区、山区、侨乡职业教育;

1992 年 10 月,赴加拿大考察加拿大社区学院及 CBE 教学等问题;

1993 年 5 月,随政协副主席孙起孟赴河北考察河北职教中心;

1995 年 12 月,参加我国职业教育专家团赴台湾参观考察台湾职业教育。

(4)教学与讲学。

从 1982 年起即持续外出教学与讲学,据不完全统计有 110 多次。教学时间较长,半年、一年或更长,如北京钢厂电大半年,北师大远程教育网络教学从 2002 年开播至今。讲学的时间短,多为专题讲座。对象包括教育行政主管部门、科研院所、职技高师、行业企业及职业院校等。地区京、津、沪、渝及北至齐齐哈尔、大庆,南至广东、广西、海南、澳门,东至沿海城市青岛、大连、烟台;西至甘肃兰州等 21 个省(自治区)、40 多地市。

(5)参与各种职业教育会议、活动:从 1982 年起 107 次。

(6)2002 年任教育部北京师范大学职教师资培训基地的第一任基地主任。组织师资培训,特别是边远地区的教师培训,开办职教研究生课程班等。

4. 双重任务的双重收获

（1）出版中国教育史的专著与教材。

我最初先搞十年职业教育的想法，事实证明并不全面也不可行。这是因为新中国成立后的 30 年政治运动不断，在政治运动和学术批判中，教育史被批为"封资修的大本营"，近现代的一些教育家被扣上资产阶级的帽子，他们的一些观点被指为"修正主义的老根"等，横加批判。粉碎"四人帮"后，教育史学科同样存在拨乱反正的问题。1980 年，我在《北京师范大学学报》发表文章《蔡元培的教育观》即意在重新评价蔡元培先生，保留信史。1979 年，开始编写《中国现代教育史》，1981 年完成初稿，1985 年正式出版，都是这项工作的一部分。这是一名共产党员应负的政治责任，也是一名教师的职业良知。所以，当人民教育出版社要我编写一本《中国高等教育思想史》作为高等学校文科推荐教材时，我接受了这项任务，在 1992 年出版该书。之后，又完成哲学社会科学国家重点课题《中国教育史》现代卷，于 1994 年出版。1996 年，应河北教育出版社出版《中国当代教育理论丛书》的要求，写了《新中国教育历程》一书 1996 年出版。

2002 年人民教育出版社再版《中国高等教育思想史》，2009 年华东师大出版社再版《中国教育史研究》我也都认真地对两书进行了修订和增补。此外，还有如《中国教育大事典》等主编与合著的书籍出版。这样，我在中国教育史领域古、近、现、当代都有著述，范围涉及高教、职教和普教。

（2）构建了相对完整的职业教育理论体系。

在多年的讲课和研究的过程中，我逐步编写了职业教育功能、职业教育的结构和体系、职业教育教学论、道德教育与职业道德论、职业指导的理论与实践，职业教育的历史沿革构成比较系统的理论研究体系。

四、结束语

2007 年 10 月，中国教育电视台要制作一个《教育人生》的栏目，以各类教育界的人物为对象。中国职业教育学会推荐我为职教界的人士。教育电视台制作了我的一个专集，于 2007 年 12 月播出。后来还重播过，一位同事告诉我他在国外也看到了我的这个节目。这个专集反映了我的一些"职教人生"。

从我的经历中可以看出，是改革开放和职业教育的迅速发展给予我从事职业教育的机遇和空间；同时，我得到了多方面的帮助和支持，得到政府行政部门的帮助，特别是教育部职教司、劳动人事部培训司和各地职教处等的帮助与支持。对此我深深地感谢，没有这些就不可能构成我现在这样的六十年，这使我今天可以向当年各位领导和老师们说："我实践了诺言，我尽力了。"

编后记

　　20 世纪 80 年代,党中央、邓小平同志做出我国实行改革开放重要决策,动员全党全国人民大踏步赶上时代的步伐。一时间,各行各业向国际"接轨",形成万马奔腾为"四化"的新局面,职业教育界当然也不例外。北京师范大学高奇教授是我们最早接触到的"过河卒子"。原来她是从事世界教育史专业的。在教学实践中,她发现职业教育是我国各类教育事业中最薄弱的一个环节,于是她以极大的热情投入到职业教育的研究和教学中,四十年如一日,硕果累累。除专著外,仅发表论文就多达 130 余篇,从实践和理论各个层面,阐述了她的见解,为我国职业教育专业学科的建设奠定了初步体系基础。

　　高奇教授为天津职业技术师范大学早期建设和发展贡献良多,1982 年 5 月间,她专程陪同中华职业教育社主任杨善继访问天津职业技术师范大学,详细地介绍中华职业教育社在我国兴办和发展职业教育学经验并赠送大批资料。这对我们这所刚起步的学校来说,真是送来了一场"及时雨"和"雪中炭"。1983 年 4 月,我校召开职业教育首届学术年会,高奇老师应邀到会做了《关于职业教育理论研究若干问题》的报告,受到与会者的高度评价。自此,她开始为青年教师的培训和新生授课,授课讲义逐步充实积累提高,并形成职业教育概论的教材。该教材1987 年由我校出版,并被各地职业学校广泛采用。时隔 30 年后,2015 年高奇老师应我校邀请出席会议,特将她的"职业教育概论"后来形成的《职业教育学原理》手稿赠送给学校,弥足珍贵。这次把《职业教育学原理》随同她的文集一并正式出版,供师生参阅研究。

　　《高奇职业教育文集》共收录了她的论文 78 篇,时间跨度从 1979—2010 年整整 30 年,取名为《固本集》,按发表年月先后顺序编排,展现在读者面前的是一幅多彩的历史画卷,也展现在改革开放这个大好时代、职业教育这块土地上。难能可贵的是,我们收集到《中国职业培训》杂志社吴昊同志对高奇教授的采访记,对她的学术成就的评价,编排在《文集》首页上。在编辑过程中,高老师欣然命笔,一气呵成写了《我与职教六十年》的长文,展现了她从事职业教育生涯的概况,令读者叹为观止。本文集由于篇幅所限,经验不足,若有不周之处,敬请广大读者指正。

　　参与本文集编辑和资料整理工作的是天津职业技术师范大学图书馆原副馆长杨静老师和图书馆金京姬老师,以及职教学院部分老师等,对他们的辛勤劳动深切感谢!

费重阳

2019.1.9